U0566339

桑 兵◎主编

各方致

孙中山 函电汇编

【第六卷】

(1921.1~1922.12)

谷小水 编

社会科学文献出版社
SOCIAL SCIENCES ACADEMIC PRESS (CHINA)

目　　录

刘显世致军政府各总裁等电

（1921 年 1 月 9 日）

军政府各总裁、各部长、参众两院议长、议员诸公、各省军代表、滇唐总裁、周省长、省议会，护法各省区总司令、省长、省议会、各报馆均鉴：

前承国会诸君子不弃，以总裁一职相推许，世自顾德薄能鲜，深惧弗胜，又值军府地点未定，不及就职。今军府重组，既承唐总裁劝勉，复荷府院诸公及各省军代表函电催促，均以大局未定，不容息肩，敢不勉竭驽骀，尽力国事，已于一月八日在滇正式就总裁职，谨随诸公之后，期达护法目的，务乞时赐南针，以匡不逮，无任盼祷。刘显世叩。佳。印。

（《军政府公报》光字第十一号，1921 年 1 月 15 日，"公电"）

蒋介石致孙中山函

（1921 年 1 月 10 日）

（一）对于时局之意见：平桂后，先解决四川问题。对熊之用舍，当视其能否诚意归附为断；对于闽、浙，暂主怀柔，以为日后北伐之声援。如欲使其即行明白表示向义态度，则声势固大，而弊端亦不可不防。

（二）对于军事准备之意见：四川非导入我势力范围不可，故军事准备，概以粤局相提并列，四川解决后，粤、蜀二省，除警备本省之军队不计外，三年内应各编四师六混成旅，及湖南二师二混成旅，共练为十师与十四混成旅。

（三）对于北方出师准备之意见：根本解决之计划，当以西北为第一根据地，东北为假定目的地。以后作战计划，虽因时而定，但不可不以此为大纲。吾意对北作战，以四川六旅先平西北，再由陕西出井陉之道，以其三师出湖北，上京汉铁路；以广东三师平定东南后，即由南京向津浦铁路前进；以其余六旅，由海道出秦皇岛，而以湖南二师二旅为总预备队，并为镇摄西南内部之用。

（四）对于处置四川之意见：四川问题未决之前，当派遣三混成旅以助川人治川，大则可以平定西北，镇摄西南，小亦可牵制川中北洋军队，解决川滇纷争。而广东之对东北、东南二方面，仍照三年内练成四师六旅（除派遣四川之三旅外）计划进行，如四川不能对湖北出兵，则以湖南二师二旅，另加粤军若干，出湖北，上京汉路，则西北问题，只可另谋进行。

（五）军费之预算：以三年内编成四师六混成旅计算军费，每年约需二千五百万元，加之兵工厂及军事教育费等，共计当在三千万元左右。而省内警备军及海军费，尚不在内，但三年之后，对外发展时，可不须此负担矣！

（六）对于军制之意见：粤军除现成四师逐渐整顿外，凡新编各军，皆以旅为单位。至于军制，当参考劳农兵制，而适合于中国军队性质者酌定之。

（七）关于外交之意见：不宜以东北军阀为目的敌，须视中国东北之作战，以为解决东方问题之导线，故我军作战计划，不能不慎重出之。

（八）对于兵工厂之筹备：当购备每日制枪百杆、每月制炮四门之机件。

（九）对于粤汉铁路之建筑：赶造粤汉铁路，以二年为筑成期间。

（《革命文献》第五十二辑，第38～39页）

林修梅致孙中山等电

（1921 年 1 月 10 日）

广州孙主座、唐总裁、伍总裁、各部总次长、陈总司令、林、吴、褚三议长、许军长、邓司令、洪司令、程颂云先生、周道腴先生、李懋吾先生、云南唐总裁、周省长、顾军长，贵阳卢总司令、任省长，镇远李参谋总长，三原于督军，施南蓝总司令、吴司长，长沙柏将军、赵总司令、宋、鲁两旅长、各区司令、各团营长、各报馆，上海章太炎先生、孙伯兰先生、各报馆，天津熊秉三先生、范静生先生均鉴：

此次长沙之变，骈戮志士九人。又以政府而取暗杀之手段，实开从来未有之例。其中李司令仲麟、瞿团长维藏、前参谋长叶隆柯、前政务厅长易象俱随修梅起义衡阳，曾出赵总司令夷午于重寇之中而戴之者。不图杀此数君，即出于当日患难相依之友，此尤修梅所为感伤不置者也。

据报载，赵公宣布李、瞿两君罪状，指为谋乱，其余诸人则尚无所闻。如李、瞿等果有谋乱情事，罪亦应死。然证诸旬日以前，湘军闹饷风潮，赵公避走，李、瞿等协力制止，皆出至诚。湘局复定，人所共睹。胡为既止乱于前，复谋乱于后，旬日之间，其举动乃矛盾若此耶？死者已矣，姑且不论。第念赵公两年来所处地位与其力量，均足左右湘局。湘中党派纷歧，本无可讳。乃赵公时而联甲以倒乙，时而联乙以倒甲，翻云覆雨，操纵在手，使政局永无奠定之望，人民日在恐怖之中。揆诸护法初衷，应亦无以自解。

修梅志薄材辁，当日激于义愤，发难湘南，本欲牺牲以救国，不意徒为戎首以祸湘。追念同袍，半为鬼物，抚躬内疚，愧不欲生。今天下无是非久矣，乱之所生，焉有底止。诸公轸念湘艰，尤望探本溯源，求其祸之所自而拯救之，则不独湘局受赐已也。区区之愚，伏惟鉴察。林修梅叩。灰。

（《林修梅痛言湘局》，上海《民国日报》1921 年 1
月 11 日）

赵恒惕、林支宇致孙中山等电
（1921 年 1 月 11 日）

万急。广州孙、唐、伍总裁钧鉴：各部长鉴：

湘省前次戡乱详情，及恳予提倡民治主旨，业经迭电缕陈，谅
邀鉴察。护法以来，创深痛巨，正谋厉行民治，以资宁息，而图光
大。湘人素重人格，山河可易，此志不移。近闻奸人到处造谣，非
指为变乱，即诬以投北，藉词加害，无所不至。应请查究防止，以
杜乱萌，至所感祷。赵恒惕、林支宇叩。真。印。

（《赵林两公电辟谣诼》，长沙《大公报》1921 年 1
月 12）

广东各界联合会致军政府总裁、
陈总司令请愿书
（1921 年 1 月 12 日载）

为请愿援桂讨贼，克日出师，以慰舆情而伸国威事：窃以乱臣
贼子，人皆得诛，救灾恤邻，仁者之责，春秋大义，炳若日星，不
以古今中外而或间也。两粤不幸，寇盗丛生，暗长潜滋，酿为大
祸。陆贼荣廷、谭贼浩明、莫贼荣新等，秉豺狼之性，假狐鼠之
威，乘我粤讨龙纷扰之时期，空群入寇，长蛇封豕，荐食靡遗。吾
人火热水深，坐而待毙者，时逾三载。幸而粤军率师回防，扫除丑
类。贼等穷蹙遁归，不思自悔，仍复负隅老巢，乘隙反噬。人民等

于痛定思痛之苦，弥深死灰复燃之惧。窃谓我今日援桂讨贼，万万不可缓举，谨择其荦荦大者，为我军政府诸总裁、粤军总司令陈之：

一、永绝我广东之祸机也。粤人治粤，本于民族自决之精神。我广东人民素富于自治能力，不幸一为龙逆之蹂躏，二为莫逆之摧残，致令奸谲之徒，乘机攫夺政柄，甘作虎伥，罔知廉耻。如最近之杨永泰、林正煊、谭礼庭、陈廉伯等，或为桂贼划征服粤省之阴谋，或充桂贼拍卖粤产之经纪。近者贼等虽为我粤军挫折，其势难屈于一时，其心仍狡然思逞。近如各报所载，贼等使谭根往澳门购买飞机，及密派代表勾结张作霖等等举动，皆足以为再行寇粤之明证。如我不乘其喘息不定之时，作扫穴犁庭之举，则野火不尽，风吹又生，势力一复，乱事随之矣。盖桂贼谋我于外，虎伥谋我于内，当局者虽穷日夜之力以防之，想未能永绝祸患于将来。今也以屡胜之军，讨穷蹙之寇，只于竿头再进一步而已。此为吾粤计，不容不速行援桂讨贼者一也。

二、粤桂一家，非讨贼不足以证明也。广东、广西，皆中原南服。自秦辟三十六郡，而南海、桂林，遂为中国民化南进之省区。海道既通，地运骤转，西江流域乃有黄河、扬子江两大流域代兴之势。溯西江江流，自郁林挺而下，浩荡而入于海，实为粤桂两省之大连锁。苟两省民族，皆自为治，则粤富于水，而桂富于山，调协得宜，则举运、实业、牲畜、渔、盐之利，皆非别省可能比拟。此桂粤一家，在于历史上、地理皆有不容划分之势也。今陆、谭诸贼，以强盗军阀之虐政，施于桂省人民。加以此回败归，将见失于东者，取偿于西，吾人昔所受之痛苦，即桂人今所受之痛苦也。狼子野心，贼性不改，彼之残杀劫掠，初不因省异而或殊。当此兄弟急难之时，正宜灼艾分痛，宜即贯彻义师讨贼之旨，尽去贼酋，还他乐土，使桂省人民本其民族自觉自决之心，先成民治民享之政。此为恤邻计，不容不从速援桂讨贼者二也。

三、护法大业，非讨贼不足巩固西南省区也。昊天不吊，武人弄政，国本摇动，共和垂绝。国会南下，军府斯建，伸护法之大义，树全国之先声。彼陆、谭诸贼，卑劣性成，阳则窃护法之名，阴则行坏法之实。拥岑酉勾通北敌，思完全取得两粤地盘，以为局部媾和之交换条件。事机已熟，阴谋已成，幸而人心不死，粤军回防。贼等又以事不成而于仓皇奔走之际，竟敢宣言，取消自主，致令统一伪令，今为我梗。摇惑友邦，谎骗国人，莫此为甚。夫军政府者，护法之政府也，实由护法省及护法义军共组而成。今仍任贼等盘据广西，以从容通敌，使我护法省区为之分裂，则护法大业，必不克成，而伪统一令，将生效力矣。人虽至愚，谓不宜养痈为患也。此为护法计，不容不速行援桂讨贼者三也。

语曰：为山九仞，功亏一篑。止则吾止。素仰我总司令、诸总裁见远愿宏，必于此举，预备成熟，本无待人民之请求。惟事机日迫，缓则变生，乞即下令动员，以寒贼胆。如何之处，仍候卓夺。不胜翘企之至。

（《请愿援桂之三大理由》，上海《民国日报》1921年1月12日）

居正致孙中山函
（1921年1月18日）

先生钧鉴：

一、甘肃自张广建与马福祥交恶，北庭将张撤换，任命蔡成勋督甘，而以陆洪涛暂时护督。马福祥督甘之目的未达，乃使同族马庭勷、马麒等各镇守使拒绝蔡成勋，并反对陆洪涛之护督任；而陆氏则与天水孔繁锦，合从联络陕陈，以内对三马、外拒蔡成勋，故该省情形，极为险恶。陆氏曾派马子元到沪，昨日因张宗海介绍来谈，据云：陆在甘肃军界资格甚深，系前清随陶模入甘，以营长起家，现任陇东镇守使，所部较为能战，甚欲服从先生等语，今日报载：陆氏已与诸马开战，未知结果如何？

二、川省自刘督熊长之任命发表，遂促成内部溃裂。熊氏见督军已失，乃发辞南督军之电，亦不言就北省长职，并谓须超出南北漩涡，川人自治。刘湘及懋辛等，亦皆通电主张自治。刘存厚铣日通电，则谓自治有四种怀疑，甚有倾向北方之意。惟熊氏东电，则极言必创独立自治之局，并言自六年宣布自主至今，川省自主资格，仍保持勿失，故四川始终为自主省分。又表示不赞成北庭伪言统一及乱命官吏之意。又某报载：熊系各军官之留守部及眷属，均已迁出成都，此可见熊氏与刘存厚之不相容也。又某报载：自熊氏通电下野后，刘湘即被一部川军推为军务会办兼省长，熊之地位，全为所夺，极不甘心。故刘湘系邓锡侯一师欲移顺庆，而熊系余际唐、但懋辛，即通电反对。并传有熊氏在渝被刺未中，捕获六人之事，此又熊氏与刘湘之不相容也。然刘湘固非刘存厚一派，观其主张独立自治，则其为谋自己地位，不满于存厚受北庭督命，亦可推知。似此川中决裂已在目前，我方善为运用，必有新机也。

三、湖北自蓝秀豪一举，驻巴东北军不战而退。并有王汝勤中立、吴光新遗部归附之说。王氏所恃者惟一孙传芳，今观王氏通电，谓已制止蓝氏前进，和平办理，则其中虚气馁，已可想见。查王自拒夏寿康到任，与鄂人感情极恶；又以新收军队，不能稳固，变溃迭见。此次蓝军之得势，即可征王氏之外强中干，鄂事似有可为也。

四、湖南虽迭传附北，条件尚难征实；然赵既加害民党，自然中馁，附北之事，恐系时间问题。惟闻协和所部已到武冈，距宝庆不远，得此要区，不虑其变；或竟能威服，亦未可知。其它情形，想军府必有详告，故不赘也。

军府刻定援桂，亦固可行。惟即已如此，则愈速愈妙。盖大军已西上，则事竣之后，乃可转旆向外发展；而各方形势变化甚速，又难久待。故惟愿西征之速奏成功，不然，风云激荡，我不能出而挽其轮

舵，则恐益趋险恶，为我不利。一得之见，伏希鉴纳。此上，并叩
钧安

（《居正文集》（上），第 380 ~ 381 页）

蒋介石致孙中山函
（1921 年 1 月 21 日）

　　删电谨悉。中正决于二月二日搭中国号来粤，攻桂之计既定，
以后关于全局战略，亦须确定。兹谨陈意见如左（下）：

　　蜀中消息，纷传不一，惟其内讧必起，战机之发，近在眉睫，
无论其胜负谁属，终是西南之好音；吴军窥伺湘鄂，其心未死，彼
与吾军联络，无论其有否诚意，然终为吾军发展之障碍，故本军将
来之目的敌，当假定为吴军也。惟蜀乱迫不及待，而吴患犹在酝酿
之中，以时间论，则对蜀当先于对吴，以地势论，则当先图蜀而后
可以统一长江，盖得此则对鄂豫平汉路作战势成犄角，较易为力。
若为根本解决中国计，尤当以西北为根据，四川为西北与西南之重
心，更不可不急图之。如谓对人问题，则只求其事实有济，以诚
意与吾人之主张相接近，无论其为刘为熊，似无不可容纳也。至于
以势而论，则吴军强于川军，对吴难而对川易，以兵力论，亦不可
不有先后、强弱及难易之别。由此言之，本军战略应以平桂为第一
期，平蜀为第二期，而以进取长江为第三期也。故此次动员令，对
桂、对蜀宜相提并论，不致于平桂之后，战机再演停顿也。如先出
长江之计，则常于平桂后临时酌定，作为第二之考案也。惟中国情
势，变幻莫测，横于目前者，即有奉直冲突及宣统复辟二问题，又
有直皖相联及直派内讧二问题，前二问题，与后二问题，皆二而一
者也，如前二问题发生，则吴军无意于湘鄂，吾军或可进而图之；
后二问题之发生，则对吾无甚利益也。

　　总之，对吴与出长江，是同一问题，如吾军之力不足以制吴，

则对鄂当置为缓图，盖出长江以引起全国战斗，惹人疑忌，不如借先决西南内部问题为名，暂避其锋，养足精力，以待时机也。未知公意以为何如？

对桂作战，与向来战略，须稍变其方式，故本军兵力当分为四部，以二部援桂，一部防湘，恐吾军平桂未定之前，而吴军已入湘窥粤也；然以现在北方近况及财政观之，此时当不易办到，惟不可不防耳。其余一部，乃作为总预备队，甚恐平桂之军，滥兵多而精兵少，失一着而坏全局也。总帅名义，中正以为非吾公自任不可，否则号令不行，进退不一，将何以持其后耶？中路军指挥之职，中正自量材轻，谨谢不敏，务请另选贤能为宜。吾公知我其深，想不以此为虚文也。

（《中华民国史事纪要（初稿）》1921 年 1～6 月，第70～71 页）

贵州省各界致孙中山等电

（1921 年 1 月 26 日载）

（衔略）刘氏显世才本昏闻，德尤浅薄，只以遭逢时会，盘据要津，流祸全黔，于今十载，综其罪状，罄竹难书。自彼柄政以来，吾民日陷于水深火热之中，呼吁无门，痛苦已极，此次更造成王逆华裔之乱。彼知得罪桑梓，无地自容，遂自行解除职务，逃之邻省。然苟能从此闭门思过，补□桑榆，使吾民困苦稍苏，亦不欲咎其既往。不谓野心不死，奸计复萌，近且通电各处，就职总裁，直不知人间有羞耻事。兹恐其以祸黔者再祸西南，故略举劣迹，以告国人，愿与国人共弃之。

当洪宪祸起，袁氏称帝，几覆共和，滇省首举义旗，风声早树，刘氏本存心反对，嗣因王总司令与全体军民主持正义，刘氏迫于舆论，无可如何，始勉强用密电宣告独立。然尚恐帝制告成，将不利于己，又使兄显潜受任伪巡按使之职，事成则附南，不成则附北，首鼠两端，计亦狡矣。迨民国六年，我西南各省兴师护法，而刘氏则依附其间，日与敌人通款，并自认贵州之联滇为失策。嗣闻广州国会将提出弹劾，始愿言断绝关系，仍使其弟显治阴与北方议和。只图自利，不惜卖黔，其罪一也。

黔本瘠区，财政支绌，已达极点。所有陆军，皆用外省协饷，所以苏黔人之困也。而刘氏为拥兵自卫计，复招游击军队，与其兄显潜以总司令之职，藉口筹饷，违法征收，为数甚巨。总计历年侵蚀公款，有八百余万之数。陆军出师在外，未曾接继分毫，所有款项，除养少数无用之游击军外，其余悉入兄弟私囊。此次显世远飏，万目共睹，遂致护卫之士，从者生心，行至滇之宜良，将其马驼银物数百驮，劫掠而去。吾民脂膏已竭，而刘氏欲壑难盈，其罪二也。

熊范舆、何麟书、郭重光辈，皆阴险奸猾之小人，而刘氏则引为心腹，营私结党，贿赂公行。是其所亲，虽死罪之囚，亦〔亦〕出诸囹圄，登之衽席；否即奇才异能，亦投闲置散，所以黔省吏治堕坏，无可救药，其罪三。

最近王逆华裔称兵作乱，意图消灭陆军，破坏西南大局，而刘氏实为主谋。特调游击军两营入省举事，各界纷纷诘问，竟始终掩饰，置之不理，星星之火，几至燎原。其罪四也。

刘氏命其子侄刘升昌、刘言昌、刘懋昌、刘伟昌等十数人，经营不正当之商业，所至之处，均以游击军随护，强买强卖，为所欲为，人民稍拂其意，则杀戮随之，只安顺一处，殴死经纪已达十余人之多。暴虐骄恣，有逾盗贼，所经厘卡，莫敢过问，故其子侄辈率皆腰缠数十万金，其罪五也。

刘氏既宣布解职，已失官吏资格，当归里时，竟向沿途附近各县署、厘局强索粮税存款，或数十元或数百元不等，知事、局员畏其淫威，不敢与抗。最可笑者，安南一县，地方穷僻，县署并无储金，只余银元四元五角，亦攫之而去。搜刮无遗，一至于此，其罪六也。

刘氏有意加乱，恐王逆华裔兵力之不足也，令大县招兵一团，中县二营，小县一营，将地方教育、实业、自治义仓、荫甸悉作军费，致各县要政，停顿不举，其罪七也。

刘氏天性暴忍，平日睚眦之怨，无不报复，同□之范氏、徐某、张某等，久有夙嫌，一家均被诛灭。又最恨民党，癸丑讨袁之役，黔之志士被毒者不可胜计。惨无人道，其罪八也。

以上诸端，均昭昭在人耳目，吾黔七百万人民，人心未死，誓不能承认此无人道无人格之总裁，使我西南光明璀璨靖国护法之旗帜，被其玷污。望诸公同声致讨，勿为所惑，则匪特黔省之幸，抑亦中国之幸也。黔省政学农工商各界全体同叩。印。

（《黔省各界宣布刘显世八大罪电》，长沙《大公报》1921 年 1 月 26 日，"要电"）

卢焘等致孙中山等电

（1921 年 1 月 27 日）

广州孙、唐、伍各总裁，云南唐总裁钧鉴：

黔军王总司令电轮，治黔数载，护国护法，迭奏肤功。前因赴沪养疴，委焘代总师干，识浅资轻，时虞陨越。黔省甫经改革，条绪万端，非王公早日返黔，挈领提纲，与民更始，恐难挽从前之万恶政治，咸与维新；兼之应付大局，非洞明内外情势，不能措置裕如。群情仰望回黔，有同望岁。务恳诸公从旁催促，俾得克日首途，匪特黔省之幸，亦大局之幸也。代总司令卢焘、混成旅长胡瑛、何应钦、谷正伦、张春浦、乌居仁叩。感。印。

（《王文华克日回黔》，上海《民国日报》2 月 12 日）

李烈钧致孙中山等电

（1921 年 1 月 29 日）

急。广东孙、唐、伍三总裁、各部长、国会议员诸公、陈总司令，云南唐总裁，长沙赵总司令、林省长，贵阳卢代总司令、任省长，上海法界协平里四号徐鹤仙先生并转王总司令、林、吴、褚、王四议长、孙伯兰先生均鉴：

辛亥改革，十载于兹。志士流血，草贼窃权，国〔是〕本飘摇，浮沉者再。护国、护法两役，义师固若云涌，而权奸之蹂躏民国亦甚。必有大豪杰砥柱其间，见义勇为，临难不苟，始克有济。黔省以贫瘠之区，屡建霹雳惊天之举，毅然不屈，守正不阿。援应滇、湘，控制川、桂，固由黔人之爱国，以促大局之进步；然领袖群英，盱衡擘划，王公伯群与总司令电轮其尤著。现大局纠纷未已，既赖建树，黔省政治亦待刷新。寿慈兄与诸将领固克措置裕如，然群望所属，仍盼电公早日返旆，有以慰黔中父老者，慰国人也。特电敦促，不尽神驰。李烈钧。艳。印。

（《李烈钧促王文华回黔》，上海《民国日报》1921年2月3日）

唐继尧致西南要人电
（1921年2月1日载）

（衔略）频年护法，迄鲜成效，虽由人事变迁，障碍丛生，难达期向。亦由国民思想进步，旧日所持谋国之方，仍不足以满全国大多数之希望。

前因岑氏乱政，国会与军府又不得实行职务，对于国事未能积极进行，此固出于不得已者。现军政府重建，中山先生复领袖群流，主持政务，必能应时事之需求，为根本的进行，餍国人之希望，应无庸继尧再为顾虑矣。

近国会诸公，为谋进步的改革，拟从改建政府入手。询及意见于继尧，愚为责任所在，不能不略有贡献。窃以政府组织，当必本诸约法，方能树立信仰。若因处此非常事变，国会不能正式开会，必以非常手段行之，则应以人民多数之希望为依归，始足以利进行。现时全国人民所渴望者为联省自治，西南政府欲求建筑于人民信仰之上，为将来统一全国起见，亦当由自治各省，至少有五六省区团结联合，而造成联省政府为宜。且内固西南团体，外使各省有机加入，亦非联省政府不可。当此疮痍满目，风雨飘摇，因革诸宜斟酌，少有不慎，自身立足之点已失，更无望收拾□涣散之人心，挽救此危亡之民国矣。

尚希诸公体察人心，旷观环境，暂持慎密，先从事各省团结，俟联省基础已定，再图适宜改造，则不胜盼祷之至。谨布微忱，诸维谅察。继尧叩。□。印。

（《唐蓂赓最近之意见》，上海《民国日报》1921 年 2 月 1 日）

贵州公民代表致孙中山等电①

（1921 年 2 月 3 日）

广东军政府孙、唐、伍总裁、参、众两院林、吴、褚议长、各议员、各部长、晨报馆并转各报馆，保定曹巡阅使、吴子玉将军，天津《益世报》并转各报馆，上海章太炎先生、孙伯兰先生、王电轮总司令、《民国日报》、《申报》并转各报馆，云南唐联帅、《滇声日报》并转各报馆、各同乡会、李部长，长沙赵总司令、林省长、《湘声日报》并转各报馆，北京西直门三颠殿李骆耆先生并转各同乡会，《益世报》并转各报馆，各省督军、总司令、师旅长、省长、省议会、各报馆均鉴：

刘前督显世现发通电，就军政府总裁职。以黔人而参与机密，

---

① 此电〈〉内字，据上海《民国日报》1921 年 2 月 11 日"公电"《贵州全省公民代表电》增补。——编者

诚为桑梓之光，苟于大局有裨，或于大局无损，要当表示赞同，而显世非其伦也。在国会诸公推举之意，必以为护国、护法，两度出兵，滇黔一致主张，在民国酬庸叙绩，义所当然。而不知破坏护法，即为此欺世盗名之刘显世。谨举以前之事实，为诸公一言之。

护国之役，蔡、戴微服出京，同乡□〈塞〉、陈诸人，密电显世，请其协助。显世复电，谓来电与兄平日主旨，迥不相同，当系有人假冒，请查究。及蔡、戴赴滇，唐蓂帅迭电相商，显世前复黔中将领，不肯附和；及王电轮、熊□〈克〉丞、吴哕鸾等力主讨袁，否则自由行动，刘知势不能遏，貌为认可，而又密令其兄显潜，驻兵茅口河附近，戴勘入境，欲要于路而杀之；经几许之交涉，继以滇军之威胁其撤兵，战事既起，又嗾使显潜密电北京通款，由袁皇帝任命刘显潜为贵州巡按使，上表称臣，设巡按使行署于兴义，汲汲扩张军备，械弹亦向兴义大批输送，若滇黔军一旦失利，则潜即倒戈相向矣。兄弟二人，一则假名讨袁，一则实行助袁，护国军胜，则显世为国功臣，护国军败，则显潜出而平乱，仍为袁氏功臣，无论何方得利，刘氏皆受上赏。此护国出兵之经过情形也。

护法之役，态度尤为变幻。段氏毁法，创设临时参议院，西南各省，大都否认，惟贵州独派议员，其弟刘显治复以此方势力相恫骇，显世遂绝口结舌，惟命是从。及云南宣告自主，刘显世致电唐公，谓讨杀之举，事前既未与闻，不能共同负责，表示拒绝之意。适王总司令电轮由沪返黔，力主出兵，黔军亦以戴、熊之死难，愤不能平，抗争最力，始有进攻重庆之举。及渝城已下，吴光新出走，西南局势渐臻稳固，犹复令其弟显治常驻北京，与北政府秘密勾结，时以权利交换游说，磋议苟和，设非陆军阻议，贵州早先广西而单独讲和矣。刘显治在京，时时奔走于靳云鹏之门，妄称彼能疏通卢、任，取消自主，北京各报早经登载，尤为证据显然。岑春煊勾通北庭，破坏大局，怂恿熊克武肇乱兴戎，刘显世之心腹王华裔致电岑，称黔军为逆军，并密派专使与陆荣廷协商，协力推倒云南，取消自主，以促成徐世昌之统一。天佑西南，粤军奏凯，岑、陆败北，刘显世附和岑、陆，投降北方之诡谋，遂归失败。其最丧心病狂者，滇黔军由川撤退，显世密商川军将领，以川军之一部援助王华裔，先将黔军灭，然后会攻云南，并请徐世昌派遣知兵大员赴渝督师。王华裔仓卒发难，其中实有重大阴谋。设非黔军发动敏速，即将游击军驱除，西南大局，宁堪设想耶。（王华裔逃走，滇军杨旅长益谦驻兵洪江，搜得证据，益足证明。）

以如此反复无耻之小人，设令其滥竽总裁，参与机密，势必藉枢要之地位，作北廷之内奸，则岑、陆之故智，又将复见于今日。刘显世背叛西南之罪恶，既已事实彰彰，鉴岑、陆之前车，谋将来之发展计，惟有罢免显世之职，另举贤能。海内贤豪，如孙伯兰、章太炎、李协和等，皆负当世重望，选膺斯任，夫岂无人，而必以通敌奸邪担当政务，此不特军府之羞，国家前途，宁有希望。谨此陈请，伏候卓裁。贵州全省公民代表陈百朋、白照奎、石伯华、郑家彬、沈干华、牟惠民、钱登云、冯祖培、谭丞宗、蔡鹄、阮德清、丁体文等二百三十八人同叩。江。印。

（《贵州公民代表宣布刘显世罪状电》，长沙《大公报》1921 年 2 月 14、15 日，"要电"）

卢焘致孙中山等电
（1921 年 2 月 4 日）

广州军政府孙、伍、唐各总裁、林、吴、褚各议长均鉴：

顷据京津沪各报登载新闻，称焘输诚北方，并捏造电报，向北庭请款接济，各省报纸相继转载，并有人来函探询，一若实有其事者。查黔省护国护法，焘追随王总司令转战湘蜀，扶持正谊，百折不回。此次代总师干，迭发通电，表示护法宗旨，始终不渝。北政府不由法律产生，为西南各省所否认，北方将帅之明大义者，亦多严词阻谏，指为非法，黔省为护法团体之一，目的一日未达，即责任一日未终，正拟纠合义师，肃清国难，何至自损人格，附和巨奸，此种无稽之词，显系有人造谣，藉此招摇罔〔网？〕利。恐外间不明真象，特此电闻，希即鉴察。卢焘叩。支。印。

（《军政府公报》光字第十九号，1921 年 2 月 16 日，"公电"）

王文华致孙中山等电

（1921 年 2 月 5 日）

急。广州军政府孙、唐、伍各总裁、陈总司令，云南唐总裁、并转周老，长沙赵总司令，贵阳任省长、卢总司令，并转镇远李部长、各旅长均鉴：

文华迭奉粤联帅电令回黔，因病未愈，暂为医治。近日复承李部长、赵总司令电促回黔，黔中任、卢两公及各将领、各界、各团体亦一再电促，爱责备至。文华虽极厌闻黔事，亦无辞以对。兹即准备行装，由粤滇回黔，为国家，为桑梓，敬听驱策，力疾从事。谨此电复。王文华叩。歌。

（《王文华克日回黔》，上海《民国日报》2 月 12 日）

顾品珍致孙中山等电

（1921 年 2 月 16 日）

广州军政府孙总裁、唐总裁、伍总裁、陈总司令，贵阳卢总司令、任省长，长沙赵总司令、林省长鉴：

滇省军民安堵，秩序如常。周省长钟岳，昨虽因恙辞职，经省会坚挽，同人敦劝，决不愿周之高蹈也。知注特闻。顾品珍。铣。印。

（《顾品珍电告滇省安堵》，上海《民国日报》1921年3月1日）

改造广西临时军致孙中山等电
（1921年2月17日）

云南唐联帅、刘副帅、周省长，请转孙、伍、唐三总裁、各部长、陈省长、海军林总司令，改造广西同志会，长沙林省长、赵总司令，贵阳召省长、卢总司令，护法省区各省议会、各报馆钧鉴：

陆、谭辈以绿林之资格，劫桂省之政权，大树爪牙，夜郎自大，连年苛政，为所欲为。推祸国之波澜，扇殃民之毒焰，陷吾民于水深火热者，已历十年。近自失势于东，更复变本加厉，取消自主，破坏西南，只冀权利之长存，忍作亡省之大逆，穷凶极恶，楮墨难宣。留此盗酋，祸伊胡底。超等爱乡爱国，未敢默然。第欲息祸救亡，自应急图改造。爰集义旅，誓师田南，驱除逆酋，还我民治。顷据前敌指挥江达河飞足快报：第一、二路司令卢廷元、黄继业经于微、虞等日，收复恩隆、恩林、吴德镇、结隆、安忠州等县。即令顺流而下，直捣武鸣。惟念困兽负隅，不无思逞。群公老成谋国，民国长城，望即会猎昆仑，扫清余孽，共图改造，竟厥全功。摄甲上言，伫候明令。改造广西临时军主任班继超、靖桂军司令蒋振彪叩。筱。

（《改造广西临时军通电》，上海《民国日报》1921年2月22日）

顾品珍致孙伍唐三总裁电

（1921 年 2 月 18 日）

孙、伍、唐各总裁鉴：

　　吾滇积年用兵如水，彼攻击□①滇□□收束部队，相与归田。适联师［帅］宣布取销联军总部，通电解职，滇中父老及各界，以维持治安不可无人，谬以滇军总司令相属。自维锋镝余生，解甲心切，何堪以栎材应此重任，惶恐之余，勉力承乏。念共和国家，最重民意，民意所趋，治安为本。自军兴以来，国民苦兵革久矣，今幸欧战告终，武力主义已就衰歇，□□□□□□ □□品珍前此待罪戎行，转战年年，时深内疚，兹有兼任保持地方之责，尤愁驽钝。惟有尊重国法，服从民意，事事公开，合群策群力，以安桑梓。尤冀海内贤豪，互相提携，求安全国。至应如何扫除武人政治，发扬民治精神，力谋解决时局适当之法，以遵国民之心理，以应世界潮流。品珍不敏，陨越时虞，敢布曲心，愿聆明教。滇军司令官顾品珍。巧。叩。

　　（《顾品珍通电护法》，上海《民国日报》1921 年 3
　　月 13 日）

湘军将领宋鹤庚等致孙中山等电

（1921 年 2 月 24 日）

急。广东孙、伍、唐总裁、陈总司令、各部总次长、参众两院湘籍国会议员、孙伯兰先生，汕头洪师长并转湘籍各军官，云南顾总司令、周省长、刘如舟先生，贵阳卢总司令、任省长，三原于督军，

---

　　①　原文如此，后同。——编者

重庆熊锦帆先生、刘、但两军长，长沙抄送柏烈武先生，南宁陆武鸣先生，北京徐菊人、靳翼青、范静生、汪颂年诸先生，天津黎宋卿、熊秉三、梁任公、刘霖生、郭侗伯诸先生，上海岑西林、章太炎、谭组安、汪精卫、王儒堂、王电轮诸先生，南通张季直先生，河南吴副使，武昌王督军、夏省长，南昌陈督军，各省巡阅使、督军、省长、护军使、各镇守使、各军师旅长、各省议会、各报馆鉴：

读我赵总司令主张自治迭次通电，反复推勘，毫无余蕴。鹤庚等同属编氓，分列军籍，体会所及，不能□言。

国家每有改革，皆以武力为转移，用之以发皇正谊，则万世永其讴歌，用之以制造威权，则尽人痛加指摘。民治已为布菽之需，军阀将成强弩之末，大势所趋，识时为上，此同袍应有之觉悟，并望国人加意者一也。南北战争，各有揭橥，牺牲至巨，结果皆虚。苟不于自治积极进行，则北廷抱统一之幻想，其政策固不足有为，即西南矢护法之精诚，而目的亦难于遽达。求真谛之所在，毋歧路而周旋，此同袍应有之辨别，并望国人加意者又其一也。

鹤庚等从事义师，于兹数载，饱经世变，洞悉舆情，不求根本解决之方，别无息事宁人之计。明知欠饷甚巨，罗掘已穷，而犹愿节衣缩食，供新事业之挹注者，无非忍一时之痛苦，策百年之治安。蕲向既决，上下一致，异日大成，即解甲归里，受自治之支配，享自治之幸福，宁非盛事。倘有障碍自治之进行者，责任未终，鞭弭犹在，惟有追随贤达，以实力决心，共谋拥护，不稍依违其间也。敢布悃诚，诸维亮察。宋鹤庚、鲁涤平、田应诏、谢国光、吴剑学、蔡巨猷、唐义彬、叶开鑫、贺耀祖、唐生智、邹序彬、刘铏、赵钺、张辉瓒、陈嘉佑、罗先闿、刘叙彝、田镇藩、李韫珩、唐荣阳、陈渠珍、葛豪全叩。敬。印。

（《湘省军人大觉悟》，长沙《大公报》1921 年 2 月26 日）

居正致孙中山函
（1921 年 2 月）

先生钧鉴：

一月二十六日尊示奉悉。

甘肃事，陆洪涛业已接任，当告一结束。是处鞭长莫及，只好听之。卢占魁尚未来沪，来时当与一谈也。川事，据目前论，自熊克武与刘湘联合，冀倒刘存厚，刘存厚之势日衰。惟克、湘二人，终亦不能相容。至于我方运用，则觉旧同志关系深者较易接近，锦帆个人虽有叛党之嫌，其部下实多旧关系之人，不难挽回。至于二刘，非我族类，其心必异，是不可不预防也。沧白意在联刘存厚，然亦非绝对者。

黎宋卿运动长江之说，容或有之，但恐难于实现。此时各督皆欲自霸，岂甘推戴失势之黎氏。惟若奉派果然复辟，则直派或拉之以为傀儡，亦意中事耳。至黎欲以湘李两军取鄂，无论李协和不能听信尧卿一面之词，单独行动。即湘赵亦必不敢轻与王占元挑战，以自危其地位。不过夏寿康一流人物，对于鄂省总不免有此野心耳。湘赵、林北附，既未实现，当此力难兼愿之际，羁縻之，固是办法，惟联络则似无所谓。盖彼已与民党成水火，纵我不以为仇，彼亦不自安。况谭派日围绕其侧，挑拨百端。今彼之不急与我绝者，亦犹我之不能讨彼，彼此均心心相照，虽竭力联络，其结果仍与羁縻等也。

谨复，并颂

钧安

（《居正文集》（上），第 381～382 页）

居正致孙中山函
（1921 年 2 月）

先生钧鉴：

奉电示，以交通部改为本部特设驻粤办事处，委任张继为干事长，遵即转告溥泉矣。惟前承天民兄寄以交通部草章一份，兹名称既换，该草章似亦应有变更，聊就鄙见所及，就原草稍事修改，录呈钧察，可否交付公决，伏希裁夺。谨上，并叩

钧安

居正

（《居正文集》（上），第 388 页）

旅粤黔人王庆等致军政府诸总裁函
（1921 年 3 月 4 日载）

窃北廷违法，西南讨之，于是以护法旗帜相号召。而服从于此旗帜之下者，厥惟抱有主义与有实力之护法之两种分子。无论属于何种，均与北廷为政治之敌，此固赞成护法者所公认也。乃报载刘显世在滇就总裁职，并派代表出席政务会议，未免玷辱军府，贻羞西南，使我堂堂正正之护法旗帜蒙一污点，诚可惜也。

夫刘氏为抱护法主义者乎？彼向来连北，命其弟显治为驻北京全权代表，尽人皆知。近强就护法范围，盖为西南势力及内地军人之逼迫。故卢代总司令通电，屡数其罪，与黔人共弃之。而我黔民党之死于彼手者至万余人。如是，则刘氏固非抱护法主义者也。然则刘氏有实力护法者乎？据卢总司令来电数则观之，刘氏被人民驱逐，已囊括所有，亡命于滇，黔省势力非复为彼所有。若是，则刘氏又非有实力护法者也。既非主义，又无实力，即不得为护法分子。且岑春煊等之被逐，以其具护法之名而无其实，刘氏与岑等相等。况彼乃土豪，所谓虎而冠者也。我庄严璀璨之军府，何取于彼乎？或者谓刘氏为国会所选耶，则岑春煊等亦国会所选也，岑等既可驱逐，刘氏亦可取消；或者谓刘氏为西南人才耶，则此种诚车载斗量，不胜其数矣；或省［者］谓刘氏与唐蓂赓相厚耶，彼此时

直寄生耳；或者惧其为北廷之伥耶，彼既离黔省，诚匹夫耳；或者惧其恢复势力，不得不虚与委蛇耶，彼兄弟恶极罪大，人民恨之刺骨，唐〔卢〕代总司令既能维持秩序，必能预防刘氏也。

总之，刘氏之罪久已昭著，任其捆辎重、载要事，逍遥法外，彼诚万幸矣。犹觍然就总裁、派代表，是诚小人之无耻也。除请愿取消其总裁一职外，特致书诸公，望采纳刍荛之言，免军府遭玷，则幸甚矣。

（《旅粤黔人与刘显世》，上海《民国日报》1921 年 3
月 4 日）

蒋介石致孙中山函
（1921 年 3 月 5 日）

中正匆促言旋，途中稍有感冒，致回里后，身婴微疾，呻吟床第间者四五日。现在热度虽退，而元气尚未全复，病体懒弛殊甚，惟对于本党进行计划，仍日夕贯注全神，未尝须臾忘也。

此次勾留广州旬日，决定援桂要纲，竞存、汝为均各赞同，心窃幸之，然目前为中正之所切忧，有一不忍言而又不能不言者，厥为选举总统问题是也。上次因此意见分歧，致滋误会，嗣经商榷一再，始行解决。惟现在为期伊迩，根基尚虚，桂逆既未铲除，西南难望统一，议员又未足数，国会尚未正式，则选举总统一节，鄙见以俯顺各方舆论，从缓进行为是。此事前在粤时，亦同汝为细加研究，彼言对党惟有服从，于此固无异议，然以事实上之利害关系而言，平桂之后，首举大元帅，再选总统，则凡百进行，较为稳当。此汝为对中正一人之私言，乃中正对先生亦一人之私言，谅勿以此视汝为亦反对先生之人也。

先生之主张早选者，其目的在乎注重外交，与对抗北京政府，为最大关键，但由中正视察，或有未尽然也。回忆吾党失败之历史，无一次不失败于注重外交者。民国二年及五年二度之革命，先生皆借重日本为我党之助，乃日本反助袁助岑，以制我党之进行，吾党因以失利。逮乎民国七年，先生督率海军南下，声势不可谓不浩大，而又恃美国外交为之援助，宜乎不致失败。不斜［料］西南主张纷歧，内部不能统一，吾党又因以失势，英国从中妨碍，而美国反为壁上观，则外交之不足恃，盖可知矣。近观俄国外交之近状，尤足借镜。列强各国，对于俄国之压迫，可谓无所不用其极，兵力压制之不已，继之以封锁，及其封锁之无效，又利用波兰及反劳农军以捣乱俄国，而俄国卒不能为其所困者，亦以其内部之团结坚强，实力充足，乃有所恃而无恐耳。

吾党标榜显著，外人目中，无不视吾党为劳农制之化身。故无论为美为法，与吾党个人有极善之感情者，至一顾及其本国之政策，鲜有不为其所反对与阻梗者。故本党惟有团结内部，放弃外交，以苏俄自强自立为师法，以谭义金等反动军凭藉外交之失败为殷鉴，则内部巩固，实力充足，自有发展之余地也。将来桂逆一平，或顺长江而下，或自西北而进，直捣黄龙，统一中国，固非难事。若以选举总统之后，党见随以歧异，内部因之不一，西南局势，亦顿形涣散，仍蹈民国七年之覆辙，所谓对抗北京政府者安在哉！

近闻北京伺南方之选举总统，以海市蜃楼为倒孙之张本，此言虽未足深信，然亦可作一参考之材料，不无注意之价值也。

至论广州现状，先生之于竞存，只可望其宗旨相同，不越范围，若望其旦危授命，尊党攘敌，则非其人，请先生善诱之而已。敢布腹心，幸垂鉴焉。

（《蒋主席书信集》，第 26～28 页）

居正致孙中山函
（1921 年 3 月 7 日）

先生钧鉴：

澳洲本党驻沪总代表邓君慕周，于去冬在沪病故，现由伊弟渭熙运柩回肇。慕周为雪梨党务之人，厥功甚大，今归骨故乡，似应有所优崇，以酬既往，而励将来，请先生酌为饬办；并请于其归葬时，略派军队护送，因往日慕周之叔回里，曾被匪徒绑去，出数千金始得赎回。今全眷送柩回肇，尤为危惧，故有此请也。谨上，并叩钧安

三月七日

（《居正文集》（上），第 399 页）

驻加拿大国民党总干事致孙中山等电

（1921 年 3 月 7 日）

子超议长，国会议员，孙、伍、唐总裁，陈省长暨报界诸公鉴：

南北对峙，大局纠纷，北庭已无意媾和，南方护法信任益重，速举总统为解决时局最良策，正名定分，固本宁邦，民国安危，在此一举，唯公等图之。驻加国民党总干事代表九千党员叩。阳。

（《军政府公报》光字第廿九号，1921 年 3 月 23 日，"公电"）

顾品珍致军政府各总裁电

（1921 年 3 月 9 日）

广州军政府各总裁鉴：

卢总司令虞电主张正大，用意深远。诸公如一致赞成，即由军府发电反对，以伸正义。实所祷企。品珍。佳。印。

（《湘黔滇赞成浙卢主张》，上海《民国日报》1921年 3 月 21 日）

卢焘、任可澄致军政府各总裁等电

（1921 年 3 月 10 日）

广州军政府各总裁、参众两院、陈总司令，北京徐菊人、靳翼青先生，各省督军、省长均鉴：

中华民国之成立，根据于临时约法。约法上无解散国会之规定。黎前总统受武人之迫胁，违法解散，北方当局乃竟破坏约法，另组国会，至使共和基础为之动摇。西南出兵，职在护法。北廷维持个人地位，始终不肯容纳，以致历年纷扰，解决无期。欲求统一之成功，当循法律之正规。北廷乃托言统一，举行国会选举，欲将西南护法宗旨一笔勾消，此种违法选举，西南各省绝对不能承认。以此而言统一，直使南北益形隔阂，时局愈见纠纷，名为图谋统一，实与破坏统一无异。读卢督佳、江两电，破除北方之谬说，发为持正之公言。数年来南北乖违，皆由各挟成见，好争意气，野心者复从而利用之，致使真正不明，泯梦愈甚。从未有平心静气，主持公理如卢督军之剀切陈尽者。切望各省当局，不徇南北之私见，群为正当之主张。共和国家以法律为根据，护法之责非南方之所专，有果能公平判断，一以法律为归，则和平解决为期不远。全国统一，舍此莫由。谨布腹心，即祈明教。卢焘、任可澄叩。灰。印。

（《湘黔滇赞成浙卢主张》，上海《民国日报》1921年 3 月 21 日）

林森、褚辅成致军政府各总裁电

（1921 年 3 月 16 日）

广州军政府各总裁公鉴：

铣电痛斥北京伪政府一切行动均为非法，较之卢子嘉先生佳、江两电，尤为痛快。徐世昌神奸巨慝，上下其手，播弄法律，自行取消其非法总统地位，可谓天夺其魄。尊电揭奸发覆，温犀禹鼎，烛照无遗，奉读之余，益见诸公坚持护法之真诚，国民共和，法律尊严，当能鉴别顺逆，以定从违也。专以敬复。林森、褚辅成。谏。印。

（《军政府公报》光字第三十号，1921 年 3 月 26 日，"公电"）

李宗黄致军政府五总裁等电

（1921 年 3 月 17 日）

急。广东军政府孙、唐、伍、唐、刘五总裁钧鉴：分送各部总次长、参众两院林、吴、褚三议长及各议员、陈总司令兼省长，探送孙伯兰、汪精卫、胡汉民、张溥泉、马君武诸先生，并送云南同乡会、湖南赵总司令、林省长，贵州卢总司令、任省长，云南顾总司令、周省长、省议会公鉴：

宗黄不才，谬蒙任命为交通部次长，救时乏术，护国有心，谨策驽骀，以随诸公之后。现正交代各项职务，不日完竣，即行赴粤就职，听候明教。先肃布臆，统乞亮察。李宗黄叩。筱。印。

（《北洋军阀史料·吴景濂卷（三）》，第 737 页）

国民党古巴支部致广州军政府、国会议员电

（1921 年 3 月 18 日）

广州军政府、国会诸君鉴：

约法有总统，国会护法，何以未选，岂认贼作父耶？外人传为笑谈。请一致主张，即举总统。国民党古巴支部全体。巧

（《军政府公报》光字第三十号，1921 年 3 月 26 日，
"公电"）

胡瑛等致军政府各总裁等电
（1921 年 3 月 18 日）

广州军政府各总裁、参众两院、陈总司令，镇远李部长，云南顾总司令，长沙赵总司令，贵阳抄送任省长、省议会均鉴：

王总司令电轮手创黔军，艰难缔造，护国护法，功在国家。迩因南北纠纷，解决无日，驰驱沪滨，企图刷新局势，发展西南。乃为奸人所算，赍志以殁。三军悲痛，愤不欲生。王公为国奔驰，始终不二，同人等秉承教诲，矢志靡他。现全体一律公推代总司令卢公寿慈担任黔军总司令，主持军政，仍继续王公遗志，对于大局主张，决与护法各省一致行动。皇天后土，实鉴斯言。至王公为国牺牲，亟应如何表彰，以慰灵爽。诸公笃于故旧，当必主持公道也。黔军混成旅旅长胡瑛、谷正伦、何应钦、彝〔张？〕春浦、窦居仁叩。巧。印。

（《王文华遇害后之黔事》，上海《民国日报》1921
年 3 月 27 日）

纽约国民党部长吴朝晋等致广州军政府等电
（1922 年 3 月 21 日）

广州军政府转国会、政、商、学、报暨各团体鉴：

吾人欲解决时局，一致主张，即选总统，为对内、对外、对敌机关。纽约国民党部长吴朝晋暨全体。个。

（《军政府公报》光字第三十号，1921 年 3 月 26 日，
"公电"）

驻加笠夫李市国民党陈新民等致孙中山等电

（1921 年 3 月 23 日载）

子超议长，国会议员，孙、伍、唐总裁，陈省长暨报界诸公鉴：

和议无成，请速举总统，维持时局。驻加笠夫李市国民党陈新民、中兴阅报社李义珩等叩。

（《军政府公报》光字第廿九号，1921 年 3 月 23 日，"公电"）

加拿大华纶埠国民党致孙中山等电

（1921 年 3 月 23 日载）

国会，省长，孙、伍、唐、唐四总裁暨报界公会鉴：

盼望西南选举总统，以定邦基。加拿大华纶埠国民党叩。

（《军政府公报》光字第廿九号，1921 年 3 月 23 日，"公电"）

美汪力国民党部长余昭平等致孙中山等电

（1921 年 3 月 23 日载）

孙、唐、伍、唐总裁，参众议员鉴：

北伪国会解散，徐销灭，即举总统，定天下。美汪力国民党部长余昭平、图强书报社长李佐。

（《军政府公报》光字第廿九号，1921 年 3 月 23 日，"公电"）

侨民林作舟等致孙中山等电

（1921 年 3 月 23 日载）

子超议长，国会议员，孙、伍、唐总裁，陈省长暨报界诸公鉴：
　　请速举总统，以定邦本。林作舟等叩。

　　　　（《军政府公报》光字第廿九号，1921 年 3 月 23 日，
"公电"）

舞市阻国民党启明社等致孙中山等电

（1921 年 3 月 23 日载）

林议长、国会议员、各总裁、陈省长暨报界鉴：
　　北无和意，南速举总统，奠外局。舞市阻国民党启明社等
叩。

　　　　（《军政府公报》光字第廿九号，1921 年 3 月 23 日，
"公电"）

加拿大华侨致孙中山等电

（1921 年 3 月 23 日载）

广州孙、唐、伍总裁、国会议员钧鉴：北庭无意媾和，速举总统，
奠我邦基，民国幸甚。加拿大华侨叩。

　　　　（《军政府公报》光字第廿九号，1921 年 3 月 23 日，
"公电"）

爱京那萨斯克华侨致孙中山等电
（1921 年 3 月 23 日载）

子超议长，国会议员，孙、伍、唐总裁，陈省长暨报界诸公等：
　　速选总统，为解决时局，以安人心。爱京那萨斯克华侨叩。
　　　　（《军政府公报》光字第廿九号，1921 年 3 月 23 日，
　　"公电"）

华侨梁博等致孙中山等电
（1921 年 3 月 23 日载）

子超议长，国会〈议〉员，孙、伍、唐总裁，陈省长暨报界诸公鉴：
　　请速举总统，以定邦本。社长梁博等叩。
　　　　（《军政府公报》光字第廿九号，1921 年 3 月 23 日，
　　"公电"）

侨美盐湖国民党致孙中山等电
（1921 年 3 月 23 日载）

孙、唐、伍、唐总裁，国会诸君，陈省长鉴：
　　请速举正式总统，成立政府，为对内、对外之中枢。侨美盐湖国民党叩。
　　　　（《军政府公报》光字第廿九号，1921 年 3 月 23 日，
　　"公电"）

侨美国民党全体大会致孙中山等电
（1921 年 3 月 23 日载）

广州孙、唐、伍、唐、陈暨国会诸公鉴：

国家大本，端在法律，大本沦丧，国何以立？北庭毁法，危我邦基，彼虽窃据依然，而早丧其资格。今徐贼既自行取消其伪职，亟宜由国会选举总统，成立政府，以为对内、对外之中心，国会当自由行使其职权，诸公可竟护法之宏愿，名正言顺，何事徘徊，惟亟谋之。侨美国民党全体大会同上。

（《军政府公报》光字第廿九号，1921 年 3 月 23 日，"公电"）

唐继尧致孙中山函
（1921 年 3 月 24 日载）

中山先生阁下：

连日快聆教言，顿慰频年积慕，更荷礼遇有加，所以爱勖提携者，至为肫诚。感佩之思，深铭五内。继尧以此次由滇到港，沿途车船劳顿，已累夕不获成眠。入粤以来，脑病复作，精神异常疲惫。又因敝眷及随从人员，现均暂寓在港，诸待安置，不能不到港一行。稍事屏挡，藉图休息数日，再为随时来粤，共商大计。兹虽匆匆启碇，不及走辞，所恃素承知爱，且此后与公相处之日正长，谅不责其疏慢也。专此布悃。敬□

勋安

继尧拜启

（《唐冥［蓂］赓赴港暂息》，上海《民国日报》1921 年 3 月 24 日）

驻加打市卡夫埠国民党分部致孙中山等电
（1921 年 3 月 26 日载）

子超议长，国会议员，孙、伍、唐总裁，陈省长暨报界诸公鉴：
　　①解决，请速举总统，早固国本。驻加打市卡夫埠国民党分部叩。

　　（《军政府公报》光字第三十号，1921 年 3 月 26 日，
"公电"）

加拿大国民党致军政府总裁、国会议员电
（1921 年 3 月 26 日载）

广州军政府各总裁、国会议员钧鉴：请速举总统，主持一切。加拿大国民党叩。

　　（《军政府公报》光字第三十号，1921 年 3 月 26 日，
"公电"）

墨西哥华侨余器镳等致军政府总裁等电
（1921 年 3 月 26 日载）

各总裁、陈省长、报界诸公鉴：
　　请一致主张，速选总统，为对内、对外之中枢。余器镳、文化书报社叩。

　　（《军政府公报》光字第三十号，1921 年 3 月 26 日，
"公电"）

---

　　①　原文如此，前似缺字。——编者

芝加哥国民党致军政府总裁等电
（1921 年 3 月 26 日载）

广州孙、唐、伍总裁，陈省长，两院议员鉴：

正式总统未选出，内无以别邪正，外无以示国威，乞速举行，以安人心。芝加哥国民党叩。

（《军政府公报》光字第三十号，1921 年 3 月 26 日，"公电"）

湖南省议会致军政府各总裁等电
（1921 年 3 月 30 日）

广州军政府各总裁、参众两院、陈总司令、省议会，云南顾总司令、周省长、省议会，重庆熊锦帆先生、刘、但两军长，成都刘军长、省议会，贵州卢总司令、任省长、省议会，上海岑西林、章太炎、谭组安、王儒堂先生钧鉴：

护法军兴，已历数载，相持不决，未竟全功，现在内审时势，外观潮流，实以联省自治为救国之惟一良法。既主张联省自治，必以省为基础，有各省自治，而复各省可以联合，有联省自治，而后联省政府可以组成。吾湘对于省自治根本法，业已筹备制定，着手实行，而西南各省之主张自治者，亦复同声相应。民族自决，势不可遏。惟联省政府之成立，时机未熟，必俟将来构成联省会议，取决多数，始能建设一巩固之国家，否则基本不固，离析堪虞，恐统一之效未收，自治之机先挫。诸公明达，当见及此。敬呈愚虑，伫候教言。湘省议会叩。卅。印。

（《省议会与联省政府》，长沙《大公报》1921 年 3 月 31 日）

侨墨孖沙打冷埠启索书报黄恭让等致孙中山等电
（1921 年 3 月）

国会暨孙、唐、伍、唐诸公鉴：

速举总统，北庭自倒。侨墨孖沙打冷埠启索书报黄恭让等。

（《革命文献》第五十一辑，第 314 页）

墨侨活打胆步中国国民党麦兴华等致孙中山等电
（1921 年 3 月）

孙、唐、伍总裁，国会诸君，陈省长鉴：

请速举正式总统，成立政府，为对内对外之中枢。墨侨活打胆步中国国民党麦兴华等。

（《革命文献》第五十一辑，第 314 页）

唐继尧致军政府各总裁等电
（1921 年 4 月 2 日）

急。广州军政府各总裁、各部长，云南分送省议会、顾总司令、周省长、财政厅暨各法团、各报馆均鉴：

顷接顾总司令有电，循诵再三，不胜骇异。

查滇为贫瘠之区，自护国以来，频岁兴兵，度支益巨。夫以一隅之地，赴全国之急，苦我人民已属万不得已。故尧治滇数年，虽当库储屡空，从未订借丝毫外债，且从未增加人民负担。举凡军政费用，预算决算，事照公开，收入支出，悉有单据，经理有负责之专员，手续循一定之程序，辗转监督，立法綦严。款项无论巨纤，继尧例不经手，历年持节之余，当尧离滇时，运需局尚存积一百数十万元，濒行曾携五十万元，到蒙发给各军公用之需，并以分给随员旅费。此等用款，事属因公，日后不难开具用途，宣告于众。又军需局存款，除提外尚存一百余万元，且地方公款，范围亦甚宽广，安所得谓罄其所有，捆载以行者？凡此种种，案册整然，事实具在，非可空言以自饰，更难信口以相诬。来电云云，不知究何所指。

尧诚无状，愧对人民，惟数年来区区慎重公帑，不敢贻累桑梓之苦心，差足以告无罪。虽君子立身处世，自有本末，而地方公款所关，岂容含混。非云止谤，实以明心。谨布恳诚，惟希鉴察。唐继尧。冬一。叩。

（《唐蓂赓表明用款真相》，上海《民国日报》1921年4月11日）

蒋介石致孙中山电

（1921年4月4日）

动员无期，来亦何益，且反多阻碍，暂为缓行。特复。中正叩。

（《民国十五年以前之蒋介石先生》上辑，第133页）

湖南省议会致孙中山等电

（1921年4月7日）

广州孙、唐、伍总裁、陈总司令、孙伯兰、胡汉民、汪精卫先生，上海章太炎、谭组安先生，云南顾总司令、周省长，贵州卢总司令、任省长，重庆熊锦帆先生，天津熊秉三先生，各省督军、省长、省议会均鉴：

前月歌晚，林省长离职出省，本会第七次临时会经于本月歌日开会，鱼日提出选举临时省长案，出席投票议员七十八人，赵公恒惕以七十八票当选为湖南临时省长。除咨请即日就职，并兼任总司令外，特此电闻。湖南省议会叩。阳。印。

（《选举省长通电一束》，长沙《大公报》1921 年 4月 8 日）

林森致军政府各总裁等电

（1921 年 4 月 7 日）

急。广东军政府各总裁、各部长、陈总司令兼省长、省议会、海军总司令、各舰长、各军师旅长、向司令，长沙赵总司令、冯代省长、省议会、各军师旅长、各司令，云南顾总司令、周省长、省议会、各军师旅长、各司令，贵阳卢总司令、任省长、省议会、各军师旅长、各司令，各省省议会、教育会、商会、农会、工会、各报馆均鉴：

国会同人鉴于外交迫切，内乱迭起，北京政府已自承认非法，取消其伪政府资格，中华民国对内对外，皆不可不成立正式政府。特于本日在广州开国会非常会议，议决中华民国政府组织大纲，并依大纲第二条条文，大总统由国会非常会议选举之，以得票过投票总数之半者为当选，于本日举出孙文为中华民国大总统，特此奉闻。国会非常会议议长林森。阳。印。

（《广州竟选举孙文充总统矣》，长沙《大公报》1921年 4 月 11 日）

范尧深、查猛济致孙中山电

（1921 年 4 月 7 日）

上海《民国日报》转孙中山先生鉴：

阅报悉先生当选总统，祝颂之词，尧深、猛齐［济?］所不欲为，且先生亦无需有此。唯有不能已于言者，民国肇兴，十年于兹，而先生等二十年来所创道之三民主义，迄未能一一实现。顷者先生既膺重任，不难展所抱负，愿本曩日之精神，先切实以谋民权、民生二主义之实现，继努力以追今日世界先进国之踪，锄彼桀黠，还我光明人类之体，亦世界之福也，幸先生亟图之。临电不胜盼切之至。范尧深、查猛济。虞。

（《各方面电贺孙总统（六）》，上海《民国日报》1921 年 4 月 15 日）

驻粤滇军致孙中山电
（1921 年 4 月 7 日）

孙大总统钧鉴：

四海响风，万民托命，受国会之付托，顺民意以开元，绍正统而即真，奠国基于永固，从此戡除祸乱，扫荡荆榛，日月重光，黎元褆福，下风仰望，无任欢欣。赵德裕、蔡炳寰、何福昌、开超清谨率全体驻粤滇徒同叩贺。阳。印。

（《各方面电贺孙总统（十）》，上海《民国日报》1921 年 4 月 19 日）

湘南省教育会等致军政府各总裁等电
（1921 年 4 月 8 日）

广东军政府各总裁、各部长、参众两院、陈总司令，云南顾总司令、周省长，贵阳卢总司令，任省长，重庆熊锦帆先生、刘、但两军〈长〉，长沙赵总司令，各省省议会、教育会、商会、农会、工会、各报馆均鉴：

报载参众两院对于选举总统问题，势将实行，是否出自传闻，殊滋疑讶。

总统为一国元首，选举程序，法律规定綦严，断非简令手续所可通融。自国会迭经播迁，议员日形寥落，法定人数不足，遽尔草率举行，既损总统尊严，尤开选举恶例。往者北方违法，西南反对于前，北方各省，近亦抨击于后，覆辙在前，可为殷鉴。此不可行者一。合议、独裁，聚讼纷纭，现在之合议制，无发生何项障碍，而成规具在，非得各方同意，未便自由变更。此不可行者二。总裁人数虽多，意在吸收各方势力，团结内部精神。为废总裁而举总统，设于数总裁外另举一人，固不免另启纠纷，即于数总裁中仅举其一，使留者之势力益孤，去者之精神益涣，更非维持现状之道。此不可行者三。

现在民治潮流，震荡寰宇，联省自治实为解决时局唯一方针。如果省与省皆有自治决心，则联省政府成立之日，即为联省政府首领产出之时，凤哕朝阳，为期不远，似不必断断于过渡时代之元首问题也。敢陈管见，伫盼教言。湘南教育会、商会、农会、工会同叩。庚。印。

（《四法团反对选举总统电》，长沙《大公报》1921年4月10日）

顾忠琛致孙中山电
（1921年4月8日）

广州孙大总统钧鉴：

正统沦夷，我公被选，谨为中华民国正朔庆。顾忠琛。庚。

（《各方面电贺孙总统（一）》，上海《民国日报》1921年4月10日）

葛玉斋等致孙中山电

（1921 年 4 月 8 日）

广州孙大总统钧鉴：

　　武人毁法，正统沦夷，我公被选，天人孚协，从此肃清内乱，奠安国家，顺世界之新潮，促民治之发展。谨此电贺。葛玉斋、徐仲甫、余亚农、王伯衡、丁旭、石隽青、石奎、李振亚、廖梓英、王少怀、程壮、蒋逸民、吴扬侯、贾鹤卿、张佩轩、石金章、杜砚等。庚。

　　　　（《各方面电贺孙总统（一）》，上海《民国日报》1921 年 4 月 10 日）

粤军第二军致孙中山电

（1921 年 4 月 8 日）

广州孙大总统钧鉴：

　　顷国会开非常会议，我公以二百一十八票之最多数，当选为中华民国大总统，大法斯彰，国本有托，从此统一中华民族，实现共和，无任为民国前途贺。粤军第二军军长许崇智率全体官兵谨叩。庚。印。

　　　　（《各方面电贺孙总统（九）》，上海《民国日报》1921 年 4 月 18 日）

九善堂院致孙中山电

（1921 年 4 月 8 日）

大总统钧鉴：

　　阳日我公被选大总统，全体胪欢，不独吾粤之幸，实全国之福。谨肃电贸［贺］。九善堂院叩。庚。

（《各方面电贺孙总统（九）》，上海《民国日报》
1921 年 4 月 18 日）

赣军邓文辉等致孙中山电

（1921 年 4 月 8 日）

大总统钧鉴：

阳日国会一致选举我公为中华民国大总统，举国腾欢，兆民咸
赖。伏思我大总统手造民国，备受艰辛，当兹一阳再布，天日重
开，群生有来苏之望，薄海颂中兴之歌，下风逖听，踊跃莫名。敬
祝我总统万岁，中华民国万岁。赣军指挥官邓文辉暨部下梯团长李
明扬、支队长赖世璜等谨率全体官兵同叩。庚。

（《各方面电贺孙总统（十）》，上海《民国日报》
1921 年 4 月 19 日）

加拿大国民党总、支部致孙中山电

（1921 年 4 月 8 日）

（衔略）公任总统，竟护法功，民国统一，指日实现，薄海
侨民，同殷庆祝。驻加拿大国民党总、支部。齐。

（《各方面电贺孙总统（十）》，上海《民国日报》
1921 年 4 月 19 日）

吕超等致孙中山电

（1921 年 4 月 9 日）

广州孙大总统钧鉴：

昨接粤电，敬悉我公重膺民选，统制中华。逖听之余，莫名欣

忏。国本既立，大法斯张，政治革新，民命有托。谨申电贺，无任喁喁。吕超、石青阳、卢师谛、彭远耀、熊世哲、易复初暨旅沪四川同人等同叩。青。

（《各方面电贺孙总统（一）》，上海《民国日报》1921 年 4 月 10 日）

林修梅等致孙中山电
（1921 年 4 月 9 日）

广州大总统钧鉴：

正式政府成立，我公再膺民选，总揽政纲，宏社会改造之愿，树民国统一之基。风声所播，薄海腾欢。谨电奉贺。林修梅、杨道馨、于若愚、林祖涵、李实蕃、谢彬、邹敬芳叩。佳。

（《各方面电贺孙总统（一）》，上海《民国日报》1921 年 4 月 10 日）

中国和平统一会致孙中山电
（1921 年 4 月 9 日）

广州大总统钧鉴：

北廷伪窃尊号，假借统一，内骗国民，外欺友邦。徒以我依法组织之政府，久稽正名，中间复经奸人盘踞，致令中外视听为之混淆，人心无所系属，大局因以飘摇。兹幸国人觉悟，以统治大权付托我公，丕焕社会改造之新猷，完成国家之鸿业。日月当空，爝火自熄。闻电欢忭，谨此电贺。中国和平统一会叩。青。

（《各方面电贺孙总统（一）》，上海《民国日报》1921 年 4 月 10 日）

江苏民治促进会致孙中山电

（1921 年 4 月 9 日）

广州孙大总统钧鉴：

溯自徐□窃位，卖国营私，破坏和平，生民涂炭。究其罪状，罄竹难书。幸我大总统俯顺舆情，荣膺盛选，行见新猷发展，庶绩咸熙，福国利民，唯公是赖。敝会代表三千万苏人，谨伸电贺，藉表欢忱。江苏民治促进会。佳。印。

（《各方面电贺孙总统（一）》，上海《民国日报》1921 年 4 月 10 日）

彭介石等致孙中山电

（1921 年 4 月 9 日）

广州孙大总统鉴：

闻公膺选，曷胜欢忭。从兹实行三民主义、五权宪法，民国前途实利赖之。谨贺。彭介石、张书元、陈荣广同叩。佳。

（《各方面电贺孙总统（一）》，上海《民国日报》1921 年 4 月 10 日）

韩恢致孙中山电

（1921 年 4 月 9 日）

广州孙大总统钧鉴：

我公被选，遐迩欢呼，民有依归，国基斯固。韩恢谨贺。佳。

（《各方面电贺孙总统（一）》，上海《民国日报》1921 年 4 月 10 日）

田桓致孙中山电
（1921 年 4 月 9 日）

广州孙大总统钧鉴：

我公当选，万众一心，民国前途，实深利赖，谨电驰贺，聊表欢忱。田桓叩。佳。

（《各方面电贺孙总统（一）》，上海《民国日报》1921 年 4 月 10 日）

夏沅等致孙中山电
（1921 年 4 月 9 日）

广州孙大总统钧鉴：

我公正位，日月重光，民意所归，欢腾全国。夏沅等谨贺。佳。

（《各方面电贺孙总统（一）》，上海《民国日报》1921 年 4 月 10 日）

改造广西同志会致孙中山电
（1921 年 4 月 9 日）

（衔略）中原多故，为政非人，我公以雄杰之资，膺兆亿之选，本开国之志，图起衰之功，从此耀兵西陲，扬威北部，犁庭扫穴，造福无疆。谨电伸贸［贺］，不尽瞻仰。改造广西同志会同人叩。青。

（《各方面电贺孙总统（九）》，上海《民国日报》1921 年 4 月 18 日）

南雄第二军吴旅致孙中山电

（1921 年 4 月 9 日）

孙大总统钧鉴：

项闻国会非常会议选举我公为正式大总统，遽听之余，无任欢忭。恭驰贺电，藉表悃忱。旅长吴忠信，团长陆宅文，营长张海洲、卫立煌、王先民、杨雷霆、陈国华、林聚扬等率全体官兵同叩。青。印。

（《各方面电贺孙总统（十）》，上海《民国日报》1921 年 4 月 19 日）

杨庶堪等致孙中山电

（1921 年 4 月 10 日载）

广州孙大总统钧鉴：

项接粤电，奉悉先生于本月七日经非常国会两院联席选举，当选为大总统。远道闻讯，庆慰无极。从此国基永固，大法申张，建设正式政府于约法之下；刷新政治，发挥民治之精神；启益民智，增进国权，俾五大民族齐征福利。谨驰电贺，大罄颂诚。杨庶堪、张人杰、戴传贤、蒋中正、萧萱、林业明、孙镜、彭素民、查光佛、宋绍曾、赖肃、曾省三、刘祖章、何犹兴、李翼民、王少之、郑宗燮等叩。

（《各方面电贺孙总统（一）》，上海《民国日报》1921 年 4 月 10 日）

柏文蔚等致孙中山电

（1921 年 4 月 10 日载）

广州孙大总统钧鉴：

公任总统，国有所托。胪欢敬贺。柏文蔚、管鹏、袁家声、姚爵五、端木横生、李乾玉、史逢甲、王次宸、李乃璟、宁少清、薛毅、柏芳鑫、陈章奇、杨虎等叩。

（《各方面电贺孙总统（一）》，上海《民国日报》1921 年 4 月 10 日）

鄂人唐克明等致孙中山电
（1921 年 4 月 10 日载）

孙大总统钧鉴：

我公出膺大任，群众欢腾。从兹扫除军阀，发挥民治精神，民国统一，寔利赖之。鄂人唐克明、熊秉坤、宋镇华、江炳灵、居贞、宋焕章、李渭滨、陈伯超、舒耀武、杜邦俊、杨家麟、张金源等谨贺。

（《各方面电贺孙总统（一）》，上海《民国日报》1921 年 4 月 10 日）

曹亚伯致孙中山电
（1921 年 4 月 10 日载）

孙大总统勋鉴：

我公当选，民国长存，从此规复民权，扫除军虏。中国万岁。曹亚伯叩。

（《各方面电贺孙总统（一）》，上海《民国日报》1921 年 4 月 10 日）

阚钧等致孙中山电

（1921 年 4 月 10 日载）

广州大总统钧鉴：

丁巳以还，法统中断，兴灭继绝，首在得人，我公缔造国家，功高华盛。今幸顺天应人，正定大位，将见海宇澄清，纪纲再振，特为我公贺，为民国庆。阚钧、陈章琦、沈靖强等叩。

（《各方面电贺孙总统（一）》，上海《民国日报》1921 年 4 月 10 日）

赣人伍毓瑞等致孙中山电

（1921 年 4 月 10 日载）

孙大总统钧鉴：

法统云亡，大权无托，我公当选，责任有归。从此实行三民主义、五权宪法，消弭社会战争，建造世界和平。赣人伍毓瑞、赖庆晖、陈荣广、许镇庚、刘之网、贺治寰、张于浔、欧阳豪、吴安邦、彭泽、萧赞邦、彭挽球、汪霖、刘镕卿、彭素民等叩。

（《各方面电贺孙总统（一）》，上海《民国日报》1921 年 4 月 10 日）

皖民公社致孙中山电

（1921 年 4 月 10 日）

广州孙大总统钧鉴：

顷悉我公当选大总统，敝社同人无任庆幸，从此励行民治，奠定国基，诸维我公是赖。同人等自当竭尽驽骀，备供驱策。兹谨代表吾皖三千万人民掬诚以贺。皖民公社叩。灰。

（《各方面电贺孙总统（二）》，上海《民国日报》1921 年 4 月 11 日）

马耿光等致孙中山电
（1921 年 4 月 10 日）

广州孙大总统钧鉴：

自国会二次解散，徐氏僭窃以来，民国正统无属，无怪分崩离析，举国骚然。今幸政府再造，我公当选大总统，从此正统有归，国基奠定，生命［民］托命，薄海腾欢，谨贺。马耿光、李靖宇、王乃斌、孙霁青、冉竹轩、李雨村、柏忠甫、柏华亭、吴禹川、李燮、谢树藩等同叩。灰。

（《各方面电贺孙总统（二）》，上海《民国日报》1921 年 4 月 11 日）

湘军将领赵恒惕等致孙中山电
（1921 年 4 月 10 日）

十万火急。广东孙总裁钧鉴：

顷接林议长阳电称：由贵会非常会议举我公为中华民国大总统等语。查大总统之选举，原有法定明文，军政府之组织，实行已非一日，成规具在，似未可率予变迁。我公尽瘁民国，功高望重，将来合法政府成立，元首一席，定为舆论推崇。此项违法选举，为我公前途计，为民国前途计，万恳严词谢绝，毋允轻就，以维法纪，而定人心。冒昧陈词，伏候亮察。赵恒惕、宋鹤庚、鲁涤平、田应诏、吴剑学、蔡巨猷、谢国光、叶开鑫、贺耀祖、唐生智、刘铏、邹序彬、赵钺、张辉瓒、陈嘉佑、罗先闿、李韫珩、刘叙彝、田镇藩、陈渠珍、唐义彬、唐荣阳、葛豪、王得庆叩。蒸。印。

（《湘中将领反对总统选举》，长沙《大公报》1921年4月13日）

王匡等致孙中山电
（1921年4月10日）

广州孙大总统钧鉴：

武人毁法，大权无托，我公正位，天人孚协，行见新猷发展，奠安邦国。谨此电贺。王匡、汤久、魏昌叩。蒸。

（《各方面电贺孙总统（三）》，上海《民国日报》1921年4月12日）

旅粤赣人卢式楷等致孙中山电
（1921年4月10日）

孙大总统钧鉴：

天□〈相〉民国，我公以共和元勋当选为中华民国大总统，从兹海宇澄清，中外腾欢，解斯世之倒悬，奠国基于磐石。谨祝。旅粤赣人卢式楷、邹树声、徐□干、张峤、徐元浩、邓元、吴宗慈、邹继龙、朱念祖、蔡突灵、彭学浚、孔绍尧、吴道达、刘濂、徐邦俊、龚师曾、郭同、陈承志、邱冠荣、王桓、□炳章、程铎、欧阳豪、□福开、刘人炯、邓贤惟、李啸天、戴书云、周道万、汪汝□、陈友青、杨景洛、张惟圣、黄懋鑫、邱冠勋、赖天球、曾干桢、潘学海、徐鉴等一百六十人同叩。蒸。

（《各方面电贺孙总统（十一）》，上海《民国日报》1921年4月20日）

云南将领邓太中等致非常国会、孙中山电
(1921 年 4 月 10 日)

广州非常国会、孙大总统鉴：

顷闻非常国会阳日在广州选出孙文为中华民国大总统，民治肇基，共和臻固，下风逖听，极为欢忭。众电申贺，伏惟亮鉴。邓太中、蒋光亮、杨蓁、金洪鼎、杨石生、周永祥、李钟本叩。蒸。印。

（《各方面电贺孙总统（十二）》，上海《民国日报》1921 年 4 月 21 日）

凌毅致孙中山电
(1921 年 4 月 11 日载)

广州孙总统鉴：

公膺元首，共和福星，为国家庆，为吾党庆。毅病体稍痊，即趋前承教。凌毅。

（《各方面电贺孙总统（二）》，上海《民国日报》1921 年 4 月 11 日）

杨嘉绅等致孙中山电
(1921 年 4 月 11 日载)

广州孙大总统钧鉴：

民国十载，祸乱相寻，今得我公重任总统，民权斯张，民生得遂，谨电申贺。杨嘉绅、岳相如、李雨春、刘显廷、周石柱、

狄学成、程藻源、梅筱云、陶新民、洪子衡、陶培之、傅绍说叩。
江［？］。

　　　　（《各方面电贺孙总统（二）》，上海《民国日报》
　　1921 年 4 月 11 日）

曹羡等致孙中山电
（1921 年 4 月 11 日载）

广州孙大总统钧鉴：

　　闻公当选，国定民安，曲跃三百，高呼万岁。曹羡、吴锡汾、唐一峰同贺。

　　　　（《各方面电贺孙总统（二）》，上海《民国日报》
　　1921 年 4 月 11 日）

潮州旅沪同人陈燕堂等致孙中山电
（1921 年 4 月 11 日载）

孙大总统钧鉴：

　　顷闻吾公获选，不胜欣忭。溯民国成立，十年于兹，内忧外患，纷至叠来，无非奸人在位，吾公不得展其宏猷。今天相中国，假手吾公，行见国基巩固，民德日昌，东亚之和平以保，五洲之秩序以宁，旷世功业，永垂无疆。同人等无任馨香祝之。潮州旅沪同人陈燕堂、黄德辉、林贻选、沈凤石、翁雪舟、沈观杰、林本淮、黄照峰、吴元海、李少庚等谨贺。

　　　　（《各方面电贺孙总统（二）》，上海《民国日报》
　　1921 年 4 月 11 日）

童正灿等致孙中山电
（1921 年 4 月 11 日载）

广州孙大总统钧鉴：

　　昨读粤电，敬悉本月七日经非常国会两院联席，选举先生当选为中华民国大总统，从此三民主义、五权宪法、联省自治得以申张，缔造我中华民国真正之政府，定国安邦，实深利赖，国民幸甚。谨此电贺。童正灿、陈浩波、徐步丹、梁念周等同叩。

　　　　（《各方面电贺孙总统（二）》，上海《民国日报》
1921 年 4 月 11 日）

辛酉通讯处致孙中山电
（1921 年 4 月 11 日）

广州孙大总统鉴：

　　我公当选，薄海欢腾，拯济斯民，实深信赖，除派代表刘君趋前听命外，合电伸贺。辛酉通讯处应山三、陈星岩等。真。叩。

　　　　（《各方面电贺孙总统（三）》，上海《民国日报》
1921 年 4 月 12 日）

刘湘反对广州选举总统电
（1921 年 4 月 11 日）

　　总统选举法规定非常严重。此次广州选举总统，抛开约法，另定组织大纲八条，法律无此根据，且未得西南各省之同意。川省在事实上不能承认。纵曰联省自治，亦应以省为基础，联省巩固始组政府，历级而升，方无虞动摇。川省急于自治之谋，实不愿戴此自坏护法之政府。除电西南各省外，谨布区区。再者，川省亦并无与北方联合之事，愿国人勿因川省反对广州总统，便认为与北方通款，则幸甚矣，合并附闻。

（《刘湘亦反对广州总统》，长沙《大公报》1921 年 4
月 20 日）

陈炯明暨所属全体官兵致孙中山电
（1921 年 4 月 11 日）

广州孙大总统钧鉴：

国民非常议会以投票最多，选出我公为中华民国大总统，闻信之下，欢忭莫名。我公手建民国，肇造共和，全国人民，夙深景仰，今兹当选，实惬人心。谨为我国前途贺。粤军总司令兼广东省长陈炯明率所属全体官兵同叩。真。印。

（《各方面电贺孙总统（十二）》，上海《民国日报》
1921 年 4 月 21 日）

李文辉、许公槐致孙中山电
（1921 年 4 月 11 日）

广州孙大总统钧鉴：

天祸民国，十稔九乱，□□窃据，污我河山，国会南移，千钧一发，推举元首，仍属我公，秉钧得人，兆民是赖。海天遥听，无任欢忭。李文辉、许公槐叩。真。

（《各方面电贺孙总统（五）》，上海《民国日报》
1921 年 4 月 14 日）

云南三迤总会致孙中山电

（1921 年 4 月 11 日）

孙大总统钧鉴：

顷接秘书厅庚电，敬悉国会非常会议于阳日开会，票选先生为中华民国大总统，下风逖听，六合欢腾。从兹新猷丕焕，集建国之大勋，民治实行，愿环球之趋势，风行草偃，本固邦宁。瞻怀岭表，无任雀跃，谨驰电贺，幸鉴悃忱。云南三迤总会会长黄毓成、杜韩甫、何国钧、马梁，职员马幼伯、黄嘉梁、钟莹如、唐质仙、刘古愚、曾渔生、孙延年、高陆秋、李伟、周子彦、徐纂武、陆亚夫、赵伸、李华春、杨少峰、张博桂、椎达公、邓少清、蔡子英、袁蔚然。真。印。

（《各方面电贺孙总统（十八）》，上海《民国日报》1921 年 5 月 3 日）

江苏苏州《正大日报》致孙中山电

（1921 年 4 月 12 日载）

大总统钧鉴：

欣悉台端被国会选为中华民国正式总统，敝报同人曷胜欣慰。今后民国对外有具体代表，对内有真正领袖。伏望大总统俯念民情，注重舆论，启发民治，留意民生，民国基础得以大定，从此中华民族放得异彩，俾我国民得受治于真正民治政体之下，则国民幸甚。江苏苏州《正大日报》总理孙壹衣暨同人鞠躬敬启。

（《各方面电贺孙总统（三）》，上海《民国日报》1921 年 4 月 12 日）

张一鸣致孙中山电
（1921 年 4 月 12 日载）

广州孙大总统钧鉴：

　　毁法多年，狂澜手挽，奠我神京，续我民治，从兹苍苍有托，国命延长，统一中华，克期在望。敬伸电贺，瞻布宏猷。张一鸣。

　　　　（《各方面电贺孙总统（三）》，上海《民国日报》
　　1921 年 4 月 12 日）

申圭植致孙中山电
（1921 年 4 月 12 日载）

广东孙大总统钧鉴：

　　我公当选，中华永固，保持东亚，共负巨艰。谨电奉贺，藉表欢忱。申圭植叩。

　　　　（《各方面电贺孙总统（三）》，上海《民国日报》
　　1921 年 4 月 12 日）

新亚同济社、震坛报社致孙中山电
（1921 年 4 月 12 日载）

广州孙大总统钧鉴：

　　闻公当选，为中国庆，东亚前途，实深利赖。谨申电贺。新亚同济社、震坛报社同叩。

　　　　（《各方面电贺孙总统（三）》，上海《民国日报》
　　1921 年 4 月 12 日）

旅沪浙江自治会致孙中山电
（1921 年 4 月 12 日载）

广州孙大总统钧鉴：

明公正位，日月重光，天与人归，特电驰贺。旅沪浙江自治会叩。

（《各方面电贺孙总统（三）》，上海《民国日报》
1921 年 4 月 12 日）

项肩、杭辛斋致孙中山电
（1921 年 4 月 12 日载）

广州孙大总统钧鉴：

我公当选，兆姓讴歌，中原有主，万邦咸宁。恳速受职，讨逆
拯民。专此驰贺，万岁万岁。项肩、抗〔杭〕辛斋叩。

（《各方面电贺孙总统（三）》，上海《民国日报》
1921 年 4 月 12 日）

四川旅沪省议会议员黄骏等致孙中山电
（1921 年 4 月 12 日载）

广州孙大总统钧鉴：

顷省粤电，欢忭无极。际兹国事日非，民失依附，得公秉政，
拯困扶危。伏乞俯顺舆情，赐速就职，中原有托，大法斯张。专肃
电恳，并申驰贺。四川旅沪省议会议员黄骏、游运炽、余孝可、谢
伯诚、冯正扬、皮作论等。

（《各方面电贺孙总统（三）》，上海《民国日报》
1921 年 4 月 12 日）

方潜致孙中山电

（1921 年 4 月 12 日）

广州孙大总统钧鉴：

　　闻公当选，薄海欢腾，国基永固，民治奠安。恳速誓师挞伐，讨逆拯民。专电驰贺，民国万岁。方潜叩。侵。

　　　　（《各方面电贺孙总统（四）》，上海《民国日报》
　　1921 年 4 月 13 日）

韩国赤十字会特派员曾奇济致孙中山电

（1921 年 4 月 12 日）

孙大总统钧鉴：

　　顷悉贵国国会非常会议议决中华民国政府组织大纲，并依大纲选举阁下为中华民国大总统，草［革？］命救国，付托得人，匪特贵国之福，亦邻邦之幸也。谨电驰贺。韩国赤十字会特派员曾奇济叩。文。

　　　　（《各方面电贺孙总统（十二）》，上海《民国日报》
　　1921 年 4 月 21 日）

陈炯明、程潜等致孙中山电

（1921 年 4 月 12 日）

孙大总统钧鉴：

　　我公以建国之勋，膺大总统之选，民意有归，国命斯托，新猷肇建，薄海胪欢，谨贡悃诚，专电驰贺。陆军部长陈炯明、次长程潜率所属同叩。文。印。

　　　　（《各方面电贺孙总统（十三）》，上海《民国日报》
　　1921 年 4 月 23 日）

江苏邱邕等致孙中山电

（1921 年 4 月 12 日）

孙大总统钧鉴：

政府肇兴，正统有系，公任首座，负责得人，戡乱建国，早济时艰。江苏南通邱邕、施承谟，崇明方滋培、倪华清叩贺。文。

（《各方面电贺孙总统（十四）》，上海《民国日报》1921 年 4 月 24 日）

余蔓青等致孙中山电

（1921 年 4 月 13 日载）

孙大总统钧鉴：

我公当选，不胜欢欣，国计民生，实深利赖。余蔓青、张子贞、张国威谨贺。

（《各方面电贺孙总统（四）》，上海《民国日报》1921 年 4 月 13 日）

古巴《民声报》记者周雍能致孙中山等电

（1921 年 4 月 13 日载）

广州孙大总统钧鉴：上海《民国日报》转各报鉴：

孙公当选，付托有人，海外闻风，欢腾无似。方兹国法垂危，奸人窃据神京，盗权僭位，近且伪言统一，以骗外债，伪办选举，以奸民意；甚至串通库匪，阴谋复辟，俾蒙古陷于外寇，民国危于累卵。今何幸我公懋膺大选，使中外咸知法统有归，不再为盗窃名器者所惑，此固挽救危亡之第一着。请孙公即行宣布就职，声讨僭伪，以止人心。至于将来施政，孙公三民主义、五权宪法已悬为圭臬，实行有日，毋俟烦言。此间舆论极佳，甚望海内各报一致主张正论，使政局得有中心，邪辟失其凭据。国利民福，实皆赖之。古巴《民声报》记者周雍能叩。

　　　　（《各方面电贺孙总统（四）》，上海《民国日报》1921 年 4 月 13 日）

韩友、李东辉致孙中山电
（1921 年 4 月 13 日载）

广东孙大总统钧鉴：

　　谨贺总统被选，窃望民生施政。韩友、李东辉敬电。

　　　　（《各方面电贺孙总统（四）》，上海《民国日报》1921 年 4 月 13 日）

陈鬃等致孙中山电
（1921 年 4 月 13 日）

广州孙大总统钧鉴：

　　我公当选，民国中□，法统有归，共和斯固。谨电驰贺，无任欢腾。陈鬃、阚功懋、程鹏、韩兰亭、沈铁铮全叩。元。

　　　　（《各方面电贺孙总统（五）》，上海《民国日报》1921 年 4 月 14 日）

沈振亚等致孙中山电

（1921 年 4 月 13 日）

广州孙大总统钧鉴：

内乱频年，外交日险，我公出膺民选，实为邦家之幸，戡乱救亡，责无旁贷，利国福民，惟公是赖。谨以我公万岁、民国万岁为颂。沈振亚、余律修、何兆基、王建范叩。元。

（《各方面电贺孙总统（五）》，上海《民国日报》1921 年 4 月 14 日）

旅粤湘人程潜等致孙中山电

（1921 年 4 月 13 日）

孙大总统钧鉴：

我公再任总统，民意所归，邦基以定。年来群盗窃柄，民困日深，海内望治情殷，有甚饥渴。伏望早日就职，使内外观瞻胥有所属，竟创造民国之全功，完累年护法之大业。谨电驰贺，毋任馨香。旅粤湘人程潜、张振武、廖湘芸、李国柱、于应祥、王茂泉、李鸣武、唐海春、廖鸿钧、胡兆鹏、马骧、胡学藩、萧翼鲲、陈鲲化、周正群、谭嗣牧、杨熙绩、宁坤、王棋、李隆建、黄钧、姚大愿、姚大慈、李曾传、范黄复、汤武、高维道、甘霖、贾康、王超、陈克胜等谨叩。元。

（《各方面电贺孙总统（十二）》，上海《民国日报》1921 年 4 月 21 日）

李烈钧致孙中山电

（1921 年 4 月 13 日）

急。广州孙大总统尊鉴：

溯自民国建元，于兹十稔，政变迭作，罔有宁岁。西南声罪致讨，血战频年，民力已疲，敌氛未靖。良由根本大计未决，事权付托非人，一误于辨给书生，再误于苟且和议。托名护法，实属弄权，不亟更新，曷求进步。我大总统手创共和，功垂民国，扶持正义，始终不渝，树立宏猷，诸臻完善，凡在国民，罔不爱戴。此间军民称庆，士庶欢腾。烈钧奉令，驻守黔边，谨当整饬各部，用效驰驱，从此排除障碍，促导祥和，维我大总统实利赖之。敬申驰贺，无任悚惶。李烈钧叩。元。

（《各方面电贺孙总统（十四）》，上海《民国日报》1921 年 4 月 24 日）

广西武装自治促进会致孙中山电
（1921 年 4 月 13 日）

孙大总统钧鉴：

我公手创民国，薄海同钦，兹当选为中华民国大总统，无任欢忭。行见阴霾尽散，天日重光，谨为民国贺。广西武装自治促进会干事长暨全体会员同叩。元。

（《各方面电贺孙总统（十四）》，上海《民国日报》1921 年 4 月 24 日）

赣军李明扬等致孙中山电
（1921 年 4 月 13 日）

孙大总统钧鉴：

闻公膺选，薄海欢腾，从此国本有托，共和实见，翘首岭云，无任庆幸。谨此电贺，特申微悃。赣军第一梯团长李明扬率第一支队长卓仁机暨全体官兵同叩。元。印。

（《各方面电贺孙总统（十四）》，上海《民国日报》
1921 年 4 月 24 日）

湖南省议会致军政府各总裁等电
（1921 年 4 月 13 日）

广东军政府各总裁、各部长、陈总司令、省议会，云南顾总司令、
周省长、省议会，重庆熊锦帆先生、刘、但两军长，成都刘军长、
省议会，贵阳卢总司令、任省长、省议会，各法团、各报馆均鉴：

近日报载广州国会以议员二百余人开非常会议、选举总统等
语。窃联省自治，风□四方，敝会前此主张，先本自治以联合各
省，再由联省以组成政府，曾于上月三十日通电，并承川粤各省复
电赞成。兹事进行，自有一定程序，况总统选举，成宪宜循，若以
简率从事，恐起纷扰之端，而滋政治之累。本会代表民意，未敢贸
然赞同，如以愚虑为然，即祈一致劝阻，庶足以奠国是，而顺舆
情。无任盼祷。湖南省议会叩。元。印。

（《议会反对选举总统电》，长沙《大公报》1921 年 4
月 14 日）

湖南省议会致孙中山电
（1921 年 4 月 13 日）

广州孙中山先生钧鉴：

近日报载国会议员二百余人，由非常会议选先生为中华民国大
总统等语。窃联省自治，风□四方，敝会前此主张，先本自治以联
合各省，再由联省以组成政府，曾于上月三十日通电，并承川粤各
省复电赞成。兹事进行，自有一定程序，况总统选举，成宪宜循，

若以简率从事，恐起纷扰之端，而滋政治之累。先生手创民国，见远识微，论德论功，他日必膺首选，甚不愿以功高望重之身，刻下轻于一试也。谨布区区，伏维察纳。湘省议会叩。元。印。

（《议会反对选举总统电》，长沙《大公报》1921 年 4 月 14 日）

刘显世、顾品珍致孙中山电
（1921 年 4 月 13 日）

大总统鉴：

顷接粤电，国会非常会议议决正式政府组织大纲，举大总统，我公以二百十八票当选大总统，即日组织正式政府等因。窃念西南护法，仗义执言，事变迭乘，解决无望，我公以先觉之资，任元首之重，风声所树，薄海同钦。顺世界之潮流，立民治之基础，显世、品珍等下风逖听，忭颂莫名，特申贺忱，伏惟垂鉴。刘显世、顾品珍同叩。元。

（《广州》，上海《民国日报》1921 年 5 月 4 日"本馆专电"）

上海中国船员联合会致孙中山电
（1921 年 4 月 14 日载）

孙大总统钧鉴：

中原沸扰，维系无人，今幸我公选为元首，船员等一怵于北方外债亡国，希望我公整理财政，振兴实业；一愤于北方之弃蒙教辟，希望我公奠定共和，还我疆土；一鉴于北方之复［教］育破产，希望我公教育普及，智识平等；一悯于北方之藉灾蚀款，希望我公实行民生主义，拯救同胞；一耻于北方之包办选举，希望我公实行民权主义，公治公享；一警于北方之军阀横行，希望我公提倡文化，销除暴力；一厌于北方之贿买舆论，希望我公素位而行，以待正义之评判；一惧于北方之利用政客，希望我公尚忠尚质，屏弃群邪。船员等本非富贵中人，无献谀之必要。惟以我公奔走二十年之主张，与开国十年来之勋绩，皆足以证明救中国者惟我公足当其任，故兹于当选之际，掬诚庆贺，非贺公一人，乃贺我中华民族从此得有生机矣。企盼即行就职，努力建设，民视民听，悉集于公，惟鉴纳焉。上海中国船员联合会。

（《各方面电贺孙总统（五）》，上海《民国日报》1921 年 4 月 14 日）

汤廷光、林永谟等致孙中山电
（1921 年 4 月 14 日）

大总统钧鉴：

廷光准国会非常会议阳电，恭谂由议员议决正式选举钧座膺大总统之任。际此外侮内讧，喜政权之独运，护大法以常新。保国救民，欢腾寰宇，鸿帡幸隶，雀跃弥殷。恭电呈贺，伏乞垂鉴。海军部长汤廷光、次长林永谟暨全体官佐士兵同叩。寒。

（《各方面电贺孙总统（十三）》，上海《民国日报》1921 年 4 月 23 日）

中华全国工会致孙中山电
（1921 年 4 月 15 日载）

广州孙大总统钧鉴：

闻公当选为民国大总统，全体欢呼。即望发挥民权，建设自治，实行民生，改良社会。中华全国工会叩。

（《各方面电贺孙总统（六）》，上海《民国日报》
1921 年 4 月 15 日）

女子美术学校致孙中山电
（1921 年 4 月 15 日载）

广州孙大总统钧鉴：

我公当选，付托有人，请即本博爱平等之主张，为女界恢复人
权，为人群增进幸福。女子美术学校校长唐家伟暨全体学生同叩。

（《各方面电贺孙总统（六）》，上海《民国日报》
1921 年 4 月 15 日）

曹重民等致孙中山电
（1921 年 4 月 15 日载）

孙大总统钧鉴：我公被选总统，全国欢忭。此后三民主义、五权宪
法，望我公积极的实行，以固邦基，非特社会之幸，亦国家之幸
也。曹重民、徐宝臣、徐远人、李剑虹全叩。

（《各方面电贺孙总统（六）》，上海《民国日报》
1921 年 4 月 15 日）

瞿爱棠致孙中山电
（1921 年 4 月 15 日载）

孙大总统钧鉴：

顷读粤电，敬知本月七日非常国会公推先生为中华民国正

式大总统，万民歌舞，中外欢腾，瞻仰高风，曷深欣忭。前蒙
先生惠赐《民权初步》，中有云：恢复中华，创立民国。盖欲以
此世界至大至优之民族，而造一世界至进步、至庄严、至富强、
至安乐之国家，而为民所有，为民所治，为民所享者也。欲达
此目的，全恃今后吾党之努力耳。谨此奉贺，并颂勋安。瞿爱
棠。

（《各方面电贺孙总统（六）》，上海《民国日报》
1921 年 4 月 15 日）

四川旅沪各界联合会致孙中山电
（1921 年 4 月 15 日载）

孙大总统钧鉴：

民国成立，于兹十稔，内乱迭起，外患纷乘，破产迫于眉睫，
亡国即在旦夕。揆厥原因，皆由北廷措置失宜，武人专横所致。兹
幸我公当选为中华民国总统，从此合法政府成立，真正共和实现。
特电驰贺，用表微忱。四川旅沪各界联合会叩。歌［？］。①

（《各方面电贺孙总统（六）》，上海《民国日报》
1921 年 4 月 15 日）

上海天潼福德两路商界联合会
干事长陈广海致孙中山电
（1921 年 4 月 15 日）

广州孙大总统钧鉴：

我公手创民国，薄海同钦，粤电传来，我公再膺元首之选，从
此戡乱建国，负责有人。尚望我公俯顺民意，早日就职，以慰众

---

① "歌"为5日，似有误。——编者

望。驰电谨贺。上海天潼福德两路商界联合会干事长陈广海叩。
翰。

（《各方面电贺孙总统》，上海《民国日报》1921 年 5
月 1 日）

丁旭等致孙中山电
（1921 年 4 月 15 日）

广州孙大总统钧鉴：

慨自军阀专横，生民涂炭，迄今数载，国统莫属，人心悲愤，
深如水火。今幸我公重当民选，正位总统，是谓名正言顺，从此
号召国人，共伸天讨，不难建设强健政府，实行五权宪法、三民
主义，为国际争光荣，为五族造幸福，惟公是赖。谨此恭贺大总
统万岁，中华民国万岁。丁旭、张养直、方镇藩、张国权同叩。
咸。

（《各方面电贺孙总统（十八）》，上海《民国日报》
1921 年 5 月 3 日）

安徽旅沪新新社致孙中山电
（1921 年 4 月 15 日）

广州孙大总统均鉴：

公任元首，全国欢呼。皖民痛苦，倍于他省，拯出水火，惟公
是赖。伏恳早日就职，以慰众望。驰电谨贺。安徽旅沪新新社叩。
咸。

（《各方面电贺孙总统（七）》，上海《民国日报》
1921 年 4 月 16 日）

盛钧等致孙中山电

（1921 年 4 月 15 日）

广州孙大总统钧鉴：

此次我公当选大总统，全国人民讴歌载道，以后三民主义、五权宪法，可以实现于中华民国，伏冀积极进行，铲除内奸，肃清寰宇。谨祝中华民国万岁，大总统万岁。盛钧、段超澜、彭守信、钟翼、许承浩、彭伟臣同叩。删。

（《各方面电贺孙总统（七）》，上海《民国日报》1921 年 4 月 16 日）

中华平民社本部暨各省支部致孙中山电

（1921 年 4 月 16 日载）

孙大总统钧鉴：

窃以护法政府和议不成，薄海人民望治尤亟，徒以我公风崇揖让，道极挹谦，未肯立复日月之光，遽慰云霓之望，遂致中原之蜩螗如恒，举国之鱼烂莫救也。今者选政公推，舆情允洽，华盛顿出造新美，拿破仑终谪穷荒，夫岂出于偶然，盖明公硕德重望有以孚之也。平民等昔获识于诸贤，并驰驱于革命，虽晋文公赏从亡者，禄未及于子推，曹阿瞒妒杀贤才，祸欲嫁丁黄祖，而今也头颅无恙，卒能遂听佳音，志气益昂，用特重申特贺。伏愿我大总统速发睿谟，大开景运，出水火而登衽席，日丽春台，统寰宇以戢干戈，风清夏甸，则不胜称心额手，欢庆郅治之隆，企颈延踵，快睹升平之象矣。专电驰贺，祗颂崇安。中华平民社本部暨各省支部全体社员二千三百六十人谨叩。

（《各方面电贺孙总统（七）》，上海《民国日报》1921 年 4 月 16 日）

江苏军人任援道等致孙中山电

（1921 年 4 月 16 日载）

广州孙大总统鉴：

　　闻公重膺民选，曷胜欢舞。从此力行全民政治，奠邦基，拯水火，民国前途、世界前途均寄于我公之身，愿为民珍重。江苏军人任援道、余超、潘绥丞、万承福、张鹏焘、彭泽、周承宣、蒋曾启等二十九人同叩。

　　（《各方面电贺孙总统（七）》，上海《民国日报》1921 年 4 月 16 日）

李天民等致孙中山电

（1921 年 4 月 17 日载）

孙大总统钧鉴：

　　命名民国，原贵民权。十年来军阀专横，奸人蠹政，因之名实相殊，以致国将不国，有识之士莫不痛心疾首。我公以百折不挠之志，拯民于水深火热之中，此次当选，正惬民意。值此世界潮流弥漫之际，我公学宏识大，必能应付适宜，请〔请〕即为民众指导，使理想国家得以实现，曷胜馨香拜祷以祝之。学生李天民、柳文瀚、莫□、王禹岑、吴扬烈、陈□、汤和、黄维钧、林云潞、邓文祖、张国华、黄沅蔚、袁明安、袁明顺、王元澄等贺。

　　（《各方面电贺孙总统（八）》，上海《民国日报》1921 年 4 月 17 日）

潘藩致孙中山电
（1921 年 4 月 17 日载）

《民国日报》转孙大总统鉴：

民国肇造，于今十年，风雨漂摇，国是未定，群小柄政，民无所附。公以坚忍之志，为国驰驱，鹏奋南溟，再接再厉，今兹被选，苍生望慰，遗大投艰，贤劳鞅掌，不敢为循例之祝贺，惟表吾人正当之趋向而已。尤愿国民同起匡助，为公后盾。公其勉旃。潘藩。

（《各方面电贺孙总统（八）》，上海《民国日报》1921 年 4 月 17 日）

国民党顺德分部筹备员吴羲如等致孙中山电
（1921 年 4 月 18 日载）

（衔略）八号得悉国会举先生为大总统，敝邑士女欢腾。从此安内攘外，永奠国基，谨此电贺。中国国民党广东顺德分部筹备员吴羲如等同叩。

（《各方面电贺孙总统（九）》，上海《民国日报》1921 年 4 月 18 日）

菲律宾国民党支部冯伯砺等致孙中山电
（1921 年 4 月 18 日载）

广东国民党支部转孙总统鉴：

闻公荣任总统，菲岛侨胞无不额手称庆。何日就职，希速电闻。菲律宾国民党支部冯伯砺等。

　　　（《各方面电贺孙总统（九）》，上海《民国日报》
1921 年 4 月 18 日）

越南华侨代表陈个民、谢松南致孙中山电
（1921 年 4 月 18 日载）

广州孙大总统钧鉴：

　　得电知合法国会已举我公为中华民国大总统，无任欢欣。侨民等久处海外，备受苛虐，屡经诉之祖国，苦以北方政府置若罔闻。然即使过问，彼既无合法之资格，又无实力以为后援，亦必不能见重于国际，故侨民等虽有祖国，绝不蒙其庇荫。每遇困难交涉，尚幸我公痛痒相关，一言借重，友邦辄为转圜，其人格之优崇可想矣。今既选为元首，组织正式政府，从此改革内政，发扬国力，实行三民主义、五权宪法，赍国民以幸福，建世界之和平，则荷贶者岂惟侨民已也。越南华侨代表陈个民、谢松南叩。

　　　（《各方面电贺孙总统（九）》，上海《民国日报》
1921 年 4 月 18 日）

苏州《民苏日报》记者夏醉仙等致孙中山电
（1921 年 4 月 18 日载）

《民国日报》转广州孙大总统鉴：

　　溯自国本板荡，民意胥灭，嗟我中华，已处无政府地位。幸我公率师南粤，宣誓护法，民治精神得延一息。此次国会一致推选我

公重膺正式总统，从此三民、五权之政策藉赖大光，奠定邦基，铲除权奸，中华前途，庶几有豸。引领南望，驰电谨贺。苏州《民苏日报》记者夏醉仙、鲍文侠、李楚石、陆傲世、李人、夏日华、金孤愤同叩。

（《各方面电贺孙总统（九）》，上海《民国日报》1921年4月18日）

江苏民治促进会致孙中山电
（1921年4月18日）

广州孙大总统钧鉴：

闻公被选，当经电贺。窃惟我公开创民国，建造共和，不世之功，昭垂中外。伏乞迅予就职，行使大权，以慰人心而奠正统，幸甚。江苏民治促进会。巧。印。

（《各方面电贺孙总统（十）》，上海《民国日报》1921年4月19日）

李铠致孙中山电
（1921年4月18日）

广州孙大总统钧鉴：

手创共和，于今十载，风雨漂摇，国是未定，群小柄政，民无所归。我大总统功在民国，扶持正义，今已就职，仓〔苍〕生望慰，军民称庆，士庶腾欢。铠当整饬各部，用效驰驱。李铠。巧。印。

（《各方面电贺孙总统（十六）》，上海《民国日报》1921年4月30日）

安徽旅沪茶商蒋云章等致孙中山电

（1921 年 4 月 19 日载）

广州孙大总统钧鉴：

我公手造民国，不幸神奸窃政，开国十年，无一日安宁。若再坐视因循，何以〈救〉人民于水火。今幸举公正位，组织正式政府，从此国命有托，万众腾欢。切望即日就职，救国救民，惟公是赖。谨电驰贺，伫盼新猷。安徽旅沪茶商蒋云章等一百念一人同叩。

（《各方面电贺孙总统（十）》，上海《民国日报》1921 年 4 月 19 日）

湖南军界致孙中山电

（1921 年 4 月 19 日载）

顷接林议长阳电称，由国会非常会议选举我公为中华民国大总统等语。查大总统之选举，原有法定明文，军政府之组织实行已非一日，成规具在，似未可率予变迁。我公尽瘁民国，功高望重，将来合法政府成立，元首一席定为舆论推崇。此项违法选举，为我公前途计，为民国前途计，万恳严词谢绝，毋允轻就，以维法纪，而定人心。冒昧陈词，伏候亮察。

（《湘省反对广州选举》，《申报》1921 年 4 月 19 日）

美国国民党全体党员致孙中山电

（1921 年 4 月 19 日载）

闻公当选，无任快慰，谨贺。美国国民党全体党员敬叩。

（《各方面电贺孙总统（十）》，上海《民国日报》
1921 年 4 月 19 日）

安太辽省漆咸埠国民党致孙中山电
（1921 年 4 月 19 日载）

闻公当选，肃电敬贺。安太辽省漆咸埠国民党。

（《各方面电贺孙总统（十）》，上海《民国日报》
1921 年 4 月 19 日）

英属乔望东埠国民党致孙中山电
（1921 年 4 月 19 日载）

闻公当选，肃电敬贺。乔望东埠国民党。

（《各方面电贺孙总统（十），上海《民国日报》
1921 年 4 月 19 日》）

檀香山中华会馆萧全弟、李留致孙中山电
（1921 年 4 月 19 日载）

公当选总统，民国富强，惟公是赖。谨贺。檀香山中华会馆总
理萧全弟、书记李留同上。

（《各方面电贺孙总统（十）》，上海《民国日报》
1921 年 4 月 19 日）

旅港工团致孙中山电
（1921 年 4 月 19 日载）

粤秀楼孙中山钧鉴：

　　先生被选为中华民国大总统，旅港工团无限欢忭，谨祝中华民国万岁，孙大总统万岁。旅港工团叩。

　　　　（《各方面电贺孙总统（十）》，上海《民国日报》
　　1921 年 4 月 19 日）

美国纽约埠国民党致孙中山电
（1921 年 4 月 19 日载）

　　公被选大总统，福国利民，于兹有赖，谨祝。并贺成功。美国纽约埠国民党。

　　　　（《各方面电贺孙总统（十）》，上海《民国日报》
　　1921 年 4 月 19 日）

檀香山国民党暨《自由新报》致孙中山电
（1921 年 4 月 19 日载）

　　我公被选总统，普天同庆，敬祝。何日登任，速复。檀香山国民党暨《自由新报》同叩。

　　　　（《各方面电贺孙总统（十）》，上海《民国日报》
　　1921 年 4 月 19 日）

中华民国全国各界联合会致孙中山电

（1921 年 4 月 19 日）

广州孙大总统钧鉴：

自官僚武人蹂躏约法，盗窃名器，正谊荡然，于今数载。甚至护法者玩法，讨逆者通逆，政客惟知利害，罔识是非，苍狗白云，变幻百出。适值新潮澎湃，忧时之士或咎代议制度之不良，然准之学理，衡以近事，微论代议制度徒具雏形，尚未实验于我国，即使实验而果不良，也只可由公众意思改造之，不可听少数强暴推翻之，此义至显，毋待赘陈。兹北庭故弃蒙疆，祸国已甚于敬塘、完用；摧残教育，愚民宁减于嬴政、然明。而且贿赂公行，人格日益堕落；苛税踵起，所得不胜诛求。噩耗传来，中华民国之称谓将濒危境，细考蛛丝马迹，岂同市虎杯蛇。本会同人四顾彷徨，苦乏自卫之术。公既当选为大总统，观瞻攸关，举动宜慎，深盼贯彻主张，服从民意，除人类自由之障碍，辟世界和平之先河，庶几皎日临空，燐火自熄。华盛顿素著勋猷，洵属名归实至；俾士麦不无惭德，亦当略迹原心。同人方 ［力］ 虽棉薄，志切牺牲，众擎易举，弗惮呼号之劳，主权在民，敢望监督之责，谨贡愚忱，统维亮察。中华民国全国各界联合会。皓。

（《各方面电贺孙总统（十一）》，上海《民国日报》1921 年 4 月 20 日）

上海求是学校致孙中山电

（1921 年 4 月 20 日载）

广州孙大总统钧鉴：

我公获选正坐，薄海同欢，日月争华，前途无量。敝校同人尤深雀跃，谨祝。上海求是学校校长陶雪生暨全体恭贺。

（《各方面电贺孙总统（十一）》，上海《民国日报》
1921 年 4 月 20 日）

神户华侨王敬祥等致孙中山电

（1921 年 4 月 20 日载）

孙中山先生鉴：

公当选总统，四海腾欢，敬贺。但国步正艰，望贯彻三民、五
权主义，以救危亡，幸甚。神户华侨王敬祥、鲍燮、郑朝英、何世
昌、潘植我、郑祝三、杨寿彭等同叩。

（《各方面电贺孙总统（十一）》，上海《民国日报》
1921 年 4 月 20 日）

巴达维亚中国国民党支部暨华侨书报社致孙中山电

（1921 年 4 月 20 日载）

孙大总统鉴：

公当选总统，中外腾欢，从兹名分已正，国事以宁。谨电驰
贺。巴达维亚中国国民党支部暨华侨书报社全体叩。

（《各方面电贺孙总统（十一）》，上海《民国日报》
1921 年 4 月 20 日）

美国舍路埠国民党致孙中山电

（1921 年 4 月 20 日载）

公荣任总统，侨民欢忭，谨电驰贺。舍路埠国民党。

（《各方面电贺孙总统（十一）》，上海《民国日报》
1921 年 4 月 20 日）

张维垣等致孙中山电

（1921 年 4 月 21 日载）

广州孙大总统钧鉴：

连年争战，民命不堪，固由奸人诡法窃权，亦因大柄无从付托。国内则人心惶惑，莫识从违；友邦则视听迷离，罔知正伪。有名者非法，有法者无名，有力者无法以服人，有法者无力以克敌，战祸之长，职是故也。圣人有作，必也正名。今国会既毅然举公出当大任，天下喁喁，具瞻于尔。民生之凋敝何以振救之，军阀之猖狂何以扫除之，官僚之障碍何以清廓之，何以弭社会之战争，何以谋教育之平等，何以正法律之根本，何以清经济之大源，外有强邻，何以和之，内有桀骜，何以化之，凡此虽不可恃之一人，而不能不重其责于元首。我公艰难缔造，百折不回，还望以开辟之精神，作垂久之事业，民意无私，惟福我者亲之。今之掬诚相贺者，非贺公之荣显，窃为人民祝福云耳，尚其鉴诸。张维垣、张雨人、冯镇东等贺。

（《各方面电贺孙总统（十二）》，上海《民国日报》
1921 年 4 月 21 日）

西贡华侨各阅书报社等致孙中山电

（1921 年 4 月 21 日载）

孙大总统钧鉴：

敬悉我公当选为中华民国大总统，逖听之下，中外同欢。行见民治发扬，统一全国，谨电驰贺。西贡华侨各阅书报社等叩。

（《各方面电贺孙总统（十二）》，上海《民国日报》
1921 年 4 月 21 日）

国民党增城分部筹备员陈竞西、
邹义同致孙中山电

（1921 年 4 月 21 日载）

孙大总统钧鉴：

我公当选为大总统，薄海欣腾，吾党之光，国家之福，谨肃电祝。中国国民党增城分部筹备员陈竞西、邹义同仝叩。

（《各方面电贺孙总统（十二）》，上海《民国日报》1921 年 4 月 21 日）

彭素民致孙中山等电

（1921 年 4 月 21 日载）

广州国会、孙大总统、全国各团体、各报馆均鉴

自国会再被解散，北方首领另组御用议院，伪称代表，擅举总统，僭窃大权；复解散御用议院，自承新法无效，于是并夙所借为掩饰之具而亦无之。

依法律，民国总统早已虚位。更进而言事实，蒙古乃三族之一，弃以资寇，阴相结纳，以为复辟之助。既已起用复辟罪魁之张勋，畀以特权，而今则拳匪主要载漪亦竟公然入都，庇留不还，致使友邦惶惑，诘责纷来。推其用意，不但危害民国，并将扰及国际，此人民之大惧者一。扰蒙古者乃俄旧党恩琴，内幕更有某国为主，新俄见北方与恩琴形同狼狈，为自卫计，将迫而出于武力干涉。由是而恩琴胜，则某国势力包举满蒙，中华直为囊中之物；恩琴败，则新俄势力弥漫北方，我国适当其新潮之冲，祸福几微，莫知所措，此人民之大惧者二。财政紊乱，贪黩横行，除外债不计外，对外则器器以攫关余，对内则汲汲以行苛

税，而其结果，乃至全国文明中心之首都各校以无款罢课，迫学生出而为读书运动，陷我神州成野番之国，此人民之大惧者三。北方灾旱，赤地万里，饥民亿兆，人民既骇汗营救，友邦亦慨慷捐输。乃自称政府者，绝无救济之法，是且借灾振〔赈〕名义蚀捐骗债，以移为贿买选举之用。与民何仇，加此毒害，此人民之大惧者四。北方首领既未能站得合法地位，更有何权召集选举。今姑认其有权，而选举之下，除奉、吉、苏、皖四省勉强奉行外，其余各省区一致反对，更无论西南依然自主，蒙古已就沦亡，绝对不能选出议员。然则在北方现政府之下，国会不能成立，形势显然。夫国家而至有伪国会，已属根本背逆，今则并伪者而亦不能敷衍，尚复成何政府？直谓之有强权，无公理耳。此人民所大惧者五。夫使北方政府而果有强权，抑犹可说，乃徒依违于直、奉之下，任其宰制，甚至窃弄阴谋，挑成战祸。如往日皖、直之战，始则徇段以罪曹、吴，旋又徇曹以囚段氏，致使大军激战，畿辅震惊，祸被数省，此则谁之罪也。其次则如赣省陈、张之战，张氏竟为当局所颐指，察陈氏电质之辞，内容悉见。又其次，则如此次豫军之变，外报喧传，乃为吴佩孚攻赵倜之发端。夫吴佩孚非北方之佼佼者乎，讵亦徒恃阴谋，不惜战祸，则其为人可想；况往日所部亦竟有一部份之溃变，其治军亦可想矣。北方首领大信既斁，群妖竞作，争官闹饷，层见迭闻，一夫狡逞于上，万民蹂躏于下，长此牺牲，将无噍类，此人民之大惧者六。上海和平会议本非根本之图，亦犹小康之计。乃北方对法律问题，则必破坏约法，承认乱命，对外交问题则必保持密约，亡国不顾。后虽以国人攻击，不得已有取消军事协约之举，然换文含混，疑窦滋多，近且有山东问题直接交涉之恶耗矣。至若事实问题，论瘠评肥，贻羞渎议，卒至龃龉不成。据岑春煊倒后滑稽之电，谣言统一，以致大局愈加决裂，战祸愈致延长，长此纠纷，乱伊胡底，此人民之大惧者七。外债累累，破产在即，讵竟欲以无聊之统一令，诈借破天荒之大款，银团始虽拒绝，运动不休，今已有允可之耗。试问如是大借款，无国会之通过，谁与负责？无各省之承认，谁与分担？今国会既无法产生，各省又治权不及，如果诈局竟成，无非利则归私，祸则在国，此人民之大惧者八。文字之禁，苛如牛毛，徒惊过激之名，不解进化之理，甚至可公然出版于日本帝制政府之下者，而亦被其禁毁。推其所至，将必毁聪塞明，一出于愚民政策，此人民之大惧者九。今复证之往事，如五四运动，学界激于国耻，有何阴谋，独不见各国之以国耻编入教科书中。乃北方首领则甘为亡虏，压以淫威，滥捕青年，视如盗贼，以致激成公愤，罢商、罢工、罢学遍于全国。犹不悛悔，尚何知有民意？今五四又至矣，全国黯然，无敢稍动，知北方首领之高压成功矣。民气已摧，国命何托，此人民之大惧者十。

凡此十端，早宜自决，徒以责任者不敢以大名自居，苟安者不敢为根本解决，遂至逡巡退避，致民众无所依饭，友邦滋其疑惑，此连年来未曾组织正式政府之覆辙也。今则天津会议已开幕矣，祸变如何，有目共见。仅依梁士诒之评论，犹以为大则倒国，小则倒阁。夫阁命而听之豪强，已为创局，况今会两系之领袖，劳数省之督军，偌大风云，决非为对付一卵翼下之靳氏，瞭然可睹，然则危亡已如一发矣。

兹何幸国会本人民公意，选举孙公为大总统，此诚挽救危亡之第一策。顾有持法律说者曰：选举本有成法，何得以非常会议产出之？为是说者独不忆国会业已被非法解散乎？今兹一再播迁，诚为非常之变，如必谓须如成法，则必俟完全恢复而后可。如必完全恢复，则又必俟扫除与国会为敌之障碍而后可，而此责任又凭谁付托之？凭谁实行之？势必又须出自合法之国会而后可。如是循环推理，莫有兆端。今必曰：必俟全数议员齐集广东，纵[从]容讨论，除变节改行者绝对不能齿数外，其伏处于暴力下者又觉得人人来去自由，假可自由，则直可开会于北京矣，何广东为？此事实之不可能，不可以高谈阔论者也。或曰既不可能，如昔军政府之组织斯可矣。是又知其一而不知其二。夫国家根本大法，岂尝载国会得以非常会议组织军政府乎？是又必在批评之列，然则处此暴力之下，吾民直无救济之法。夫法律以福民，今处非常之变，而不许为非常之举，是作法以自毙，何以法为？更进言之，宪法者，章条繁伙，原有相辅相维之用，今仅选举法一部，而他则悉未公布，重要之省制且未议竣。处平常之时，固宜依所已宣布者谨守弗渝，今则法本被戕，国命垂绝，仅抱此一部份之选举法，岂能应付非常之变，亦可谓不揣其本而齐其末。或曰既于法有所变通，则曷不即以革命手段毁法造法？固也，则请试观西南独立已历五年，南北议和早成敌体，与革命状态相去几何乎？惟吾人不得直谓之为革命者，则以革命必彼方为命之所在，而此方乃有革之可言。今北方首领既不由法律产出，而所行为又适与民国背驰，是彼乃为叛命之人，而此实为定变之举，名曰非常，洵至当也。

又有持联省自治之说者曰：必先确立省政府，然后再成联省政府。其说甚当，然试问除西南外，在北方范围下者，省何以得联？民何由自治？势必须驱除障碍，恢复自由，而此驱除恢复之举，非得强有力之凭藉又岂得行？此种苦衷，固非身在自由境界者所能其喻。然则为发挥主义、改进全局计，亦非有确立之政府不可，如谓军政府亦政府也，此则时局所关，论如次旨。如谓联省制度已在进行，不宜再选总统以阻碍之，则总统固无专制之权；如果联省自治成立，政制且有变更，总统问题何难依法理解决，又何必于此时而鳃鳃过虑也。

今为时局计，复辟渐见实行，外债亦将成熟，惟吾预先成立正式政府，则积极可以维系法统，转易国交，消极即可使复辟者知民国正统有属，不敢实行。银行团知北方统一不成，不敢遽借。此事当次第见效，无俟烦言。至对于孙总统个人观察，亦有两端，旧者或虑其理想不易实行，新者或嫌其主张尚未彻底。前者请观现今之粤政，烟赌禁，市政兴，民选制行，劳工制改，理想见诸实行矣。后者则请究其民族、民权、民生主义之到达地，探其民有、民治、民享主张之出发点，应知其人为进步的而非固守的、为顺潮流的而非反方向的。然则今日抱至高之理想者，应视为长途之宿主，怀改进之策略者，尤应恃为破敌之元戎，又安可不戮力以助其成？鄙等本斯意旨，慨发长言，一方愿孙总统为国家、为人类切实负其责任，一方即望我国民以公平之观察，为良心之赞助。至若伟人、政客、军阀、官僚，心胶于权利，识蔽于阴私，谁毁谁誉，悉无所据，吾人惟观其活剧而已。彭素民。

（《选举总统之释疑》，上海《民国日报》1921 年 4 月 21 日）

卢永祥致孙中山电
（1921 年 4 月 22 日载）

公从前敝屣尊荣，其冲抱至为可佩，纵令强任，计必坚辞，况改选在即，民意渴望统一，若不察国情，贸然出任，不但使大局治丝益棼，更与往昔恬退之怀前后矛盾，国人其谓之何？如公明达，幸审度之。

（《卢永祥对孙文表示》，天津《益世报》1921 年 4 月 22 日）

军政府秘书厅致军政府各总裁等电
（1921 年 4 月 22 日）

广州参众两院、各总裁、各部长、次长、陈总司令兼省长、省议会、各团体、各报馆，云南顾总司令、周省长、省议会、各团体、各报馆，贵阳卢总司令、任省长、省议会、各团体、各报馆，长沙赵总司令兼省长、省议会、各团体、各报馆，镇远李参谋部长，三原于总司令、张副司令，上海王伯群部长，四川刘辅臣先生、熊锦帆先生，全国各省议会、各团体、各报馆鉴：

奉孙总统谕：准国会非常会议议长林森阳电，四月七日国会非常会议议决中华民国政府组织大纲，并依大纲第二条，选出孙文为中华民国大总统，兹定于五月五日在广州就职，应由秘书厅先行通告等因。特电奉闻。军政府秘书厅。养。

（《军政府公报》光字第卅八号，1921 年 4 月 23 日，"公电"）

巴城老巴阅书报社致孙中山电

（1921 年 4 月 23 日载）

孙大总统鉴：

闻公被选总统，已喜政府成立，复幸元首得人，谨贺。巴城老巴阅书报社叩。

（《各方面电贺孙总统（十三）》，上海《民国日报》1921 年 4 月 23 日）

智利达打国民党致孙中山电

（1921 年 4 月 23 日载）

我公得选总统，民国之福。智利达打国民党叩。

（《各方面电贺孙总统（十三）》，上海《民国日报》1921 年 4 月 23 日）

斐洲罗运士麦分部黄子良致孙中山电

（1921 年 4 月 23 日载）

孙大总统鉴：

国基再奠，海外欢腾。斐洲罗运士麦分部黄子良叩。

（《各方面电贺孙总统（十三）》，上海《民国日报》
1921 年 4 月 23 日）

南非洲意基忌中华商会致孙中山电

（1921 年 4 月 23 日载）

公被选，侨欢腾。意基忌中华商会。

（《各方面电贺孙总统（十三）》，上海《民国日报》
1921 年 4 月 23 日）

荷属八打威《天声日报》致孙中山电

（1921 年 4 月 23 日载）

孙大总统鉴：

中国狂澜，我公是挽。八打威《天声日报》同人祝。

（《各方面电贺孙总统（十三）》，上海《民国日报》
1921 年 4 月 23 日）

安南河南广东会馆致孙中山电

（1921 年 4 月 23 日载）

闻公当选总统，全侨欢腾，祈速就职，以慰民望。安南河南广东会馆叩。

（《各方面电贺孙总统（十三）》，上海《民国日报》1921 年 4 月 23 日）

南美委也基埠国民党致孙中山电
（1921 年 4 月 23 日载）

欣悉国会选公元首，民国得人，薄海同欢。同志恭祝。南美委也基埠国民党叩。

（《各方面电贺孙总统（十三）》，上海《民国日报》1921 年 4 月 23 日）

澳洲比利士斌部国民党致孙中山电
（1921 年 4 月 23 日载）

公任总统，国民有望，谨贺。比利士斌部国民党叩。

（《各方面电贺孙总统（十三）》，上海《民国日报》1921 年 4 月 23 日）

西非葡属罗伦士麦埠国民党致孙中山电
（1921 年 4 月 23 日载）

群伦托命，薄海胪欢，谨电驰贺。罗伦士麦埠国民党。

（《各方面电贺孙总统（十三）》，上海《民国日报》1921 年 4 月 23 日）

南美庄厘士北埠国民党支部长
朱森致孙中山电
（1921 年 4 月 23 日载）

遄听我公再被举为中华民国大总统，武阀由此剪除，民治日进修明，世界同钦，五族幸福，谨电远祝。庄厘士北埠国民党支部长朱森叩。

（《各方面电贺孙总统（十三）》，上海《民国日报》1921 年 4 月 23 日）

李厚基致孙中山电
（1921 年 4 月 23 日载）

闻广州非常国会少数议员，举公为总统，且闻公有就任之意。果尔，则公数年奔走，殆为谋本身之利禄，自负热心国是者，似不应出此。窃望早日明白表示，坚决不就。

（《浙闽反对孙文之通电》，天津《大公报》1921 年 4 月 23 日）

美国波士顿国民党致孙中山电
（1921 年 4 月 24 日载）

公任总统，薄海腾欢。波士顿国民党叩。

（《各方面电贺孙总统（十四）》，上海《民国日报》1921 年 4 月 24 日）

南洋霹雳广东商□、琼州公会致孙中山电

（1921 年 4 月 24 日载）

敬悉先生被举为大总统，欣慰之余，谨此电贺。霹雳广东商□、琼州公会同叩。

（《各方面电贺孙总统（十四）》，上海《民国日报》1921 年 4 月 24 日）

南洋吉隆坡少年益□会致孙中山电

（1921 年 4 月 24 日载）

公被举总统，民国存亡，在兹一举，谨祝。吉隆坡少年益□会叩。

（《各方面电贺孙总统（十四）》，上海《民国日报》1921 年 4 月 24 日）

檀香山华侨学校致孙中山电

（1921 年 4 月 24 日载）

谨祝我公当选总统万岁。檀岛华侨学校。

（《各方面电贺孙总统（十四）》，上海《民国日报》1921 年 4 月 24 日）

旅沪工商何荣山等致孙中山电

（1921 年 4 月 24 日）

广州孙大总统鉴：

公膺总统，万众所瞻，深冀贯彻主张，服从民意，除自由之障

碍，启世界之和平，同人望甚。旅沪工商何荣山、关民生、邝公耀等六千余人叩。敬。

　　　　（《各方面电贺孙总统（二十）》，上海《民国日报》
　　1921 年 5 月 6 日）

留法勤工俭学学生致孙中山等电
（1921 年 4 月 24 日）

孙、伍、唐、陈、唐、刘各总裁，非常国会，联省各省长，各议会，各团体，各报馆，章太炎、李石曾、谭延闿、陈独秀、吴稚晖、汪精卫、黄强诸先生暨全国各父老钧鉴：

　　留法勤工俭学生千七百余人，被陈箓以北庭伪命勒令归国及强作苦工，曾电奉闻，谅达钧览。近陈恐学生不服伪命，住校不出，竟以印刷物分送法国各学校，称学生大半是工人与过激共产党，请为注意等语，致法全国学校大起恐骇，立将勤工学生概行驱逐。查北庭视勤工学生如蛇蝎，利〈用〉法人深恶激党，欲加此名以陷害，久有所闻。陈箓执行深〔?〕命，本无足怪，独不解公等素以护法相号召，素不承认北庭政府，乃不但不派一使，不设一领，置侨民、学生于不顾，反将护法省区之学生如湘、粤、川、赣、滇、黔、闽、桂等省，亦任意委之于北庭所派伪使、伪领管理之下，横加蹂躏而不之惜，是何用意？岂以经费不足，无力顾及乎？则民不能护，又何护法之有？抑恐外国不承认，畏难而止乎？则合法政府之谓何？国民外交之谓何？

　　现在在法各界，因陈箓诬学生为过激共产党，致法人对中国学生感情顿坏，无不深恶伪使之不惜国体民命，学生尤欲得而甘心，已分省组织同乡会及同学会，预为国民外交之基。望即立派大使、领事来法保护一切，一免侨民、学子流离之苦，二使我合法政府声震海外，则外交既获胜利，内情自多向顺，扫除北庭，指顾间事矣。否则口言不承认北庭，而实无一事不委之北庭，是自以破坏者自居，安望人心归复，公理战胜？

连年议员政客，朝南夕北，仆仆道路，而皆因于降北名不正，从南而事不顺，致莫知所适从。而我政府之事不顺，尤莫过于外交失败，如关余仅得分沾余润，国外不能设置使领。更可痛者，政府护法数载，外人尚不知内容为何物，笼统呼作革命；而未成之里昂大学，亦皆认属之于北庭，是政府不急从外交另设使领着手，则既无获得外助保护侨民之力，即无以安慰国内居民之心，得失之机，无重于此矣。至我合法政府另设合法公使、领事于海外，如有不轨之徒希图破坏，我勤工俭学学生当竭全力一致拥护。临电迫切，不胜翘企之至。留法勤工俭学学生。敬。叩。

（《留法勤工学生之呼吁》，上海《民国日报》1921年5月5日）

鄂民社方子樵等致孙中山电
（1921年4月26日载）

广东孙大总统鉴：

我公当选，海内腾欢，国利民福，实皆赖之。鄂民社方子樵、周孟羊、郑捷成、金华兖恭贺。

（《各方面电贺孙总统（十五）》，上海《民国日报》1921年4月26日）

旅湘湖北民治周刊社致孙中山电
（1921年4月26日载）

广州孙大总统钧鉴：

我公当选，无任欢跃。伏乞俯顺舆情，赐速受职，兴师讨

逆，拯救民艰，国计民生，实深赖之。旅湘湖北民治周刊社叩
贺。

（《各方面电贺孙总统（十五）》，上海《民国日报》
1921 年 4 月 26 日）

中国崇实学会致孙中山电
（1921 年 4 月 26 日载）

《民国日报》转孙大总统钧鉴：

改建共和，于今十载，奸人当道，法纪荡然，祸乱相寻，
民不聊生，长此以往，断难立国。我公当选，再膺重任，凤昔
主张，定能施行，拨乱反正，指日可俟。遂听欢慰，谨为水深
火热、颠连困苦之全国同胞前途贺。中国崇实学会同人。（河
南安阳）

（《各方面电贺孙总统（十五）》，上海《民国日报》
1921 年 4 月 26 日）

苏门答腊巨港华侨致孙中山电
（1921 年 4 月 26 日载）

大总统钧鉴：

接星洲庚电，敬审我公当选大总统，国本既立，民命有托，侨
等无任欢腾，谨此驰贺。苏门答腊巨港华侨张芬春、陈成发等代表
工商各界一万三千人同叩。

（《各方面电贺孙总统（十五）》，上海《民国日报》
1921 年 4 月 26 日）

英国利物浦、伦敦国民党支分部致孙中山电

（1921 年 4 月 26 日载）

广州孙大总统鉴：

闻公当选，万姓胪欢，谨先电贺。英国利物浦、伦敦国民党支分部叩。

（《各方面电贺孙总统（十五）》，上海《民国日报》1921 年 4 月 26 日）

利物浦商会致孙中山电

（1921 年 4 月 26 日载）

孙大总统鉴：

我公当选，国冀有光。利物浦商会叩。

（《各方面电贺孙总统（十五）》，上海《民国日报》1921 年 4 月 26 日）

美国罗省民党分部致孙中山电

（1921 年 4 月 26 日载）

孙中山先生鉴：

公膺选中华民国大总统，民国重光，敬此驰贺。美国罗省民党分部谭楷运暨全体叩。

（《各方面电贺孙总统（十五）》，上海《民国日报》1921 年 4 月 26 日）

秘鲁利马国民党致孙中山电
（1921 年 4 月 26 日载）

欣悉公膺元首，同人雀跃，谨电祝民国之基础巩固，我公政躬健康永泰。利马国民党。

（《各方面电贺孙总统（十五）》，上海《民国日报》1921 年 4 月 26 日）

加拿大云利国民党致孙中山电
（1921 年 4 月 26 日载）

公任总统，民国成功。云利国民党。

（《各方面电贺孙总统（十五）》，上海《民国日报》1921 年 4 月 26 日）

叶举等致孙中山电
（1921 年 4 月 26 日载）

请勿就职总统，仍复原日军政府之制，以免大局动摇。又谓：总统虽已举出，乃系国会之事；我公不就职，于威信本无所损。

（《广东总统之就职与军事》，上海《申报》1921 年 4 月 26 日）

卢焘致军政府各总裁电
（1921 年 4 月 29 日）

广州军政府各总裁钧鉴：

奉秘书厅东日快邮代电开：奉军政府令，特任卢焘为贵州总司令，管理全省军务等因。除遵令通饬外，谨此电复。卢焘叩。有。
印。

（《军政府公报》光字第四十号，1921年4月30日，
"公电"）

崇明第四高等小学校致孙中山电
（1921年4月30日载）

广州孙大总统钧鉴：

公手创共和，再膺巨任，拨乱反正，实行民治，胥于是赖。崇
明第四高等小学校叩。

（《各方面电贺孙总统（十六）》，上海《民国日报》
1921年4月30日）

广西全省国民军别动队司令孙述方
暨全体官兵致孙中山电
（1921年4月30日载）

大总统钧鉴：

公以手造民国元勋，当选为正式大总统，言顺名正，事理当
然。在苛求者，谓我公前让临时总统，致起国内纷纠，兹当勘
［戡］难未竣，正式总统何由非常选出为未足，奚用贺为。应知若
无前次之让，何以显谦德？若无继续之奋斗，何由表见责任心？止
为勘［戡］难未竣，若非急由非常国会选出正式总统，又何得以
瞻民意，并得外交上之援助，贯彻三民主义、五权宪法之真正精神
也。以故举国内外，欢呼颂跃，函电纷驰，贺公之当选正式总统
者，非为公之当选总统贺，实为公既当总统，自克贯彻主义，勘定

乱事，以促进世界之和平贺也。述方等分属军人，追随时久，执鞭以待，庆幸益深。广西全省国民军别动队司令孙述方率全体官佐士兵全叩。

（《各方面电贺孙总统（十六）》，上海《民国日报》
1921 年 4 月 30 日）

云南中华新报社、均报社致孙中山电
（1921 年 5 月 3 日载）

孙大总统鉴：

权奸蠹国，兆民无主，三民主义，救危之基，我公当选为中华民国大总统，西南统治，忻庆得人。谨布贺忱，敬观建设。云南中华新报社、均报社全叩。

（《各方面电贺孙总统（十八）》，上海《民国日报》
1921 年 5 月 3 日）

云南红十字会会长李俊英致孙中山电
（1921 年 5 月 3 日载）

广州孙大总统钧鉴：

接秘书厅庚电，敬悉国会非常会议选举先生为中华民国大总统，佳音传播，遐迩腾欢。先生以手创共和之巨子，作中兴民国之元首，奠义苞桑，励精民治，从兹中国一家，部屋同居，光天化日，薄海共庆，苍生咸感，厚德慈仁。俊英忝属国民，谬承会务，历年蹉跎，勉力为难，幸际国运重光，民风丕显，一切颠危，尤赖扶持，顾瞻领表，不禁依驰。谨申下忱，藉鸣贺悃，此请勋安。云南红十字会会长李俊英叩。

　　（《各方面电贺孙总统（十八）》，上海《民国日报》
1921 年 5 月 3 日）

上海宁绍旅沪公学周召棠、汪北平致孙中山电
（1921 年 5 月 3 日载）

广州孙大总统钧鉴：

　　我公手创共和，再膺巨任，从此法统有归，国基斯固，拯吾民
于水火，树宏神于神州。谨伸电贺，无任欢腾。上海宁绍旅沪公学
周召棠、汪北平同叩。

　　（《各方面电贺孙总统（十八）》，上海《民国日报》
1921 年 5 月 3 日）

浙江民治促进会致孙中山电
（1921 年 5 月 3 日）

民国日报馆转广州孙大总统钧鉴：

　　敬悉于五月五日当选就职，敝会同人等不胜欢迎之至。回忆辛
亥起义，我公奔走连年，备尝辛苦，为国为民，中外同庆。不意昊
天不佑，满播奸雄，争权攘利，罔顾民生，涂炭生灵，于斯已极，
常此以往，何堪设想。今者尤幸我公不忍坐视，秉义直行，出民水
火，而登衽席，中华前途，舍公谁属。敢请努力前程，仗义而行，
敝会同人等实为馨香叩祝以待。敬贺。浙江民治促进会会长何学
吾、副会长朱贤若暨全体会员五百六十人全叩。江。

　　（《各方面电贺孙总统》，上海《民国日报》1921 年 5
月 5 日）

江苏公民李毅公、陆秋心致孙中山电

（1921 年 5 月 5 日载）

上海《民国日报》转广州孙大总统钧鉴：

公膺总统，全国腾欢，下风逖听，靡深欣忭。尚希早日兴师，直抵黄龙，出斯民于火坑，奠邦基于磐石，将来新民国之建造，端赖吾公。荣任在即，先此电贺。江苏公民李毅公、陆秋心叩。

（《总统就职日之贺电》，上海《民国日报》1921 年 5 月 5 日）

国会非常会议致孙中山贺词

（1921 年 5 月 5 日）

共和再造，民国重光，大权有托，我武维扬。戡定变乱，纲纪四方，发号施令，堂堂皇皇。宏谟硕画，福国利民，三民主义，贯彻精神。万邦和协，法治有真，鼓轩鼓舞，欢祝同伸。

（《革命文献》第五十一辑，第 311 页）

江西公民全体致孙中山祝词

（1921 年 5 月 5 日）

中华民国十年四月七日，国会以非常会议选举我公为大总统。既越月，公乃就职于广州，于是国人共庆付托之得人，国基之再定，□轩鼓舞，愉悦无疆。

昔皋陶歌虞，奚斯颂鲁，虽意存规劝，然实媚兹一人，今兹之庆，义匪如斯。溯夫民国开元，清室初覆，安攘未遑，国人狃于革命之速，而忘数十年缔造之艰，使胜朝奸佞秉钧典政，畀任匪人，国统几绝，未始非我公一让误之也。迨督团变起，国会播迁，军阀诪张，衍成复辟，奸人乘之，僭窃大位，丧乱连年，民不堪命。推本溯源，实由于往者存姑息之念，以宽大待清室，以优容养遗奸，驯至城社已隳，狐鼠横行。今之窃据幽燕者，即昔之拜阙清室者也。是知革故未举其实，在在皆伏乱机，凡百设施，均无所措，非摧陷而廓清之，国将无幸。

我公续革命未竟之功，奖率三军，殄灭群丑，系国家于苞桑，复吾民之故宇，群望方殷，事必有济。至于建设，则公之三民主义、五权宪法早已定其大纲，果顺民意以推行，自得群情之翕助。今当就职之初，正民国再造之始，众庶悦豫，喜可知也。其在诗曰：乐只君子，邦家之基；乐只君子，万寿无期。敢取斯言，用伸顶祝。江西公民全体敬祝。

（《赣人祝孙总统就职辞》，上海《民国日报》1921年5月20日）

上海大同通讯社致孙中山电
（1921 年 5 月 5 日）

广州军政府居觉生先生请转呈非常大总统孙公钧鉴：

应变就职，中外具瞻，引企海南，无任翘贺。上海大同通讯社叩。歌。

（《总统就职日之贺电》，上海《民国日报》1921年5月5日）

杭辛斋等致孙中山电
（1921 年 5 月 5 日）

广州大总统钧鉴：

我公就职，民统再续，日月重光，万流镜仰。伏乞迅张挞伐，以奠宇内，苍生属望，曷胜依依。杭辛斋、孙毓筠、邓万瞻、凌昭、陈干叩。歌。

（《各方面电贺孙总统（二十）》，上海《民国日报》
1921 年 5 月 6 日）

自由党暨敏求一、二两校致孙中山电
（1921 年 5 月 5 日）

广州孙大总统钧鉴：

复任艰巨，兆民有赖，欣逢大典，敬祝康强，并企进步。自由党暨敏求一、二两校全体叩。微。

（《各方面电贺孙总统（二十）》，上海《民国日报》
1921 年 5 月 6 日）

卢殷民致孙中山电
（1921 年 5 月 5 日）

广州孙大总统钧鉴：

今日我公正式莅任大位，从此国基永固，薄海腾欢。敬电驰贺，藉伸微忱。卢殷民。歌。叩。印。

（《各方面电贺孙总统（二十）》，上海《民国日报》
1921 年 5 月 6 日）

陈去病致孙中山电
（1921 年 5 月 5 日）

《民国日报》转广州孙大总统鉴：

春尽夏来，其利在革，苍天当死，黄天当立，南海泱泱，大鹏展翮，勖哉夫子，勉负厥责。陈去病。歌。

　　（《各方面电贺孙总统（二十）》，上海《民国日报》1921 年 5 月 6 日）

中国船员联合会周柏祥等致孙中山电
（1921 年 5 月 6 日）

广州孙大总统钧鉴：

　　我公就任，船员等深信三民主义、五权宪法足以改进中国，革新世运，今既有权施展，福利可期。谨掬微忱，特为呼祝。中国船员联合会周柏祥叩。鱼。

　　（《中国船员贺总统就职》，上海《民国日报》1921 年 5 月 9 日）

沪民公社赵秋心等致孙中山电
（1921 年 5 月 7 日载）

广州孙大总统钧鉴：

　　我公就任，无限欣幸，三民主义，五权宪法，地方自治，民选省长，民选县长，民国前途，实深利赖。沪民公社赵秋心等敬贺。

　　（《各方面电贺孙总统（廿一）》，上海《民国日报》1921 年 5 月 7 日）

上海民信日刊社致孙中山电
（1921 年 5 月 7 日载）

广州孙大总统钧鉴：

　　我公顺从民意，正式就职，民国正统，于兹重光。建立民治，惟公是依，改进文化，惟公是望，征讨北酋，惟公是赖，联欢邦交，惟公是瞻。谨祝五五之新纪念，与武昌之双十、南京之元旦垂为国庆令节于万斯年。上海民信日刊社叩。

（《各方面电贺孙总统（廿一）》，上海《民国日报》1921 年 5 月 7 日）

乃路船同人戴卓民等致孙中山电
（1921 年 5 月 7 日载）

广州孙大总统钧鉴：

我公就任，中外腾欢。民等涉历重洋，颇知世局，当兹潮流横溢，民治进步，非具有革新之主义，远大之眼光者，不能指导人民，发扬国力。艰巨之责，洵非我公莫属。民等敢掬诚三呼我大总统万岁。乃路船同人戴卓民、刘瑞堂、黄智汉、袁少春、钟顺、谢九、钟焕、钟进、黄智威、李芬芳、刁达德、冯美辉、杨辉廷。

（《各方面电贺孙总统（廿一）》，上海《民国日报》1921 年 5 月 7 日）

林天一致孙中山电
（1921 年 5 月 8 日载）

孙大总统钧鉴：

我公素抱三民主意［义］，铲除专制，创造共和，诚华人之第一，为举世所同钦。今应时势需要，公理当然由国会选出为正式大总统，就职有日，负责得人，此乃中华民国之幸福，世界各国共相赞成者也。实行共和，救民水火，在此一举，为我公庆之。

林天一叩。

（《各方面电贺孙总统（廿二）》，上海《民国日报》
1921 年 5 月 8 日）

福建第一师师长王荣光暨全体官兵致孙中山电
（1921 年 5 月 8 日载）

孙大总统钧鉴：

阅报欣悉国会于阳日开总统选举会，先生当选为中华民国大总统，遂听之下，忭跃莫名。敬维先生手创民国，砥柱中流，本经纬缔造之元勋，膺遗大投艰之重任，值兹民生多艰，倒悬待解，伏乞早日就职，宣示救国大计，以奠国基，而慰民望。荣光待罪闽南，倾心粤海，祈为指示，无任欢呼。特电驰贺，伏祈垂鉴。福建第一师师长王荣光率全师军官全叩。

（《各方面电贺孙总统（廿二）》，上海《民国日报》
1921 年 5 月 8 日）

江苏公民杨卓膺等致孙中山电
（1921 年 5 月 8 日载）

上海《民国日报》转广州孙大总统钧鉴：

五四以还，公不畏强御，毅然就职，民具尔瞻，拨开云雾，十载华胥，瞿然一觉。谨此电贺。江苏公民杨卓膺、沈竟干、徐铭之、沈戬榖等同叩。

（《各方面电贺孙总统（廿二）》，上海《民国日报》
1921 年 5 月 8 日）

汪祖铨致孙中山电
（1921 年 5 月 8 日载）

广州孙大总统钧鉴：

公任总统，全国腾欢，造成广东为模范省，发展主义于全国，种种伟大之改革，惟公是赖。汪祖铨谨祝。

（《各方面电贺孙总统（廿二）》，上海《民国日报》
1921 年 5 月 8 日）

倪子英、倪子才致孙中山电
（1921 年 5 月 8 日载）

孙大总统钧鉴：

吾民国之徒拥共和虚名也，十载于兹矣。今幸我公膺选，克日就职，定能扫荡阴霾，重复天日，以竟我公之志，而慰元元之望。子英等庆欣之余，深望我公先援西粤，继连西南，联邦之政治既彰，全国之民望必归，然后统一中原，民权大张，而子英等亦得享一日真共和之幸福。中华民国上海市民倪子英、子才敬上。

（《各方面电贺孙总统（廿二）》，上海《民国日报》
1921 年 5 月 8 日）

童仁甫致孙中山电
（1921 年 5 月 8 日载）

孙大总统坐右：

天悯中〔张〕国，得我公复任总统，从此和平实现，日月重光，三民主义愿早施与我庄严璀璨重造之中华民国。翘瞻广州，曷胜依依，驰电谨贺，聊伸微忱。童仁甫叩。

（《各方面电贺孙总统（廿二）》，上海《民国日报》1921 年 5 月 8 日）

旅沪桂人唐一峰等致孙中山电
（1921 年 5 月 10 日载）

广州孙大总统钧鉴：

自黎元洪以非法命令解散国会后，南北纷纭，国无政府，五年迄今，人民所受之痛苦，更有甚于虎豹与豺狼，日惟切来苏之望。今我公正位于南郊，威慑于北部，士民欢颂，敢拜大德。虹璧当阳，百粤先得霖雨；龙图启运，八桂尤赖威名。强贼暴乱于家邦，敢祈申讨；义师听命于麾下，请即长驱。东南尉而西北候，预著公羊大一统之编；天地辟而日月光，敢献曼倩陈六符之颂。旅沪桂人唐一峰、周明文、欧阳健、余克刚、黄家祥、吴启荣、徐渊、陈秉礼等同叩。

（《各方面电贺孙总统（廿三）》，上海《民国日报》1921 年 5 月 10 日）

国会议员王宗尧致孙中山函
（1921 年 5 月 11 日载）

近观时局，甚觉阽危，默察人心，更形涣散，祸机四伏，险象环生。先生当此时期被选为总统，其维持之难，责任之重，诚有不可言喻者。窃为先生惧，敢举所见，为先生涕泣陈之。

自总统选出以后，计时日已三周星。粤鲜祝贺之文，湘来反对之电，滇黔谋为联省，彼意可知，闽桂狡启封疆，吾圉难固。纵内部一致进行，犹虑不支，尤复有昔同患难，今又退避引处于冷静态度者乎？然此皆心地光明，志趣正大者。□主张虽异，旨趣则同，但识见有到有不到之别耳。苟利于国，亦必能牺牲己意，共扶险局。万一有二三过于愤激者，分张旗帜，竟率性而行，忘大局之重危，执一时之意见，萧墙生变，同室操戈，星火燎原，赤石与白玉俱焚，严霜夜落，萧艾并芝兰共尽。宗尧具有天良，非丧心病狂，何敢危词耸听？只以先生为首创民国之人，不忍目睹赴火蹈汤之险，用苦口之良药，进逆耳之忠言。伏乞宸衷独断，立辞总统，仍主军府。一面催各总裁会商大计，定不拔之邦基，免来者之口实，将来总统一席，舍先生又谁属欤？

如谈革命，不做总统，必易为力，一居总统，反生障碍。盖不知先生者，转因总统而疑先生有所为矣。由是谤言累至，诽语横来，政令不能出府门，旧交皆成为仇敌，求如十年前之景象，恐莫能得。生死关头，争此一著，兴亡史上，论有千秋。兹当临去，犹抒愚诚，岂意有作用哉，亦心难坐视也。临楮涕泣，不知所云，敬颂

勋祺，并希

察纳

（《众叛亲离之孙大炮》，天津《大公报》1921 年 5 月 11 日）

陈炯明呈孙中山文①

（1921 年 5 月 13 日）

呈为呈请收回成命，另简贤能事：本月五日奉大总统令：特任陈炯明为内政部长，此令。又同日令：特任陈炯明兼陆军部长，此

---

① 报载时未署日期，据《陈炯明集》下卷，该呈文日期为 1921 年 5 月 13 日。——编者

令。闻命之下，感悚莫名。伏思炯明猥以菲材，谬膺艰巨，军符忝握，民政兼权，在上年粤局甫定之初，军府重新之际，故陆军一职，未敢固辞。今则政府更新，中枢重组，造基宏大，经纬万端，若以一人而兼四职，无论阻塞贤路，丛脞堪虞，即揆诸中外历史，亦无此政体，此应请辞者一也。近者边地未宁，地方多故，军书旁午，案牍劳形，专注一事，尚虑多疏，若复分心，深虞陨越，此应请辞者二也。天下为公，人才辈出，当此政府新建，似宜旁求俊乂，同辅艰难，不应以炯明一人之身，而贻窃位之诮，此应请辞者三也。其更有下忧者，炯明奔走国事，销磨半生，空抱救国之心，毫无益民之实，治丝益乱、制锦实伤，追念前尘，每怀忏悔。加以政途龌促［龊？］，党派纷呶，耳所闻者皆福利之言，目所见者半盗跖之行，故民国前途之忧，不在朽败官僚，而在维新人物。炯明侧身军政两界，日与为缘，既乏拨乱之才，又难抑狷介之志，精神苦痛，莫可言宣。昔年居漳，早思引退，势苦未能。今日返粤，又以疮痍未复，桂敌在旁，勉强支撑，徐图摆脱。今若以求退之身，谬膺知遇之隆，不自量度，必贻力小任重之覆，此期期不可，亟应请辞者四也。具此愚诚，惟有吁恳收回成命，另简贤能，以重职守。临呈无任悚惶之至。广东省长兼粤军总司令陈炯明。

（《陈炯明论维新人物》，《申报》1921年5月19日）

滇军将领胡若愚等致孙中山电

（1921年5月19日）

广州孙大总统钧鉴：

职旅春初自滇边间道入黔，近始移驻湘边，其间交通窒塞，见闻孤陋，昨读李部长电示，敬悉我大总统为众公推，复肩国事，元首既得，万众有归，佳音遽听，忭舞莫名。窃念新邦多难，内外交凌，战祸频年，国命焉托。我大总统勋高日月，手造河山，外攘内

安，足增光于五千年史，驾轻就熟，将造福于四百兆民。炳大地之
文章，光华复旦；合普天而颂盛，人物雍熙。伏恳宋畅早挥，慰人
民喁喁之望；娲臧再熨，胥国家暤暤之麻。此日正位当阳，且看负襁
而至；他日人荒向化，试听击壤之歌。敬播葵忱，同伸蚁庆。滇军第
五混成旅旅长胡若愚、第五纵队长张汝骥、第九队长杨瑞昌、第十支
队长徐为洸、炮兵大队长陆聚卿、机关枪大队长田钟毅同叩。皓。印。

　　（《滇军将领拥护孙总统》，上海《民国日报》1921
年 6 月 12 日）

旅湘两广同人全体致孙中山、陆荣廷等电
（1921 年 5 月 26 日载）

广州总商会转孙中山先生、南宁总商会转陆干卿先生暨两省军民行
政长官、各机关、各学校、各报馆鉴：

　　嗟我粤桂，频年兵燹，民不聊生，在两省执政诸公，当各本天
良，息事宁人，以为救死之计。乃阅报章，粤桂开战已成事实，同
人等远望家山，惊魂莫措。盖今日粤桂之战，同室操戈，不惟腾笑
外人，抑恐立召亡国之祸，凡有人心，谁忍出此。尚乞粤桂执政诸
公，为人道计，为民国计，为桑梓计，早息干戈，免致生灵再遭荼
毒。无任泣血以祷。旅湘两广同人全体叩。

　　（《旅湘广东同乡会代电》，《申报》1921 年 5 月 26
日，"公电"）

李烈钧致孙中山函
（1921 年 6 月 3 日载）

大总统尊鉴：

　　夙承爱护，兼荷裁成，报称情殷，瞻依弥切。

溯自民国建元，于兹十稔，政变迭作，冈〔罔〕有宁岁。西南声罪致讨，血战频年，民力已疲，敌氛未靖。良由根本大计未决，事权付托非人，一误于辩给书生，再误于苟且和议。托名护法，实属弄权，不亟更新，曷求进步。我大总统手创共和，功垂民国，扶持正义，始终不渝，树立宏猷，诸臻完善，凡在国民，冈〔罔〕不爱戴。此间军民称庆，士庶欢腾。

烈钧奉会泽令驻黔边，谨当整饬各部，用效驰驱，从此排除障碍，促导祥和，惟我大总统实利赖之。兹派余参议维谦赍函来粤，面谒钧座，敢祈赐予接洽，授以机宜，俾有率循，无任感祷。专此，敬请
崇安，诸维
鉴察，不备

李烈钧谨启

（《李协和派代表莅粤》，上海《民国日报》1921年6月3日）

四川省议会致孙中山电
（1921年6月6日载）

广州孙大总统钧鉴：

自黎大总统下野，主政非人，五族同胞，土崩瓦解。兹幸国会代表民意，选举我公为中华民国大总统，我公勉抑谦衷，力肩巨任，以创造民国之元勋，建永久共和之大业，西南苍生欢声雷动，北地父老引领输诚，统一有望，太平可致。谨申电贺，并颂无疆。四川省议会省议员胡素民、曾吉芝、邓懋修、王复初、黄容九、李燮昌、魏以瓒、刘扬、秦光第、扬仔耘、袁懋镛、黎广芬、雷伟、彭金门、黄小田、刘彦平、陈蔚文、廖纲岺、刘卓彬、田应斌、罗泽周、张森枡、李宗韶、曹体乾、熊与九、刘兆襄、刘绍斌、关次元、刘在方、傅先喜、谢奕、刘孝颐、柳达、陈悦庄、刘光珠、游

途炽、黄春云、曹叙实、王承勋、杨邦安、王雨农、蒋文轩、谢百城、黄骏、何启文、余孝可、丁明夫、冯正杨、张炬川、颜如愚、董发荣、刘瑞禾、杜关、周复、罗崇升。

　　（《川议会贺孙大总统电》，上海《民国日报》1921年6月6日）

陈炯明呈孙中山文
（1921 年 6 月 6 日）

　　呈为荐贤自代恳请照准俾得专理防务事：窃炯明前奉特命，兼摄军民两总长，经于五月十一日洒诚固辞，未蒙察准，惶恐无任。现据边报，桂贼寇粤，戎机日急，炯明筹维军务，日晨不遑，内务、陆军两部事务，势难兼顾，深恐再事迁延，旷废职守，惟有荐贤自代。查有吕志伊，堪以升任内务总长。伏恳俯如所请，迅领明令，以重部务，而免贻慢，所有恳准开去部职，并荐贤自代各缘由，理合呈请大总统鉴核施行。谨呈
大总统

　　　　　　　　　　　（《陈炯明集》下卷，第 623 页）

川军将领但懋辛等致孙中山等电
（1921 年 6 月 6 日）

徐菊人先生、靳翼青先生、各部院、广东孙中山先生、唐少川先生、上海岑西林先生、各省、各巡阅使、各督军、总司令、省长、各都统、各镇守使、省议会、各报馆、成都各机关、省议会、各报馆、各道尹、各县知事局长钧鉴：

　　军民分治，为时已旧，川省自去年战事发生后，军民政务均乏

主持。于是各将领乃就渝成立各军办事处，以代行其职，初意不过暂维政局，故未遑细为划分。兹复召集混成旅长以上各将领会议，于六月六日推举刘湘为四川总司令。军事固已有主张负责之人，惟省长一席，虚悬已久，谂以法理论，川省为自治省分，自当以民选为正鹄。惟现值省长未经选定以前，政务讵可任其久停，且此次各将领会议议决，关于川局善后各事，宜在在与民政相关，目下倘无人负责，庶政何由执行。反复商榷，咸以在省长未经选定之时，唯有推总司令暂行兼任，以图整理，而免旷废。一俟民意机关依法选出时，即行交替，庶可以济行政之穷，仍吻合乎民治之义。除合请总司令兼任外，特电奉闻。四川陆军第一军〈军〉长但懋辛、第三军军长刘成勋、第一师师长喻培棣、第二师师长唐式遵、第三师师长邓锡侯、第四师师长潘文华、第五师师长何光烈、第六师师长余际唐、第七师师长陈国栋、第八师师长陈洪范、第九师师长杨森、第二十二师师长唐廷牧、第一混成旅旅长刘文辉、第二混成旅旅长张冲、第三混成旅旅长李树勋、第四混成旅旅长袁彬、第五混成旅旅长张成孝、第六混成旅旅长刘炳勋、第七混成旅旅长蓝世钲、第八混成旅旅长田颂尧、第九混成旅旅长刘斌、川北边防军总司令赖心辉、川边镇守使陈遐龄。鱼。叩。印。

（《中华民国史档案资料汇编》第三辑军事（三），第566页）

援桂黔军司令谷正伦致孙中山电

（1921年6月21日）

百万急。广州大总统钧鉴：

陆逆等叛国殃民，罪不容诛，黔军将士，莫不痛心疾首，誓殄此贼。现奉黔军总司令命，调精率两旅，编为两纵队，由正伦率攻柳州，就近听参谋总长李公节制。前队已入桂境，谨次呈报。前方战况，俟陆续上陈。援桂黔军谷司令正伦叩。马。印。

（《粤军援桂战讯（九）》，上海《民国日报》1921 年
7 月 12 日）

旅湘湖北同乡会等致孙中山等电
（1921 年 6 月 22 日载）

广东孙大总统、各部长，香港唐冀赓先生，陈总司令、许军长、各
师旅长兼司令、国会议员，各省同乡会，云南顾总司令、各师长、
旅长，贵州卢总司令、各师旅长，四川刘总司令、各军长、各师旅
长，湖南赵总司令、各镇守使、各师旅长，各省议会，上海章太炎
先生、柏烈武先生、蒋雨岩、张怀九、胡玉斋、吴寿田、曹亚伯、
白楚香暨同乡诸先生，各报馆、各省同乡会、各界联合会、学生联
合会均鉴：

王占元祸鄂，八载于兹，纵兵殃民之事，数见不一，尤以本年
六月七日之夜为最惨酷。其时军队哗变，抢掠之后继以焚烧，商店
居民无一幸免，财产损失数千万，人民死伤无量数。可怜锦绣鄂
城，忽焉继宜昌之浩劫而变为焦土，伤心惨目，言之鼻酸。去岁九
十月间，荆沙、武穴、宜昌、嘉鱼等处，兵变十余次，鄂属全境满
目荆棘。今省垣根本之地，又演此惨剧，吾鄂之民力有几，一摘何
堪再摘。

查此界兵祸，即由王毒亲统之第二师及最信任之十八师所演
出。尤奇者，焚掠之时，凡属北兵官长私宅概未波及，其为指使不
问可知。盖王毒滥发纸币，饱入私囊，希图销灭存根，使人无可清
查。故劫掠之初，官钱局首被抢毁，造币厂同罹祸殃，王毒坐镇其
间，目若无睹，其为嗾使无疑。吾鄂三千五百万同胞，处此淫威之
下，忍泣吞声，任彼鱼肉，间来素抱国家思想，稍有闻望者，彼则
设计诬陷，必思一网打尽而后快。此獠一日不去，不独吾鄂遭其荼

毒，且为军阀虐民之倡，启外人瓜分之渐。吾鄂不足惜，如大局何。

诸公爱国爱民，热忱素著，伏乞主持正理，仗义兴师，出鄂人于水火，使凶暴有所惩戒，良民有所托命，而联省自治之基，其由此立矣。倘蒙俯予垂救，兴师问罪，则箪食壶浆，崩角欢迎矣。欲挥鲁阳之戈，敢效秦庭之哭，伏惟矜鉴。旅湘湖北同乡会、商会、民治协会仝叩。

（《旅湘湖北同乡会等电》，上海《民国日报》1921年6月22日，"公电"）

刘震寰致孙中山函
（1921年6月23日）

大总统钧鉴：

寰已于漾日宣布与陆逆脱离关系，现已进兵扑攻梧城。承邹运使交来钧座毫银三千元，已奉到，此后一切，仍悉源源接济。寰部一切，并托邹公就近面陈，请示办理。专肃申谢，敬叩
公祺

刘振寰拜启　六月二十三日

（《广州特约通信》，上海《民国日报》1921年7月2日）

广西国民军独立第一支队司令
邓文烈致广州总统府等电
（1921年6月23日）

万急。广州总统府转广西国民军苏总司令钧鉴：

我军于二十二日会同粤军第二军第十八团，由赤田入怀集属诗

洞墟，在佛子岭遇敌军千余，鏖战数十分钟，毙敌十余名，生擒数名，敌势不支，向诗洞后方退却，我军即进驻诗洞墟，准备前进，特闻。广西国民军独立第一支队司令邓文烈叩。漾。

（《粤军所向克捷》，上海《民国日报》1921年7月3日）

李烈钧致孙中山、唐继尧等电
（1921年6月23日）

万急。广州孙大总统、唐会泽联帅尊鉴：陆军部陈总长、参谋部蒋次长鉴：

滇军奉大总统、联帅命令援桂，扶植桂人自治，已开始运动，即分途攻入桂境，直捣腹地。谨电奉陈。李烈钧。梗。印。

（《李协和率师援桂》，上海《民国日报》1921年7月5日）

谢文炳致孙中山等电
（1921年6月24日）

广州孙大总统、邓师长、洪师长钧鉴：

顷据捷报，职旅何团长梓林报称：职团漾日（廿三）早由宝塔山与敌接战，我军奋勇猛攻，剧战竟日，敌势不支，我军乘胜涉水渡水，挺进县城。是晚十时，完全占领怀集。出示安民，秩序大定，夺获军用品甚多，敌人纷纷向梁村、贺县方面逃窜。部军仅伤十余名，敌人死伤极多，现正在追击中等语。炳仍督饬所部，于径日（廿五）向贺县进发。谨先电闻，余续报。第七旅旅长谢文炳叩。敬辰。印。

　　（《粤军所向克捷》，上海《民国日报》1921 年 7 月 3
日）

滇黔赣联军援桂先锋军司令官胡若愚致孙中山电
（1921 年 6 月 25 日）

广州大总统钧鉴：

　　窃联军此次援桂，原为扫除共和障碍，扶植桂人自治，巩固西
南之局势，促进国家之统一，凡我邦人诸友，谅咸晓此义。若愚刻
奉李参谋总长命令，率先锋军已于六月宥日兼程向桂林进攻，负隅
之贼虽众，破竹之势将成。整我义师，剪此凶恶，援同胞于水火，
奠共和之金汤。勉励向前，敢不竭其驽钝，训示时锡，是所望于群
公。引领边陲，谨电奉闻。滇黔赣联军援桂先锋军司令官胡若愚
叩。有。印。

　　（《滇黔军大举援桂》，上海《民国日报》1921 年 7
月 17 日）

陈炯明致孙中山等电
（1921 年 6 月 26 日）

大总统、各部总次长、海军林总司令、国会、总司令部、省长公
署、省议会、商会、报界公会鉴：

　　本日上午九时，我军完全占领梧州城。特闻。炯明。宥（廿
六）。印。

　　　　　　　　（《陈炯明集》下卷，第 643 页）

援桂黔军司令谷正伦致孙中山等电
（1921 年 6 月 29 日）

广州大总统、各部总长，梧州陈总司令，浙江卢督军，福建李督军，长沙赵总司令，云南顾总司令，重庆刘总司令钧鉴：

陆荣廷等背叛共和，绝信弃义，得罪民国，人人得而诛之，黔军将士莫不深恶痛绝。正伦前奉黔军总司令，将两旅之众受参谋长李公节制，率师讨贼。敝部彭纵队长于五月抄［钞］率所部进攻桂北怀远方面，于凤年、富禄、湘尾诸地，与逆军连战皆捷，夺获甚重。昔因讨桂诸军步骤未齐，皆取守势，近奉陈总司令捷电，梧州既下，贼势日蹙，已飞令所部长驱直入，正伦亦即日驰往前方指挥部众。惟桂北交通未便，各方情况不明，请恳指示机宜，俾有遵循。援桂黔军司令谷正伦叩。艳。印。

（《滇黔军大举援桂》，上海《民国日报》1921 年 7 月 17 日）

广西国民大会致孙中山等电
（1921 年 7 月 3 日载）

（衔略）匪酋陆荣廷，据桂十载，豢养贼党，荼毒生灵，滥发纸币，破坏金融，横征暴敛，朘削民膏，开赌贩烟，流毒地方，摧残教育，梗阻文化，黩武湘粤，贻害西南，种种罪状，罄竹难书。近以莫荣新覆师于粤之恨，竟乞援北庭，并纠集陈炳焜、谭浩明、林虎、马济、沈鸿英诸悍贼，聚兵过境，蓄意窜扰，此贼不除，民国万无宁日。本会将该逆首罪状，一再胪陈，伏恳大总统特奋乾断，下令讨伐，各省义师四面兜剿，务将该匪首陆荣廷拿获正法，其附逆死党，如陈炳焜辈，一律歼除，荡涤巨匪之秽恶，恢复共和之正气，俾□□遗黎，重睹天日，广西幸甚，民国幸甚。广西国民大会叩。

（《粤军援桂战讯（五）》，上海《民国日报》1921年7月3日）

特派广西右江招讨使龚得胜致孙中山电
（1921年7月4日）

广州孙大总统钧鉴：

窃得胜一介庸愚，粗娴武略，承奉卢总司令委充特派广西右江招抚使，遵于七月东日在贵阳行次就职，驰往该处办理一切招抚事。惟是自顾菲材，际兹时势艰难，谬膺重任，汲深绠短，蚊负堪虞。自当奋勉从公，力图匡济，上以纾极峰属望之忧，下以副薄海苍生之望，并乞随时指示机宜，俾得遵循有自，是所切祷。除分别呈咨外，合肃电陈。特派广西右江招讨使龚得胜叩。支（四日）。印。

（《粤军援桂战讯（十六）》，上海《民国日报》1921年7月19日）

黄大伟等致孙中山、陈炯明电
（1921年7月5日）

广州孙大总统、梧州行营陈总司令钧鉴：

第一、第五两路部队围攻高州城外茂岭、南岭一带敌军已三昼夜，业经电呈总座在案。本晨五时，第一路主力向笔架山之敌攻击，派一部在正面猛攻，第八路三营及全团主力向南宫岭之敌

攻击，伟亲率卫队到阵地督战，敌人顽强抵抗，激战一日。幸将
士用命，三次猛攻，于下午四时夺回笔架山高峰三座，敌始不
支，纷向北门过桥溃退。除派主力部队跟踪追击，以期一鼓荡平
外，是役夺获炮二门，机关枪十数枝，枪支马匹无算，敌人死伤
逃亡俘虏不计其数。大伟、景棠于本日午后五时进驻高城，地方
安谧，商民悦服。谨此电闻。黄大伟、钟景棠、胡汉卿同叩。微
亥。

　　　（《粤军援桂战讯（十一）》，上海《民国日报》1921
　年7月15日）

邓铿等致孙中山、陈炯明等电
（1921年7月5日）

万急。广州孙大总统、梧州陈总司令（余衔略）鉴：

　　捷报。我军连日与敌激战，敌势不支，节节退败，支日克复阳
山。微日午被敌千余人反攻，我军分途绕击，断其归路，遂毙敌数
百，俘虏千人，夺获水机关枪四杆，枪枝辎重无算。阳山一股之敌
完全扑灭，我军尚在前进中，约明日可抵连县。特闻。邓铿、吴忠
信、赖世璜叩。微（五日）酉。

　　　（《粤军援桂战讯（十一）》，上海《民国日报》1921
　年7月15日）

赖世璜致孙中山、陈炯明、许崇智电
（1921年7月5日）

万急。广州孙大总统，梧州陈总司令、许军长钧鉴：

　　阳山支日巳时克复，未时敌约千余人反攻，微日午前，敌势不

支，向小江退却，又被吾梯队长建保剪攻，申刻敌人完全缴械。赖世璜叩。微申。印。

（《粤军援桂战讯（十一）》，上海《民国日报》1921年7月15日）

钟景棠致孙中山等电
（1921 年 7 月 5 日）

广州大总统（余衔略）钧鉴：

我军于七月五日午后四时克复高州城，先此捷闻。景棠。歌。印。

（《广州特约通信》，上海《民国日报》1921年7月24日）

旅沪鄂人刘英等致孙中山等电[①]
（1921 年 7 月 6 日）

（衔略）长沙赵总司令勋鉴：

三楚一家，地形唇齿，湘登寿□，鄂久沉沦。每念乡关，痛心疾首。往岁荆襄自主，辗转流于西陲，不克成功，殆有天数。去年蓝公秀豪接绾鄂豫两军，誓志东下，恢复鄂土，卒以前川督熊克武私结北庭，袭我军后，致堕全功。兵败入川，惨遭熊害，身死渝城。查辛亥武昌起义，熊以流氓来归，得楚人之助，始有今日。十年以来，不思报德，竟一再反复，暮四朝三。蓝公秀豪，勋在国

---

① 该电通电对象除广东孙中山外，尚包括陈炯明、唐继尧、顾品珍、刘湘、黎元洪及各地鄂籍要人等。——编者

家，谊属袍泽，往岁相见，折节欢迎，趋穷相依，辄加惨害，在蓝公殉乡殉国，成仁何怨。若熊克武负邻负友，蔑义无伦。迩者熊以多行不义，见弃于川，鼠窜东下，闻已入湘。同人等私仇公愤，誓不两立，为此联合电恳我公下令，将熊逆扣留。同人等当另推代表，投案起诉。倘使罪人斯得，不第死难数千乡人结草地下，即三楚父老兄弟，均感高义于无穷矣。临电无任痛切哀祷之至。支。印等语。诸公或为蓝公旧友，或谊属袍泽，谅亦同深悲愤。务恳联电炎公，下令扣留熊逆，付诸法庭，藉伸国法，以慰英灵。临电无任企祷。刘英、李化民、杜邦俊、黄元吉、聂豫、吴继玢、陈伯超、李渭浜、薛中、刘项、熊光斗、涂融、舒耀武、曾汉城、吴谦、钟鼎同叩。鱼。

（《鄂人电请扣留熊克武》，上海《民国日报》1921年7月10日）

汤子模致孙中山函
（1921 年 7 月 8 日）

中山大总统钧鉴：

自我公正式就任以来，海内喁喁，见夫正谊之终必伸张，大局之可期敉平，趋向德化，万众一心。我公历年之威光，其收功有如此者。乘时施以武力，则一般窃据之雄，谁不俯首而听命？征桂声浪，遍传全国。模荒陬伏处，髀肉复生，仰盼风雨，屡欲请缨自效。适值青阳师长，远游入蜀，备闻大局状况，天下事大可为。自觉苟偷食息，殊愧平息抱负。拟与协和相依，不惮千里跋涉，为公效命于疆场。先请青公赴粤，代为请命，厉兵秣马，翘首以待。如有教令，即可遄发。

私心以为桂事既平，则政府之力日强，西南各省均可传檄而定。即有梗抗，择其黠者，集合全力，以张挞伐。一战而胜，全国震慑。较之往日同志散漫，各省势分力弱，枝枝节节而图之者，收功何可以道里计也。

川中近况，青公可以面陈，模部志性，青公悉可代表。勿庸见缕，致渎清听。

前派代表范爱众趋叩钧府，过承优遇。爱众来函，称颂不置，闻公并有厚赐。爱众行且抵蜀，容再另函肃谢。酷暑为国珍卫，并颂勋祺

汤子模叩

七月八日发于四川陆军第二军第一纵队司令部

（《汤子模请大总统北伐》，上海《民国日报》1921年9月1日）

沈鸿英致孙中山等电

（1921年7月10日）

（衔略）窃以自治为近日潮流所趋，联省即将来统一之计。民国成立，于今十〔中〕年，祸乱相乘，抢攘无纪，政府形同麻木，〈中〉央等于赘疣，日谋统一而统一愈远，日求和平而和平无期。推厥原因，皆由于根本大法虚悬未决，国家组织失其机能。挽救之方，端在省制。

桂为西南护法发源之地，介居粤、湘、滇、黔之间。自陆干卿输诚中央，取消自主，希冀统一，逆遏潮流，未审同情，大拂民意，致使桂中志士咸怀改造之心，粤东同人群倡援桂之议，犹复执迷不悟，激起战衅。然所蹂躏者，皆粤之地方，而所痛苦者皆两粤之人民，同室操戈，可谓太息。

夫两粤本属一家，自治固不容缓，值兹国民自觉主义发扬光大之时，粤人既以倡导于先，桂人岂敢暴弃于后。顷据前方各司令黄日高等阳电，请脱离桂政府，改称为救桂军，以定桂难。又据平桂

柳庆旧府属各县议参事会歌电，请实行自治，维持地方，以救桂各等情。鸿英分属军人，素守服从，雅不欲越职以预政治。只以兵连祸结，惨不堪言，军阀流毒之深久为国人所诟病，故宁以和平促真正之自治，不忍以铁血谋假面之统一。昨读桂省议会庚电通布，于七月一日开议讨论自治方法，具见桂省全体军民心里皆同。务恳干帅俯念民艰，容纳众议，即日退职，废除督军，桂省之事由桂自行公决。鸿英勉循军民之请，即于七月十日就救桂军司令之职，脱离陆氏命令，与粤军一致进行；并从省会诸君子之后，励行自治，而与西南各省联合一气，共奠国基。凡我桂省同胞暨诸父老，爱国爱乡，谅有同心。念兄弟阅墙之非，知豆箕［其］煎煮之痛，群申正义，早罢纠纷。

鸿英锋镝余生，素淡名利，一俟吾桂自治告成，即行解组归田，俾得永为平民，则为幸实多矣。谨布腹心，伫候明教。救桂军总司令沈鸿英叩。蒸。印。

（《沈鸿英倒戈讨陆电》，上海《民国日报》1921 年 7 月 24 日，"公电"）

救桂军总司令沈鸿英致孙中山电

（1921 年 7 月 11 日）

自钧座首倡自治宏谟，人民倾向，薄海同风。

惟桂省以受陆氏积威压逼，人民不能自由，英亦以辗转不克早自拔濯，深用疚心。兹幸粤军助桂，挞伐用张，全桂人民暨部属军官均为额手。现据平乐、桂林、柳州、乐远府属县公民暨本埠全体官兵联电呈请，改本军为救桂军，并公推鸿英由［为］救桂军总司令。匹夫有责，谊何容辞，谨于本月蒸日宣布就职，脱离陆氏关系，服从钧座命令，与粤军一致行动。想我大总统宏量盖世，谅许以驰驱。

惟于现在信使虽有往来，而双方尚未引备，倘或更日接触误会，恐灰军民之心，转负属望之意。伏恳钧座迅电陈总司令，传饬粤军与英部停战修好，并令原向怀信粤军一面调赴邕江，为扫穴擒渠之计，俾英得克日率领所部平定桂、柳两江，会师邕州，共奠桂局。从此粤、桂一家，西南大定，出师北伐长江，长驱中原，英必誓竭驽骀，藉图报称于万一也。临电不胜激切待命之至。救桂军总司令沈鸿英呈。真。印。

（《沈鸿英倒戈讨陆》，上海《民国日报》1921 年 7 月 21 日）

全川自治联合会致孙中山、徐世昌等电
（1921 年 7 月 12 日载）

广东孙中山先生，北京徐菊人先生暨参众两院、各部院，各巡阅使、各省总司令、督军、省长、省议会，各都统、护军使、镇守使、各军师旅团营长，各报馆、各法团、各学校、各机关钧鉴：

吾国国际之地位，原神圣庄严之独立，为世界各国所公认，勿须他国之承认或保证。英日每次联盟，均有承认或保证中国独立及领土安全字样，实侵害中国之主权，违反国际之正义。本年七月十三日，为英日同盟第三次届满之期限，日本遣派皇储驰赴英京将续订同盟。英为希图远东势力之发展，英日为图谋侵略政策之扩张，其中情形日见险恶，关系存亡，一发千钧。本会特全体大会讨论公决，以为亟宜警惕英日两国，顾全邦交，维持正义，迳电英日两国当轴顾使力争外，亟诸公以爱国热忱协力抗议，并望各界人民一致主张，为相当之对外，以期达到英续盟删除侵害中国主权之字样，则全国幸甚。全川自治联合会叩。

（《吴玉章往来书信集》，第 71 页）

陈炯明致孙中山电

（1921 年 7 月 13 日）

广州大总统钧鉴：

顷接翁所长真（十一）电称：蒸（十）日拂晓，我军进攻容县，敌顽强抵抗，剧战竟日，敌势不支，纷向北海溃退，我军遂完全占领容县，并派队追击等语。特闻。炯明。元（十三）。印。

（《粤军援桂战讯（十七）》，上海《民国日报》1921年 7 月 21 日）

沈鸿英致孙中山、陈炯明、许崇智电

（1921 年 7 月 13 日）

大总统、陈总司令、许军长钧鉴：

前电谅达洞鉴。英就职后，即派沈旅长荣光率全部进攻柳州，陈舜卿已于文日离平出走，即日派邓旅〈长〉瑞征率全部攻桂林。适接刘师长震寰电称，真日已克昭平，复明电请邓部分兵协□，桂林各府属指日可下，即会攻平乐。悬竟公迅饬现驻连阳、信怀军队知照，□□□□（电码不明）①，以靖人心。伏候核示。沈鸿英叩。元。印。

（《广州特约通信》，上海《民国日报》1921 年 7 月 24 日）

沈鸿英致孙中山电

（1921 年 7 月 15 日）

孙大总统钧鉴：

英前派旅长荣光率队赴平，邓旅长瑞征率队赴桂，予限克日收

① 原文如此。——编者

复。兹接报称，陈舜卿在平，李祥禄在桂，均已闻风逃遁，平、桂一带肃清等语。除饬沈荣光会同刘震寰、熊略维持平乐，秦步衢维持桂林，候令进发外，谨电驰闻。救桂军总司令沈鸿英叩。删。印。

（《粤军援桂战讯（二十）》，上海《民国日报》1921年7月26日）

邓铿致孙中山、陈炯明等电
（1921年7月17日载）

广州大总统、梧州陈总司令（余衔略）钧鉴：

阳山反攻，战事极烈，自四号战至五号午间，敌始退却。计是役击破军千余人，夺获枪支九百余杆，机关枪四架，子弹无数，俘虏敌副司令及官兵百余人，余均溃散。现伪司令黄鸿献、吕定祥等，昨晚来书请求停战讲和，敌胆已寒，连属指日可以肃清矣。

（《粤军援桂战讯（十四）》，上海《民国日报》1921年7月17日）

林国佩致孙中山、陈炯明电
（1921年7月17日）

广州孙大总统、陈总司令钧鉴：

桂贼寇廉，佩率马德云、赵荣辉、范仰之、林宗汉、鄂李球、洪士章、黄燕各官佐，袭击溃退之敌，筱晨克复廉地，乞所长处长迅带饷弹回廉主持。统领林国佩叩。筱。印。

（《克复高雷钦廉之始末》，上海《民国日报》1921年7月25日）

洪兆麟致孙中山等电

（1921 年 7 月 18 日）

广州孙大总统（余衔略）均鉴：

　　奉陈总司令铣电，开：浔州攻下，□一师凯旋驻省，广州兵力雄厚，仰即该帅步兵两团，暨炮、工、辎各营来浔，会攻南宁，等因。遵于铣日饬李惟长先生留省部队，候命续进。兆麟亦于巧日组织行营，赶赴前敌，谨闻。洪兆麟叩。巧。印。

　　　　（《粤军援桂战讯（十九)》，上海《民国日报》1921
　　年 7 月 25 日）

陈炯明致孙中山等电

（1921 年 7 月 19 日）

孙大总统、各部总长、参众两院，各省总司令、督军、省长均鉴：

　　林议长暨国会议员诸公为预防英日续盟再有侵犯吾国主权之规定，于有日通电，促邦人急起力争，义正词严，无任钦佩。吾国之主权独立及领土完整，吾国民自有保持之天职，何烦他国代为订约保持。前者英日联盟条约，涉及吾国主权领土，吾国民早引为奇耻大辱。苟在彼蔑视民族自决之精神，尤为国际上一大污点。现保持其名，掠夺其实，征诸一九零二年英日盟约对朝鲜之故智，吾国民宁不寒心。今此事机危迫，急不容缓，所望诸公一致力争，表示吾国真正民意，以求世界主持正义者之赞助。如英日续盟再有侵犯吾国主权之规定，吾国民誓不承认。国家前途庶其有豸。陈炯明。效。印。

　　　　（《陈炯明集》下卷，第 658～659 页）

李烈钧致孙中山电

(1921 年 7 月 21 日)

大总统钧鉴：

烈钧奉命援桂，仰承意旨，毅力直前，未敢稍懈。先发各军，现已分取龙胜、宜山前进，与粤军遥为声应。桂将若能自觉，亦曾详受方针，相与周旋。然会师原出良心，务求真正自治，责任所关，讵敢或忽，□有巧电，当经明察。伏望常颁训示，但克迅奏全功。临电瞻依，不胜企祷。李烈钧叩。马。印。

(《粤军援桂战讯（二十三）》，上海《民国日报》1921 年 8 月 2 日)

援桂黔军司令官谷正伦致孙中山电

(1921 年 7 月 23 日)

孙大总统钧鉴：

据第一纵队长彭汉焞报称：我军占领思恩后，敌退庆远，厚集兵力，抗拒我军。现令各部队分头进击，先取庆远，再与第二纵队长合攻柳州等语。除饬该纵队长速取庆远，并令第一纵队兼程前进合攻柳州外，伦亦准于散日驰赴前线，督饬各军攻取柳州，歼灭绿林，以救桂民于水火。惟荔波以下，交通困难，且无电线，赐教仍请由独山局转交为祷。援桂黔军司令官谷正伦叩。梗。印。

(《粤军援桂战讯（二十三）》，上海《民国日报》1921 年 8 月 2 日)

广西公民周抚辰等致孙中山电

（1921 年 7 月 23 日）

孙大总统钧鉴：

陆逆已逃，余孽未尽，现多伪称自治，希图盘据。恳迅颁明令，派遣大员主持要政，以安民心。广西公民周抚辰、梁烈亚、胡杰、黎工侬、裴邦□、韦珩楷、张庭辅、谢许垓、王豫同叩。梗。

（《粤军援桂战讯（二十三）》，上海《民国日报》1921 年 8 月 2 日）

刘湘致孙中山函

（1921 年 7 月 24 日）

大总统均鉴：

共和十稔，变乱频仍，探本溯源，咸由于国民付托非人。钧座负救国救民之宏愿，此次重任巨肩，凡属血气，莫不额手称庆。湘固凡庸，亦深知救中国者，惟钧座有此坚毅力及建设方略也。

川局倏扰，今告粗定，谢君慧僧前次电嘱以总戎见推，比即婉辞。旋因各军会议选举，以军民两政推湘主持。自惭德薄能鲜，不敢以误川者转而误国，固辞不获，勉为支持。后又奉到杨君荫波转到钧座任命，足征垂爱之殷，期望之切。感拜之余，惶悚实深。顾国事长此纠纷，后患不可纪极，安内攘外，必须兼顾并筹，用示以身许国之义，并纾钧座西顾之忧。只以内部意见一时尚未排除，茹兹痛苦，难以言宣，钧座明烛万里，当在洞见。兹具管见数条，特派王君芷塘兼程恭觐钧座，面陈一切，谨乞示遵。不胜屏营待命之至。

凡有示谕，统由王代表芷塘密达，合并陈明。谨此肃呈。敬叩
钧安

刘湘谨呈 七月二十四日

（《刘总司上大总统书》，上海《民国日报》1921 年 9
月 1 日）

广西留沪学生会致孙中山、陈炯明电

（1921 年 7 月 26 日）

广州孙中山先生、驻桂粤军陈总司令钧鉴：

不德于粤，罪在武人，桂民无辜，岂能受怨，近接确报，据称
敝省交战之区，桂人受祸之烈，惨不忍闻。名曰义师，岂应出此，乞
饬诸将士严守纪律，勿存客主之见。况陆、陈既自行引退，民治指日
可成，请义师返施，让桂人自决，庶合作战初心，而符宣言。至谓善
后各事，自有省议会负责，不难即日恢复治安。公等既无利桂之心，
凯还此实其时，实怀□德，兼献悃诚。广西留沪学〈生〉会。宥。叩。

（《广西留沪学生会请停战事电》，《申报》1921 年 7
月 29 日）

广西留沪学生会致广州军政府等电

（1921 年 7 月 27 日）

长沙赵总司令暨省议会，重庆刘总司令暨省议会，云南顾总司令暨
省议会，贵阳卢总司令暨省议会，广州军政府、省议会转梧州粤军
陈总司令，南宁省议会转各报馆钧鉴：

窃自护法军兴，政争五载，生灵涂炭，举国怆然。我桂以贫瘠
之区，当战事之冲，征调频仍，被祸尤烈。然全省人民尚能忍痛一
时，冀得正当之解决。岂知护法大业未成，而人民受祸愈烈，武人

专政，舆论遭残，延内争于无期，置外患于不顾，此忧心时事者，所谓太息痛恨者也。

迩者，海内志士莫不提倡自治，由各省自行制宪，此诚求治之道而弭兵之法，为当世之不可缓者。故自湘粤一呼，滇黔响应，吾桂省议会早能应顺潮流，宣布自治，屡次通电，促成省宪。吾等人民，方期从此内争屏息，各得安业，孰料事出意外，自治之进行正亟，而粤桂之战争忽起，双方交哄，各自是非，吾人民皆莫从而□。然桂省议会主张自治在前，而粤桂战争在后，此则事实具在，国人自有公评。兹者前事不论，现沈鸿英已通电顺从，桂省议会主张自治，黄培桂、李祥禄、贲克昭、秦步衢、陈智伟等各将领，均众口一辞，与沈鸿英一致行动。陆荣廷辈复自行解职，今后桂人自当设法，令其尽解兵柄，洗除军阀，而实行民治。况有省议会之主张在前，则此后如何设施，应听桂人自行解决，由省议会负责，制定省宪，自是正当办法。今战事仍未终止，不特有碍自治进行，且桂人困苦已极，岂堪再扰。

敢请诸公制止各军，一律停止进行，俾桂省人民，得安然进行自治，而免战祸之延长，不特联省自治可望速成，而桂省人民受惠不浅矣。迫切陈辞，诸维鉴察。广西留沪学生会。感。叩。

（《广西留沪学生会请停战事电》，《申报》1921 年 7 月 29 日）

援桂联军第四路司令谷正伦致孙中山电
（1921 年 8 月 2 日）

孙大总统钧鉴：

我军于八月二日午前八时占领柳州，贲克昭逃遁，谨此电闻，余容后陈。援桂联军第四路司令谷正伦。冬。印。

（《攻克柳州桂林之经过》，上海《民国日报》1921 年 8 月 20 日）

李友勋致孙中山电

（1921 年 8 月 2 日）

　　（衔略）顷据本军第一梯团第二支队长蒋复初冬电称：职队奉令先遣，已于八月二日晨进据柳州，首先入城，乞速移步来柳，主持一切，谨此电陈。同时并据第二梯团第三队长马嘉麟电称：我军第二支队及麟部，已于二日黎明同三支队长入柳城，请即前进是祷各等情。据此，除经去电严饬该部队保卫地方，安抚人民，以达我军援助桂人目的外，谨电奉闻，即希鉴察。李友勋叩。各〔冬〕。印。

　　（《攻克柳州桂林之经过》，上海《民国日报》1921
年 8 月 20 日）

援桂联军第四路司令官谷正伦致孙中山电

（1921 年 8 月 4 日）

　　（衔略）顷接彭纵队长报称：据追击队许队长报称：冬日继续追击，江晨与敌接战，夺获退管炮二门、机关枪二枝、步枪百余枝、〔湘〕枪弹百余箱。敌兵四处溃散，其残部向南宁方面逃走等语。除饬该队继续前进外，谨闻，等语。援桂联军第四路司令官谷正伦叩。支。印。

　　（《攻克柳州桂林之经过》，上海《民国日报》1921
年 8 月 20 日）

中华民国留日学生总会致徐世昌、孙中山等电

（1921 年 8 月 14 日）

徐菊人、孙中山先生鉴：全国各报馆、各团体均鉴：
　　欧战以还，我国内治纷纭，影响外交屡失机宜，忧国之士莫不

愤慨。今太平洋会议又将开幕矣。极东问题以我国为主要，而阴谋野心之国方掉阖于其间，内外国人盖莫不知之，其结果之如何，则视国人之能否审于自处。关于内政者，姑不具论。专就外交方面言之，必须慎选适任之人才，为一致之表示。乃闻南北当局将各派代表二人赴会，果有此事，是自诉国内之分裂，重与外人之口实，如此而薪增进己国之地位，解释国际之纠纷，无异却行以求前也。故内治问题，纵未能即时为正当之解决，然对外则不可出于纷歧，自速危亡之祸。

英、日两国此次对于选派代表皆极慎重，矧在我国情势攸殊，关系弥巨。南北当局果不忍牺牲国家，务当破除畛域党派之私，勿执成见，勿排异己，先由各团体推举众望所归之人，南北当局会商任命，庶可代表全国国民之公意。窃以为选派此项代表，不仅在于学识之诠衡，更须求德望声誉为全国所信仰、列强所推崇者方可，是则无若伍廷芳、顾维钧两人；且伍、顾曾驻美有年，感情久孚，尤可收无形之效益，以之充太平洋会议代表，必能折冲樽俎，因应有方，国家前途实利赖焉。敝会同人迫于爱国之诚，窃附荐贤之义，特此布陈，伏维公鉴不宣。中华民国留日学生总会启。（八月十四日）

（《留日学生对太平洋会意见》，《申报》1921 年 8 月 26 日）

贵州省议会致孙中山电
（1921 年 8 月 15 日）

广州孙大总统钧鉴：

近闻美大总统有召集太平洋会议之主张，意在讨论太平洋问题及远东问题，我国同在被邀之列。查世界大势，新趋重于太平洋方面。国于太平洋两岸者，利害切肤，丝毫不容忽视。矧我国以积弱之政居于东亚，地势未尽，文化已启，为群矢注及之鹄，作列强竞争之窝。国弱招侮，炈然思启者久矣。近来有识之士，审察内情，洞观外势，竞竞焉惧外力之侵入，至蹈埃及、印度之覆辙。豆剖瓜分，祸悬于眉睫，釜鱼幕燕，难喻其危险，仅赖均势之虚局，偷苟安于旦暮。静言思之，不寒而栗。所幸欧战告终，觉悟既深，公理日彰。美大总统创此会议，以如炬之眼光，为正大之主张，直人类之福音，世界和平之先兆。是项会议，关系于太平洋会议者甚重，且要关系于吾国前途者尤深。切望大总统，当机立断，慎拣贤能，参与会议。俾得雍容于樽叠之间，措国家磐石之固。民国前途。实利赖之。机不可失，曷胜企畔。贵州省议会叩。删。印。

（《黔议会请政府派代表》，上海《民国日报》1921年9月2日）

广西全省裁兵委员会致孙中山电

（1921年8月16日）

万急。广州大总统钧鉴：

国家多故，变乱相寻。非自治不足图存，非联省无以救国，潮流所趋，势不可遏。兹幸陈总司令毅然以救粤者救桂，使桂粤离而复合。扶植之殷，爱护之切，凡有血气，同深感激。

惟桂省地方民寡，兵多饷绌，非从速裁兵减吾民负担，竭泽而渔，终成破裂。荣昌、培桂承陈总司令委以广西全省善后处总会办，兴亡有责，义不容辞。善后问题，首在裁兵。因于善后处附设裁兵委员会，由陈总司令委天骥等为委员，合组裁兵委员会议，由荣昌、培桂主席，业于删日成立。所有全省裁兵事宜，亦由本委员会规划，秉承陈总司令执行。

尚希各军将领，即饬所部停止前进，原有桂军勿再收编。我桂省各军官长体念时艰，迅所将部营数克日电报来会，以便分别编遣。而谋两粤永久和平，发杨桂省民治，有厚望焉。广西全省裁兵委员会主席韦荣昌、黄培桂，委员张天骥、谭儒翰、罗翼群、曾植铭、陈乐和、张震欧、陈庄、林伯荣同叩。铣。印。

（《实行裁遣广西兵》，上海《民国日报》1921 年 9 月 5 日）

援桂赣军彭程万致孙中山等电

（1921 年 8 月 16 日）

大总统（余衔略）钧鉴：

滇军胡旅入两江后，约定文日开始总攻击，赣军即分两路协同粤军会攻桂林。万率赖梯团于文日由阳朔经白沙、良丰向敌正面压迫，李梯团由沙子经龙虎关向敌侧面压迫，万及赖部于寒晨入城，地方秩序安谧如恒，请纾廑念。并派一部向敌追击，现据钟营长冠华报告，于本日午后二时克复兴安，敌已分向全州方面逃窜，现正相机追剿等语。赣军总司令部设桂林，谨闻。程万叩。铣。

（《粤军肃清桂孽记》，上海《民国日报》1921 年 8 月 30 日）

赖世璜致孙中山电

（1921 年 8 月 18 日）

大总统钧鉴：

沈鸿英自桂林大败后，亲率残部约四千人，其先头部队已到永州，职部支队钟营长已追近某县，请向湘省当局严重交涉。谨此奉闻。梯团长赖世璜叩。巧西。

（《沈鸿英逃入湖南说》，《申报》1921 年 8 月 28 日）

李明扬致孙中山电

(1921 年 8 月 19 日)

大总统钧鉴:

沈军退出桂林后，我军第二梯团由灵川、兴安进兵，职部由灌阳前进，本日下午此完全占领全州，沈部退此往湘境矣。李明扬叩。皓。印。

(《粤军肃清桂孽记》，上海《民国日报》1921 年 8 月 30 日)

刘震寰致孙中山电

(1921 年 8 月 19 日)

震寰奉命令攻桂林，于文日将桂林完全占领，夺获大炮四门，机关枪十余挺，步枪四百余枝，沈逆退入湘境。又据寰部周支队长兆丰筱电称：由柳率带六、七两团，铣日占领雒容城，并鹿寨等处。合并奉闻。震寰呈叩。皓。印。

(《粤军肃清桂孽记》，上海《民国日报》1921 年 8 月 30 日)

川省师长唐式遵致西南通电

(1921 年 8 月 22 日)

自自治潮流澎涨，以湘、滇、黔、粤、桂各省相继成功，鄂省人民不堪王占元之苛虐，起而自治，曾向川、湘一再乞援。昨准湘赵总司令商请会兵，我川各军师旅，是以有出兵援鄂之决定。

湘鄂形胜密接，湘战克捷，王督下野，我川以交通不便，出兵较迟。是时式遵方奉令到夔，亦经于青日"丸号"通电西南各省，宣布就援鄂军第一路总指挥之职。一面督饬部队，迅赴事机；一面积极筹备，克日前进。殊吴佩孚、萧耀南背逆潮流，一则不经公认，□然就职湖北督军，一则藐视民意，未征得湘鄂同意，便以两湖巡阅使自任。该伪使近更来电声称拒湘，劝川勿进，并认我青日通电被其查扣。又胁我代表郭昌明来电阻兵，言甘而毒。查湘军攻鄂，本该伪使所忒愿。迨鄂督甫倒，彼即调军三师，盘踞武汉。各方面忒赣而图湘，又恐我军东下，彼力不支，故为是缓兵之策。

现在湘军全力备战，我若再延时日，非惟对于各军难免失言之责，抑恐关系大局，终亏一篑之功。况东鄂北陕为我门户，彼阎既督陕，吴又踞鄂，万一定湘之后两路图川，我军虽众，兵分亦弱，设于差池，噬脐何及。好在吴正图湘，陈犹在陕，彼难兼顾，我宜速进。式遵读节帅巧电（十八号）：各将领会议，慷慨表决，对于陕鄂宜出重兵，务达圆满目的等谕。奉悉之下，觇喜难禁。方今前方已达秭归，敌军呈此现象，骑虎之势已不能下，犄角之兵谅无一失。万望诸公实践议案，迅速出兵，分道并进，驰骤助襄，解悬拯溺，刻不可缓。陕鄂既得，大局自易解决。区区之愚，知无一得。诸公卫乡爱国，素所钦佩，当此成败所关，知必指挥一切。式遵谬领前驱，时艰共济。统希明教，伫候策行。勿任祷盼之至。唐式遵叩。养（二十二）。印。

（《川省将领敦促出兵》，上海《民国日报》1921 年 9
月 16 日）

陈炯明致孙中山电

（1921 年 8 月 23 日载）

桂省一律肃清，桂军残匪各部伍，分区担任搜剿，所有善后，即由魏邦平、刘震寰会同马省长办理。炯明即日返省。

（《陈炯明集》下卷，第 675 页）

陈炯明致孙中山电

（1921 年 8 月 25 日）

桂省已平，所有善后，已着手措置。惟联省自治与北伐问题，关系粤局重大，请即分途筹划。炯明主张，先谋合力北伐，联省问题可俟随时讨论，以免坐失机宜。

（《陈炯明集》下卷，第 676~677 页）

中华民国武汉学生联合会致孙中山等电

（1921 年 8 月 26 日）

上海中华民国学生联合会总会、全国各界联合会，北京、天津、上海、南京、广州留欧美、留日各特别区学生联合会，长沙、南昌、九江、安庆、桂林、梧州、杭州、云南、城［成］都、重庆、济南、青州、开封、太原、西安、奉天、吉林、贵州、黑龙江各省学生联合会、各界联合会、各省湖北同乡会暨各省商会、教育会、农会、工会、省议会，上海湖北自治协会、改造湖北同志会、章太炎、唐少川、伍秩庸、孙伯兰诸先生，广州孙中山、汪兆铭、胡汉民、居觉生诸先生，杭州王儒堂先生，南通张季直先生，旅京湖北同乡会诸先生，天津黎宋卿先生，广西马省长，四川刘司令，湖南赵总司令、宋总指挥、夏指挥，岳州蒋总监、孔雯掀、张怀九、戴天仇、李书城、施伯皋诸先生，并转各报馆、各通信社、各团体均鉴：

衡阳宣言，养兵所以捍卫国家、防御外侮者，非吴子玉师长乎？保定宣言，召集国民大会解决中国纠纷者，非吴孚威将军乎？武宜兵变，鄂人呼救，教以自决自卫者，非吴巡阅副使乎？今者山东问题尚未解决，太平洋会议期近，未闻吴氏一言及之也。库伦失陷至今，尚未收回，未闻吴氏出一兵卒也。捍卫国家，防御外侮者，固如是乎？鄂人自决，开公民大会，实行自治，吴氏乃嗾使萧耀南宣布律令，集会结社者处以死刑；汉口商人开市民大会，吴氏则派重兵驻扎商会，不准商人出入，主张民治者固如是乎？由此可知，吴氏以前种种主张，假面具也，虚伪者也。今其虚伪，不窥自破，牛鬼蛇神，真象毕露。首先破坏大局，开衅南北，率领重兵，扰乱鄂疆，残杀同类，罪恶昭著，较之安福祸国殆有甚焉。

兹特举其祸国、祸鄂十大罪状，请国人公判焉：（一）扩充地盘，遗害国家，直鲁豫三省巡阅犹以为未足也，要挟政府任命阎相文为陕西督军，进兵潼关，沿途骚扰，陕民已不堪其苦矣。更谋乱湖北，武昌兵变，吴实主谋；自治军起，驱走王占元，吴氏又要挟政府任命萧耀南为湖北督军，自为两湖巡阅，惹起张作霖之疑忌，撤征蒙之师纷纷入关，与吴氏争雄，置外患于不顾。此吴氏遗害国家之罪一也。（二）开衅南北，延长战祸，太平洋会议期近，内争不息，与人以口实，瓜分之祸，危如累卵，此吴氏遗害国家之罪二也。（三）废督裁兵为救亡要策，吴氏由一师扩充至五六师，旅长升师长，师长升督军，中国各大军阀倘人人效尤，将不成为兵国乎？其亡也可立而待，此吴氏遗害国家之罪三也。（四）鸦片误国，早悬厉禁，吴氏烟瘾从朝至暮无时或离。考其部属，上自师、旅长，下至士卒，无一不吸嗜鸦片者。此种军队等于废物，尚能捍卫国家抵御外侮乎？此吴氏遗害国家之罪四也。（五）京汉铁路直辖交通部，铁路收入无论何人不能挪借，今吴氏委员七十名，征收京汉路费，形同强盗，目无政府，此吴氏遗害国家之罪五也。（六）共和国家，主权在民，集会结社，约法所与，吴氏逞其淫威，禁止鄂民集会结社，此其破坏约法遗害鄂人之罪六也。（七）武汉商人迭受兵祸，捐助兵饷，疲于应命。吴氏下车伊始，勒令武汉商会助饷三百万元，肥其私囊，此吴氏遗害鄂人之罪七也。（八）湖北官票，王占元任意增印，几蹈湖南故辙，今幸王氏去鄂，正鄂人整顿金融、巩固官票信用之时，而吴氏勒令官钱局总办增印官票六百万串，此吴氏遗害鄂人之罪八也。（九）湖北地域江流最多，滨江各属地势低下，皆赖土堤为之保障。不料吴氏与南军接战不能取胜，遂督率工兵掘开嘉鱼、金口等处堤垸，冀陷南军，不一时间溃堤四百余丈，数百里内一片汪洋，可怜无辜鄂民淹死三千余户，房屋牲畜洗荡一空，此吴氏遗害鄂人之罪九也。（十）鄂民苦兵祸久矣，此次吴氏所率军队毫无纪律，形同土匪，奸淫抢劫，时有所闻，强占民房，敲诈愚民，此吴氏遗害鄂人之罪十也。

呜呼！我国不幸，何以生此奸雄，祸国殃民。吾鄂不幸，何以容此大盗，蹂躏横恣。人心未死，公道犹存，请国人公同判决，除此元恶，鄂民幸甚，中华民国幸甚。临电不胜涕泣待命之至。中华民国武汉学生联合会叩。寝。印。

（《北洋军阀史料·黎元洪卷（五）》，第253~255页。）

上海各团体致南北政府电[①]
（1921年8月29日）

世界和平，基于公道，共和政治，主权在民。我国号称民国，而年来风云傲扰，国民几听其自生自灭，初未表示确实之主张，欧战以来屡以内争失外交之机会。今太平洋会议之期日迫，而代表人

[①] 本电自致全国国民、各省市议会、省农会、总商会、教育会、各团体电中辑出。列名该电的发电人包括上海总商会、江苏省教育会、上海县商会、上海县教育会、上海银行公会、钱业公会、华商纱厂联合会、欧美同学会、各马路商界总联合会等。——编者

选问题尚未解决。设对外不能一致，即不免自暴其丑，为野心国所藉口，又失良好之事机。古称：兄弟阋墙，外御其侮。今方御侮之不暇，宁忍再事阋墙。谓宜立释前嫌，及时携手，根据民意，速定代表，如颜惠庆、伍廷芳、唐绍仪、顾维钧、王正廷、施肇基、王宠惠辈，资望才学，均一时之选，应由南北当局同意任命，俾得迅赴机宜，勿蹈凡尔塞［赛？］和会覆辙。则对内虽有政见之不同，对外可期国权之无损，全国人心犹可共谅前此之内争，固非牺牲国家，坚持成见。时不我待，维南北当局共尊舆论，纳此忠告，民国前途幸甚。

(《九团体之要电》,《申报》1921 年 8 月 31 日)

李烈钧致孙中山、唐继尧电
(1921 年 9 月 2 日)

大总统、唐会泽联帅钧鉴：

效电谅呈钧座。烈钧马日发靖，东日抵长安，人马平安，将士踊跃，足纾廑注。入桂境沿途浏览，民情强劲，农业发达，山林毓秀，纯属有为之邦。惜教育乏缺，即有一二学校，亦极腐败。而随处皆有病民之政。干卿长桂十余年，不料一无展布至此。烈钧宣扬盛德，居民额手欢忻，咸有汉官威仪之感。仰见我大总统仁风远被，联帅声望遐孚，桂人痛定思痛，如入慈怀，曷胜景仰。第残破之余，疴瘰可悯。应如何休养抚义，先刷维持，整饬纲纪，发扬民治，以竟扶植全功；并以后宜如何促进大局之处，钧座成竹在胸。应恳默运乾枢，早日睿断。现已各方□使来此接洽者，多拟暂住长安。整理一切，静待后命。临电不尽瞻依。烈钧。冬。叩。

(《李协和师次长安》,上海《民国日报》1921 年 9 月 19 日)

旅粤湘人李执中等致孙中山等电

（1921 年 9 月 3 日）

广州参众两院、大总统钧鉴：各部总次长、省长公署、粤军总司令部、许军长、邓师长、南宁陈陆军总长、马省长、胡展堂、汪精卫先生、魏师长、洪师长，桂林李参谋总长，云南顾总司令，贵阳卢总司令，四川刘总司令，三原于总司令，各省议会、各司令、各师旅团长、各报馆，上海、汉口、长沙、天津、北京各报馆均鉴：

此次湘军本救恤之义，扶助鄂人驱逐王贼，是非曲直，自有公论。不图吴贼佩孚受命伪廷，利用机会窃踞武昌。乘湘军疲劳，水陆夹攻，既寇岳州，进窥长沙。我湘军牺牲无数生命收复之大好河山，再沦于盗贼虎狼之手。警耗传来，不胜惊骇。窃湖南为西南门户，门户若失，堂奥堪虞。吴贼既揭破年来欺骗国人之假面具，不惜倒行逆施，与湘军开衅，其终极目的实不仅在湖南一隅，而在西南全体。若不早图，后患更烈。执中等为国为乡，义无反顾，除已飞电湘军将领死力抵御外，用特吁恳我大总统暨诸公统筹全局，迅予出师援助，扫除寇氛。不独湘人受福已也，底定中原，完成统一，亦于此举是赖。临电迫切，不胜待命之至。旅粤湘人、湘军后援会李执中等叩。江。

（《旅粤湘人吁恳援助》，上海《民国日报》1921 年 9 月 13 日）

张謇致孙中山等电

（1921 年 9 月 3 日）

北京大总统、国务总理，广州孙中山、唐少川、伍秩庸、汪精卫、胡汉民诸先生，陈督军，武昌吴巡阅使、萧督军，长沙赵总司令鉴：

　　旬日以来，湘鄂恶声，继续有闻，可惑滋甚。北方职帜之言曰统一，南方职帜之言曰自治。以民主国先例言，美国何尝不自治，何尝不统一，自治属各省，统一属中央，属各省者就所宜分以竞进内政，属中央者审所宜合以后盾外交，事理易明，绝非深奥。苟彼此坦然相见以诚，各本良心，相资相谅，何事不可商榷？即有争执，亦可诉诸全国舆论，听其公评，非绝对须为仇敌之事。

　　而受军阀政府之愚者以军阀自张，欲鞭笞暗屺以令他方而藉巩权利；或且以自治为不然而持联省自治之说者以联省自卫，欲号召附和以威异己而自见殊奇，乃至以统一为大戾。二者皆蔽，蔽各私所私，私故不明，不明则所相见者徒以不诚为市，甚至北视南为寇仇，南斥北为伪逆，而操纵播弄其间以为利者，朝纵暮横，阳此阴彼，即颠倒此统一自治之名，以为举足轻重之用，而战祸乃延长，而民生乃无幸。最可异者，湘鄂被祸，创巨痛深甚矣，赵司令湘人也，蒋司令鄂人也，既以自治为帜，则湘人有湘，鄂人有鄂，自治事不止制省宪百数十条文而已，实业、教育、水利、交通何止万端，未遑举一兵可已矣。曷为而进，进乃召争，无南无北，自大好胜之心同，不惜残民以逞之习尚同，一若北必薄广、南必抵京而后快。不知南未必能即抵京，北未必能即薄广，即抵京，即薄广，亦不足为武。昔人砭官家之虐取于民者，谓如闭门而与子博，虽尽得其财不富，今可为喻，为其为兄弟之争，无胜负之可伐也。

　　今外患亟矣，太平洋会议关系吾国目前四百兆人民之生命，将来数十世国运之隆污。顷者顾专使迭次来电，谓美总统虽力主公道，我国内先须息争归于一致，欧美各报亦屡有此忠告。世界公论，我国之良师也。今姑如所云，南北而为之计，南曾下岳州，走王占元，北又下岳州，走蒋作宾，帜自治，帜统一，言气矜之隆，则气各获伸，言战术之炫，则战各有得，兵犹不可已乎？若果为自治，曷不计若何而自治当，果为统一，曷不计若何而统一安。勿用为斗狠之选锋，勿借为出场之面具，各抒所见，分寄各省各正当公共法团，若省议会，若教育会、商会、农会等，征求真正民意，更由各省各法团公推有学识经验、明达政体之通才硕彦，公开大会以评判之，宁不能得正大和平之解决？

赛之愚尤有一言奉劝，帜自治者勿更树异，要求各国不可必得之承认，与要求不承认太平洋会议之代表，勿更弄飞机助战增兵接厉之锋；帜统一者勿更护惜官吏，凭藉名号，因缘为奸利之窟宅，增人民之恶感，勿更以军阀为天下无敌、万事可传之事业，勿更以军阀召集国会、收买政客议员为不二之秘诀，贻人口实，毒我民生。庶几外可泯列邦乘机侮我之野心，内尚留国民一线未绝之元气，亦可使帜自治、帜统一者，各明其初心，各保其末路。赛老且衰矣，偕亡之痛，茹之不始于今，衣枊之戒，言之奚必见听，顾闻诸公尝以自治统一宣言自命者，敢不祈祷诸公为内自讼之君子，受尽言之善人。将压是惧，语多戆直，抑所云非一二人之言也，幸谅无他。张謇。江。印。

（《张季直劝告南北息争电》，《申报》1921 年 9 月 7 日）

桂林各界联合会致孙中山等电

（1921 年 9 月 3 日）

广州孙大总统钧鉴（余衔略）：

自陆氏遏逆世界潮流，破坏西南团体，开衅邻省，归附北庭，各省义师同伸讨伐，吊民伐罪，救灾恤邻，摧彼万恶之军阀，还我真正之民治，义声所树，薄海同钦。在友军此次扶植自治实具苦衷，对于吾桂不得已而用兵，盖近以谋巩固西南，即远以图护法发展。现在陆、陈败逃，肃清全桂，当吾省军事结束之际，值中原多难之秋，湘鄂战事弥漫于长岳，自治潮流震荡于长江，北方军阀倒行逆施，犹恃其武力征服西南，此而可忍，孰不可忍，正宜乘此时机，力图进取，援湘攻赣，分道出师，移援桂各路之义军，为北伐前驱之劲旅。务望我大总统主持，迅颁明令，各友军同时并进，共扫妖氛。诸公护法频年，转战千里，爱民卫国，夙所同心，拯溺救灾，义难坐视。起闻鸡于半夜，愿着鞭先；誓击揖〔楫〕于中原，讵落人后。乘百胜之威，以摧公敌；伸正义之战，以抑强梁。胜败之数，无待筮龟。机不可失，敌不可纵，毋使迁延时日，老我师徒，至令坐误事机，任人蹂跃〔躏〕。岂独西南之幸，民国前途实利赖之。谨布腹心，伫闻明教。广西桂林各界联合会叩。江。印。

（《一片主张北伐声》，上海《民国日报》1921 年 9 月 25 日）

张謇致京广湘鄂电
（1921 年 9 月 4 日）

顷以太平洋会议关系重要，国内须先息争，捐除成见，勉趋一致，以便对外。分电竭诚奉劝，语长不能尽意，更以国内现状亦有不得不息争者，敬为申劝，以毕愚虑。

去年直鲁豫之旱灾甚矣，人民以政府有欲藉募振为兵费、政费之说，相率各用所捐分办工振，今犹有未完之工也。不闻政府于水利有若何利民之规画与设施，而兵费加增、政界之浊乱乃时时流播于众口，甚至以沿海七省之渔业抵押借款，以已抵借款之盐税拦截腾挪，是皆人所指为军阀者也。军阀之拥厚赀者，大名鼎鼎，少亦数百万，多乃数千万，而川陕湘鄂粤人民所受焚杀掳掠勒逼压制之痛苦，至不胜数，如此则人民安得而不图联省自治。顾自治尚未知云何，死丧伤亡颠连昏垫之区，一民未奠，实业、教育、水利、交通之事，一端未理，而惟是今日取某处，明日攻某处，所欲以力征经营者，犹之北方也。彼此相笑，北又安得而无辞。顾此犹言连年被兵之省，去年被灾之省，人民失望于统一，虚望于自治者如此也。

今东豫皖苏浙诸省，六月、七月连三四次飓风暴雨，狂潮盛涨，一时并作，巨灾迭告。推原其故，江不治而江为灾，淮不治，沂、泗不治而淮、沂、泗为灾。以苏论凡六十县，目前已报重灾者五十有四，他省有灾，乞援于苏，苏灾谁思报之而振之者。诸公试思，此被灾各省之人民，无知者穷蹙如何？有知者愤恨如何？又试问曷为而愤曷为而恨？则号为统一者不能统一，而徒为军阀权利之资；号为自治者不计自治，而徒为党系扰乱之藉也，诸公又何乐而必作此天怒人怨之孽，要其终而或自食此倾否害盈之报也。故为外交计，不得不敬劝息争；为内忧计，亦不得不敬劝息争。

悲夫！诸公衮衮，权利之兴方酣，万众蚩蚩，载覆之期宁远。诸公所作，未必希望天灾，而适当诸公残民以逞之时，则灾即为诸公而发。诸公自命以为维持国是，而证之诸公一切不顾之行，则国或将为诸公所颠。请阅中外诸报，公论云何，问天良胡忍加厉，诸公幸听而回辙，万世具瞻，诸公或怒而罪言，一老何恤。仁闻仁教，无任屏营。张謇叩。支。

（《张季直再致京广湘鄂电》，《申报》1921 年 9 月 8 日）

援桂祝捷大会全体公民呈孙中山、陈炯明文
（1921 年 9 月 5 日载）

呈为粤师援桂，大勋告成，恭聆捷音，同伸祝悃事：窃以造化生灵，温肃并行之谓道；聪明睿知，神武不杀之谓功；师出有名，直为壮而曲为老；仁者无敌，伐其罪而吊其民。此胜负之数，无待于蓍龟，而反侧之内雄，转殿于徯后者也。

我大总统应时登选，护法旋枢，返旆于河山再造之秋，决策于帷幄运筹之〈时？〉。陆氏本跳梁小丑，当羽翼之既成，拥专制虚名，谓腹心之可恃。迨至东隅已失，兴日暮〈途〉远之嗟。因而北顾乞怜，作馈饷援师之请。吕［相？］绝秦之语，虔刘我边陲，苻坚袭晋之谋，失败于肥水。士卒枕戈而待命，编略箪食以迎师，我是以有梧州之捷。先声所播，吉语旋闻。计我军出发，迄今月

余，全桂各属以此戡定。聚米为山，早见丸泥之状，运筹借箸，预
知沃雪之功。此皆我大总统成妙算于中枢，我总司令策先机于众
将，师徒用命，上下一心，敌能所向皆摧，无坚不破。

兹者露布遥传，凯歌待奏，凡属市民各界，靡不欢忻鼓舞，固
我太平。崇德纪功，伫泐燕山之石，树维表界，愿铭铜柱之勋。肃
胪颂词，仰希钧鉴。谨呈

孙大总统、陈总司令钧鉴

援桂祝捷大会全体公民叩

（《援桂成功之祝捷大会》，上海《民国日报》1921
年9月5日）

吴佩孚等致孙中山等电
（1921年9月9日）

北京大总统、总理、各部院总次长、将军府各将军、王聘老、段芝
老、王步军统领、殷总监、周树老、田焕老、汪伯棠、钱干丞、梁
燕荪、荫午楼、朱桂莘、张仲人、张宝斋、李木斋、周子廙、叶玉
虎、张乾若、夏仲膺、萨鼎铭、刘子英、孙慕韩、陆子兴、王铁
珊、王幼山、谷九峰、张镕西、陈铎士诸先生，保定曹巡阅使，盛
京张巡阅使，各省督军、省长、各都统、各总司令、各司令、护军
使、镇守使、海军各司令、各师旅长、蒙青藏办事长官、各省议
会、农、工、商、学各法团、各报馆，广东政府、省议会、农、
工、商会、教育会、各法团、各报馆、孙中山、陈竞存、伍秩庸、
唐少川、海军汤郎庭［朗亭］、林籁亚、汪精卫、张溥泉、徐固
卿、许汝为、魏猎［丽］堂、洪司令、邓师长、李登同、胡展堂、
蒋伯器诸先生、林海军总司令暨各机关、各师旅长，天津黎前总
统、王春老、孟树村、张绍轩、熊秉三、严范孙、范静生、刘霖
生、李实忱、饶秘僧、梁任公、张金波、王子铭、李阶平诸先生，

上海岑西林、莫日初、林隐青、谭组庵、康长素、高定庵、张子武、章太炎、孙伯兰、唐蟒赓、吴莲伯、褚慧僧、李印泉、柏烈武、程颂云诸先生，南通张季直先生，杭州蒋观云先生，长沙赵总司令、各师旅长、各镇守使，重庆刘总司令、熊锦帆先生、但怒刚军长、各师旅长，湘潭沈总司令、各师旅长，龙州陆干卿、谭月波、陈舜卿、马慎堂、韦善堂、林俊廷先生，南郑刘积之、陈伯生先生，三原于右任、胡笠生先生，汉口各界联合会、张敬舆先生钧鉴：

祸变相寻，岁无宁日，权诈互轧，政说相凌，国势濒危，偕亡兴叹，兼以水火疫疠，民命不堪，我独何心忍于此浩劫中，推波助澜而残民以逞。太平洋会议警传国人矣，即急为桑榆之收，已深恐补牢之晚，若犹互争意气，以吾大好山河演成五季分崩之祸，同归于尽，虽悔何追。乃者政客党军，隐为操纵，兵戈陡起，荼毒吾民，兹幸旧盟重赓，同舟共济，救国救民，永矢勿谖。读敬舆将军军民会议冬电，实获我心。以救国危言，唤吾民自醒，探蠹国之本，洞中症瘕，约法三章，足资纲领，聚国民以制国宪，定国是以餍国人。遑论美十三洲［州］会议有先进国之前例可循，即此民听民视之精神，亦定邀天人共鉴，回绎环诵，钦服莫名。

惟曩者国民大会之倡，虽和之者甚众，而行之者实寡，昙花难现，证果未实。极目狂澜，只手莫挽，是尤切望吾军民士庶直追急起，共底于成。知行赖在合一，是非讵容混淆，天下苦纷动久矣，民不聊生，国将不国，倘不举年来之邪说放行，假名精义，付诸国民廓而清之，厘而正之，则枝节横生，根本益剥，不惟无救艰危，抑且溃决日烈。其有剽窃名词，舞文弄法，以颠倒黑白，破坏吾国民定国是者，是自绝于国人也，愿共弃之。敬布微忱，伏候明鉴。吴佩孚、陈光远、萧耀南、刘承恩、杨庆鋆、杜锡珪、孙传芳、杜锡钧同叩。佳。

（《岳州吴佩孚等通电》，《申报》1921 年 9 月 12 日，"公电"）

援桂联军第四路司令谷正伦致孙中山等电
（1921 年 9 月 9 日）

万急。广州孙大总统鉴（余衔略）：

　　窃维元、明开国，首取武昌，曾、胡策清，先定江汉。浊〔蜀〕川荆襄，到底难成帝业。吴有江夏，用能对抗中原。诚以鄂州据东南要塞，水陆要冲，自昔形势利便，早为英雄所必争。于今轮轨交通，更关国家之大计。我政府僻处东粤，本系暂时权宜，欲握中枢，亟须相机行动。兹值鄂方发难，湘复告急，正宜轸兴各师，直捣三楚，助长沙湘军痛扫氛击，鬒民山河，仍当南服。况政权自治宗旨相同，义重恤邻，春秋有训，彼切嘤求，我当驰救。顾大局必张挞伐之威，论邻□应负友助之责。吾黔蕞小，屡附联军。正伦不才，曾当前敌。历经宣力疆场，援湘援川，靡不同仇敌忾。值此桂事就绪，鄂耗频传，部属健儿，皆跃马以待，和战余□将，愿伏剑以誓师。伏乞我大总统嚇然雷震，训令立颁，俾各友军翕尔云从，义旗并举。或集中萍醴，循铁轨以风驰；或援取荆州，顺江流而迳下。曲直易分，胜败以判。行见立马鲁山，建功鄂汉。既固南方锁钥，又扼北地咽喉，小之定半壁之局，大之树统治之基。翳欤休哉，复乎尚矣。正伦不敏，下驰思附未光，敢贡愚忱，敬希亮察。援桂联军第四路司令谷正伦叩。佳。印。

　　（《谷正伦再请出师北伐》，上海《民国日报》1921年 9 月 23 日）

援桂联军第四路司令官谷正伦致孙中山电
（1921 年 9 月 11 日）

大总统钧鉴：

　　助湘援鄂，正伦前经肃电请行，嗣复通电申请，谅沐鉴察。现值湘中警耗频来，藐兹北虏，竟敢撤毁藩篱，窥伺门户。大局所关，万难坐视，事机紧迫，万难延缓。正伦待命呕，愤慨填膺。钧座统筹兼顾，已操胜算。敬乞提倡大义，俾得指日出师。谨电渎呈，并率部属官佐秣马厉兵，敬待明令。援桂联军第四路司令谷正伦叩。真。印。

（《援桂黔军北伐之迫切》，上海《民国日报》1921年9月21日）

赣军总司令彭程万致孙中山电
（1921年9月12日）

大总统钧鉴：

接读谷司令佳电，名言硕画，义勇忠忱，展诵再三，曷敬胜仰。西南护法，数载于兹，备历艰辛，迭遭挫折，幸赖我大总统苦心孤诣，尝胆卧薪，各将领敌忾同仇，效忠用命，乃能挽狂澜于既倒，树砥柱于中流。刻下桂乱虽经敉平，国基未臻巩固，允宜乘此时机，早定大计。谷司令所陈各节，深为中肯，□表同情，伏恳大总统俯顺群情，立颁讨伐之令，各友军一致赞助，共兴仁义之师。谨率所部听候驱策，敢沥下忱，统乞鉴察。赣军总司令彭主［程万］叩。文。印。

（《一片主张北伐声》，上海《民国日报》1921年9月25日）

太平洋会议后援同志会致广州政府等电
（1921年9月13日）

天□吾国，积弱累创，十载以来，每况愈下，驯使远东问题乃为国际暗礁之一。列强耽□，解决无由。自顷美总统哈丁发起太平洋会议，以正式□□邀请吾国加入讨论远东问题。夫此会议之效力与结果，虽难预言，而吾国既已允认加入，且所议者即为切己之远东问题，举凡代表人选、提案范围，一言一动，外系世界之观瞻，内关人民之菀瘁，凡我朝野上下，孰不当奋起力追。

同人等迫于兴亡，欲求一致对外之实，于有本会之组织。成立以来，接洽进行，不敢或怠。乃周观环境，欲迫颠危，对于太平洋会议之方针，外交当局既模棱未有表示，而鲁案直接交涉之声，乃□然充耳。更返而观于国内，杀机四起，兵革方殷，托命漏舟，覆亡无日。本会同人衔哀闵乱，窃忘其无似，辄欲就此次国际上较为特别之太平洋会议中，为国家求一出死入生救亡图存之计。所怀万种，不暇备陈，姑取目前最急之务，絜取二义，以质国人：一曰：于太平洋会议未开会以前，我国应保持巴黎和会之态度，拒绝鲁案直接交涉；一曰：于太平洋会议未开会议前，我国南北应息戢无谓之战争。

请就第一义言之。山东问题不应直接交涉，三年以前，我国民之所呼号者，已不知若干次，似本会无须再为辞费。而日来直接交涉之说，喧腾于北京，故不能不略言其不当，且并当了然鲁案与太平洋会议之关系。夫日人历来主张直接交涉，其最大理由，即为继承德国权利。其实我国既对德宣战，所有以前中德条约上之权利，早已解除，日人本自无从继承。三年以来国民运动，如五四、六三之类，胥争此一点，即我国不能承认日本继承德人在山东之权利也。今观日人所提出直接交涉之条件，与巴黎和约有何区别，与日人前次提出之条件有何区别，贸然与之交涉，即不啻承认日人承继德人在山东之权利。一中诡谋，则凡历来国民运动，以及不签字于巴黎和约，皆成无意识之举矣。今之议者，或谓对日宜稍让步。弱国之分则然，不知弱国所以自存，全恃公理。试观巴黎和会，中国虽弱，而出席代表侃侃直陈，列强亦刮目相待。日本虽强，而恃强夺理，其出席代表反至瞠目。可见公理所在，不以强弱而移。或又谓此次山东问题，如不直接交涉，则美亦将不我助。为此说者，尤为自暴自弃。我昔之争山东问题，岂以恃美之助而始争乎？我中国固弱，然公理不为强者而伸，亦不为弱者而绌。凡助我主张公理者，皆我友也，反之皆我敌也。我国家犹有人格，但知争其所当争，不知有助无助也。夫我国对于太平洋会议，既为生死存亡所关，固宜有求生图存之心，而况此次太平洋会议，实以远东问题为中心。所谓远东问题，实际即为处置野心国家在远东之侵略，此宁非中国人之至愿？今会议转瞬开始，而中国先直接交涉，则将来会议中失其中心问题，并此会议亦将因此而无意义，则中国不独先自断送其生机，亦复何面目立于国际之林。且太平洋会议会期匪遥，而日人必欲先于中国议及鲁案，则直接交涉之有利于日可知。我国秉轴者，何苦错认日人之利，以为我国之利？以上所述理由，尚形简略，而荦荦纲领，要不外此。唯政府迄至今日，对于鲁案办法尚未公开，此则同人所望于国民亟力力争，而更望执政诸公善自爱也。

更就第二义言之。政治之争，何国蔑有，其在各国，恒为被压迫者反抗压迫者而争，虽有牺牲，而得足以偿其失。故争之结果，恒使政治有向上之机会。今我国则何如，十数军阀，各以私权私利为目的，驱无辜之兵士，断送性命于炮火，而又波及无辜之人民，死者枕藉乎沟壑，曾不足以稍动争者之怜悯。川陕滇黔桂湘鄂军民之死于争者，可筑为京观，而争且未艾也。十年汹汹，徒以此十数军阀耳。此十数军阀者，诚好私斗，不难肉薄相搏，一决雌雄，何苦日驱无辜之军民于死地。向使我国犹是闭关自守之日，则此等私争，不过如五季六代，我民被其殃耳。然今日万国交通，强邻环伺，即就太平洋会议而言，关系我国前途者甚巨，岂容少数国人常此纷扰，陷我国于万劫不复之地。夫国内之争不息，国且不国，何能出席国际，与人争论短长，诸公试闭目以思。假令今年十一月太平洋会议开幕时，而我国内乱益剧，彼时助我者何以为词，憾我者何等引快。故本会诚欲国民上下，各出全力，以息争端。至息争而后，应如何解决时局，则应听诸国民公意，非本会所能代谋。此第二义之尤亟待于国民自助者也。

次之尚有一附带之义，应为南方执政正告者。南方执政诸人，夙以民意相标榜，此次太平洋会议议起，民意均谓宜一致对外，而道路喧传，南方方向美国否认北方代表，诚不知其用心何居。本会非谓南方不应派代表，但谓代表者代表中华民国，既非代表北方，亦非代表南方，故宜由南北二政府共同协商派出代表。若南北各不相谋，各派代表，则中华民国在会议中，显然为两国，使仇我者更有辞可藉，而我代表在会议中发言之力量，亦较薄弱。是非破坏北方，直是破坏国家也。若谓北政府为非法，而南政府为合法，此犹历史上正统偏统之争，外人决不代为平亭，适自暴其思想之卑劣，国家之分裂而已。若谓南政府可以藉此机会得外国之承认，则尤大谬。前清政府非外国承认之政府乎？而民意不承认之，辛亥革命起，推倒前清政府，若摧枯拉朽。故假令有人借箸代筹，南政府亦应先求民意之承认，则对于此次太平洋会议，尤应与北政府协商派出代表，反之果如道路所传，是南方对于国家而捣乱，民意决不附之，纵得外国之承认又何益。且日人不尝以我国分裂为辞，而欲摈我之参加乎？南政府果否认北政府所派代表，不啻助日人张目，国人将谓南政府受日人运动，其又何辞自解？此本会所欲为南政府正告者也。

呜呼！时机危迫，稍纵即逝，惟有息内争以谋对外，拒绝直接交涉以存国命，此二义者，本会讨论金同，以为当务之急，先此飞电宣言。其关于中国在太平洋会议所以出死入生救亡图存之计，尚待精密研究，而赓续贡献于我国人之前，唯我国人共鉴助之。太平洋会议后援同志会叩。元。

　　（《太平洋同志会之两大表示》，《申报》1921年9月17、18日）

卢焘致孙中山电

（1921 年 9 月 13 日）

大总统钧鉴：

此次美总统开太平洋会议，谋远东永久之和平，其关系于我国之前途甚重且巨。北廷毁法卖国，媚敌营私，对于外交，屡次失败，只知违反公意、断送主权而已。前此亡国条约，皆其所订，若再任此种政府派代表与会，欲其保全时局、挽回国权，是犹背道而驰。不特无益，为害实甚。黔省前次通电，宣言反对，职是之由。

近读林议长江日通电，有美总统训令公使等，调查北廷派出代表是否为各省民意所公认等语。足见外人尊重我国民意，至深可敬。惟北伪政府既非依法产生，自非民意所托，无论其派出何人，根本上既不顺国民之属望，即无以副友邦之雅意。非由我西南合法政府派代表列席，则此后关于中国一切议案，我西南各省誓死不能承认。

诸公爱国，谅倍于焘，务望急起力追，主张一致。并望我合法政府、国会再接再厉，据理力争，必达到目的而后止。敢布区区，伏乞鉴察。卢焘叩。元。印。

（《黔省反对北廷派代表》，上海《民国日报》1921年 9 月 24 日）

李烈钧致孙中山电

（1921 年 9 月 13 日）

青日电谕，元日谨悉。感电尚未拜奉。旌旄远逮，躬自督师，仰企宏谋，佩慰曷极。民国改建，十载于兹，除旧布新，改进徐缓者，以我大总统数十年来之伟抱政略，未尽见诸展布之故。钧固昔尝言之，然所以未克展布之由，则钧与诸友赞襄不力所致。幸隶旌旄，敢辞艰险，廿年怀抱，循省□然。奉令远征，谨饬三军整肃待命，驰骤中原，固日冀贤哲提撕也。钧去夏遵命南驱，经历川、黔、桂，各军之精神，与地方民情之景况，略有所见。拟就观察所及，电达余参议为我大总统敬陈之。谨电呈复，伏乞鉴裁。李烈钧叩。覃。

（《李协和赞成总统亲征》，上海《民国日报》1921年10月6日）

潘正道等致孙中山电
（1921 年 9 月 14 日）

大总统钧鉴：

顷接重庆但军行营来电，文曰：贵阳卢总司令，请转广州大总统钧鉴：迭电计达。川鄂军三面围攻宜昌，刻距宜城数里。敌托驻宜英日领事，递吴佩孚□□卢金山、赵荣华请停战文，并介周骏来调停，已严拒。川军刘总司令主张，与道等同一坚决。钧处何时出师，切盼电示。尤盼指挥大计，俾有遵率。潘正道、王守愚、潘康时、詹大悲叩。寒。

（《川直战争最近之趋势》，上海《民国日报》1921年9月30日）

卢焘致孙中山电
（1921 年 9 月 16 日载）

武汉为全国枢纽，岳州亦形胜之地，今被吴贼入寇，实我西南之羞。务请大总统以全力援助湘鄂，出两省人民于水火，驱逐吴氏，使两省民治实现。并谓已饬谷（正伦）、胡（瑛）两旅为援湘鄂军前驱，听候政府调遣。

（《各方面一致主张北伐》，上海《民国日报》1921年9月16日）

驻桂各军将领刘震寰等致孙中山电①
（1921年9月16日载）

徐世昌一日存在，即我正式政府一日不能发展。愿为前驱杀贼，不抵黄龙，誓不生还。

（《各方面一致主张北伐》，上海《民国日报》1921年9月16日）

鄂军西路司令潘正道致孙中山等电
（1921年9月16日载）

（衔略）窃自北廷倡乱，颠覆国本，官僚军阀乘间把持，以非法窃政府之名，恃武力为贼民之具。嗾其鹰犬，盘据要津，暴力所至，无为不可。全国骚然，于鄂尤甚。溯自王占元挟兵督鄂，于今八年。紊乱我财政，破坏我立法，摧残我教育，抑压我自治，增加我负担以肥私囊，芟除我鄂军以祛异己。鬻官卖职，即使我有才无所用，淫行枉罚，则使我无辜不能免。甚且纵兵劫掠，层见叠出，遂使武、宜一炬焦土，危及外人，引起干涉。凡此非常痛苦，鄂人一一身受。鄂人一日在北廷非法势力之下，自由及一切权利，

---

① 此电列名者除刘震寰外，还有赖世璜、李明扬、吴忠信、胡若愚等多人。——编者

即无一非暴力之所宰割，生命财产即无一非暴力之所蹂躏。既难执法以相问，终欲逃鄂而莫由。凡有血气，宁能当此！昔在民国肇造，吾鄂实为倡义区域，乃均视其沦于暴力，使骚扰者常得盘踞吾鄂；甚且破坏民国之统一，妨碍民治之进行。鄂人匪惟不能忍此痛苦，亦将何以宽其责任。正道受良心之使命，许正义以驰驱，为整义师，殄兹奸凶。誓使自由还之鄂人，暴力屏为法轨，廓清民治之障碍，促成合法之统一。再进谋完全之建设，趋合世界改造之潮流。救国救乡，不逾此旨。相率所部，共矢初终。掬诚奉闻，敢乞赐矜。

（《潘正道电告出师援鄂》，上海《民国日报》1921年9月16日）

贵州省议会致孙中山电
（1921年9月18日）

大总统钧鉴：

窃贵州自去冬因前省长刘显世去职，准各界请愿到会，推举任可澄为本省临时省长，瞬将一年。现任省长因病一再辞职，情词坚决。本会特于本月巧日召集省教育会、总商会、省农会、工会、律师公会、军事后援会、全黔八十一县旅省同乡会、警察协会、少年贵州会、民生社、群益社暨各绅董等到会，共同〔商〕解决办法。众论一致公同举定王伯群继任本省临时省长。查王君伯群学识兼优，声望素著，护国护法各役奔走国事，席不暇暖。日前黔省多数人民责膺重任，兹经各团体一致公举，堪称得人。除由本会电告王君回黔就职外，敬恳我大总统俛赐鉴核，特予任命，饬速到职。贵州全局幸甚。临电不胜迫切待命之至。贵州省议会叩。巧。印。

（《王伯群任黔省长原因》，上海《民国日报》1921年9月29日）

广西省长马君武致孙中山电
（1921 年 9 月 19 日载）

孙大总统钧鉴：

此次美总统召集太平洋会议，意在讨论太平洋问题及远东问题，关系吾国至为重大。徐世昌、靳云鹏均为屡次亲手缔结卖国之人，擅借日债达三万六千万有奇，二〈十〉一条承认日本维持青岛，容许日人在东三省自由居住及购置土地权，国权、国土丧失殆尽。其卖国行为，早为国人所共弃。当然不能代表中国，其所派代表必系违反真正民意，不能争回既丧失之权利，更无可疑。故此次太平洋会议者，非完全由我大总统遣派代表参与会议，则该会议决关于中国各问题，人民断不能承认。特此奉闻，伏惟鉴察。广西省长马君武叩。印。

（《马省长对太平洋会意见》，上海《民国日报》1921
年 9 月 19 日）

广西省教育会、农会致孙中山电
（1921 年 9 月 19 日）

孙大总统钧鉴：

美总统召集太平洋会议，关系吾国至为重大。徐、靳素行卖国，其所派代表断不能承认。总之，此次太平洋会议，若非完全由我大总统派遣代表，参与会议，则该会议议决关于中国各问题，概□为无效。请一致主张。广西省教育会、农会叩。效。印。

（《广西否认北庭派代表》，上海《民国日报》1921
年 10 月 6 日）

上海天潼福德两路商界联合会致广州政府电

（1921 年 9 月 22 日）

　　太平洋会议关系吾国至为重大。北庭为亲日卖国之政府，所派代表必不能争回已失之权利，无可疑义。非由合法政府派遣代表参与会议，则该会议决关于我国各问题，商等断不承认。恳请我大总统迅简贤能，列席该会，以挽既倒之狂澜。兹呈管见十项：（一）废除一九一五年日本强迫我国之念一条件，及后缔结一切密约；（二）无条件收回青岛及德国前在山东享有一切权利；（三）打消各国在满蒙、福建、新疆、西藏、扬子江流域及珠江流域之特殊势力，反对英日续盟于妨碍中国主权之条约；（五）太平洋会议凡与远东有关系之国家，不得缔结妨碍远东和平之条约；（六）赞成各国实行限制军备；（七）收回领事裁判权，及邮政与关税之修正；（八）请各国政府废除虐待华侨条约；（九）要求各国承认韩国为完全独立国；（十）要求各国退回庚子赔款，作为教育基金。谨备采提该会。商等愿为后盾。特此奉闻，伏维公鉴。上海天潼福德两路商界联合会叩。

　　（《商界请孙总统派赴美代表》，上海《民国日报》1921 年 9 月 23 日）

王伯群致孙中山电

（1921 年 9 月 22 日）

广州孙大总统钧鉴：

　　准秘书处马电开：奉大总统令：特任王伯群为贵州省长，此令。王伯群未到任以前，以卢焘兼署贵州省长，此令。等因。奉此。窃群自顾辁材，难胜重任。况变故迭遭，何心问世，猥荷简拔，惶悚莫名。第国步艰难，北敌未摧，大总统宵旰精勤，不遑宁处，群敢不勉竭驽钝，藉勷鸿业，以副钧座眷顾西陲之盛意。惟黔素贫瘠，年来师旅未息，饥馑荐至，为国牺牲，黔民忍痛待纾久矣。布新除旧，大费周章。惟望钧座统筹全局，不遗远方，以慰黔民喁喁之望，群亦与有荣幸也。沪事一时不克结束，俟启行有期，再当呈报。谨闻。伯群叩。养。

（《王伯群上孙总统电》，上海《民国日报》1921 年 9 月 24 日）

全国各界联合会致孙中山等电

（1921 年 9 月 22 日）

广州大总统、国会非常会议、各部总次长、陈总司令兼省长并转各司令、各师旅团长、许军长，桂林马省长并转李参谋部长、各司令、各师旅团长，云南顾总司令并转各司令、各师旅团长、省长，贵阳卢总司令并转各司令、各师旅团长、王省长，长沙赵总司令兼省长并转各司令、各师旅团长，重庆刘总司令并转各司令、各师旅团长，成都省长公署、刘军长，三原于总司令、张总司令并转各司令、团长钧鉴：

北庭罪恶贯盈，已非一日。滥举国债，丧失主权，故弃领土，摧残教育，蹂躏人民之事迹，罄竹难书。曩者，奸佞把持军府，表面标榜和平，实际图攫私利，遣使通敌，习为故常，糜饷老师，浸成风气。竞争局部之内，徘徊歧途之中，展转迁延，迷离惝恍。差幸大总统独运鸿猷，各将士备告奋勇，扫除障碍，痛革秕政。国会非常会议，乃将行使其自由意志。新组政府，未及半年，施行民治，肃清桂孽，军民两政，成绩昭彰。中外观听，为之一易。

然举目四顾，巨憝犹盘踞于幽燕，小丑犹跳梁于武汉。或从事直接交涉，以断送国脉；或凭藉庐山会议，以强奸民意。而英美日协商远东问题之议事日程，无异处分我国。譬彼孤舟，陷于惊涛骇浪，前途讵堪设想。即祈国会督促北伐，政府主持戎机，粤桂滇黔川湘陕将士官吏戮力同心，加鞭孟晋，登高而招，顺风而呼。凡明大义识时务者，孰不投袂倒戈？北庭计等黔驴，图穷匕见，以朝气攻暮气，以团结力攻散漫力，直如摧枯拉朽耳。若拘泥于休养生息，踌躇于利害进退，步骤不整，枝节横生，则后之视今，亦犹今之视昔。一旦列强决议，共同管理，本春秋责贤之义，其罪不在北庭而在诸公也。临电神驰，统希霁察。全国各界联合会。祃。

（《各界联合会之北伐鼓吹》，上海《民国日报》1921
年9月23日）

李烈钧致孙中山电
（1921年9月23日）

顷接常德镇守使蔡巨猷电称，恳译转大总统钧鉴：窃湘鄂向为唇齿之邦，王占元贪暴无忌，通国皆知。此次鄂人发起自治，呼吁遏迩，为军阀所不愿闻，即吾四万万人民生死所鼓荡。乃者吴佩孚挟北廷之伪命，逆自治之潮流，视国家土地为个人之私产，以人民性命供其刀俎。既据武汉，又陷岳阳，破坏自治之基本，为全国舆论所不容。巨猷分在固守边陲，而扶植民治拥护民治之心，未能稍懈。钧座手创共和，功在国家，当有以主持正义顺应人心。瞻望云天，不胜钦迟等语。除电复并传谕奖饬勉励外，谨肃陈闻。李烈钧叩。梗。

（《大总统奖勉蔡巨猷》，上海《民国日报》1921年
10月18日）

旅沪粤人李赓梅等致广州政府电

（1921 年 9 月 25 日载）

自民国十年以来，吾粤同胞日在干戈兵燹之中，然皆兄弟之争，非外人得能侵犯。今者陆氏已去，方幸永息争端，共企和平，今忽有葡兵侵境之讯，实属藐视我国主权。望全国同胞共起力争，政府本爱国爱民之心，尤当力起交涉，粤人当以死拒之。

（《旅沪粤人反对葡兵越境》，《申报》1921 年 9 月 25 日）

南洋七州府华侨请愿代表余佩皋致孙中山等电

（1921 年 9 月 25 日）

广东孙大总统、陈省长、国会议员、汪精卫先生、廖代表、各报馆、各公团鉴：

英属学校注册交涉尚未解决，星政府竟封我教育总会，迫我华校注册。蔑视国际，摧残侨民，诚华侨未有之浩劫。恳速设法援助，以解倒悬。余佩皋。径。

（《力争侨校注册代表电》，上海《民国日报》1921年 9 月 27 日）

国民外交后援会致孙中山等电

（1921 年 9 月 25 日）

孙大总统、外交部长、陈总司令、各军长、师长、旅长、驻沪同乡、各界各社团、各报馆均鉴：

葡借我地，反客为主，窥伺膏腴，强征课税，擅入我湾仔银坑之领海，炮击我保护船户之防军。衅自彼开，诡储战备，利乘我乱，侵我主权，藉端示威，已成为习惯。严重抗议，勿再被其欺凌。民气异昔时，振臂一呼，何攻不克。夜郎徒自大，劳师袭远，未之前闻。望我上下一心，联同奋斗，师直为壮，大义凛然，毋自馁以蹈前愆，预绸缪以为后盾。实事求是，矢志不渝。谨先电陈，伫候明教。国民外交后援会叩。有。

（《广州特约通信》，上海《民国日报》1921 年 10 月
3 日）

全国各界联合会致孙中山等电
（1921 年 9 月 26 日）

广州大总统、国会非常会议、各部总长钧鉴：

诵秘书处歌电，无任钦佩。现距华盛顿会议开会期不远，请迅派谙练外交富有资望者为代表，克日放洋。内得舆论赞助，外得友邦同情，收效自易。万一不邀各国谅解，则否认关于我国之决议案，亦振振有词。时不可失，即祈采纳。全国各界联合会。宥一。

（《主张由新政府派赴美代表》，上海《民国日报》
1921 年 9 月 27 日）

陕西渭北国民代表致孙中山等电
（1921 年 9 月 26 日）

北京徐大总统、靳总理、各部总长、张翔初将军转同乡诸先生，广东孙大总统、参众两院、陈总司令、各部总长，保定曹巡阅使，汉口吴副使、张敬舆先生、张伯英副司令、西会馆李约之先生转各同乡诸先生，盛京张巡阅使，上海岑西林、章太炎、唐少川、王儒

堂、伍秩庸、景枚九、李印冷［泉?］、孙伯兰先生、李龙门、周愚夫、寇圣扶先生转同乡诸先生，南通州张季直先生，成都熊锦帆先生，各省督军、总司令、省长、省议会，各特别区域都统，各师旅长，北京、天津、上海、汉口各报馆均鉴：

　　陕民不幸，天降鞠［鞠］凶，段陈勾结，祸陕连年。总指挥胡公，恫念民生，树帜靖国，兵连祸结，历时五载。加以饥馑交臻，土匪蜂起，淫掠烧杀，侵暴不辜，陕民十室九空，疮痍满目。兹幸吴巡阅使，本爱民之怀，法往救之义，奋然率先，陕人影从。段倒陈继，人望太平，爰求胡公招集国民大会，解决陕局。于本月十九日起至二十一日止，在三原城庙开会，到会十五县代表二百九十六人，首由各代表请求，胡公提议，取消靖国军名义，经大多数赞成通过，欢声雷动；且由大会公推于总司令，改充陕西全省自治筹备会会长，主持民治，造福将来，亦经多数赞成通过；至善后一切问题，旋经各代表提出议案七则，均属切要，全场一致认可，请求军民长官承认施行；余如民选省长诸大问题，静待庐山大会解决处。诸公俯顺民意，尊崇高论，俾瞬睫陕局得一结束，庆幸何如。谨先电陈大略，仰抒廑注，详情后布，伏乞垂鉴为祷。陕西渭北十五县国民代表左子缙、耿秉耀、王自荣、田树楷、刘舲溪、韩宪、魏伟琴、高登畲、邢国佐、同保瑞、李辑井、高仲藩、穆焕堂、宥宋膴、吴仲突、纪缄三、侯伸厚等二百九十六人同叩。印。

　　(《中华民国史档案资料汇编》第三辑军事（三），第782~783页)

江西旅沪自治同志会致孙中山、国会电

(1921年9月28日载)

广州国会、大总统钧鉴：

　　此次太平洋会议关系我国命运，至为重要。伪廷根本上既无代表资格，又系手签卖国条约之人，所派代表不惟无抗争废约余地，且势将以私约迫成公认，危险至大。务恳由我政府迅派贤哲出席，毋庸俟美再行邀请。盖前此美柬，本系对于中华民国国家人格而发，自不因徐世昌之冒承而失效。我国国体未更，法统自在，美为民主先进之国，岂肯拒我合法代表。会期已迫，立乞施行。毋任竭诚祈请之至。江西旅沪自治同志会叩。

（《赣人促新政府派代表》，上海《民国日报》1921年9月28日）

张绍曾致孙中山电

（1921年9月28日）

广州孙中山先生鉴：

比以连年兵祸，民不聊生。华府会议，迫在眉睫，国际共管之说，既久肆为啧言。国是未定之时，宁可不决诸公意？窃不自度量，妄拟国是会议，冀策群力，共挽沦胥。计自冬电发后，颇荷海内多数同情，讨论赞成，函电纷至。我公首创共和，群伦冠冕，爱民忧国之心久已昭示天下，计必有以絜而指导之。乃经历浃旬，稽奉德音，意者虑会议别有作用及结果之不良耶。夫果别有作用，应设法以阻止之；结果不良，应多方以倡导之。凡在国民，同负此责，先觉如公，宁忍放弃。且我公素重民权，斥绌武力，而于国民〔是〕会议声中默尔而悉〔息〕，毋乃与初衷相反。乃者道路传闻，报纸纪载，竟有会师武汉之说。悠悠之口，亦何足据。果如所传，计亦太左。项城、合肥，往者何如？纵公自信有其能力，讵知外患已深，已无施展之余地与岁月耶。噫！中华共和，我公创之，尤望与国民共完成之。倘务趋极端，于国是会议不能容纳，国家前途更不堪设想矣。再布悃诚，伫候回示。张绍曾叩。俭。

　　(《汉口来电》，上海《民国日报》1921 年 9 月 30 日，"公电")

卢焘致孙中山电
(1921 年 9 月 30 日载)

大总统钧鉴：

　　溯自北庭违法，西南兴师，原为救国救民，以冀伸我正义。迩以自治潮流澎涨海宇，发扬民意，薄海同风。鄂人久苦水深火热之中，呼号乞救，我西南既为自治之先声，应有扶植之职责。乃王氏既去，鄂人正庆复苏，殊吴佩孚又奉伪命，坐享其成，肆行强暴，侵伐疆土。拒狼进虎，后患何堪。矧武汉绾毂南北，得失存亡，关系极重。恳我大总统速颁明令，挞伐共张，移援桂得胜之师，为救湘援鄂之计，还我岳郡，肃清武汉，犁庭扫穴，以定中原。庶自治得以实现，中国不致沦胥，恢复共和，从此永赖。黔虽褊小，举义常先，仍当竭我精诚，尽我职责。尚乞同胞诸公迅速准备待命，一致进行。中国前途，庶几有豸。特电陈臆，伏乞鉴察。卢焘叩。印。

　　(《卢总司令决心援鄂》，上海《民国日报》1921 年 9 月 30 日)

上海工商友谊会致广州政府电
(1921 年 10 月 1 日载)

　　前阅报载，澳门葡人无理侵犯粤界，与我国体、主权甚有关系。现在世界盛倡和平，而彼葡人竟逾越防线，意图占领银坑，乘我南北战争之时，以为可欺。殊不知对外一致，我国民甘为兄弟争产而亡，决不愿受外人无理强权而让步。我政府代表民意，应与严重交涉，勿稍退步，全国人民誓为后盾。

　　（《工商友谊会为澳门冲突之要电》，《申报》1921 年10 月 1 日）

湖南公民萧纬等致孙中山等电

（1921 年 10 月 4 日载）

　　（衔略）溯自辛亥反正，我大总统暨建国名公抚河山之壮，兴草木之师，登高一呼，旌旗五色。民皆延颈讴歌，相庆为重睹天日，共乐平休。不期祸不旋踵，军阀专横，荆棘则山岳俱赭，蹂躏则山川为圩，十稔于兹，生灵凋敝。

　　吾湘于创巨痛深之后，为清源正本之图。逐张以还，直追西南各省，草定大法，励行自治。乃吴佩孚悖驰正轨，凭藉淫威，膺伪庭巡使之名，行侵略地盘之实。驱王之役，鄂同胞呼号求救，彼则置若罔闻。迄我赵总戎以大义所在，休戚相关，徇鄂人之请，鞠旅蒲崇，未旬而恶魔潜逃，挽枪扫荡。吴竟鸠占鹊巢，坐收渔利。犹复豺狼成性，鬼蜮为怀，厚赂日舰，扰我后方，调遣匪军，残我岳郡。又以苛虐之条件胁迫我军政当道，恃武力铲民治，化神奇为腐朽，富庶繁区沦为瓦砾，暴尸原野中外寒心。黄台之瓜，一摘再摘，蠧民卖国，覆雨翻云，必强吾侪小民立于万劫不复之境而后已。

　　是可忍孰不可忍！公民等锋镝余生，骨肉焦土，与其苟延晨昏，丧失人格，不若孤注一掷，死中求全。故此旧袂请愿，为救死不二法门。我大总统暨军政各界名公，十年建国，五岭崇功，正□昭天，奇仇不赦。务望顺宇内之推心，谋根本之改造，援湘鄂之自立，树民治之精神，棨戟遥临，陈师武汉，犁庭扫穴，直捣幽燕。糜维湘鄂六千五百万生灵出诸水火，则全国四万万蒸民均箪食壶浆待之矣。涕泣陈词，声嘶力竭。临电迫切，急不择言。

（《湘人请求援湘鄂》，上海《民国日报》1921 年 10 月 4 日）

陈炯明复孙中山电
（1921 年 10 月 17 日）

左江一带，盗贼充斥，非有大军护送不可。而上水船抵南宁又较迟，且路有危险，不如请在梧州稍候三四日，炯明当乘日夜下水船，亲来梧州就商一切。

（《陈炯明集》下卷，第 693 页）

江西省议会龙钦海等致孙中山电
（1921 年 10 月 21 日）

南宁、梧州分送大总统钧鉴：

政局阽危，赣祸尤烈，敝会公推钦海、廷銮至政府乞援。不期舟抵羊城，驾已先发。兹准即日趋叩崇辕，为三千万人民请命。务恳我大总统俯顺舆情，促成自始〔治〕，赣民之幸，国家之福也。谨先电闻，余容面缕。江西省议会议长龙钦海、副议长胡廷銮明。马。印。

（《赣人向新政府乞援》，上海《民国日报》1921 年 10 月 30 日）

驻桂各军将领彭程万等致孙中山电

（1921 年 10 月 22 日）

南宁、柳州、梧州一带探呈大总统钧鉴：

　　顷闻车驾发粤，巡狩岭右，垂询疾苦，抚字编氓，荣戟遥临，山川生色，凡属覆帱，无任胪欢。伏悬移节桂林，俾得仰睹威仪，敬聆训诰，用作士气，藉遂瞻依。麾纛所经，业饬驻防部属竭诚护卫。合抒下悃，敬表欢迎。赣军总司令彭由〔程〕万、滇黔赣联军第三路司令李友勋、第四路司令谷正伦，广西陆军第一师长刘震寰，粤军第四独立旅旅长关国雄，粤军第七独立旅旅长史忠信，粤军步兵第七旅旅长谢文炳，滇黔赣联军第三路梯团长龙云、奚冠南，赣军梯团长李明扬、赖世璜，滇黔赣联军第四路纵队长王天培、彭汉彰，广西陆军第一师第三团团长熊镐，粤军第四独立旅团长杨锦龙、吕春荣，粤军第七独立旅团长张海洲、林声扬，粤军步兵第七旅团长谢宣威、何梓林，滇黔赣联军第三路支队长孟友闻、蒋复初、马嘉麟、鲁琼，第四路支队长陈宗继、傅晋廷、刘其贤，赣军支队卓仁机、姚敏、吴建中、谢杰同叩。养。印。

　　（《各方面将领欢迎总统》，上海《民国日报》1921
　　年 11 月 15 日）

胡若愚致孙中山等电

（1921 年 10 月 24 日）

万急。广州大总统钧鉴：香港唐会泽联帅、南宁陈陆军总长、长安探呈李参谋总长、南宁马省长均鉴：

　　若愚前以敝军攻克桂林伊始，地方庶政漫无统绪，军队林立，月食不支，乃奉令组织桂林政务处暂摄政权，藉维秩序而谋军食。迨马省长、吕厅长先后履新，桂省主政有人，事权自应统一，若愚以武人谬膺政务，本非援桂护法初衷，曾经迭电请辞，并于联军会议席间两次提出议案，要请允许取消，以卸仔肩而遂初志。各友军均以军食无着，宜勉为其难之义相责，不蒙表决，义遂难辞，蚊背负山，苟延匝月。昨奉参谋总长电令，承马省长允将桂、柳各县收入，拨充驻在各军饷项，隆情高谊，铭感殊深。饷糈既有接济，则曾设之政务机关已无存在之必要，兹于十月二十二日将桂林政务处实行撤销，所有地方民政、财政事宜，均交由广西政府直接管辖，若愚不再与闻。谨电奉闻。滇黔赣联军援桂先遣军司令官胡若愚叩。敬。印。

（《胡若愚撤消政务处电》，上海《民国日报》1921
年 11 月 15 日）

滇军团长王均等致孙中山等电

（1921 年 10 月 29 日）

南宁行辕大总统、陈总司令、马省长，香港唐联帅，桂林李总长、朱总参谋长钧鉴：

窃滇军自护国以来，飘征万里，艰险叠罹。川、粤战乱，所在参列，喋血孤苦，数载于兹。原以联合倡义，各军共靖国难，竟此护法未尽之功，展国步于安强之地。值兹桂林初下，事务殷繁，军队、地方，急待整理，今杨总指挥以累劳致瘁，遽尔告退，虽再三挽留，均未获允。现以统率无人，牛耳莫属，冀得一诚信素孚，道德丕著者，拥戴总絜，庶早得鼓舞振刷，砺此成城之气。辗转相商，惟有朱总参谋益之向为本军领袖，素累护法勋劳，名高望重，足堪表率。特公同推戴为驻桂滇军总司令，恳请克日就职，以慰群望。从此国民解愠，休风庶协乎南薰，义士归心，妖氛直扫夫北顾。大局幸甚，滇军幸甚。团长王均、胡思舜、胡国秀、李云楼、杨青团，团附中校张宗烈、崔向辅，炮兵大队长莫玉庭，机关枪营长杨正清，营长顾德恒、陈学顺、谢文庶、者之镇、李毓桂、保荣

先、曾曰唯、胡正聪、孟智仁、杨起、姜维柱、苏应德、邱本义暨
全体官兵同叩。艳。印。

> （《朱培德就滇军总司令职》，上海《民国日报》1921
> 年11月20日）

云南省议会暨各团体致孙中山电
（1921年11月5日）

万火急。桂林探呈大总统钧鉴：

窃自我大总统北伐令下，滇省早已准备出兵，克日集中待发，
千载一时，众方欢跃，不谓□□①图滇心切，意欲趁此时机，亟谋
返滇，一面煽惑驻桂滇军三路回滇，一面勾结土匪吴学显，扰乱滇
省内部，作内外夹攻之计。噩耗传来，群情愤骇。此说果成事实，
不惟滇省生灵从此涂炭，而于北伐事业，障碍突生，寻箕［萁？］豆
之相煎，堕西南之士气，是诚可为太息痛恨者也。伏望我大总统消
遏祸萌，力维大局，如□□①果有此议，尚乞力加劝告，以公谊为
重，私利为轻，勿事内争，一致向外发展。俾滇省内顾无忧，得以
早日出师，专力北伐，护法前途，实深利赖。临电痛切，伫候钧裁。
云南省议会、教育会、总商会、农会暨军政警学报各界仝叩。歌。

> （《陆海军大元帅大本营公报》一九二二年第一号，1
> 月30日，"公电"）

唐继尧致孙中山函
（1921年11月6日）

日前驾发羊城，曾托邓孟硕兄奉上一缄，计邀鉴察。顷者精卫、

---

① 报载时将"继尧"隐去。——编者

梯云两君来港，奉读惠书，敬悉行次梧江，统筹国是；并承殷殷下问，询及愚蒙，翘企旌麾，弥深感佩。北敌祸国有年矣，此贼不讨，国难终无已时。当兹湘师摧败，正气销沉，尤非大张挞伐，不足以申公义而救危亡。今我公奋运枢机，躬亲戎旅，尧虽久绝世缘，敢不竭其棉薄，以效壤流之助。现在大计既定，举后方之巩固，兵力之配编，械弹之补充，饷糈之筹措，在在均关重要。盖必先有切实之预备，乃能收底定之全功。兹特派陆军少将陈维庚、李永和，趋谒崇墀，面承训诲，并嘱代候起居，缕陈愚悃。即祈鉴察，不尽瞻驰。敬颂

勋绥

唐继尧　十一月六号

（《唐蓂赓不日赴梧会议》，上海《民国日报》1921年11月16日）

李烈钧致孙中山电
（1921年11月7日载）

烈钧已率健儿，进发湘边。桂林胡若愚所部，克经电令积极准备，听候调遣，何日誓师，敬乞赐电示知。三军谨擐甲待命，请迅下令挞伐，以申天讨，俾迅奏肤功，奠定民国。

（《广州通信》，《申报》1921年11月7日）

赴湘周慰劳使致大元帅大本营电
（1921年11月7日载）

吴、赵决裂，势在必行，万恳速转李部长、蒋次长、联军各部，立即出发，星夜赴衡，以壮湘南湘西势力。并祈先定赣省计划，一气呵成，万勿迟疑，致误军略。

（《广州通信》，《申报》1921年11月7日）

顾品珍致孙中山等电①

（1921 年 11 月 10 日）

孙大总统钧鉴（余衔略）：

北庭祸国，尚稽天诛，南寇之师，一十数万，以致陷我岳阳，扰我荆宜，鄂民遭决堤之惨，湘人罹锋镝之祸，水深火热，靡知所届。大总统赫然震怒，命将出师，近复奋率三军，躬亲前敌，陈师鞠旅，用张挞伐，民国统一，端赖斯举。我西南各省，当同心协力，共效驰驱，以贯彻自治之初衷，亟图大局之解决，仰体嘉谟，同伸义愤。鄂省护自治良策，愈益发展，爱人节用，与民休息，莽莽神州，庶其有豸。

祖武伤心时局，缄默难安，护国护法，迭次兴戎。现虽疲敝之余，时深敌忾之悚，悉索敝赋，惟是之从。现已选简军实，编成劲旅，共分为北伐军第一、二、三路，集中待发，指日誓师，责有攸归，义无反顾。品珍不敏，当兹缔造方殷之会，勉为群力合作之谋，誓与我西南袍泽，长驱江汉，直捣幽燕，成败利钝，非所敢计。尚望大总统速赐讨伐之令，各省诸公立兴仗义之师，一心一德，襄兹义举，庶几民贼剪除，国家底定。敢布区区，伫候明教。顾品珍叩。蒸。印

（《陆海军大元帅大本营公报》一九二二年第一号，1月 30 日，"公电"）

顾品珍致孙中山等电

（1921 年 11 月 18 日）

万急。桂林探呈孙大总统钧鉴（余衔略）：

时局倥扰，国命将丧，生民涂炭，殆将歼尽。天佑西南，元首亲征，亿兆欢腾，风起云从。品珍内征舆情，外顺潮流，环甲枕

---

① 据内容，似刘祖武所发，疑误。——编者

戈，良深敌忾，曾于蒸日通电，表示微忱，藉申义愤，并吁恳大总统速颁讨伐之令，各省区〈诸〉公立兴仗义之师，一心一德，襄赞盛业，神与电驰，谅达典签。

溯自滇省护国护法，迭次倡义，然未竟全功，抚心滋愧。滇维疲敝之余，敢不悉索敝赋，勉责初衷。数月以来，激励将士，搜讨军实，编成调集，指日誓师。刻已任命范石生为北伐先锋军司令，杨希闵为北伐第一路司令，杨蓁为北伐第二路司令，金汉鼎为北伐第三路司令，各率所部，集中待发。品珍不敏，时凛义无返顾罪有攸归之义，并于铣日将兼省长职务，交由政务厅长刘祖武代理，以期专力疆场，躬亲前敌。

惟品珍更有进者，军旅之事，首重嘉谟，谋定后动，古有明训。伏乞大总统饬下所司，为战略上全般之统筹，划定各省军作战区域，分配任务，指定路线，明令遵守，各专责成。庶能衔结一气，部署整然，战务攻取，乃有根据。想各省诸公，必能本通力协作之谋，协力同心，共纾国难。正义既伸，大勋立集，民国统一，咸赖斯举。敢布腹心，统希鉴察，临电依依，敬候明教。顾品珍叩。巧。印。

（《陆海军大元帅大本营公报》一九二二年第一号，1月30日，"公电"）

滇军北伐先遣军司令官范石生致孙中山等电

（1921 年 11 月 20 日）

桂林探呈大总统钧鉴（余衔略）：

北寇稽诛，天人共愤，石生奉顾总司令命为北伐先遣司令。前已调集所部，补充军实，克日出师。知关垂念，特先电陈。滇军北伐先遣军司令官范石生叩。号。印。

（《陆海军大元帅大本营公报》一九二二年第一号，1月30日，"公电"）

代理云南省长刘祖武致孙中山等电
（1921 年 11 月 21 日）

桂林探送孙大总统钧鉴（余衔略）：

　　奉滇军总司令顾函：以滇军出征，将亲赴前敌，所兼云南省长一职，业经电呈大总统委任祖武代理。闻命惶悚，惧弗克胜。当经呈请收回成命，另简贤能在案。兹奉复函，辞不获请，责以大义，迫以舆情，自顾庸才，难肩重任，然为国计，宁忍偷安，即为乡谋，亦难卸责，义之所在，未敢固辞，遵于十一月廿四日接任视事。惟以戎马书生，执全滇政柄，当军务倥偬之际，既遗大而投艰，况民生凋敝之余，惟尽心以将事。尚冀不遗在远，时赐教言，庶几取法有资，无虞陨越。代理云南省长刘祖武叩。马。印。

　　（《陆海军大元帅大本营公报》一九二二年第一号，1月 30 日 "，公电"）

金汉鼎致孙中山等电
（1921 年 11 月 26 日）

大总统钧鉴（余衔略）：

　　顷奉滇军总司令通电，以汉鼎为北伐第三路司令，捧读之次，钦悚莫名。溯自护国以还，大法凌夷，政纲解纽，兵连祸结，俶扰至今，内而分崩离析，已成割据之势；外则鹰瞵虎视，人方协以谋我。凡尔赛之和约未竟，太平洋之会议又起，人为刀俎，我为鱼肉，岂能幸免。而北方诸逆，惟知争权攘利，毁法卖国，以武力为万能，置民意而不顾，迹其所为，必将使神州陆沉而后已。凡在国人，莫不痛心。今大总统孙公，本其生平救国之苦心，顺应世界潮流之趋势，赫然震怒，躬行天讨。而我总司令以曾经百战之躯，亦备六军，编选劲旅，从此会师武汉，直捣幽燕，还我大法，奠安国家，在兹一举。汉鼎锋镝余生，然爱国之心，曷敢后人，自当环甲枕戈，敬随诸公之后。惟材轻任重，陨越时虞，望赐良规，俾有遵循为荷。金汉鼎叩。宥。印。

（《陆海军大元帅大本营公报》一九二二年第一号，1月30日，"公电"）

广西委署全县知事廖藻等致孙中山电
（1921年11月27日）

万急。梧州、南宁一带探呈孙大总统钧鉴：

民国再造，焕然一新。侧闻移节桂林，率师北伐，藉收统一，而竟全功。谨电欢迎，伫候道左。委署全县知事廖藻、兴安县知事唐朝益、灌阳县知事王肇祁呈。感。代印。

（《桂人欢迎大总统电》，上海《民国日报》1921年12月6日）

广西全县参议会等致孙中山电
（1921年11月27日）

万急。南宁、梧州沿途探呈孙大总统钧鉴：

南北流一，渴望甚殷。民治潮流，声浪日急。欣闻我大总统督师北伐，行将抵桂，再造民国，丕焕新猷。肃电欢迎，曷胜翘盼。全县议参［参议］会、劝学所、农会、商会呈。感。

（《桂人欢迎大总统电》，上海《民国日报》1921年12月6日）

广西灌阳县参议会等致孙中山电

（1921 年 11 月 27 日）

万急。南宁、梧州沿途探呈孙大总统钧鉴：

　　顷闻车驾莅桂，督率六军，大张北伐。民国统一，拭目可俟。旌旗所指，万姓欢呼，谨电恭迎，无任鹄企。灌阳县参议会、教育会、劝学所、农会呈。感。

　　　　（《桂人欢迎大总统电》，上海《民国日报》1921 年
　　12 月 6 日）

广西灌阳县绅商学界代表致孙中山电

（1921 年 11 月 27 日）

万急。南宁、梧州一带探呈孙大总统钧鉴：

　　南北苦分离久矣。此次誓师岭谷，直捣幽燕，大功告成，指顾间耳。车驾摇临，无任瞻仰。灌阳县绅商学界代表王元懋、唐光环呈。感。

　　　　（《桂人欢迎大总统电》，上海《民国日报》1921 年
　　12 月 6 日）

广西全县绅商学界代表致孙中山电

（1921 年 11 月 27 日）

万急。南宁、梧州探呈孙大总统钧鉴：

　　三民五权，宗旨正大。北廷顽梗，乃逆潮流。顷闻钧座率师亲征，不日莅桂，干戈所指，立致荡平。瞻望旌旗，无任欢迎之至。

全县绅商学界代表唐锦藩、邓国瑞呈。感。

（《桂人欢迎大总统电》，上海《民国日报》1921 年
12 月 6 日）

范石生致孙中山等电
（1921 年 11 月 28 日）

桂林大总统钧鉴（余衔略）：

奉滇军总司令官通电，以石生为北伐先遣军司令，自维才轻任
重，曷克胜此。顾北庭毁法卖国，日甚一日，非合谋戮力，无以奠
定国基。我大总统既躬出督征，总司令复整军备战，凡有血气，能
不奋发？石生用本夙志，爱国微忱，秣马励兵，准备前进。尚乞时
赐箴言，俾有准绳为恳。范石生。俭。印。

（《陆海军大元帅大本营公报》一九二二年第一号，1
月 30 日，"公电"）

代理云南省长刘祖武致孙中山等电
（1921 年 11 月 29 日）

桂林探送大总统钧鉴（余衔略）：

北庭不法，实召纠纷，国失重心，于兹数载。乃者拥兵据地，
各省效尤，征募频仍，几无宁日。介胄之士，多于农夫，军费所
需，动辄百万，司农仰屋，外患日增，四海困穷，盗贼蜂起，国防
不事，靖匪无功，靡饷虐民，兵将焉用？甚至骄兵悍将，哗变时
闻，彝陵武昌，尤堪愤慨。裁兵旧议，迄未实行，蹉跎蹉跎，竟至
今日。兵多诚可患，然南北问题，未经解决，兵少〔人〕正可忧。
窃谓今日救国之要，莫善于裁兵，而裁兵之先，尤莫急于北伐。盖

南北一日不统一，即一日不得裁兵，而兵一日不得裁，即我民国一日不得安也。夫会师武汉，夙有是言，长此空言，将胡为者？漏深长夜，难俟河清，失今不图，益难收拾。

惟冀护法各省，戮力同心，共抒荩筹，早定大计，严肃军纪，迅整戎行，一致进行，旌麾北向，滇虽边隅，当为后盾。武也不敏，愿效前驱，一俟事定功成，澄清华夏，裁兵计画，立即施行。骨鲠在喉，吐之为快，诸公爱国，当有同情。敢贡狂愚，伫候明教。云南省长刘祖武叩。艳。

（《陆海军大元帅大本营公报》一九二二年第一号，1月30日，"公电"）

广西兴全灌三属联合会致孙中山电
（1921 年 11 月 29 日）

万急。梧州探呈孙大总统钧鉴：

桂局虽定，国难方殷。顷闻我大总统移毕〔跸〕桂林，帅师北伐，望风引岭，无任欢迎。兴全灌三属联合会理事长唐文佐、副理〈事〉长唐锦、周冕叩。艳。

（《桂人欢迎大总统电》，上海《民国日报》1921 年12 月 6 日）

唐继尧致孙中山电
（1921 年 12 月 5 日）

桂林李部长译呈中山先生赐鉴：

时局艰难，群瞻远略，风声所树，薄海钦从。尧以闲退之身，辱荷不遗在远，信使相招，下怀感激，勉效追随。前托天民赍呈一函后，当即摒挡行装，由港经粤来梧，敬悉车驾已赴桂林，怅望旌

麾，徒深仰止。兹拟休息一二日，即便按程前来，面聆教诲，谨先
电闻，维冀鉴察。继尧。印。

（《唐继尧态度表示》，长沙《大公报》1921 年 12 月
21 日）

广西兴安绅商学界代表致孙中山电
（1921 年 12 月 6 日载）

万急。梧州电报局探呈孙大总统钧鉴：

桂祸虽纾，国难未已。我大总统车驾不日移跸桂林，亲总六
师，北定中原。凡我士民，无不额手称庆，不独山川为之生色也。
谨电欢迎。兴安绅商学界代表唐文弼、李梅叩。

（《桂人欢迎大总统电》，上海《民国日报》1921 年
12 月 6 日）

洪兆麟致孙中山电
（1921 年 12 月 9 日）

桂林大总统钧鉴：

阳电谨悉。师长向沐陶镕，以身许国，自当淬厉精神，训练士
卒，力效驰驱，以酬高厚。师长洪兆麟谨呈。佳。印。

（《陆海军大元帅大本营公报》一九二二年第一号，1
月 30 日，"公电"）

李烈钧、朱培德彭程万呈孙中山文
（1921 年 12 月 10 日）

呈为奉颁兵士犒金，沥陈谢悃，恭呈仰祈钧鉴事：十年十二月

六日，准大总统行营金库函开：顷奉大总统面谕：发给贵部下兵士
犒赏费广东银币一万元，兹特派敝部职员伍嘉城君送上，请如数收
讫后，即分别颁发为荷等因。准此，并准伍库员押送广东银币一万
元钱前来，当经敬谨领收。伏维我大总统顺海内之归心，缵民国之
正统，发皇新治，桂岭已首跻熙台，戡定艰危，苍生将咸登衽席。
旌旄远莅，气壮河山，威德覃孚，宏颁国帑，听春雷之动地，将士
欢呼，戴冬日于钧天，驽骀益奋。除将奉颁犒金分别派员妥行转发
宣扬德意外，所有感激下悃，理合具文呈请大总统鉴核。谨呈大总
统。

滇军总司令官朱培德、参谋总长李烈

钧、赣军总司令官彭程万

（《陆海军大元帅大本营公报》一九二二年第一号，1
月 30 日）

谷正伦等致孙中山等电

（1921 年 12 月 12 日）

万急。桂林大总统钧鉴（余衔略）：

　　吾黔自护国以来，拼无数生命金钱，以与西南诸君子相追随者，
志在驱除国贼，俾政治得入正轨，人民得享幸福。所为者大，初非
为个人立威望，争地位也。前此川、滇、黔三省合兵，本不难直捣
中原，乃频年濡滞川境，拥数万精悍之众，未出夔门一步，燃萁煮
豆，谁实为之？至今追思，犹有余痛。兹则我西南主政得人，内局
已定，北伐在迩，发展有期，我辈正宜戮力同心，蕲达最初目的，
以慰诸先烈泉下之灵。靖国军已成历史上之名词，万不可听其再现，
如画蛇添足，自失本真。伦等愚戆，只知拥戴元首，服从政府，以
发扬我西南统治之精神，不知其他。区区此心，可质天日，特电宣
言，敬乞鉴察。援桂联军第四路司令谷正伦、参谋长刘其贤、第一

纵队长王天培、第二纵队长彭汉章暨全体官佐士兵同叩。文。印。

（《陆海军大元帅大本营公报》一九二二年第一号，1
月30日，"公电"）

刘震寰致孙中山等电
（1921年12月19日）
同总字

大总统（余衔略）鉴：

国会非常会议铣电敬悉。天祸中国，迭降鞠凶，十稔以还，乱
〈弗〉有已。五族同胞，日跼蹐于荆棘天地之中，宜联袂奋兴，攘
除奸宄，巩固国本，休养民生。何乃国家有累卵之危，犹复优容阴
险。□滑之徐世昌，窜据首都，〈误〉国残民，毒敷四海。安福祸
国，既群起驱除于前，而安福国会产生之伪总统徐世昌，胡反置诸
不问？揣国人之初心，岂不以此獠瘫痪不仁未足为祸，藉以缓和枭
桀者之竞争，图苟延国脉于万一。讵知徐世昌即乘我国人心之弱
点，大施其欺盗之技俩，变幻闪灼，莫可捉摸，纵兵殃民，别求大
欲。国人不察，几尽坠其术中。迹其数年来所为，直将置吾四万万
同胞于万劫不复之域而后快。外债如山，信用全失，共管财政之说
正喧传于强邻，而徐世昌固悍然不顾，尤事冥行如故也。自治潮流
澎〈涨〉全国，而北军南下日逞淫凶，摧残不遗余力也。近复卖
国借款，以供军饷兵争，挑拨曹、张二凶，以图居间利用。貌托圆
滑，兔窟有无非奸□，蛇口而两者辄凶，□真举国之大仇，实乃人
神之所共嫉。震寰忝掣师旅，稍具良知，扫除凶残，义无反顾，非
不知国势阽危，千钧一发，诚以庆父不去，鲁难日深，不禁午夜彷
徨，枕戈以待。诸公坚贞，务恳一致声讨，清源正本，涤秽荡瑕，
中国前途，庶其有豸。刘震寰叩。效。印。

（《刘震寰师长之义愤》，上海《民国日报》1922年1
月5日）

代云南省长刘祖武致孙中山电

（1921 年 12 月 23 日）

桂林探送大总统行营呈大总统钧鉴：

　　祖武德薄才庸，谬膺〈政〉柄，元电慰藉，弥切悚惶。钧座苦心毅力，国事贤劳，祖武何人，敢辞劳怨？自当遵电，锐志匡拯，利我人民，以副厚望。代云南省长刘祖武印。梗。印。

　　　　（《陆海军大元帅大本营公报》一九二二年第一号，1
　　　　月 30 日，"公电"）

韦冠英致孙中山电

（1921 年 12 月 24 日）

桂林孙大总统钧鉴：

　　本日奉到第二零零号简任状一纸，任命冠英为广西陆军第一师步兵第一旅旅长。自维力薄才轻，荷蒙畀以重任，惟有益矢尽力，绥靖地方，弼成民治，期副大总统任命之至意。除将简任状稽领外，谨电呈报。韦冠英呈。敬。印。

　　　　（《陆海军大元帅大本营公报》一九二二年第一号，1
　　　　月 30 日，"公电"）

李烈钧致孙中山电

（1921 年 12 月 26 日）

大总统睿鉴：

　　窃维英明驭世，典重激扬，匡济需才，端资策励。贵州总司令陆军少将卢焘，性情忠恳，材略优良，护国护法以来，迭当战冲，卓著成绩。嗣履总司令任，补救偏弊，安辑军民，聿称厥职。正式政府成立，尤能率先将士，输诚翊戴，为白宫所倚畀，似应晋阶奖章，藉符政府尊贤崇劳之至意。所有贵州总司令陆军少将卢焘，拟请授为陆军中将，并给一等文虎章。是否有当，理合变通成例，径呈大总统，恭候明令遵照，并饬下陆军部查明办理。参谋总长李烈钧谨呈。寝。印。

（《陆海军大元帅大本营公报》一九二二年第一号，1月30日，"公电"）

陈炯明致孙中山电
（1921 年 12 月 27 日）

桂林大总统钧鉴：大本营组织伊始，规模闳远。关于军事编制、设施等事，应有闻知。职部参议杨源浚前因公留桂林，用特派充议员为陆军部特派员，藉便就近襄承一切。是否有当，理合呈请鉴核。炯明叩。感。印。

（《陆海军大元帅大本营公报》一九二二年第一号，1月30日，"公电"）

徐谦致孙中山电
（1921 年 12 月 28 日）

大本营孙大总统钧鉴：

谨掬诚恭贺新年，愿改造真民国成功。大理院长徐谦。俭。叩。印。

（《陆海军大元帅大本营公报》一九二二年第一号，1月30日，"公电"）

赵恒惕致孙中山电

（1921 年 12 月 28 日）

桂林大总统钧鉴：

履端肇始，春开四序之光，制治维新，欢动九埏之颂。缅共和之首造，凤历书元，庆大业之重恢，虎贲底绩。阳春有脚，预征康民润物之庥，薄海归心，喜见除旧布新之会。谨申电贺，恭叩年禧，不尽瞻依，伏希鉴察。赵恒惕叩。勘。

　·　（《陆海军大元帅大本营公报》一九二二年第一号，1月 30 日，"公电"）

顾品珍致孙中山、李烈钧等电

（1921 年 12 月 29 日）

百万火急。桂林孙大总统钧鉴：李参谋部长（以下衔略）均鉴：

滇省出师北伐，曾于上月蒸、巧两日先后通电宣布在案，谅达典签。查滇省近数年来，民生凋疲，盗贼充斥，自品珍就任，适值各省一致倡义北伐，金以为内患堪虞，势必牵制出师，乃各遣军团厉行清剿。兹幸以国家之灵，滇民之福，其大宗股匪已先后剿灭，并驱逐出境；至零星散匪，亦经迭次歼除，擒斩有差，东西南各防，渐次肃清。迄今数月，始将各路部队分头集中，准备出发。前以崔苻未靖，稽我义师，职是之故，现各路动员，已编组完竣。品珍为仰体大总统迅速出师之盛意，并贯彻个人义无返顾之初衷，用特以北伐滇军总司令官名义，躬亲统率，效命前敌。惟省内治安，关系根本，所有滇军总司令职务，即交由第二混成旅长金汉鼎代理，并另案呈请大总统任命，以资留守，而专责成。付托得人，实堪庆幸。品珍转战频年，锋镝余生，然护法初志，无时或已，但愿专力疆场，为国杀贼，用延国脉，而奠邦基。敢布区区，伫候明教。顾品珍叩。艳。印。

（《滇军北伐纪闻》，上海《时报》1922 年 1 月 22 日）

顾品珍致孙中山电
（1921 年 12 月 29 日）

百万火急。桂林孙大总统钧鉴：

　　滇省出师北伐，早经委任范石生为先遣军司令，杨希闵为第一路司令，杨蓁为第二路司令，金汉鼎为第三路司令，曾于上月巧日电呈在案。刻因内部重要，留守需人，已另案电请钧座，任命金汉鼎代理滇军总司令官，亟应另行编组。除先遣军司令范石生仍旧外，兹特改任杨蓁为第一路司令，蒋光亮为第二路司令，杨希闵为第三路司令，由品珍以北伐滇军总司令名义，躬亲统率，效命前敌。拟请钧座分别加委，以昭慎重，而专责成。各路动员，已准备完竣，准于下月初旬次第开拔。面晤匪遥，无任神驰。品珍叩。艳。印。

（《陆海军大元帅大本营公报》一九二二年第一号，1 月 30 日，"公电"）

顾品珍致孙中山电
（1921 年 12 月 29 日）

　　此次滇省出师，由品珍躬亲统率，效命前敌，已另案电请钧鉴在案。惟省内治安，关系根本，实属重要，尤宜付托得人，庶无内顾之虞。查第二混成旅长金汉鼎，才识兼裕，勋望俱隆，必能宏济艰难，胜任愉快。拟请任命该旅长代理滇军总司令官，俾资留守，而专责成。如蒙俯允，即请明令发表，电示祇遵。

（《滇军北伐纪闻》，上海《时报》1922 年 1 月 22 日）

林森致孙中山电
（1921 年 12 月 29 日）

桂林大元帅行营大总统钧鉴：

奏颂彩仗，瑞织待云，宙合之气象更新，寰宇之讴歌遍奏。旗扬五色，恢宏五虚，精神位正，□［正?］元磅礴，三民主义，惟我大总统□和在抱，天与人归，我武汉维扬，吊民伐罪，海陆率全军并进，气雄古代拿坡仑，共和溯首纫奇勋，世仰东方华盛顿。国家福利，栽□胥出，经纬表里，山河底定，欣看指顾，缅悬威德，弥切钦迟，薄海胪欢。捧椒触而献颂，普天同庆，摛藻思以输忱，谨贺鸿禧。伏祈睿鉴。林森叩。艳。印。

（《陆海军大元帅大本营公报》一九二二年第一号，1月 30 日，"公电"）

海军总长汤廷光致孙中山电
（1921 年 12 月 29 日）

桂林孙大总统钧鉴：

自违榘海，时切孺□。兹际葭管吹和，桃符焕彩，恭维大总统政新乾始，光照离明，权秉六师，威扬万里，伫听凯奏，曷罄轩鼓。长恭肃电呈，敬贺年禧，叩请崇安，伏维垂鉴。海军总长汤廷光叩。艳。印。

（《陆海军大元帅大本营公报》一九二二年第一号，1月 30 日，"公电"）

云南省长刘祖武致孙中山电
（1921 年 12 月 29 日）

桂林行营大总统钧鉴：

　　一元复始，大德如春，仰企鸿猷，谨申忭贺。云南省长刘祖武
叩。艳。

　　　　（《陆海军大元帅大本营公报》一九二二年第一号，1
　　　　月 30 日，"公电"）

林永谟暨海军全体致孙中山电
（1921 年 12 月 30 日）

桂林行营大总统钧鉴：

　　凤纪书元，下周晋一，鸿钧转运，万象更新。讦谟永奠于始基，
帱载钦承乎正朔，六军忭庆，中外胪欢。谨电肃贺，虔叩新禧，伏维
睿鉴。海军总司令林永谟率海军全体舰长、官佐士兵叩。卅。印。

　　　　（《陆海军大元帅大本营公报》一九二二年第一号，1
　　　　月 30 日，"公电"）

陆军部全体职员致孙中山电
（1921 年 12 月 30 日）

桂林大总统钧鉴：

　　万象昭苏，六军振奋，铃□翘首，部众胪欢。陆军部全体职员
叩。卅。印。

　　　　（《陆海军大元帅大本营公报》一九二二年第一号，1
　　　　月 30 日，"公电"）

湘军旅、团长陈嘉佑等致孙中山电

（1921 年 12 月 30 日）

桂林大总统钧鉴：

岁逢元旦，春满乾坤，钧座首出之昌期，数盈十稔，民国建元之大历，庆祝千秋。收拾旧河山，南天复旦，照临新日月，北极重光。正六合之同春，值上元□运，与民更始，是岁初临，造化同功，再新中夏，阳春有脚，先到湖湘，翘首岭云，殷心霄汉。佑等荷戈待旦，傒后来苏，誓清紫极之氛，直抵黄龙之府。□因岁首，辄贡微忱，恭贺新禧，并祝中外提祜。陈嘉佑、蒋隆菜、谭蒙同叩。卅。印。

（《陆海军大元帅大本营公报》一九二二年第一号，1月30日，"公电"）

湘军将领宋鹤庚等致孙中山电

（1921 年 12 月 31 日）

桂林行营大元帅钧鉴：

一元复始，万象增新，运转鸿钧，元书凤纪，挹珠江之厚泽，洲系别情，树桂岭之先声，峰崇独秀。阳春布□，大地昭苏，寰夏澄清，斯民爱戴，西南再造，湘岳同倾。谨抒私忱，恭叩岁禧。宋鹤庚、鲁涤平、谢国光、蔡巨猷、吴剑学、田应诏、叶开鑫、陈嘉佑、唐荣阳、罗先闿、贺耀祖、唐生智、刘铏、邹序彬、刘叙彝、田镇藩、陈渠珍仝叩。世。印。

（《陆海军大元帅大本营公报》一九二二年第一号，1月30日，"公电"）

李世荣致孙中山等快邮代电

（1921 年）

广州孙大总统、徐大理院长、国务会议各部总次长、古代省长、国会非常会议议长、参众两院议员诸公，香港唐前总裁，香山唐前总裁，南宁陈总司令、马省长，桂林李参谋部长、蒋次长，云南顾总司令，四川刘总司令，湖南赵总司令，陕西于总司令，上海吴议长、褚副议长、章太炎、孙伯兰两先生，贵州省议会、各级军官、各省陆军同学、各报馆钧鉴：

兹致公府谢慧生秘书长、胡汉民、汪精卫、张甫［溥］泉、居觉生诸先生一电，文曰：窃荣前日因事出省，途间微闻贵州来电，谓荣勾结政学会搅乱西南大局，并指荣为刺杀王文华案犯，请求缉解回籍等语。远道传闻，虚实莫辨。如有是电，则此种凭空架构之罪名，不知从何根据而说起。推其用心，无非欲致荣于死。夫欲荣死，则死之已耳，明戕暗刺，其术甚多，何必生吞活剥，举此绝不相蒙之事实，强为周内，硬施罗织，而定罪案乎？

该电谓荣勾结政学会，搅乱西南大局。夫荣与政学会处于绝端反对地位已非一日，如前改组军府，不信任岑春煊之案；去年滇军易帅风潮之役，荣在各省军代表中皆有明白表示。因而中岑、莫之忌，掠搜密码，几濒于危。及国会与伍总裁离粤，荣举代表办公处以相随，对于西南大局拟缮计画，主张滇黔出兵攻桂，援助粤军回粤。至岑、莫出走，桂省取消自主，又复主张讨伐，除去西南公敌。凡此诸役，始终与政学会为敌，态度鲜明，文电具在，可供复案。且荣与政系中人，不特主张不相容，即私人亦绝少交际。记去年曾被责于王君伯群，谓主张自主张，交际自交际，彼此不能相混，不必拘迂自别，并举其与章、郭等交际以为例。今该电乃想入非非，举此以为荣罪，天良纵可昧，人心未必尽欺，且恐政学会在旁窃笑。彼辈之以意杀人不恤，甚于莫须有万万也。

该电又指荣为刺杀王文华案犯，含血喷人，亦何可笑。夫荣与王君为道义之患交，平昔知无不言，言无不尽，可称知遇之感。至去岁因对大局与地方问题，彼此政见稍有不同，然始终以善意扶持。在王君未尝不深加谅解，有时纵为陈善责难，深中其左右包围者之忌，不免有所中伤，但以彼此相知有素，遇事皆明白询辩，媒孽无甚作用。使王君而在，不特荣相信其无害荣之心，即王君亦未必相信荣有害彼之念。乃不幸为奸人所算，既伤良友，又痛人才，公谊私情，感怆曷极。兹竟举此以相诬，忍心害理，未免太甚。彼刺杀云云，不特为荣梦想不及，即指为案犯，亦为荣意料所未期。呜呼，人心险诈，至于是极，地下有知，当亦不容彼辈之任意捏诬好人也。且王君在沪被刺之日，荣至广州列席政务会议已经匝月，既分身之无术，复指使之何从。就事论事，理亦难通，此为人所共知者。惟来电既以上述罪案罪荣，则名誉攸关，人格问题自不能不求水落石出，以明真象而辨是非。

伏思钧府大理院秦镜高悬，无奸不烛，如贵州果有是电，即乞呈请主座，发院提集审讯，依法严办。倘荣有丝毫嫌疑，自甘伸首就诛，以告天下，而谢邦人。若如该电所谓缉解回籍，是明明要荣一命，罪之有无，本无待辩，亦不容辩，置之死地，灭口而已。且荣在外日久，尚不免于一网打尽，彼在内者可想而知，是贵州又不啻杀人窟，所谓罪案，不过一种套语，随手拈来，都成铁证。窃念我正式政府扶持人道，保障法权，断不容彼辈之任意假借，张网猎取，竟及于光天化日之下也。情急语愤，迫不暇择，诸多冒昧，不胜悚惶待命之至等语。特此奉达，祈主张公道。李世荣叩。寒。

陆望华致孙中山函①

（1921 年前后）

孙中山先生大鉴：

敬启者：共和再造，大总统得人，民国幸甚。

弟阅报所载，广东开黄花岗七十二烈士追悼大会，以及省议会决拨款十万元，建造公园，留为纪念等事。竟将朱、邱、陆、程置之以外。先生共同四烈士前在广州共谋起义，事前败露，四烈士为清所残害，惟先生得幸身免，诚民国之福。兹四烈士含冤二十多年，今共和再造，目的已达矣。

查先兄陆皓东牺牲生命财产，以求共和，置家以不顾及，热心共和，可至以极点。惟皓东老母妻子贫苦之状，不堪所言，终日以泪洗面，家贫如水，度日如年。伊赖何人？闻大总统早有明文抚恤先烈士之属，伏乞先生念诸同志，呈请中央维持，以安死者之魂。弟幸甚，民国幸甚。并候□□。

弟陆望华鞠躬

孙中山批：答以：已电省城同时追悼。政府若有抚恤到时，当力言之。至其妻母，俟不日回乡时，当另设法妥恤之。

（《国父墨迹》，第 430 页）

胡先觉致孙中山等函

（1921 年）

广东伍秩庸、唐少川、孙中山、陈竞存诸先生，滇、黔、川、湘各省军长，天津黎宋卿先生，湖南熊秉三先生，南京张仲仁先生，南

---

① 原函未署年月日，据内容判断，似在 1921 年间。

通张季直先生，各省督军、省长、各省议会，上海分送各报馆转各团体、海内爱国仁人均鉴：

敬陈者：国势岌岌，危于累卵，民穷财尽，血竭精枯。军备罢败，内乱滋蔓，鹰瞵虎视，伺我间隙，一旦危机猝发，将不容南北之从容言和。呜呼！及国犹存，尚可图救，若国已不国，虽欲救之，将不可及。危机日迫，敬请南北当局速谋统一，蠲已往之是非意气，谋此后之不背正轨。

夫此次护法之战，实由约法于国会之解散，无明善规定故也。假使政府无解散国会之权，则议员结党营私，垄断国政，政府将惟命是从，失其正轨；假使政府有解散国会之权，则政府专横，无所顾忌，国会阿谀苟容，将同虚设。此皆不得其平。愚意宜以长治久安之法，定统一之提纲：一曰，由各省正当团体公推代表，会议修改约法。规定如政府欲解散国会，国会欲弹劾政府，均须得多数省议会之同意。如此则政府不致专横，议会有所忌惮，中央行统一之政，各省有监督之权，纳政治于轨道，当远胜于联省自治矣。二曰，旧国会党于南，新国会偏于北，贿买选举，党同伐异，理应同时解散。三曰，俟修改选举法后，召集国会，议定宪法。四曰，在未召集国会之前，暂设国事讨论会。由各地学、绅、商、农、省议会推举代表若干人，至省城选举讨论会会员若干人，由各省会员择地选举正、副总裁若干人。既成，即通告全国人民、南北军民长官，皆可由邮寄书，议论一切国政。及修改选举法等事，由正、副总裁察阅编修，召集会员议决，呈请政府实行。愚意图治之要，宜择省试行裁兵，设军工局，寓兵工农。修改选举法，宜规定初选时，须先期验明纳税证、资格证明书，随给投票证。复选议员名额，须先多举一倍，以掣签法取其半数为当选，余半数为候补，正、副议长亦可自候补人中选出之。遇有缺额，由议员就候补人中选贤先补。如此则人必不敢以万金一试，俊杰在位矣。五曰，今大总统徐公就任之始，议和沪滨，力谋统一，环境多艰，经纶未展，应由各省官民公劝留任，维系国本。即请明令宣布前列统一大纲，各自治省宣布取消自主，并将所属职官呈请政府任命。

率陈数端，如未尽善，敬请开诚祛私，发抒宏论，是非曲直，天下自有公论。当世界大势变迁之际，正我国危急存亡之秋，南北当局竞言救国，而不知存亡之机，即系于诸公一念之转移，扬汤止沸，何如绝薪止火，窃愿当局者迷途知返，熟计利害，毋贻噬脐。呜呼！枪林弹雨之中，血肉横飞，兵匪经由之地，尸骸狼藉，慈父孝子节妇烈女之哭声，崩城震天，孰无亲亲之谊、恩爱之情，易地思之，何以为心？若必欲穷天下之力，为鹬蚌之争，行见国破家亡，玉石同焚，其祸可胜言哉。敬请海内爱国仁人，劝告息争，戮力救危，拯斯民于水深火热之中，免亿兆有生离死别之惨，德莫大焉。临电凄怆，伫候明教。

江苏东台胡先觉谨陈

（《北洋军阀史料·黎元洪卷（二）》，第172～178页）

谭延闿致孙中山电[①]

（1921年）

广州。孙先生鉴：

沧伯传命，促闿来粤。觉生、雪竹来命，属即行。闿俟湘中人来，计划有定，即当起程。现在敌已有备，当合西南全力一致进行。钧座必有成算。湘军全体须团结整顿，协同动作。闿正致力于此。谨先请唐支厦偕张国元晋谒面陈，以慰悬望，并求指示。延闿。卅。

（《谭延闿湘鄂战事电簿》，《近代史资料》总79号第192页）

---

① 此电当在1921年下半年间。——编者

莫如中呈孙中山文

（1922 年 1 月 1 日载）

呈请孙大总统开发广西永福县地方之铜矿，给发委任状事：窃维天下治者，未有民穷财尽而国家能长治久安者也。今欲解决此救穷最良而又最要之问题，孰有过于开矿？

查广西产矿之地，甲于他省，第缺乏专门探矿之人才，以致金银铜锡铁五金，百年封闭，秘而弗宣。是家有重宝，仰屋叹贫，可谓无策。如中悯桂省经济非常困难，不惜辛劳，勘定永福、龙胜、恭城、怀集四县为矿苗最旺之区，若能兴工开采，立致巨富，不出五年；而从前银行滥发之纸币，均不难一律收回。

惟是桂省自军兴以来，盗阀虽被铲除，而萑 ［萑］ 苻随处皆是，重以各县距离矿场地点，道路□远，控制为艰，非有兵力保护，似此勘矿绘图一节未免有碍进行。如中只得据情陈明，如蒙允许，立乞电令广西马省长预行给委，俾如中一面募集工兵，编制成军，带同入山，逐一详绘矿图。一俟图成，即便照章缴费，呈请财政厅注册立案，庶一则可消内地无形之匪，一则可辟桂省莫大之利源。实行自治办法，莫善于是。谨呈

孙大总统钧鉴

（《总统抵桂林后之政闻》，上海《民国日报》1922
年 1 月 1 日）

陈炯明、吕志伊等致孙中山电

（1922 年 1 月 1 日）

大本营孙大总统钧鉴：

阶生冀荚，地天占否泰之多，瑞动葭灰，风云际贞元之会。敬维德符乾健，庆洽履端，旧物光复，早设民国之始基。天讨躬行，允若春雷之启蛰。善战攻心，天下皆归仁宇。阳春有脚，斯民共乐

春台。大勋用集，民治维新。敬叩崇祺，伏祈慈鉴。内务总长陈炯明、次长吕志伊暨全体职员叩。先。

（《陆海军大元帅大本营公报》一九二二年第一号，1月30日，"公电"）

朱和中致孙中山函
（1922 年 1 月 1 日）

大总统钧鉴：

谨禀者：自十年七月二十六日领得台银六千二百圆，内有半年安家费（即薪金）一千二百圆，当即汇寄京寓。当支票船票费千圆，置装费千圆，尚存三千圆，由德华银行汇兑马克十万二千（当时每元换成马克三十四枚）来德。抵德以后，头一月以各处奔走，四处联络，用去一万二千马克，第二月用去七千马克，第三月极力搏节，用去六千马克，以后不能再省，因德国工人每月亦需用三千马克，至今尚存七万五千马克。惟自得辛慈之助，进行愈速，范围愈广。若设公事房则用费将三倍于前，需要所迫，币制所关，除本人饮食日用之需以外，不能苟简。即请三月一日至八月三十一日饬发半年安家费（即薪金）一千二百圆，但饬秘书汇寄北京礼士胡同九十一号朱子英夫人朱陈氏查收，以安家小。饬拨此间用费三千圆，换成美金或英镑，由广州长兴街德华银行代办处汇来，千万饬勿再换成马克，以免亏累。此间用费，若蒙惠拨，即可度支至年底矣。此间诸事方得门径，进行方殷，半年期满，绝不能中止回国，因此请款饬拨，以后即请示知。肃此，叩请勋安

朱和中叩

十一年一月一日

（《中华民国史事纪要（初稿）》1922 年 1～6 月，第1243～1244 页）

朱和中致孙中山函

（1922 年初）

前驻华德使辛慈熟悉吾国情形，曾充驻俄陆军特使八年，与俄人感情亦洽，精通英俄法语，且思想新颖，手段敏活，其所主张亦合民治潮流，洵德国不可多得之人才。方中未抵柏林以前，辛慈即主张：华德俄三国联合，与钧旨暗合。近自与中接洽后，拟不问他政专办此事，是以决定组一公事所，以资筹备。现总定两月内筹备完竣，伊即请命于其国务总理来华。中愚见拟以辛慈为总理员，其它各科选定主理员，除人员材料办法由主理酌定，总理员专备钧座咨询，主理员筹商何项人员先行来华，何项人员陆续前来，何项材料即日需要，何项材料继续运输，何种办法即日拟定，即日实行，何种办法继续拟定，随后推行，均由钧座与总理员核夺。如此则东西声气互通，纲举目张，进行自速。惟辛慈名望颇重，须用假名，虽一般德人亦不可使知，届时当电报船名，即请于抵港时派轮密迎入幕为祷。至来华以后，是否受聘，另是一事，兹不迭赘，来电辛以 H 代。肃请

钧裁

（《中华民国史事纪要（初稿）》1922 年 1～6 月，第
　1244 页）

唐继尧致孙中山等电

（1922 年 1 月 5 日）

万急。桂林孙大总统、李参谋部长、各军司令官、各师旅长，广州参众两院、伍秩庸先生、各部总长、陈总司令，香山送唐少川先生，分送广东、广西、湖南、四川、云南、贵州各省议会、总司令、省长、各军长、各指挥官、各司令长、各师旅长、各机关、各

法团、各报馆均鉴：

继尧息影海滨，久甘肥遁，乃承元首及同志诸公，一再以大义相敦勉，并据在桂滇军将领，以统驭无人，吁请出而主持。自维闲退之身，谬承推许之雅，国家多难，敢暇逸以自安，风雨同舟，愿艰难之共济。兹经溯江来柳，暂于该处设置总司令部，并赴各地慰问诸军，力加整顿，期随诸公之鞭弭，共策国事之进行。尚祈时赐教言，以资循率。谨布区区，诸维鉴察。继尧。歌。印。

（《唐蓂赓在柳就总司令职》，上海《民国日报》1922年2月15日）

北京外交部致孙中山等电
（1922年1月5日）

保定曹巡阅使，奉天张巡阅使，洛阳吴巡阅使，杭州卢督军、沈省长，福州李督军，南昌陈督军、杨省长，南京齐督军、王省长，济南田督军，开封赵督军、张省长，太原阎督军，蚌埠张督军，安庆许省长，齐齐哈尔吴督军，兰州陆省长，吉林孙督军，迪化杨督军，西安冯督军，武昌萧督军、刘省长，天津曹省长，广州孙中山先生、唐少川先生、伍秩庸先生、陈竞存先生，桂林马君韬先生，重庆刘甫澄，贵阳卢焘先生，云南顾筱斋先生，长沙赵炎午先生，张家口张都统，热河汲都统，归化马都统，龙华何护军使，宜昌孙总司令，各镇守使、各司令、各师旅长，各省省议会、教育会、商会、商务联合会、各报馆鉴：

内阁成立，对于华府会议，一守前此方针，业今通告代表，转知各国。

目下急待解决者，为鲁案中之胶济铁路问题。前此选经在美磋商，我均主筹款赎回自办。至筹款办法，或发债票所［或？］发库券，不论何国内外筹借，均以截清前后界线，申明该路收回自办性质为要义。仍拟尽先向本国商民筹借，以期稍挽利权，嗣以关于款项用人办法，双方争议，迄未解决。上月十七号，日使到外部称：日本让步已极，若中国坚持即刻赎回之议，惟有停止交涉等语。我仍主赎路自办，未变初旨。三十号，我三代表已电称：胶路付款项，现拟两种办法：一、中国以现款全数存入第三国银行，协定成立后，第三个月底交五分二，第六个月底交五分一，第九个月底交五分二。照此办法，中国不必聘用日本技师。但代表坚持在会同派铁路人□估价交回铁路之前，须将款项全数交存第三国银行。〈二、〉国库券分二十四期收赎，每六个月为一期，但三年中国得一次赎清。惟须六个月前通知，第一期于协定发生效力九个月后，交付现款，其余款项以本路资产及赢利作抵，并酌给利息。中国政府于中国铁路内所用日本有经验技师中选充本路工程师，无此办法。日本坚持须用日人为副车务长、副会计长等因。查该路作价约三千万日金，采用何法归还，政府并无成见，如能设法筹足交存，照第一款办法办理，则一切葛藤均可斩断，固为上策。然金融紧迫，款巨难筹，即三代表电称国民代表、山东代表，亦主张分年付款，用人一节不妨让步云云。果能现款收回，虽似直接，而国民代表不敢应承，则筹款之难可知等语。是舍立付现款而外，无论库券、债票，惟有仍抱定赎回自办宗旨，以冀取益防损。

自下华府闭会在即，势难久延，除电知三代表坚持原案，以保主权外，尚盼切实筹维，兼权利害，明示周行，藉为后盾，大局幸甚，并希立复。国务院外交部。微。

（《北阁关于鲁路问题之通电》，长沙《大公报》1922年1月10日）

马君武致孙中山电

（1922年1月10日）

（衔略）桂林兴全灌三属联合会蒸日邮电：恳请大总统令谕

驻桂各义军，始终贯澈扶植桂人治桂之本旨，并请转电李总长，陈、朱、彭三总司令，赖、李两梯团长，始终爱护维持扶助，促成广西民政统一，俾委署桂属各县知事早日到任，以应人民渴望自治之心等情。查桂属各县知事员缺，业经君武遴委有人，日久未能到任者，现尚有委署灵川县知事赵鸿勋、委署永福县知事王抚辰、委署义宁县知事陈智开、委署全县知事廖藻、委署灌阳县知事王肇邦、委署兴安县知事文永等六员。前据各该县属绅民人等纷纷电催到任，经君武先后电请各义军俯从民意，转饬省委各知事分别赴任，并令知各代理人员赶办交代，并请李参谋长严饬照办，迄无效果。兹又据电前情，仰恳大总统鉴核示遵，并请李总长、朱、彭两总司令、赖、李两梯团长，严催现代各该县知事立即交代，并转饬省委各知事克日接事，以一政权，而慰民望。无任感祷。君武呈叩。

（《中华民国史事纪要（初稿）》1922年1~6月，第89页）

上海四团体致孙中山等电
（1922年1月10日）

桂林大总统钧鉴：

分送李协和部长、广州陈总司令、四川刘总司令、云南顾总司令、贵州卢总司令、湖南赵总司令、广西刘师长、暨各司令、各师旅团长公鉴：

北庭群凶，久窃魁柄，卖国殃民，罪恶昭然。国人公意，屡揭其奸，手无斧柯，徒深焦愤。诸公身总师干，号称北伐，应早进攻，为民除害，何竟勒兵观望，久不实行？道路传闻，有谓诸公同床异梦，并无救国诚心，与北庭军阀同一步骤者，诸公将何以自解？夫改革内政，固国民所切望，扫除障碍，乃诸公之责任。诸公如果以改造邦家、救国卫民为职志者，务速将地方行政，公诸省民自治，亲率大军，挥戈北指，和衷共济，讨伐奸慝。我国人望治弥殷，必有箪食壶浆以迎之者矣。若复因循延误，拥兵自恣，阳窃倡义革新之名，阴谋把持局部之利，坐令北庭诸逆，从容卖国，南北相持，解决无期，强邻乘机攫夺权利，国民痛苦日深一日，则误国之罪，诸公与北庭共尸之。国民虽弱，不能为诸公谅也。特电警告，伏维觉察。改造湖北同志会、江苏自治期成会、留日学生救国团、旅沪湖北自治协会。蒸。

（《四团体促西南挥戈北指》，上海《民国日报》1922年1月11日）

班乐卫致孙中山函

（1922年1月12日）

孙前总统阁下：

沪上领教，忽忽数年，世事迁变，不知几许。中国新闻，传至敝国，如凤毛麟角，然亦聊以证明广东方面之各事业，及阁下在中国南方之大计划。

前承赐大著，标名为《中国国际事业之发展》，捧读之余，无限钦佩。遥想阁下今日正在实行此种高远理想也。中国人民勤于工作，予所深知，甚盼能折中民治，以解武力相持之危险，而臻于和平进步之区域耳。

敝国方面，自千九百十二年中华民国建设以来，无不一致赞助。贵国刻下时局虽不顺当，经济虽不充裕，更加以中法实业银行破产影响种种困难，仍然不怀退志，凡关于两大共和国文化接近事业，正在竭力以维持之。中国人民太众，政局时常迁变，此种事业务使不受政局牵制为最要最切之办法。是以里昂方面办理勤工俭学事业、巴黎方面创设中国学院新基，敝人承乏该院院长，谅阁下早有所闻。又经鄙人竭力代该院鼓吹，得一法国良友捐给该院大房一所，约值百万佛郎，以为该院暂行办事之用。巴黎市政厅及巴黎大学现发起万国大学村庄，英、美、加拿大、那〔挪〕威、瑞典等国均将在此盖造各该国学舍，予代中国学院捐得建筑新院地基一块，约值三百万佛郎，此实为万国学界合为一家之创举。相形之下，中国方面似宜自树相当之威严，维持国体之位置，无待鄙人赘述。鄙意以为：中国不论南北、不论党派，凡乐与西方学界接近之分子，均当赞成此种盛举。

鄙人酷爱中华民国，深信其前途远大，故敢于阁下从公匆忙之际进言，以渎清听，尚乞原谅为叩。敬颂

钧安

班乐卫上

一千九百二十二年一月十二日

（《班乐卫请赞助巴黎建筑万国大学村庄致孙中山函》，《历史档案》1985 年第 1 期，第 42 页）

全国各界联合会致孙中山等电

（1922 年 1 月 12 日）

桂林孙大总统、广州陈总司令、贵阳卢司令、四川刘司令、云南顾司令、湖南赵司令暨各师、旅、团〈长〉均鉴：徐世昌盘踞北京，僭窃伪号，专事卖国生涯，以与吾民抗者，于兹五载。此诚我国之奇耻大辱也。公等以救国为己任，负戡乱之大责，早应秣马厉兵，肃清中原。乃荏苒蹉跎，机宜屡失，空言北伐，誓师无期，坐使徐世昌辈安然卖国，肆无忌惮。近更引用帝制祸首梁士诒为己助，以速国亡。如秘密直接交涉鲁案，及九千万盐余借款，其见端也。事急矣，时迫矣，务望诸公剑及履及，克日兴师北指，为国讨贼，竟公等数年未竟之功，以慰吾民喁喁之望。若仍因循坐误，苟且偏

安，则公等纵任北庭卖国之咎，百喙难辞。急不尽言，伏维省察。
全国各界联合会。侵。

（《北伐呼声如潮之涌》，上海《民国日报》1922 年 1
月 13 日）

江苏自治期成会致孙中山电
（1922 年 1 月 12 日）

桂林孙大总统钧鉴：

国家多故，巨憝窃权，统治虽称民主，政令尽属官僚。驯至
武夫病民，神奸卖国，徐〈逆〉妄居极尊，梁〈逆〉伪窃内阁，
犹复公开卖国，肆无忌惮。鲁案私谈，是与虎谋皮也；借款赎路，
是饮鸩止渴也。举国骇惶，万民蹙怨。军阀分裂，已见其端，疆
吏讦词，自相交责，弱者有时日偕亡之叹，强者兴后来奚后之嗟。
伪庭已成累卵之形，群逆犹作幕巢之乐，窃以为天亡国贼，在此
时矣。

我大总统英武神明，手造民国，今又受合法国会之委任，组织
正式政府，大奋雄威，声张挞伐，薄海闻之，同申距跃。顾讨伐之
呼声已久，而旌旗之瞻望犹虚，岂以救民讨贼，犹待岁时耶？兹值
伪庭涣散解体之时，正为吾公秣马厉兵之日，乘瑕踏隙，战法所
称，我直彼曲，兵家所许。况以至仁至正之师，讨至暴至逆之贼，
公理所在，逾于干戈，舆论所存，胜于毛瑟。江汉淮泗之民，所以
箪食壶浆以待钧座者久矣。民意如此，成败昭然。

伏乞明令宏宣，指挥三军，以申天讨，勿以日久而老师，勿以
庞言而瞻顾。尤望我西南诸将同心一气，众志成城，存破釜沉舟之
志，惕卧薪尝胆之心，大举远图，毋谋私外。则大军北临之日，苏
为首应之区，两江健儿，均愿躬擐甲胄，谨效驰驱。专此电呈，伏
祈钧核，并叩师期，以定大计。江苏自治期成会李铠、严伯威、黄

裔等叩。侵。

（《北伐呼声如潮之涌》，上海《民国日报》1922年1
月13日）

上海履业工会致孙中山等电
（1922年1月13日）

桂林孙大总统，广州国会，各省总司令、省长钧鉴：

鲁案直交，举国同愤，北庭卖国，罪益昭彰，近且倒行逆施，
无所不至。凡有血气，能不声讨。同人虽云工界分子，短乏救国之
术，然亦粗知天下兴亡匹夫有责之义，是以根据全国国民外交大会
议决主张，恳请政府除派代表力争外交外，并希即日出兵，挥戈北
指。同人棉力虽薄，誓为诸公后盾。临电迫切，无任企祷。上海履
业工会叩。元。

（《工界望速兴师北伐》，上海《民国日报》1922年1
月14日）

上海六团体致孙中山等函
（1922年1月15日）

孙大总统、伍外交总长、陈总司令、非常国会诸公钧鉴：

迳启者：上海自各省区各团体继续派出代表一百六十余人，假
青年会、寰球学生会、各路商界总联合会，叠开国民外交大会以来，
讨论至三十余次，其结果卒以外交之失败，纯由内政之不修。推究
原因，实由徐世昌非法僭窃，结邻卖国，滥借外债，种种罪恶而来。
故最后大会议决，分为两段办法：（一）否认北京伪政府；（二）承

认广州合法新政府，以行使职权。当全案议决时，满场一致中华民国万岁及大总统万岁之声，达于户外。翌日，各报遍登大字，即号称最稳健之大团体，及最有力之分子，均毫无异词。足见北庭罪状滔天，人人厌弃，理合早日声罪致讨，扫荡妖氛，奠定中原，与民更始。

兹敝团同人特推举各路商界总联合会出席议董崔君通约，亲赍书钧座前请愿，敬盼速颁明令，指挥三军，克日誓师，用伸天讨。似此民意所归，吾知各地健儿，莫不厉兵秣马，师行粮食，如有必须援助之时，自当协力，用壮声势，甘愿听命。而五族父老，久有箪食壶浆，以待义师者矣。谨此敬呈，伏祈

察核，并颂

钧安，不宣

大中华民国十一年一月十五日

天潼福德两路、武昌路、沪北五区商界联合会、中华劳
　　动联合会、中华印刷工界联合会、时间守约同志会

（《六团体续向新政府请愿》，上海《民国日报》1922
年1月22日）

唐继尧致孙中山电

（1922年1月21日）

十万火急。桂林大总统鉴：

前以出师事急，筹备宜先，特于柳州暂设总部，规划进行。并经遄赴各地，巡视诸军，宣扬德意，仰托威福，士气极为奋发。兹拟委任李友勋为第一军长、田钟毅为第二军长、胡若愚为第三军长、杨益谦为第四军长，除饬赶速筹备，分道会师外，谨电陈请，查核备案。唐继尧。马。印。

（《唐蓂赓在柳就总司令职》，上海《民国日报》1922
年2月15日）

全国国民外交大会致孙中山、伍廷芳电

（1922 年 1 月 22 日）

广州大总统、外交总长钧鉴：

外交部伍总长前复蓝辛转告美政府电：（一）完全实行取消二十一条件及其他相类条件，（二）徐世昌离去非法总统等语，实足代表全国真正民意。惟本会曾经对内对外宣告，北庭根本上无代表中华民国之资格，并信任我政府行使对内对外职权各在案。本约法主权在民之义，是北庭已无地位之可言，其对外交涉，自不应待至徐世昌逃亡而始失效。应请政府即秉斯旨，再行宣布内外，以免外人利用徐氏苟窃时间，发生危险条约，致将来益多纠葛。事关急迫，立盼施行。全国国民外交大会。祃。

（《国民外交会发表紧要电文》，上海《民国日报》
1922 年 1 月 23 日）

谷正伦致孙中山等电

（1922 年 1 月 22 日）

（衔略）皓日奉陆海军大元帅令：援桂联军第四路司令谷正伦所部，着改编为中央直辖黔军。此令。同日又奉大元帅令：任命谷正伦为中央直辖黔军总司令。此令。等各因。奉此。窃经纶以轻材，谬蒙拔擢，绠短汲深，既能膺此重任，顾值国家多事之秋，正军人效命之际，敢云藏拙，自安暂逸？计惟祗遵训令，竭诚报国，期上副元首之知遇，而慰诸公之厚望。除呈报就职视事外，特此电达，尚乞时赐南针，俾资率循，是所切祷。谷正伦叩。养。印。

（《谷正伦就职直辖黔军司令电》，上海《民国日报》
1922 年 2 月 10 日）

田钟毅致孙中山等电

（1922 年 1 月 22 日）

万火急。桂林孙大总统钧鉴（余衔略）：

溯自大法陵夷，连年祸乱相寻，而内哄迭生。今会泽唐公以振旅出师，马日命钟毅为第二军军长，赶速筹备出师。钟毅凤在骈襟，义无可卸，谨即日就职，勉效驰驱，所愿袍泽诸君，时惠嘉言，免滋〈陨〉越。临电神驰，无任盼祷。靖国军滇军第二军军长田钟毅叩。养。印。

（《田钟毅电告就军长职》，上海《民国日报》1922 年 2 月 20 日）

李友勋等致孙中山等电

（1922 年 1 月 24 日）

桂林孙大总统、李参谋部长、各军司令官、各师旅长，广州参众两院、各部总长、陈总司令，香山局送唐少川先生，上海吴莲伯、褚慧僧两先生，广东、广西、湖南、四川、贵州各省议会、总司令、省长、各军长、各司令官、各指挥官、各旅长、各机关、各法团、各报馆，云南省议会、教育会、商会、农会、三迤总会、各法团、军政各机关、各报馆、各局分送各师旅团营长、各司令官、道尹、各县知事、各督办、各行政委员、各厘金委员暨本省各界、全体人民公鉴：

民国肇造，祸乱迭乘，启处不宁，未遑建设，我西南力维正义，数载于兹。惟彼寇仇，久稽天讨，今国事日非，然［燃］眉势迫，允宜大张挞伐，一举澄清，用息纠纷，早筹国计。忆自滇军护国，屡奠邦基，际此颠危，益加奋发。比奉会泽联帅特命，饬速搜简军实，分道会师，职责所关，敢不努力。

顾自滇军援桂以来，艰苦备尝，驰驱数省，身经百战，天寒则挟纩不温，远戍穷荒，粮尽则无沙可唱，饷糈之补充既急，军实之消耗亦多，呼吁既穷，绸缪无术。昔汉祖转饷关中，乃能士马饱腾，歼夷楚项。方今北伐议定，筹备宜先，必巩固其策源，乃杀敌而致果。用是决议恳请唐公于此最短期间，先行率旅旋滇，积极筹备，即当会师汉、沔，共扫逆氛。征旆所挥，同趋一路，敬瞻马首，期不后时。谨电布达，即维明鉴。李友勋、田钟毂、胡若愚、杨益谦、郑开文、龙云、张汝骥、奚冠南、江映枢、杨德源、陈维庚、李玉昆、张怀信、龚得胜、赵德裕、李秉阳、李永和、高向春、孟友闻、将［蒋］复初、马嘉麟、鲁琼、张青选、孟智仁、莫玉廷、杨瑞昌、徐为珖、孙渡、欧阳永昌、毛鸿翔、郭玉銮、马鉴率全体官兵仝叩。敬。印。一月二十四日自庆远发。

（《民国初期稀见文电辑录》第一册，第 47~49 页）

海军总长汤廷光致孙中山电
（1922 年 1 月 29 日）

桂林孙大总统钧鉴：自违矩海，时切孺□，兹际葭管吹和，桃符焕彩，恭维大总统新政干始，光照离明，权秉六师，威扬万里。伫听凯歌奏，曷罄轩鼓长。恭肃电呈，敬贺年禧，叩请崇安，伏维垂鉴！海军总长汤廷光叩。艳。印。

（《陆海军大元帅大本营公报》一九二二年第一号，1 月 30 日，"公电"）

徐绍桢等致孙中山电
（1922 年 1 月 30 日载）

桂林大总统钧鉴：

远隔旌□，倍切瞻云之感，乍更冀荚，又逢献岁之辰。寅维我大总统手创共和，德功并茂，更造区夏，惠普兆民，大憝凭陵，乃用致讨。惟圣人之垂教，斯不怒而威，实仁者之宅心，故有征无战。大勋克集，曾不崇朝，民意所归，定于岁首，谨献椒花之颂，以当饶歌，并申□草之忱，长依田帐。电呈敬贡，伏惟垂察。参军长徐绍桢，财政次长廖仲恺，参军徐维扬、陶叔懋、李朗如，秘书长谢持，秘书林直勉、徐苏中、伍大光、林仙使、朱履和、□逸川、李是男、但煮等恭叩。印。

（《陆海军大元帅大本营公报》一九二二年第一号，1月30日，"公电"）

程潜致孙中山电
（1922年1月30日载）

桂林大总统钧鉴：

景运方新，河山再造，正车驾西巡之日，成□徒□我之功。翘首云麾，竭诚□祝。程潜叩。印。

（《陆海军大元帅大本营公报》一九二二年第一号，1月30日，"公电"）

杨庶堪致孙中山电
（1922年1月30日）

奉张派其亲信李梦庚代表由粤赴桂，上谒钧座，磋商条件，宁孟岩等同行，今（三十）日离沪。据李言，张意甚决，且促我出师，幸善遇之。

（《中华民国史事纪要（初稿）》1922年1～6月，第205页）

刘震寰致孙中山电

（1922 年 1 月 30 日）

（衔略）捷报：本月元、筱、敬、艳、等祃［祃等］日，我军攻占领下拗［坳？］、龙头、罗城、登峒、河池等处，先后俘获敌人弁兵数百余名，夺得枪械及辎重无算。另单详报。林俊廷、〈马〉福祥、蒙仁潜、陆云高、韩彩辉、关忠汉诸逆，各率残部，分窜南丹、思恩边界，尚在追击中。特闻。广西陆军第一师师长刘震寰叩。陷。印。一月三十日自河池州城行辕发。

（《桂省军事近讯》，长沙《大公报》1922 年 2 月 17 日）

云南省议会议员季增禄等致孙中山等电

（1922 年 1 月 31 日）

广州孙大总统、参众两院，各省督军、总司令、省长、省议会、各法团同鉴：

本会议长、副议长业经先后依法举定，分别就职，通告在案。不意忽有暗受北庭运动回滇谋乱之议员陈善，因谋议长不遂，勾结少数捣乱议员，盗窃多名，不依法律，提出所谓不信任议长、副议长案，捏造黑白，信口雌黄，自称解除三议长职名，私行拥戴议员秦康龄为临时议长。此种违法举动，不知何所根据。在彼陈善，不过欲遂其谋乱之目的，而稍具法律知识者皆知其逾越轨道，业由多数议员认为违法，函达军部、省署亦在案。但恐因此淆乱听闻，用特郑重声明：凡本会以后一切进行事宜，议员等只有依法举定之殷议长诚中、张副议长华松、杨副议长学炘负责，不知其他，谨此电告，伏维鉴察。云南省议会议员季增禄、欧阳鉴、马冀、郭应培、杨蓉州、苏凤鸣、刘观海、钱炳炎、曾传经、雷逢春、李恒、赵世辉、严鸣皋等同叩。卅一。印。

（《云南省议会之风波》，《申报》1922 年 2 月 25 日）

北京交通部致孙中山等电
（1922 年 2 月 1 日）

万急。天津黎前总统，各省巡阅使、督军、省长、都统、师长、旅长、护军使、镇守使、省议会、商会、农会、工会、教育会、上海商教联合会议、国民外交大会、各公团、各报馆，梁任公先生、熊秉三先生、汪伯庸先生、张季直先生、赵次山先生、谷九峰先生、张镕西先生、张〈敬〉舆先生、严范孙先生、黄任五先生，广州孙中山先生、伍秩庸先生、唐少川先生、陈竞存先生、汪精卫先生、胡展堂先生、徐国〔固〕卿先生、许公武先生、唐蒉赓先生，广西马君武先生，云南顾总司令，贵州卢总司令，四川刘总司令，湖南赵炎午先生均鉴：

筹赎胶济铁路一事，本部尊重民众公意，拟将该铁路归为民业，由人民筹款赎回，自行管理，既可养成经营实业之能力，又副同胞爱国之热诚。曾于前月寒日通电各省区、各公团等，均筹迅复在案。嗣准江苏督军、省长铣电所开：赎路简章十一条，筹拟极为周密。又山东督军、省长巧电：议定全鲁担任三百万元。湖北督军、省长敬电：鄂中愿担任三百万元。陕西、江西、河南各督军、省长先后来电，各担任二百万元。宁夏马护军使□电，详示传集绅商各界开会演说情形，认募异常踊跃。天津银行公会及山东省议会、教育会、农会，天津、武昌、济南各总商会等，亦均来电极表赞成。鲁省耆绅吕境宇则联合旅津绅商组织赎路会，业经成立。具见我国人民爱国热诚遐迩一致，本部至深钦佩。

查胶济路为山东全省命脉所关，集款赎路，尤为试验国民外交所自始，风声所树，不特举国之所属望，抑亦世界之所共瞻。苞桑之系，端赖斯举。我国人义气所在，众志成城，合群策群力以筹维，何患巨款不能立集。惟目前华会闭会，为期已迫，时机万急，尚祈各省区、各公团，积极进行，早日筹定办法，请速电示，以便咨商外交部，电达我国代表查照办理。无任盼切。交通部。东。

（《北交部关于鲁路问题电》，长沙《大公报》1922年2月7日）

契切林致孙中山信
（1922年2月7日）

敬爱的孙中山先生：

我们很高兴收到您的信，很高兴能在远东劳动者代表大会上通过国民党代表与该党直接接触。我与这位代表进行了长时间会谈，我期望收到他关于中国形势的节略，并期望今后经常同他会晤。我希望不久我们的一位朋友将从这里前去拜访您本人，如不出现什么障碍，也许他经常留在您身边。

同国民党代表会晤时，我与他讨论了与我们未来的关系有关的一切问题。我们的意见完全一致。我要强调指出，我国政府和人民是中国人民最真挚的朋友，并热切希望中国成为一个由人民政府领导的、彻底摆脱外来政治或经济压迫的统一、进步的国家；我还要强调指出，我国政府不会干涉中国内政，也不想侵犯中国人民最充分、最完全的自决权，中国人民应当自己决定自己的命运。当然，我们对中国人民进步的解放力量是完全同情的。不过，不管北京政府是一个什么样的政府，它终归是中国的正式政府，所以，我们仍力图同它建立正常关系。在我们同国民党代表未来的会谈过程中，同将拜访您的我们那位朋友的谈话中，以及同你们的领导人的谈话中，我们将更明确地规定联系的范围。这些来往定将把我们同你们，同你们的朋友们联合起来。不管我们在欧洲和欧洲以外的政治立场今后如何发展，我国政府绝不会放弃同中国人民的最忠实、最热忱、最诚挚的友谊与合作。中国人民获得幸福与自由发展，也是我们最真诚的愿望。

列宁同志也极感兴趣地读了您的信。他满腔热情地注视着您的活动。

亲爱的朋友孙中山，请接收我真诚、亲切的祝愿。

格·契切林

（《共产国际、联共（布）与中国革命文献资料选辑：1917～1925》，第 53～54 页）

林俊庭等致孙中山等电

（1922 年 2 月 12 日）

桂林孙大总统钧鉴（□衔略）：

西南护法，数载于兹，广西同为护法省分，此次援湘，俊庭均从于其间，事实具在，无庸赘陈。诅陆、谭中道变志，取消自主，致兴援桂之师。俊庭观察时势，顺应潮流，当将所部军队，改为广西自治军，藉以促成桂省自治，亦以就桂人治桂之宣言。现陆、谭已倒，各友军扶持桂省自治之目的已达。

第桂省粗安，而大局未定，西南政府行将出师北伐，吾辈军人职在护国，岂容各怀意见，以小忿而害大公，甘居人后，亟宜筹议北伐，俾与西南各省取一致行动。经派代表张家骧，赴邕与马省长禀商一切，当蒙许可。昨复奉马省长电开：业派军务处副处长谭儒汉，带款一十五万元，偕张代表前来接济。俊庭等奉电之下，深以夙愿得偿，无任欢呼，当将广西自治军名目即日取消。现已集合桂省左右江，原有军队，编成二师，一致讨北，名曰广西北伐军第一、第二两师，暂分扎于黔桂边界，听候驱策。并由各将领公推卢总司令焘，为广西北伐军总司令，特派代表住〔驻〕黔，欢迎来桂主持一切。于卢总司令未到任以前，暂由俊庭权为节制。

合电陈请，仰恳大总统俯赐任命，并希护法诸公一致赞同。俾桂省得竟护法之勋，俊庭等初衷获遂，是不特桂省之幸，亦西南之幸也。临电迫切，伏候电示祗遵。前广西自治军总司令林俊庭率各将领同呈叩。文。印。

（《桂系遗孽已就抚》，上海《民国日报》1922年2月14日）

广西省长马君武致孙中山、陈炯明电
（1922年2月13日）

顷接刘师长震寰自河池州城急电，称唐蓂赓率同滇军五千余人到河池，经震寰拜谒，并商请派兵助剿林俊廷溃兵。唐答称：现在急须回滇，筹备北伐，事机紧迫，不能相助等语。在河池仅一宿即行，文日已到东兰、凤山一带，行程极为迅速。唐回滇已彰著，应如何对付。

（《唐继尧最近行踪》，长沙《大公报》1922年2月27日）

全国国民外交大会致孙中山等电
（1922年2月13日）

桂林大本营孙大总统暨各总司令、各司令、各军长，广州国会非常会议、各部总长，粤、桂、滇、黔、川、湘总司令、司令、军长、省长均鉴：

自徐世昌窃踞以来，蹂躏约法，拍卖主权，摧残教育，侵害人民自由，与日俱甚。大总统暨西南当轴诸公，本护法精神，定革命计划，毅然声讨，诚与真正民意相符。

比者徐氏擅派代表参与华会，并于会外与日代表私议鲁案，关于胶济路沿路矿产及胶澳公产，均无异允诺日本继承德国之权利，全背国民初衷。至丁举国渴望废除之廿一条，则由日代表发一空洞宣言，毫未放弃其原有之要求，而易秘密为公开，效力益形巩固。四国协定不利我国，倍于英日同盟。九国协约，更不啻公认我国全部，在政治上为各国共同保护之地，在经济上为各国共同侵略之场，此外交史上未有之奇耻大辱也。他如撤退客军，取销领事裁判权，增加关税等项，各国藉口调查，将在我国设立各种委员会，北庭业已酿成种种腐败现象，实际必无裨益，徒开各国干涉我内政之端。北庭概〔既？〕嗾其代表签字，罪实浮于卖国。本会忍无可忍，特于一月十一日议决致电华会各国政府及公使团，声明否认北庭及其代表，并由现以广州为首都之政府，行使中华民国政府职权在案。

惟国际惯例，事实与法律并重，凡尔塞〔赛？〕条约所以不能约束美国者，以美国人民能制止其政府之举动，故一经参议院否决，即等废纸。今我国人民扼于武力，无由制止北庭举动，若任其久假名义，则华会议决案对于我国虽未经合法手续，各国将强认为有效。惟望政府暨当轴诸公，乘各种委员会未成立前，迅速会师讨贼，凡稍知爱国家爱民治之军人，当不致为虎作伥。胜负之机，既决于此。俟统一全国后，一年内设法召集人民代表机关，改组政府，大总统暨当轴诸公，为国家为民治之心迹，从此昭著于中外。同人力虽绵薄，愿为后盾。迫切陈词，统为察纳。全国国民外交大会。覃。

（《请求新政府速救国难》，上海《民国日报》1922年2月14日）

北京外交部关于华盛顿会决之通电①

（1922 年 2 月 15 日）

（衔略）太平洋会议于本月六日宣告闭会，此次会议于我国前途关系其大，兹经宣告结束，用将关于中国之议决各问题，择要电陈。

计其议决事项，关于原则者，则有：（一）脱离原则，议决案四条。大致谓尊重中国主权与独立，及领土与行政之完整；给予机会，以发展维持有力整国之政府；维持各国商务、实业机会均等，及不得营谋特别利权，及有害友邦之举动。（二）不订妨害原则之条约、合同，议决案一条。大致谓各国不得互相订立妨害前项原则之条约、合同等项。（三）门户开放，议决案三条。大致谓各国不得助其人民在中国获商务经济之优越权利；并不得谋取任何专利权、优越权，剥夺他国人民正当商务实业，及与中国政府或地方官合共企业之权利；中国对于各国之请求，照原则处置，遇发生问题时，设审查委员会，审查报告。中国代表并在会声明开放，开放非指开放中国内地各处，为外人居留、从入〔事〕工商事业云。（四）否认势力范围，议决案一条。大致谓各国对于彼此人民间所在中国划分势力范围暨指定区域，独订各约之协助，均不予以赞助。（五）中国铁路平等待遇及由中国统一管理，议决案一条。其一大致谓中国宣言全国铁路，不准有何种待遇不公之区别，他国人民管理之铁路，亦为同样之宣言；其二大致谓中国铁路办法，应使政府能可将路得成统一之制，由中国管理之，并于经济、技术二项，视需要所在，由外人协助之。期该项制度有益。（六）敬重中国中立，议决案一件。大致谓将来战争，中国倘不得加入，则中立权利应完全尊重。以上六项，除门户开放审查会，及铁路问题第二

---

①　报载该电时衔略，但据当时情况判断，通电对象应包括孙中山等。——编者

议决案外，均经订入各国协约。该约共计九条，除上开六条外，并声明缔约国关于本条约之适用，或有议办之必要时，当开诚与各国磋商。本条约签字国以外之国，要求其赞成。自批准交换日起，发生效力。

其议决事项，关于事实者，则有：（一）鲁案条约十一条，附约八条。至解决情形，业经电达，不再赘陈。（二）增加关税，条约一件。大致办法，分为三项：（甲）设立修改税则委员会，于会议告终后四个月内，将现行进口税则，切实增修至值百抽五，于公布两个月后实行。（乙）设立临时会议，筹备裁厘，规定附加税。除奢侈品支负重税外，以值百抽五为划一之附加税率，海陆各界一律办理。（丙）厘金裁撤后，进口税增至值百抽一二五。（三）撤销客邮，议决案二条。大致谓除在租借地或约章特别规定者外，在中国有邮局之四国允即撤消，其期限不得过一九二三年一月一日。（四）收回领事裁判权，议决案三条，附加二件。大致谓本会议闭会，得三个月内，列席各国各派代表一人组织委员会，审查现在中国领事裁判权之实在情形及中国之法律，并司法制度、司法行政状况，于一年内报告各国，并可建议使各国逐渐成立时放弃其领事裁判权一项议决者。未画押各国之有领事裁判权于中国，亦得加入，中国得派一人列席该委员会。（五）收回无线电台，议决案五条，声明书一件。大致谓根据《辛丑条约》或事实而存留者，以收发官电为限；根据条约或让与而办理者，以条约或让与所定之条件为限。此外外国政府在中国所办电台，未经中国允许者，由交通部偿价接办。其在租借地、南满铁路地带暨上海法租界内之各电台，认为应讨论之事体，将来讨论结果，须与开放门户权、与均等主义相同。（六）撤退外国军警案一件。大致谓中国能担任在保护各国声明，愿于中国能担任保护外人生命财产时，撤退在华军队，包括警察，共护路兵在内。而中国业已声明诚愿，并实能担任保护。各国政府□调令咨□华外交代表，与中国政府之三代表，如中国愿意实行时，会同秉公办查一切问题，将查得之事实意见报告各国，听候酌核。（七）条约公布，议决案四条。大致谓各国与中国，及彼此间所定有关中国之约章，及各国人民与中国政府或地方所订各约、公共事业合同，交大会秘书处存案。以后所订者，于六日内通告各国。（八）希望中国裁兵，议决案一件。大致谓中国养冗兵，耗损公帑，致成今日不定之政局。废立即大□裁汰，不惟可使中国统一政治、经济发展之机，并可迅见中国财政之恢复。特为友谊之建言。（九）中东铁路，议决案二件。其一大致谓该路护路应改良，职权应慎择，用途应撙节，此案将来用外交方法筹议；其二大致谓中国政府，对于外国股东、债权人等及保护该路，负有责任，各国保留将来要求中国负责之权等语。中国代表在会声明，只能承认相当责任云。其并无决议案，而经大会讨论，则有一收回租界地案。该案除胶澳租界归于鲁案条约收回外，威海卫经英国在大会宣言，允予交回；广州湾法国亦有愿与各国为共同交还之声明。至中国不租让领土案，中国自愿声明，列入大会记录。二、废除二十一条案，经我国提出，主张废止。日本宣言于下：（甲）东蒙南满铁路及以该地方税课作抵，借款优先权之抛弃；（乙）南满各项顾问、教官优先权之抛弃；（丙）第五项要求日后协商之完全收回。经中国代表声明全约必须废止，已由继续反□该约。美国代表亦为反对之宣言。一并列入大会记录备案，并由我国代表保留遇有机缘仍当设法解决此案之权利。

　　综观此次议决各案，我国政府及人民之希望，虽未能一一达其目的，然以数十百年积重之势，更值我国风雨飘摇之会，幸承欧战之后外交更新，我国此次得以平等资格，公开讨论，〈上〉以承元首宏远之模训，重赖友邦公道之主持，代表等苦心之周旋，各部长、各军官之赞助，更以全国国民热忱〈为〉后盾，所收效果，乃仅止此。此皆本部筹应乏术，力绌心余，外负民望，内疚神明。顾念此次华会，各国既予我以自新之会，我国倘能利用时机，上下一心，力图上振，则亡羊未远，桑榆可期。区区之诚，定能鉴计。除三代表来电业经陆续分送，暨该议决案正式案到，再行分送。企希察照。外交部。咸。印。

　　　　（《华会关于中国议决案》，长沙《大公报》1922 年 2
　　月 21 日）

国会议员蔡突灵致孙中山等电
（1922 年 2 月 15 日）

急。桂林孙大总统、李部长、彭总司令，广州陈总司令，四川刘总
司令，湖南赵总司令，贵州卢总司令，云南金代总司令，各省、各
军司令，柳〈州〉唐赍赓先生鉴：

　　前于院内接阅冀公歌电，内有暂于该处设置总司令部等语。
查该处初未闻有所谓总司令官，又焉得而有所谓总司令部？夫有
元首在上，国家名器而容妄假，将置护法体统于何地？似此自由
行动，将以北面臣虏耶，抑以南面称孤耶？种种疑问，遍索解人
不得。

　　方欲复电以纠其谬，寻复得睹□电，迳行委任大批军长，随而
军长就职通电纷至沓来，如行山阴，应接不暇。噫吁戏，势淘淘
哉，军官众哉，坦荡荡哉，军威壮哉。冀公德闻盛业，名于一世，
所惜失位去国，□海而处，抑郁无聊，不应受彼□□一般宵小，趋
媚逢迎；而攀龙附凤热中富贵之军人，又复不小分皂白，强以冀公
一掷孤注，乃羝羊触藩，铤而走险，骑虎不下。冀公苦情，灵亦体
谅，惟是虏正猖狂，邦方机捏［杌陧］，同心戮力，犹恐不及。当
兹北伐在即，亟宜一致进行，以尊王权，而肃军政，岂容盗权窃
柄，贻我西〈南〉之羞。彼过去之督军，何省蔑有，此例一开，
踵相效尤，讨论何所底止？

　　国会乃中华正统，对于此等电报，义不轻予答复，灵忝备议
席，未忍默视，诸公身膺重寄，掌握兵符，饬纪整纲，所不容缓，
亟应会呈元首，商榷办法，俾免贻误护法大业，不胜幸甚。参议员

议员蔡突灵。删。叩。

（《旧国会议员反对唐继尧电》，上海《时报》1922
年2月22日）

大理院长徐谦呈孙中山文
（1922年2月17日载）

查蓄养婢女，本干法律厉禁，惟恶风相习，往往视为固然。若
任此风之永播，实为人道之大患，特绳之以法，又恐愚民无识，近
于不教而诛。查临时约法第五条，中华民国人民一律平等，无种
族、阶级、宗教之区别。自约法公布后，凡从前蓄婢者，即奴隶之
一种，实属违反约法，本应悉予释放。至此后之蓄婢者，率由买卖
或典质而来，依刑律之解释，即成立营利略诱或和诱等罪。乃普通
人罕习法律，误以为无明文禁止，故蓄婢之恶风仍未少息。又司法
限于不告不理，亦复无由纠问。倘任其长此终古，则民国中尚容许
一种奴隶制度，实足以贻国际之羞，违反约法，莫此为甚。自非以
明令禁止蓄婢，并严申刑法厉禁，不足以遏恶风。是否有当，理合
呈请大总统鉴核施行。

（《徐院长铲除奴隶制度》，上海《民国日报》1922
年2月17日）

云南省议会致孙中山等电
（1922年2月17日）

广州孙大总统、国务院、参众两院、各部总长、大理院，各省总司
令、督军、都统、护军使、省长，各省议会、各报馆、各法团均
鉴：

案查本会前于本年二月四日开茶话会议，经众议决自二月六号起至二月二十五号止，依法延长会期，业于歌日邮电在案。本拟继续开会，将未决之案逐件讨论表决，以尽天职而慰民望。讵料附逆议员陈善等，始终有意捣乱，凡遇开会之日，即率其同党议员窃据行政长官及议长席位，叫嚣谋突，故意紊乱秩序；或于会场开时阻止议员到席，并以意外危险之语，大肆威吓，种种暴乱行为，实属目无法纪。本会遭此不法障碍，以故不能开会研议，行使职权。兹于本年二月十七日开茶话会议，经众解决，即自二月十七日起暂行休会，以待政府依法解决。俟将陈善等按律惩处，本会障碍得以扫除时，再行继续开会研议。谨此电闻，伏维鉴察。云南省议会。筱。印。

（《滇议会电告休会》，上海《民国日报》1922 年 3 月 22 日）

唐继尧致孙中山电
（1922 年 2 月 20 日载）

十万火急。桂林孙大总统钧鉴：

前以国事蜩螗，陆沉是惧，屡承敦约，勉效追随。到柳后当经暂设总部，规划进行，并经遍赴各处，巡视诸军，同心一致，士气极为奋发。比接各方电告，得悉政潮酝酿，大局日梦，鱼烂土崩，祸连南北。痛念国事至今，已濒破产，以军阀之肆恶而苦我生民，以政孽之不清而乱延数载，哀鸿遍野，十室九空，佳兵不祥，言之痛心。我西南夙持正谊，义切救亡，当兹中原鼎沸，洵非大举澄清，无由解息纠纷，刷新政治。兹经委任李友勋为第一军〈长〉，田钟声［穀］为第二军长，胡若愚为第三军长，杨益谦为第四军长，饬即赶速筹备，分道会师。继尧戒凛民岩，饱经忧患，□瞻世变，怵目惊心，所愿一劳永逸，早筹建设之良规，庶几民治进行，销此弥漫之兵气。谨电布达，惟祈明鉴。

（《北伐说中之唐继尧》，长沙《大公报》1922 年 2 月 20 日）

滇黔赣将领朱培德等致孙中山等电

（1922 年 2 月 21 日）

万急。桂林大总统钧鉴（余衔略）：

援桂联军第三路司令李公友勋，于本月某号由柳州随唐氏军间道出怀远，夜为匪袭被害。

唐氏此次回滇，李公矢忠政府，唐因夺其军，公此行仅率卫队十余人，被戕于匪。闻者伤之，谨将李公生平略述梗概如下。公字麟□，蜀之三台人。清季入云南讲武学校，成业后，治军云南，累功为旅长，护国护法，无役不从，所至未尝败北。尝隶顾总司令麾下，弹绝为敌所难，则以昏夜率死士数百人持白刀袭敌，伤亡过半，无一吟呻，率破重围。顾公在蜀战绩最著，以公之才为多。九年冬，滇中政变，群情骚然，独公为唐氏战。唐氏出亡，率卫队一连，途中谋为变，欲执唐，惮公忠勇不敢发，公惧惊唐氏过迤南，乃密遣军□监护之，唐始出险。元首檄令各省讨陆荣廷，公率所部驰往贵州，依李参谋长，一夕行百八十里抵黔边，受命为援桂联军第三路司令，与谷正伦所部同克庆、柳。入城以来，士庶安堵，于陈炳焜宅中发□得银币八万余元，悉数充军饷，未尝取□人一钱。会车驾莅桂，公日夕治军，以北征为己任。唐谋回滇益急，公惧误大局，婉谏之不听。唐氏至柳，首夺公之兵柄，公故得兵心，念唐为旧部，口无怨言。忽遭剧病，饮食俱废，唐竟弃之而去。黔军胡前旅长瑛由柳回黔，力挽之行，公不得已从之，逐〔遂？〕及于难。

公为人朴素廉洁，严重寡言，治军有法，遇下有恩，笃于故旧，言行必果，以寡克众，屡拔劲旅，诚名将也。以公之才竞公之志，实为国家干城之寄，赍恨以殁，能无□伤。所生仅一子，从公行，存亡未知。唐氏刻薄寡恩，倒行逆施，虽不杀公，公实死于唐氏。顾唐氏今已日暮途穷，良不足责，最可伤者，公不死于敌，而死于匪耳。除呈元首特予表彰外，谨以闻于诸公，若荷鉴其孤忠，赐以褒物，则李公不朽矣。朱培德、谷正伦、彭程万、盛荣超、王天培、王均、张子□、刘其贤、胡思舜、吴传心、胡国秀、彭汉章、李明扬、赵德恒、赖世璜、陆荫楫同叩。马。印。

（《滇黔赣将领请表彰李友勋》，上海《时报》1922年3月14日）

朱培德、谷正伦等致孙中山等电①
（1922年2月22日）

万火急。桂林大总统（余衔略）钧鉴：

窃以君子之道，交以义合，治军之方，师以义动。德等结发从戎，服膺此义，出处去就，奉以为归。兹际大总统吊民伐罪之时，正军人敌忾同仇之日，不意以吾人夙共患难拥护共和之唐氏继尧，亦昧于大义，背道而驰，意在牵制义师，逐其私利。德等虽属旧同袍，而迫于公义，不得不揭其罪状，以告同胞。

溯唐氏自民国以来，幸藉群策之助，获厕义旅之怀。我滇黔将士，所以周旋戎马，相与驰驱，不惜掷重大之牺牲，原为救时之素志。殊直北关山，未息金鼓，而平西怀抱，别在屏扆，极彼骄盈，率攫祸败，以致弃甲滇池，潜踪香海。德等悯国家之多难，会风雨以同舟，冀同佐中兴之功，不忍下落井之石。不意彼野心不死，旧梦重温，阴结宵人，甘为戎首，明知故巢已覆，卷土无功，尚欲滇

① 天津《大公报》刊载此电衔略，据上海《时报》（《阻止唐继尧回滇》，1922年3月14日）同电补全。——编者

海扬波，黔边假道。在彼紫色蛙声，何关大计，只怜盲人瞎马，自陷深池。是以解譬之使，结骊连骑，劝阻之言，声嘶泪尽。无奈精诚贯日，而览者以为淫氛，满地春风，而听者徒吹马耳。近已拦入黔边，进指滇境。

德等生不逢辰，实逼处此，念中原之板荡，剑舞鸡鸣，闻闾里之悲声，惊心雁足，若再顾惜私情，浑忘公义，坐令两省残破，大局纠纷，不特内疚神明，亦且外惭清议，不得已除一面吁恳中央下令讨伐外，谨率袍泽，待命辇毂，凡此不得已而用兵，计为有识者所共谅。所愿海内贤豪，里中将士，共纾公愤，迅扫攙枪。德等诚不足以格友，渐未杜于几先，致使桑梓之地频于危亡，患难之交翻成仇寇，徒深自咎，夫复何言。谨摅鄙意，尚乞鉴察。朱培德、谷正伦等同叩。祃（二十二）。印。

（《唐继尧回滇之风云》，天津《大公报》1922年3月18日）

滇军军长李友勋致孙中山电

（1922年2月23日载）

万急。桂林孙大总统钧鉴：

友勋待罪戎行，驰驱数载，悯颠危之时局，恒昕夕而不宁。前以国事日梦，迭经吁恳会泽联帅俯顺舆情，出山主持军务，兹幸节建西江，策愿北伐。仰重来之郭令，收旧部于岳家，旌旆莅临，三军鼓舞。友勋奉命为第一军长，自顾菲材，安能胜任，惟是中原鼎沸，既狐群之凭陵，仗义兴师，宁貔貅之坐拥，当于本月养日敬谨就职，从速搜讨军实，筹备会师，率健儿之苍头奋起，惟诸公之马首是瞻，愿昔日之同袍，锡鲰生以明教。谨陈下恒，惟冀亮察。

（《滇军各军长通电就职》，上海《民国日报》1922年2月23日）

大理院长徐谦呈孙中山文

（1922 年 2 月 24 日载）

为转呈事。据广东高等审判厅厅长陈融呈称：民国十年三月十二日奉广东省长第六五八号训令，准省议会咨开：议员王叙揆、吴燮楼、何岳、林超南等，先后建议增设审检厅庭，以谋全省司法独立。饬厅详核议复等因。遵即体察情形，悉心筹划，拟具增设分庭计划书。于是年三月三十日呈奉广东省长第四七二三号指令，内开：如呈办理，所有一切筹备事宜及新设厅庭，并派委审检各员，均责成该厅长妥筹办理，随时呈由本省长核准，以一事权。一俟各厅庭成立，即行划分审检限以符定制。其增设之各厅庭，□所经费每年七十万另四千三百六十一元，暨一次临时过□五万一千元，应划入十年度预算，由库照拨，候行财政厅查照，分别筹备支给。至拟将本省司法收入再行增加一节，既系为弥补此次经费不敷之用，并候转咨司法部，查明核复再行饬遵。仰即遵照计划书存。此令。等因。奉此，自应依照计划次第筹办。

查粤省司法机关，除高第及广州、澄海两地方审检厅，暨顺德、新会、香山、合山、潮安、潮阳七［六？］分庭，从前经已设立外，此次应于高要、惠阳、曲江、合浦、茂名、琼山等六处，各增审检厅各一所，所有各该厅应设推检等员缺，经遵令由职厅选送合格人员分别委任。即责成该厅长等部署开办，不另派员筹备，以期迅速应用。厅署除合浦、琼山两厅用回旧署外，其余高要等厅则以旧道署或公地拨用。至于各该厅管辖上诉区域，亦暂沿旧日道区斟酌而略变之，将阳江、阳春两县改隶广州厅管辖，海丰、陆丰两县改澄海厅管辖，均经于是年五六月间先据后报成立。此筹设各地方审检之大概情形也。

地方各厅既已成立，自应继续筹设各县分庭。查粤省共有九十四县，除已设厅及分庭外，此次应增设分庭者计七十八县。原拟将诉讼事简，各县合并，两县设置一庭，嗣以各县相距多有数十里外者，而人民诉讼又各依其县籍，习为固然。当此法权分划伊始，若以轻微案件，而强之赴愬于数十里外之邻县，恐情疑阻，不无窒碍，似宜仍准每县各设一庭。仍责成各该分庭推检组织开办，所需办公地点，均就县署划拨，其湫隘不敷分划者，则另觅公地设置。计自是年七月筹办起，至十一月底止，经陆继据报，一律成立。此筹设各分县分庭之大概情形也。

惟是办事以筹款为先，款集而后事举。虽各厅庭组织系从单简入手，而此次增设六审检厅暨七十八分庭，所有一次领过开办经费，除由省库拨给暨由厅筹备尚可敷用外，计共年增经常费七十余万元。合之原有司法经费四十一万元，共年需经常费一百一十余万元。当此司农仰屋之秋，若骤由省库增拨七十余万元，势必不给。变动办理，拆中酌定，省库实拨三十余万元，其余由司法收入补助，并酌量增加各项司法收入，以资抵注。经呈奉令饬财政厅核明照拨，独增加司法收入一项未奉令准，暂从缓办。而迭据各该厅庭所报收入数目，则多属不敷弥补，再四思维，非将各厅庭经费酌加节省，不足以维久远而利进行。经核定，将各地审检厅候补推事二名、检厅检察长及书记官长各一员暂时缓设，以各该厅检察官及书记官代行职务。其分庭收入有不敷补助者，亦经将各分庭员役等项酌加裁减。经此次节减以后，各厅庭经费收支虽不尽相符，然所差些多，似属轻而易举，容由职厅将全省司法收入通盘筹划，裒多益寡，分别支配。倘仍不足或零请拨款，或将增加司法收入原议复举行，统俟议有端倪，再行呈明办理。此筹〔遵〕设各厅庭经费之大概情形也。

以上筹办各节，业经随时呈明有案。次外未尽事宜，仍当次第整顿，切实进行，以期变通尽利。除将各该厅庭管辖区域，及成立日期造表附呈外，所有增设全省地方审检厅庭经过情形，各缘理合备文连表，呈报鉴核，等情。并呈广东全省地方审检厅庭管辖区域及成立日期一览表到院。

查该厅长此次筹办增设广东全省地方审检厅庭，阅时八月，竟将全省厅庭增设略备，所需经费，并能力求撙节，洵属办事明敏，勤劳卓著。除筹办期已据报明应会同该同级审检厅划分审检权限外，理合钞录原表转呈大总统鉴核备案。

（《广东司法机关大扩张》，上海《民国日报》1922年2月24日）

云南省议会致孙中山等电

（1922年2月25日载）

广州孙大总统、参众两院，各省议会、督军、总司令、省长均鉴：

本会依法选出正议长殷诚中、副议长张华松、杨学炘三议长，早经通报在案。不期有回滇谋乱之议员陈善，因选举时图谋议长未遂，至今乘机捣乱，巧诱少数议员，每于议场会议，正案不议，用意捣乱。忽于一月二十五日开第十一次大会，而少数捣乱议员张仲良等不遵法律，非法动议，强逼议长退席，多数议员认为违法，即行散会。而陈善等谋遂得逞，即时以白纸制票，盖用陈善之私章，以一人代写数票，选举秦康龄为伪临时议长，自称为伪秘书长，并敢明目收罗会内案卷，盘踞议场，捏造假四分之三以上之可决，解除殷、张、杨三议长职名，私刊云南省议会印信，通达各省各机关、各法团，殊属乖谬绝伦。本会多数议员系由人民举出，代表民意，允宜共矢公忠，以维持西南大局，各尽天职。此种非法举动于寰球各国所未见，除宣告誓不承认外，特电奉闻。云南省议会叩。

（《云南省议会之风波》，《申报》1922年2月25日）

李友勋、胡若愚等致孙中山等电

（1922年2月25日）

滇自护国兴师，连年争战，飞刍挽粟，重苦吾民。若愚等忝列

戎行，未能早平国难，偃武修文，清夜抚躬，时深惭悚。去岁，以
义切缨冠，率师援桂，驰驱千里，幸告成功。今桂事已就敉平，理
应让其自治，客军经年远戍，自宜各返原防。况比岁以来，内外多
故，中原鼎沸，既须筹备以会师，政局丝棼，尤当共筹夫善后。同
人等用是吁恳会泽联帅，率师西返，以资主持，而慰群情。缅维敬
恭桑梓之义，时怀戒慎恐惧之心。祝民治以实行，早谋修养，顺潮
流而建设，化洽祥和。谨电布达，伏维公鉴。李友勋、田钟毂、胡
若愚、杨益谦、郑开文、龙云、张汝骥、奚冠南、江映枢、杨德
源、陈维庚、李玉昆、张怀信、龚得胜、赵德裕、李秉阳、李永
和、高向春、孟友闻、将［蒋］复初、马嘉麟、鲁琼、张青选、
孟智仁、莫玉廷、杨瑞昌、徐为光、孙渡、欧阳永昌、毛鸿翔、郭
玉鎏、马崟率全体官兵同叩。有。印。二月二十五日自广南发。

（《民国初期稀见文电辑录》第一册，第 49～50 页））

旅京广西同乡会致南方当局电
（1922 年 3 月 3 日）

广西不幸，祸乱相寻。溯厥原因，不过一二人政见不同，遂致
兵戎相见，固与我民无与也。迨援桂之师既发，积薪之火猝然，战
事一开，我民乃愈遭荼毒。武鸣、桂平诸县之役，议者谓同于扬州
之十日、嘉定之三屠。同是民国疆土，同是民国人民，同是四万万
同胞，草薙禽狝，而忍出此，引领南望，无泪可挥。有怀欲陈，情
难终默，谨掬诚告哀，为诸公冒死言之：

迩者梧州不守，陆、陈、谭即通电解谢兵柄，先后出走。初无
战斗之决心，其部曲分入各属，只待随时之编集，广西军事已告结
束。应请将治理实权悉举以还之广西，以顺自治之潮流，以符援桂
时宣言之宗旨。桂人所仰望于诸公者，此其一。

广西土田硗薄，水复山重，交通梗阻，商旅稀简，素以贫瘠著

闻，户鲜盖藏。近则大水以后，继以大旱，复遭兵燹，室如悬磬，野无青草，而客军麇集，各私其地，勒捐索饷，收械拉夫，占房驻兵，扣船充运，无名之费，无□之征，比比皆是。存者已空杼轴，亡者不保室家，市井交易，即一枚铜元亦用纸币，枯窘至此，凋残至此，仁人志士亦当闵然太息。应请客军保泰持盈，迅速凯旋，使广西负担减轻，稍苏喘息。所仰望于诸公者，此其二。

广西历来军政各费之支出，全恃局所捐税之收入。近闻局所皆为军队把持，全省生机澌灭殆尽。应请将捐税各局所一律交付广西，俾得整理恢复。徐作休养生息之计。所仰望于诸公者，此其三。

近闻当局者以军需浩繁，一筹莫展，有以某项物产抵借某宗外债之说，人言藉藉，恐非无因。举广西之矿产，悉操纵于外人之手，丧失主权，莫此为甚。倘无此事，应请明白宣布，以释群疑；倘有此事，则省人誓不承认。应请即日取消，毋自速□。所仰望于诸公者，此其四。

据梧州《救国晨报》载，及乡父老来书，称大隍江一带地方，有军人掠取妇女，运载数轮，出境贩卖；被掠之妇女，有绝粒者，有引绳者，有投河者，自尽之事，日有所闻。当二十世纪文明之世界，而出此惨无人道之举动。应请设法查究，追回掠贩妇女，示召亲属具领，以重人道，以顾军律，以全名誉。所仰望于诸公者，此其五。

又，梧州军米局之设，专以调饷军食起见，凡米石至境，皆由局中用官价收买，所定官价，视民价悬殊倍蓰，以致商贾裹足，米断来源。军食未见充盈，民食已形艰窘。广西连岁歉收，遭此大变，米粮早罄，甚者掘取草根树皮，苟且以度一日之命，此等情形，谅诸公早有见闻。应请将军米局裁撤，听民间自由贸易，庶米源渐裕，米价渐平，军食既有所资，民亦不至艰食。所仰望诸公者，此其六。

至名［各?］县受灾颇巨，应如何统筹兼顾，加意振抚，并恳请中外各慈善团体为将伯之助，俾穷而无告之民不至尽填沟壑，乞同以上六端分别施行。则后舞前歌，家尸户祝，我民感且永永不朽。语有之：惟善人能受尽言。诸公善人，故敢言之无忌。亦以诸公援桂时，有兵事既终，即行返旆，无剥广西尺民寸土之宣言，恃为息壤之盟耳。旅京广西同乡会同人公叩。江。

（《旅京桂人致南方当局电》，上海《时报》1922年3月7日）

湖南四团体致南北当局电[①]
（1922年3月5日）

吾湘苦兵祸久矣，流离转徙，民不安居，庐舍为墟，市廛萧索。近复水旱迭告，饥馑洊臻。湘省素称产米之区，今则盖藏久空，米价实加一倍，边远之县甚至斗米万钱，无从乞籴，不独卖儿鬻子之事时有所闻，而麻阳、芷江一带有直接烹食儿女者，湘民何辜，罹此浩劫。方冀秋收有望，救此孑遗，乃者南征北伐之声喧传不已，湘民惊弓之鸟，闻兹警耗，靡不转相告语，谓大祸之将临。非不知南北两方，救国大计各有所持，原非一省所能阻挠，然湘省兵荒屡遭，元气大伤，黄台之瓜，岂堪再摘。与其牺牲一省，将来收拾为难，何若稍忍须臾，舍武力而另图解决。

迩者沪上教商联合会发起国是会议，敝会等及各省公团均已推举代表与会，所有一切问题自可藉资讨论。欧洲大战犹待和会仲裁，况国内战争，尽可开诚相见。实力留为后盾，岂必决胜疆场，民意自有依归，何难折冲樽俎。敝会等用敢代湘省三千万灾黎，请命于我南北当轴诸公之前，伏乞体上天好生之德，施止戈为武之仁。尤望各省公团一致赞助，电致南北当局，预销战衅，力主和平，延湘民一线之生机，感诸公再造之功德。迫切陈词，敬候明

[①] 《时报》刊载该电时未录发电各公团名称，现据《申报》（《湘省各团体电》1922年3月16日"公电"）补齐。——编者

教。湖南省教育会、总商会、工业总会、律师公会同叩。歌。印。

（《北伐声中之湘讯》，上海《时报》1922 年 3 月 12 日）

旅湘英人牧师任修本致孙中山函
（1922 年 3 月 6 日载）

敬启者：鄙人应湖南华洋义赈会之请，特将湘省之灾荒惨象陈于左右，希留意焉。

据湘西各处报告，男妇幼稚将成饿莩，吾人虽竭力设法救济，然在秋收以前，本省境内之谷米似不足以供人民之需要。倘尊处调遣大军入湘，即乞由粤转运大宗粮米，以给军需。否则师行所至，日用粮食必取给于难保生命之灾黎。

且鄙人此次通函左右，尚欲于本会总干事资格之外，更以个人资格为阁下一言。鄙人之意，阁下及阁下同僚与北政府之间，虽政见参差，然尽可于战争之外，别取他种方法以解决之。战而胜，未必为是，战而败，则公等非矣。即未必非，而公等及公等敌人之军，伤者死者不知凡几，其人民之居近战线者，受祸之惨又当何若。以欧洲现状观之，即可以观战争解决问题，实为至愚之方法。

鄙人此次之断断陈词，非有他意，盖因鄙人半生以来，对于贵国及贵国国民素深亲爱，故不惮渎陈，为之请命也。

（《湘人和平运动之应声》，《申报》1922 年 3 月 6 日）

李友勋等致孙中山等电
（1922 年 3 月 9 日）

本军此次回滇，意在巩固乡局，共图整理，筹备北伐，进奠国氛。入境之始，即经通告全滇，声明旨趣，并奉唐联帅命令，严束部队，静待商处。苟有擅开衅端之人，即负破坏敌方之责，本军恪遵严令，罔敢稍忽。乃顾品珍甘心造祸，既于本军未到以前，派兵拒绝入境，复于滇省南路一带积极〔备〕设防，本军谨守和平，始终不与计较。殊于本日午后一时，该逆竟敢遣派重兵前来，于距开化三十余里之甘塘子地方，突向本军猛烈攻击，本军一再容让，至此已情逼势迫，自不能不为正当之防卫。查顾品珍逞兵开衅，糜烂地方，设使吾滇不幸发生战端，当由顾品珍一人完全负责，特电布闻，伏维鉴察。李友勋、田钟毂、胡若愚、杨益谦、郑开文、龙云、张汝骥、奚冠南、江映枢、杨德源、陈维庚、李玉昆、张怀信、龚得胜、赵德裕、李秉阳、李永和、高向春、孟友闻、将〔蒋〕复初、马嘉麟、鲁琼、张青选、孟智仁、莫玉廷、杨瑞昌、徐为光、孙渡、欧阳永昌、毛鸿翔、郭玉銮、马銮率全体官兵同叩。青。印。三月九日自开化发。

（《民国初期稀见文电辑录》第一册，第51~52页）

李友勋、胡若愚等致孙中山等电
（1922年3月10日）

国家不幸，俶扰连年，滇以偏隅，屡张义帜，虽征戍频烦，有挽粟飞刍之苦，而地方秩序，如泰山磐石之安。往者，顾品珍以个人权位之私，为犯上作乱之举，若愚等深念吾民憔悴，不敢徒逞意气，糜烂梓桑，盖冀其逆取顺守，图晚盖于将来也。

乃半载以来，迭据滇省各界人民泣陈，滇政泯棼，请速归援故里。本军以乡乱已深，既宜挽救，会师期近，亦待补充，爰率援桂各军次第遄返。入境之始，即经声明旨趣，通告全滇，并奉唐公命令，严束部队，静待商处，意在巩固滇局，共图整理，筹备北伐，进奠国纷，但求善后有方，不欲示人不广。乃顾品珍甘心作乱，一意孤行，既拒乡人于国门，复诬本军为桂匪，迭遣重兵于滇南一带，设防备战，汲汲不遑。幸我在内同袍，守正不阿，同归一致，偕行携手，匕鬯无惊。讵本军方力主和平，彼昏竟擅开战衅，所有经过情形，迭于有、青两日电达，计已上尘清听。

查顾逆害政殃民，祸滇误国，愚等不肯怀褊狭之见，犹复存保全之心。今彼不自爱惜，是谓躬蹈孽殃，且已得罪国民，愚等更何敢恕，兹从众意，讨此凶顽，请申其罪，愿共弃之。北庭为西南公敌，正义乃在所必中。顾品珍前在川时，结纳徐、靳，逆迹久已昭然。回滇以来，内假闭关自治之名，外行叛南投北之实，函电信使络绎不绝，政系党人布满要路，参王占元之武昌会议，继入吴佩孚之联省同盟。公然通敌，全国皆知，证据彰明，无可辩饰。此其背叛西南之罪一。援桂之役，阻挠出兵，北伐之师，阴持异议，甚至面从心违，甘为敌谋，乘会师假道之机，为根本推翻之计，岂仅滇军全体之玷，且为西南肘腋之忧。此其破坏大计之罪二。军民分治，政法良规，顾品珍身为军人，自兼省长，意图聚敛，罔恤舆情。此其违法乱政之罪三。外交成败，关系国权，滇省中法银行交涉一案，事本寻常，乃以办理不善，激起衅端，问罪之言，腾诸外报。遂乃悬旗示屈，遣使乞怜，谢罪不遑，几酿巨祸。此其丧辱国体之罪四。地方之治乱，视乎纲纪之废兴。顾品珍躬为不义，早已自决堤防，益以妒贤嫉能，私心自用，繁刑苛政，闾里骚然。遂致兵不就范，哗变时闻，蓷苻满山，民不堪命。甚至省垣重地，抢劫频仍，大邑通都，焚掠殆遍，邻邦无政府之讥，人民受瓜蔓抄之苦。此其祸乡殃民之罪五。设官分职，所以任事，自顾品珍兼权民政以来，任免官吏，朝令夕改，政以贿成，百度渐废。此其卖官鬻爵之罪六。民治潮流，大势所趋，乃竟大权独揽，予智自雄，斫市政之新机，视议会若无物。此其摧残民治之罪七。大辟之刑，早经废止，乃省中杀人，日至数十，无老无幼，咸被骈诛，暴虐凶残，骇人闻听。此其草菅人民之罪八。滇省护国、护法，连年用兵，义迫救亡，实非得已。顾品珍声言自保，不再征兵，乃口血未干，骎骎四出，使六诏健儿不用之于国家，而用之以自固。此其食言背信之罪九。重利盘剥，夺民之食，顾品珍凭藉职权，行商垄断，觍然高位，恬不知羞，加征则至再至三，暴敛则剥肤吸髓。此其罔利营私之罪十。

若愚等外瞻大势，惧后患之无穷，内顺人心，拯乡邦于涂炭，缨冠急难，义愤同深，特此布闻，即维公鉴。李友勋、田钟毅、胡若愚、杨益谦、郑开文、龙云、张汝骥、奚冠南、江映枢、杨德源、陈维庚、李玉昆、张怀信、龚得胜、赵德裕、李秉阳、李永和、高向春、孟友闻、将［蒋］复初、马嘉麟、鲁琼、张青选、孟智仁、莫玉廷、杨瑞昌、徐为光、孙渡、欧阳永昌、毛鸿翔、郭玉銮、马銮率全体官兵同叩。蒸。印。三月十日自马塘行营发。

（《民国初期稀见文电辑录》第一册，第 52～57 页）

居正致孙中山函
（1922 年 3 月 17 日）

总理钧鉴：

前由汉民先生电传钧谕，本部职员一律留任，于时正在病中，未能呈报。今病已愈，自应仰体钧意，继续负责，除发通告外，所有各部干事仍旧服务。惟昨经本部干事会议，以为各部干事略有更选，非加委任不足以重职守而专责成。谨将请委各部干事姓名分列于左（下）：总务部干事：彭素民、林业明、曾省三、何犹兴、李翼民。党务部干事：孙镜、杨翘新、郑欢。财政部干事：林业明。右上所呈，因宣传部尚未组织，故未列入。是否有当，伏希鉴核，批示祗遵。

居正谨呈
民国十一年三月十七日

（《居正先生全集（中）》，第 318～319 页）

旅粤黔人董琳等致孙中山电

（1922年3月18日）

桂林孙大总统钧鉴：

本年三月六日，据广州各报登载民治桂林通讯云：王伯群近由湘省赴黔，欲就贵州省长之任。此间滇黔两省人士，深悉王氏此次回黔，实与唐蓂赓回滇大有关系，皆为愤激，故特联名电请湘省当局阻王赴黔，以免扰乱大局云云。并将黔人反对往事之电，录列报端。公民等详查该电所云，一切之根据毫无虚诬。目诵之下，因忆去岁我大总统破除群言，毅然任王长黔，实本善善从长恶恶从宽至意，深冀彼洗心革面，力盖前愆，尤望其福国利民，勿生后患，诚仁至义尽之盛举也。在王氏奉命之后，究应从速赴任，何事越趄不前？推原其故，乃彼作恶心虚，顾虑徘徊，不敢邃进。于是千方百计，驱逐群小奔驰，竟至众口一词，传来各界反对。然王虽经一时打击，犹恃私党尚踞要津，仍复遥执政权，召集鹰犬，晨夕筹谋。迨至唐氏去粤，以昔年朋比之交，作今日狼狈之计，既秘商于香港，复集议于梧州，信使往还，事迹昭著。究其所谋，彼则假黔入滇，扰我边陲，此则由湘旋黔，昧兹大道，不惜破坏全局，何知顾念恩义。倒行逆施，可谓至极。

查王氏昔日祸黔种种政策，迄今数载，不独黔中父老思之痛心，即关怀时局者言之，莫不齿冷。近数月来，凡属黔人，勿论与王有无关系，更勿论与王是否相识，咸有庆父不除，鲁难未已之叹。当兹六师北伐，大局攸关，倘再任其横行破坏，则黔之于困苦颠连之际，重遭浩劫，固属难堪，而西南于整纲饬纪之时受其影响，尤为可虑。用是不揣愚谬，冒昧直陈，敢请我大总统俯念黔艰，罢斥王贼，迅予查办，尽法惩处，并恳择贤长黔，以纾民困，而维大局。不胜迫切待命之至。旅粤贵州公民董琳、胡□初、吴申、周旭东、董重、王朝政等叩。同。巧。印。

（《旅粤黔人反对王伯群》，天津《大公报》1922 年 4 月 1 日）

国会议员李执中等致孙中山电
（1922 年 3 月 20 日载）

桂林孙大总统钧鉴：

窃维民治精神，首重自由，而自由最大恶敌，即为军政。自辛亥革命，各省以军府名义宣告独立，由一省政权总揽于军人之手，久假不归，遂成厉阶。十年以来，屡造变乱，中央政府不能制其暴，地方议会不能问其责，上无国家，下无国民，举国皇皇，诚不知自治为何物，自治为何事矣。

今欲拨乱世而反正之，根本策划，非废除省军名义，不足以立统一之基，非取消督军、总司令等名目，不足以杜分割之渐。盖军队所以固国防，省为国内行政区域，无彼此互防之理。国军归中央统辖，则各省督军、总司令等名目，在政治上、国治上均毫无意义。迩者废督裁兵之议，虽为国内所宣传，而其言无补于时局。今大总统吊民伐罪，大军云集，出兵在即，国人延颈跂踵，热望新猷，应请及早颁布明令，以上列两事宣告全国。凡以后经大军勘定省分，一切庶政均完全统制于省议会监督之民政首长之下，其以前省军名义以及督军、总司令各职，一概取消，不得再行设置。查广西现制只有省长，不设总司令，此法甚善，应以此定为国民经制，以绝乱源而固国本。

是否有当，伏维钧裁。国会议员李执中、王家驹、彭邦栋、卢元弼、张峄、李式璠、徐邦俊、田承正、张凤九、蔡达生、卢式楷、董崑瀛、刘成禺、彭介石、万鸿图、朱念组、王恒、彭学浚、王法勤、邹树声、李素等叩。

　　　（《铲除军阀政治根本办法》，上海《民国日报》1922
年3月20日）

旅桂滇黔公民胡思清等呈孙中山文
（1922年3月21日载）

　　为军官称兵内乱，误国殃民，恳予明令诛讨，以张国法而肃军纪事：窃滇黔人民憔悴于野心家威权之下久矣，溯其祸本，皆在唐氏继尧一人。年来方幸其弃甲远遁，民困稍纾，不图今又卷土重来，浩劫将至，羽书日急，惊心悚目，不得不将危迫情形一沥陈之。

　　十年以来，我滇黔两省掷无限之血汗头颅，以维护共和始终不解者，原为多数谋幸福，而非为一人谋权位，此中外之所共悉。惟其目的相同，而利害弥切，是以对于唐氏因缘较深。若唐氏果精白乃心，始终为国，则滇人固所羡戴，而黔人亦乐与提携，虽尽相铸金，百世尸祝可也。殊唐氏利令智昏，为德不卒，假借义师之名，扩充军队，以伸个人势力，巩固地盘。坐是每关大计，则多持异同，以致频年用兵，屡经挫败，其间因失事机，不恤民隐，致将士之死于非地，人民之毙于行役者，无虑数十万人。其十年据滇，数次入黔，横征豪夺，剥民自肥者，又无虑数千万计。彼固安富尊荣，威福自擅，志得意满，高下在心，子女玉帛，日事荒淫，国事民生，遂罔存念虑。当是时，两省武人中，艳唐氏之恣睢于上而卒莫予毒也，以为丈夫固当如是，欲处而效颦之者，颇不乏人。若唐氏不败，则谬种流传，所以为祸滇黔，影响国家，岂有际极。幸天不佑乱，转瞬败亡，其出走之电传来，万姓欢呼，如释重负，以为重见天日。盖无德速亡，既可招示来兹，而惩后惩前，或将渐趋正轨。

　　曾几何时，而唐氏假黔回滇之说又见告矣，数月以来，虽闻有香港密约、梧州会议，浸假而柳州潜迹，浸假而庆远集兵，然公民等终疑道路传言，未可深信。（中略）不意野心狼子，目无中央，今竟率其旧部三千余众，分道进犯滇黔。复遥结土匪吴学显、吴普等，亦号称数千，扰乱两省内地。乡里函电纷驰，言之凿凿。是唐贼已甘心为逆，毫无顾忌，迹其为祸之巨，岂可胜言。就关于大局言之，方今北伐在即，千载一时，西南自应一致对外，彼乃趁此时机用兴内乱，是其勾通国贼，抑或别有全图，以牵制义师，破坏大局，其罪固甚显然。就关于滇黔言之，苟侥幸成功，则拟地自雄，又将重苦吾民；即或终无成就，而听其横行，必且倒行逆施，酿成流寇，以糜烂桑梓，此又势所必然者也。关于大局之重既若彼，为祸地方之烈又如此，似此目无法纪误国殃民之贼，若不速请中央明令诛讨，尽法处治，坐令逍遥法外，甚或蟠踞一方，窃恐纪纲废坠，有损威灵，其何以正将士之趋向，而固西南之民心，滇黔虽不足惜，如大局何。

公民等爱护国家，念切桑梓〔小〕，今幸居近辇毂，呼吁通天，目击危急之机，间不容发，情不获已，惟有同赴行辕泣涕陈词，伏乞乾刚〔纲〕独断，明令速颁，庶几剪祸萧墙，早消尘翳，以便会师武汉，聿奏肤功，则大局幸甚，地方幸甚。旅桂滇黔公民胡思清、刘荣英、蔡沛瑶、金品三、王秉钧、杨晓松、封树森、余治武、徐则仁、刘希贤等二百三人〔十〕二人同具。

（《唐继尧可以休矣》，长沙《大公报》1922年3月21日）

旅京湖南同乡会致孙中山等电
（1922年3月30日载）

桂林孙中山，广州陈竞存先生并转李协和先生，洛阳吴子玉先生，武昌萧珩珊先生，暨南北前敌各将领、各军士均鉴：

　　吾湘杌陧十年，五遭虔刘，人民荡息离居，比岁凶荒，其惨苦尤不忍卒述。凡旅湘中外人士，类无不奔走呼号，拯此遗黎。方冀南北当局，沛如伤之仁，□在棠之粟，乃报纸喧传，南军□抵衡阳，北军□已入长沙，风鹤所惊，难安寝馈。□此死亡转藉，再演□沙浩劫，即使师出有名，湘人已肝脑涂地。今两军既无哀者必胜之心，即吾民乏后来其苏之望，势将随转徙为清野，绝箪食作壶浆。届时农辍于野，商罢于市，师行所至，挽粟尤从，非计之得也。伏恳南北军事当局，及前敌各将领、军士，体天地好生之心，推饥溺由己之志，对此道□和□，视若荒原，万一争地以战，化为瓯脱。倘荷网开三面，俾三千万咸遂生息，庶几感戴二天，奉九顿首拜□嘉赐。旅京湖南同乡会公叩。

　　（《旅京湘人之呼吁声　电一》，上海《时报》1922年3月30日）

旅京湖南同乡会致孙中山等电

（1922年3月30日载）

北京徐菊人先生、颜骏人先生，奉天张雨亭先生，保定曹仲珊先生，洛阳吴子玉先生，各省督军、省长，桂林孙中山先生，广州陈竞存先生、伍秩庸先生并转李协和先生、唐蓂赓先生，京内外各商会、教育会、农会、工会、律师公会、省议会、学生联合会均鉴：

　　湘民久苦锋镝，重以凶荒，民慨孑遗，始谋制定省宪，冀脱战争□□。邦人君子，实所洞鉴。顷南征北伐之声又其嚣尘上，兵戎所接，吾湘首撄其锋，哀此遗黎，实不堪再罹浩劫，谨泣血陈词于南北当道、军事当局及海内各机关、各法团之前，乞垂鉴焉。

　　民为邦本，民之所欲，天必从之，违民所欲，败不踵旋。项城、合肥，殷鉴不远。五族共和，南北一家，觇诸国民，殆无畛域，其强分南北者，不过武人政客，因攘夺权利，藉以劫制吾民，实则武人政客亦非有深仇极恨，不与共戴天也。今武力统一之梦既醒，三民主义盛唱，在吾民方延颈举踵，企望太平，乃复重违民意，再肇兵端，即使南征能吞灭滇粤，北伐能扫穴幽燕，已乖共和国家主权在民之旨，藉曰不能从□蛮触，腾笑友邦，釜鱼幕燕，沦胥以亡，谁尸其咎！所冀南北当道及军事当局，哀我元黎，各戢兵戎，无再陷民水火，本良心之主张，化干戈为玉帛，即以吾湘为折冲樽俎之场，征求南北意见，邀集各省法团，按诸国民心理，和与折衷至当，以解此数年来兴兵构怨扰攘无已之纷。一面先请撤去防军，无劳假道，以扶植我自治之进行。

伏望海内各机关、各法团一致赞同，共奠国基，毋放弃我国民监督之天职，自决之主权。岂惟湘民之幸，国家前途，实利赖之。旅京湖南同乡会公叩。

（《旅京湘人之呼吁声　电二》，上海《时报》1922年3月30日）

旅京湖南同乡委员会致孙中山等电
（1922年3月30日载）

桂林孙中山先生，洛阳吴子玉先生，广州陈竞存先生，长沙赵炎午，武昌萧珩珊先生均鉴：

民国成立，战祸频仍，近闻北伐南征，复已将成事实。在诸君子老成谋国，夫岂师出无名，而吾人逖听下风，未免寝馈不宁，惊忧无措者，其何故也？盖自近岁以来，吾民困于兵革久矣，前此缄口结舌，隐忍不言，无非欲以茹苦含辛，静候解决，而不意时至今日，竟有如水益深，如火益热之势。向之主张统一者，只愈见其纠纷；昔之提倡民治者，亦更形其混乱，则吾民吾国，尚复何所依赖？故不得不竭鳃鳃之虑，效惓惓之诚，以请命于诸君之前者，此也。

今世之恒言曰时代思潮，又曰人民心理。由前之说，即所谓天难谌，命靡常；由后之说，即所谓天听自我民听，天视自我民视。就古近中外历史观之，凡国事之安危，兵家之胜败，以及一二当道之是非得失，往往关系于此。从前世界列强，以德意志为最著，徒以恃其军国主义，穷兵黩武，终不免一蹶不振。各国有鉴于此，莫不主持公理，尊重人道，故于欧洲和会、华府议场，且不惮联合无数民□，限制军备，公开外交，以为世界永久和平之计。而吾国江河两域，南北一家，尚不免累月穷年，内讧不已，则中外人□□□越，岂不远哉。况各友邦敦劝裁兵，至于再四，我国朝野上下亦皆注意于此，而吾国人反处之淡漠，甘蹈养虎贻患之危，更将何说以自解？此其不合于时代思潮者一。前清末造，吾民颙领于虐政者，达于极点，故不待辛亥□义，而一般改革之心理早已如向斯应。今则师行曲直，理论是非，彼此两方往往不相上下，以吾民判断之力至为薄弱，究将何所适从乎？夫以鲁卫兄弟之政，举晋楚争霸之兵，袭唐虞揖让之名，行战国纵横之术，即使指挥若定，所向无前，吾人犹曰不可，何况老师糜饷，功不偿劳。在诸君子虽有爱民忧国之心，而不知者反竟以为攘利争权之具，以致生灵涂炭，井巷萧条，师旅与饥馑相乘，盗贼共流亡不息，种种弊害，皆由此起。则更所请外惭物议，内疚神明，于公于私，两何裨益。此其不合于人民心理者二。所陈二义，至为彰明，以诸君子硕画闳筹，岂独昧于此旨？然先民有言：当局者迷，旁观者清。又曰：靡不有初，鲜克有终。吾辈境域虽大，人才实难，以诸君子或为开国之元功，或为知兵之凤将，吾民所以对于诸君子者，实不无至厚之感情，极深之希望。万一晚节末路，稍有蹉跌，亦吾民之所慨惜也。

要而论之，同此国家，无论如何破坏，终必有建设之日。同此人民，无论如何决裂，终必有结合之时。今日为诸君子计，解除兵柄，放弃政权，一切应兴应革，概以付诸国民公决，上也；即不能，然亦当由各省公举代表会议，取互让精神，采多数之意见，行融化之政策，组共同之军队，建坚固之政府，成统一之国家，抑其次也；又或□则当严束部伍，谨守疆界，彼此不相侵犯，民亦劳止，汔可小休，其最末也。至若尔虞我诈，各存□□之私，入主出奴，徒挟党争之见，则恐内国战争□□无结束，岂独吾民吾国长此沦胥，即诸君子之□□高名，亦未必永操胜券也。刍荛之拙，□菲之愚，当乞熟思审处，不弃而辱教之。吾国幸甚，吾民幸甚。旅京湖南同乡委员会公叩。

（《旅京湘人之呼吁声　电三》，上海《时报》1922年3月30日）

全国商教联合会驻沪办事处致孙中山等电

（1922年3月30日载）

分送桂林孙中山先生行营，广州陈竞存先生，洛阳吴子玉先生，武昌萧珩珊先生鉴：

顷准湖南□、工、教育、律师各会函称：湘省累遭兵祸，重以天灾，□□儿女，甚至蒸食，种种苦痛，惨难尽述。今南北交战，湘当其冲，劫后残黎，其何以堪，哀嘱电恳南北当局，舍用武力，另图解决。复经代表面陈惨痛，□切情形，闻之酸绝。南北用兵，意在解决时局，北□政府，积恶丘山，全国人民痛心疾首久矣。最近□□员赴京调查财政，揭发积弊，尤堪发指。此不特孙、陈两先生所仗义声诛，亦且为吴、萧两先生所通电反对，既征心理相同，何可兵戎相见？在用兵者，非□意扰民，而师行所至，妇孺奔避仓皇，盗匪乘间窃□，作恶者政府，茹苦者人民，于义未安，于心何忍。□□年全国商教联席会议，主张裁兵以苏民困，具载□□。同人负执行议案之责，既据湘人之哀告，未忍缄默，为特敬告孙、陈两先生，武力救国，诚告苦心，□□暂释干戈，直揭主张，诉诸全国。共和国体，主权在民，谋和平解决之方，苟利于国，苟利于民，何□然□计。敬告吴、萧两先生，既迭斥北京政府罪恶昭彰，对于反对北京政府者，应认为友而非敌，人同此心，兵焉用战。凡此忠告，悉本良心之主张，决不□□治作用。诸公爱国，岂后同人，全国具瞻，岂惟湘省。尚求鉴纳，伫候教言。全国商教联合会驻沪代□□会。□。

（《商教联合会电劝息争》，上海《时报》1922 年 3 月 30 日）

章太炎等致孙中山函[①]

（1922 年春）

桂林慧兄急转孙大总统鉴：

报载大军已发，是否属实？

现在直、奉虽争，曹、吴亦非辑睦。奉军势力，只能及保定，不能及洛阳。吴本可置之不顾，一意对南，非可轻敌。大军如实未出，且宜暂作镇静，养成其衅，乃有可乘；如已出发，则宜趋向江西，而以湘为瓯脱。盖川、粤同举，川向鄂西，粤向江西，则北军战线延长，湘省拒其中流，彼必不敢开衅，而长沙幸可保全。加以协和志在回赣，奋勇百倍，如此吴军虽盛，却有可挫之机；万一不利，亦无丧师蹙地之祸。若一意向湘，则株、衡为必争之地，我未到达，彼已进据，湘中饷弹俱乏，补助未到，必不能阻遏直军。而江西一面，以吴氏强迫之力，仍不能使之不来。长沙先失，赣军又来，我军何能出衡州一步。若谓攻至粤边，粤军自然一致，此乃背水阵之危道，兵凶战危，岂可孤注一掷！

总之，南北相对，我弱彼强，乘衅为上，出赣为中，出湘为下，某某等为大局成败起见，不得不苦口沥陈。望审定戎机，毋使

---

① 原稿未署日期，考其内容，应在 1922 年春间。《章太炎书信集》（河北人民出版社，2003 年）收录该函，时间确定为是年 2 月。——编者

磐石之固，倾于一旦。

　　　章炳麟、谭延闿、柏文蔚、张知本、吴醒汉、查光佛

　　　（《革命文献》第五十二辑，第42～43页）

王伯群致孙中山等电
（1922年4月2日）

桂林孙大总统钧鉴：李部长、胡秘书长、各司令、许军长、各师长、各旅长、各报馆，广州参众两院、伍部长、陈总司令、各部总次长、各旅长、各厅长、省议会、各报馆，南宁马省长、省议会、各报馆，云南唐冀帅总司令、省长、省议会、各师旅长、各报馆，重庆刘总司令、但军长，泸州杨军长，成都刘军长、省议会、各师旅长、各报馆，长沙赵总司令、省议会、宗、鲁两师长、唐厅长、各旅长、各报馆，常德唐旅长，贵阳卢总司令、省议会、各法团、各报馆、各旅团长，上海各报馆均鉴：

　　阅报载袁祖铭自署定黔军总指挥头衔通电，一派狂吠，本不足较，惟黔乱始末，国人多未周知，特举事实，以明真象。

　　溯吾黔自入民国，宵小把持政柄，将及十年。凡以前恶劣官僚、阴险政客，咸布要津，朋分贿赂，端人正士，屏除殆尽。以致乳臭小儿，滥膺民社舆台，贱卒混迹冠裳，教育已伤催〔摧〕残，实业更绝萌芽。而于革新党嫉之如仇，凡挂党籍，更肆诛夷，铜镇边境，伏尸累累。迨至民穷财尽，乃更匪夷所思，大开烟禁，悉饱私囊，流毒全国，贻笑邻邦，此固国人所共知，抑亦吾黔之深耻。伯群及亡弟文华，每本良心之主张，不避嫌怨，涕泣谏阻，讵料诚信未孚，适中群小之忌。护国、护法两役，群与亡弟以义之所在，莫不亲赴前敌，独当其难，旧党始则极力破坏，继又多方牵制，比及成功，则恼羞成怒，仇视更深。伯群与亡弟自问于国于乡，差幸无过，既为群小所不容，乃先后解职以去，伏处沪滨，盖有日矣。

曩者川事变化，黔军回黔，今总司令卢公焘慈实统率之。谷正伦、胡瑛复分任正副指挥，以在外将领之积愤，伐罪吊民，革新黔局。宵小既去，人心大快，试问卢、谷、胡诸君历著勋劳，智勇过人，凡所行动，至有主义，岂受人唆使者耶？抑岂赤手空拳，远在沪滨者，所能指挥者耶？此不待辩而自明矣。

至黔政改革，是非曲直，黔人早有公评，各将士本其良心行动，为功为罪，他人何能任受。袁逆乃口不择言，任情捏造，既厚诬谷、胡诸君，又波及伯群与亡弟，是真丧心病狂者已。袁逆原为亡弟文华部曲，初仅一排长耳，不次拔擢至于师长。骄横恣肆，各将士渐不能堪，中以谷、胡两旅，尤为愤激。积恶既稔，群起逐之。袁逆不自反省，并不念亡弟十数年卵翼之恩，去春派人至沪，刺杀亡弟，迭经通缉在案。夫以小怨而戕长官，其人格究何如耶？贼心不死，更数遣人谋刺伯群，获凶送案，供证可凭。袁逆电中乃一再言人道，言正义，若不知人间有羞耻事者。袁逆既经南方通缉，又为乡人所不齿，不惜以护国、护法屡役咸从之人，悍然降北，奴颜婢膝，投为靳云鹏门下，骗取北庭十五万元，组织定黔军，设机关于武汉，啸聚党徒，倒行逆施；更借王占元所部，力谋祸黔，岂为伯群弟兄私仇，实我西南公敌。袁逆电中乃谓天柱会议，电招来黔，凿空之言，欲一手掩尽世人耳目耶？袁逆日奔走于京汉间，出入靳、王之门，藉北庭之钱，以收买内部，复藉地方名义，价卖北方。靳阁既倒，又投身吴佩孚部下。此次衔吴使命，辇载重金以及大宗械弹，潜由湘西入黔，少数军官浅见寡识者，受其利诱，开门揖盗，此真可为痛惜者也。

伯群奉政府任命，屡辞未获，力疾回黔，盖欲赞助政府，使黔军多数致力于外，以减轻本省负担，促成讨贼大计。殊甫抵铜仁，而化〔北〕伐黔军已纷纷回省，且通电拥戴袁逆，变化离奇。政府既无制止之方，群日睹黔民水深火热，不忍自相残杀，再令糜烂，乃嘱孙、窦、各旅，分别退让。惟此次袁逆扰乱黔局，破坏大计，实西南……①省当局，谅有苽筹。吾黔父老子弟，及军界同人，为维持全省声光，保全全省人格计，鸣鼓而攻，当勿待伯群之喋喋。谨布区区，诸希鉴察。王伯群叩。冬。

（《中华民国史事纪要（初稿）》1922 年 1～6 月，第598～600 页）

回族代表致孙中山、伍廷芳电
（1922 年 4 月 10 日）

孙中山、伍秩庸诸先生钧鉴：

血流漂杵，革建共和，脱压奴之苦，享自由之福，全赖诸公之硕造。五族共仰，中外同钦。山川社稷赖以固，同胞之福赖以安。我公大义炳若日星，公忠体国，故吾国人无不景仰望公，五指投地矣。惟南北争持，干戈不息，影响国家，涂炭人民，大局焉堪设想。回族愚悍，蒙忝五族份子，不忍坐视兄弟阋墙操戈，同室自残骨肉，故显头角，不揣冒昧，忠劝南北衮衮诸公，以救国为素志，以民命为前题，使统一成就，同胞合居，同心一德，共济时艰。回族虽愚，望治情殷。凡有利国福民之事，尚祈从速进行，出民水火，是所切祷。临风恳切，伏乞鉴察。

（《中华民国史事纪要（初稿）》1922 年 1～6 月，第624 页）

李烈钧呈孙中山文
（1922 年 4 月 21 日载）

呈为建置滇、黔、赣援桂联军忠烈祠，呈请核准，并赐题额

---

① 原文如此。——编者

字，以彰忠义而垂久远，专肃仰祈睿鉴事：窃维干戈卫国，檀弓许
以勿殇，功德及民，粟主因而在庙。自昔饮至策勋之大典，不废报
功崇德之隆施，所以安英灵于既往，作士气于方来，甚盛事也。伏
查上年夏、秋之交，滇、黔、赣援桂联军，自湘、自黔、自粤协同
友军，衔命驰驱，效忠战伐，共摧强寇，不辱戎行。其〈阵〉没
诸将士，志决身歼，名成师克，因粮千里，任雨风栉沐之劳，裹革
一朝，开氛授销沉之运。觥觥节概，日月同昭，耿耿精忠，鬼神俱
泣，流馨不朽，往迹难湮。凡此春闺魂梦之征人，宜为夏社凭依之
灵爽。烈钧仰体大元帅尊礼先烈至意，就没收逆将秦步衢之桂林行
春门内私宅，略事修葺，变更刑制，建置滇、黔、赣援桂联军忠烈
祠，呈请核准，并恳赐题额字，以彰忠义而垂久远。是否有当，理
合备文呈候鉴核，明令施行。谨呈。

　　（《李部长请建联军忠烈祠》，上海《民国日报》1922
年4月21日）

陈炯明致孙中山电[①]

（1922年4月22日）

广州孙大总统宥鉴：并分送各部长次长林议长均鉴：

　　昨奉钧命，准免本兼各职，遵经分别裁撤交代，即日离省。炯
明自念驽纯［钝］，谬荷巨艰，戎马经年，未遑宁处，倚闾有母，
定省多疏，救主无方，艰难无裨。近复积劳成疾，精力日衰，早思
息影衡庐，躬耕养母，幸邀俞允，得赋遂初，已于养日抵惠，西湖
名胜，最宜养疴，小作勾留，便当回里。四方多故，澄清赖有群
贤，三径就荒，松菊相迎故我，图效期诸异日，知念特报游踪，临

---

　　① 原电报载时略衔，现据上海《申报》（《广东政局复动详情》，1922年4月30
日）补齐。——编者

别瞻依，敬祝幸福。陈炯明叩。养戌。印。

（《陈伍交替中之粤讯》，天津《大公报》1922 年 5
月 7 日）

陈炯明致孙中山电[①]
（1922 年 4 月 23 日）

万急。广州孙大总统均鉴：

炯明无状，待罪乡邦，建设多疏，感孚乏术，亟思引退，稍盖
愆尤。朝下放归之令，夕回野人之乡，个人心迹，非速去无以自
明，万绪纠纷，尤非速去无以立解。梯云转宣德音，复奉读漾电，
优容备至，期许殷加，公义私情，敢不唯命。但自忖材力，难任烦
剧，抚此病躯，急宜休养。放刀成佛，菩提不及尘埃，卖剑买牛，
耕凿遥承庇荫。辱承厪注，谨达愚忱。陈炯明叩。梗。

（《陈伍交替中之粤讯》，天津《大公报》1922 年 5
月 7 日）

旅沪粤鲁公民致孙中山等电
（1922 年 4 月 23 日）

广州大总统府伍外交总长转大总统、陈总司令、张参谋总长、胡展
堂、汪精卫、徐固卿先生均鉴：

汉贼不两立，大业不偏安。今上天降祸于奉直，令自相虔刘，
以委制于我，我若观望不受，是违天命，逆民意，不祥极矣。伏乞

[①]　原电报载时略衔，现据上海《申报》（《广东政局复动详情》，1922 年 4 月 30
日）补齐。——编者

我大总统迅予誓师北伐，扫平国贼，以定国是，不胜幸甚。旅沪粤
鲁公民林文栋、齐允双、王静吾、黄辉文、胡铎民、沈石泉、陈寄
耘等。敬。叩。

　　　　（《旅沪粤鲁公民请速北伐》，上海《民国日报》1922
　　年4月24日）

张锡銮等致孙中山等电[①]

（1922 年 4 月 23 日）

北京大总统、国务总理、各部总长，保定曹巡阅使，盛京张巡阅
使，河南吴巡阅使，各省督军、省长、京兆尹、各都统、各护军
使、各镇守使、海军各司令、西南各总司令、蒙青藏办事长官、各
省议会、教育会、商会，天津黎黄陂、段芝老、梁燕老、严范老、
熊秉三、陆干卿、靳翼青、范静生、刘霖生、李实忱、饶秘僧、梁
任公、张绍轩、王子铭、陈二广［庵］、李阶平先生，北京周朴
老、田焕老、汪伯老、钱干老、荫午老、平政院长张乾若、朱桂
莘、夏仲膺、江宇澄、张勋伯、蔡子民、萨鼎铭、孙慕韩、陆子
兴、王铁珊、王幼山、谷九峰、张溶［镕］西、陈铎士、王懋宣
先生，上海岑西林、谭祖［组］广［庵］、康长素、孙伯兰、张仲
仁、张溥泉、唐少川、柏烈武、谭月波、陈舜卿、林隐青先生，南
通张季直先生，长沙赵炎午先生，重庆熊锦帆先生，南郑刘积之先
生，三原县于佑［右］任、胡丽生、王仕堂先生，南昌李木斋先
生，广东孙中山、伍秩庸、陈竞存、徐固卿、李协和、魏丽堂、李
登同、胡展堂、蒋伯器、程颂云先生，桂林汪精卫、许汝为、蒋雨
岩、孔文颉先生，云南唐萱［蓂］赓、褚慸僧、李印泉先生，盛

---

　　①　报载此电时衔略，据《中华民国史档案资料汇编》（第三辑军事（三），第
　　70～71页）所收同电补齐。——编者

京吴莲伯先生，杭州章太炎先生均鉴：

华会协定，原则尊我主权，为人类友爱、国际相互尊重开一新纪念。凡从前秘密外交，以强权代公理，视阴谋为当然者，经世界大战之牺牲，发人类共同之觉悟，故广土众民之我国，为世界经济需要之源泉，所受同情，至为真挚。邦人诸友，为酬答友邦厚谊，尊重国际之人格，列国既不恃武力阴谋以凌我，我岂忍以武力阴谋而自战。

乃者统一问题，曹、张、吴三巡阅使及各省督军，所标主义，皆为一致。倘能扫除客气，屏斥诪慝，从客商榷，同定国是，岂惟举国人民所仰望，抑世界万国所欢欣。乃目的不殊，而入途各异，失职不逞者，肆其簧鼓，兴师动众，将使同袍相残，四民失业。夫以少数人之私怨，牺牲我四万万人之人格，凡有血气，宁能坐受。前者函电商榷，吴使有推重曹、张之电，张使有一听仲帅之言。顷曹使养电与张使皓电，希望统一，异口同声，浙督、陕督亦不谋而合。以国民全体之希望，得群帅共同之提倡，事有易于反掌，理无待于称兵。是以张使谓，须武力为后盾，曹使谓须和平为主干。所望张使恪守成言，尊重曹使和平之提议，曹使则力谋实行，用副众望。

所谓耆年硕德、政治名流者，在全国人民中推选用何法，集合在何地，网罗众意，提出具体办法，务期切实易行，征求各方同意。俾海内耆年硕德、政治名流，集会一堂，决定国是。庶几公道获有力之赞助，民国得有再撑之一日，完成法治、整理财政、减缩军备诸大端，自可次第解决，外以副世界期望之殷，内以成诸帅和衷之美。〈若〉推选无法，集会无地，则国是终末由决定，战争则争城夺地，固足以杀人，和平亦麻木不仁，终无以立国。在阴谋武力者，或另有所冀，我全国人民，其何以堪！

锡銮等息影扯［止？］园，不与政治，然忧宗周于恤纬，惧栋折而榱崩。诸公现绾符节，坐镇兼圻，能使我辈作太平之民，则旗常钟鼎，皆所以铭诸君之伟绩。否则民国十年，拥兵自厚者，宁不有弗戢自焚之忧。远瞻俄罗斯、墨西哥屠戮之惨，近睹滇、桂、川、湘攻劫之口 [酷]，载胥及溺，有识同悲。思敢披沥腹心，呼吁袍泽，顺应世界之新潮，尊重国民之公位 [意]，立罢军事，言归于好，以保全我至友良朋无穷之荣。民国前途，实利赖之。公谊远交，言非得已，敢效忠告，伫盼德音。张锡銮、赵尔巽、王士珍、王占元、孟恩远、张绍曾叩。漾。

（《六调人致全国通电》，长沙《大公报》1922 年 5 月 3 日）

尹骥致孙中山电
（1922 年 4 月 24 日）

急。广州大总统钧鉴：

养电谨奉悉。业经遵照训令，所属一体恪遵，此间地方安谧 [谧]，请纾廑念。洪师长尚未回汕，俯息钧座，电促回粤，随同北伐，毋任感祷。第三旅长尹骥谨呈。敬。印。

（《尹旅长维持潮梅治安》，上海《民国日报》1922 年 5 月 4 日）

李炳荣致孙中山等电
（1922 年 4 月 26 日）

大总统、各部次长、伍省长、陈总长、许军长、各师长、叶总指挥、各旅长、各司令惠鉴：

读许军长漾电，至佩傥论。奉洛相持，良机不再，澄清未竟，高蹈非时，一家和气，失之不祥，百战前功，弃之可惜。元首抱改造中国之大愿，总座为缔造全粤之元勋，论交谊应无疑猜，论责任贵有终始，若徒湖上逍遥，坐令中原纷扰，推其究竟，必至桂山野火，星星复燃，珠海棋枰，着着失子。杞人忧切，苦口声晓，伏恳我大总统勖以至诚，促其出山，投袂救国。我总司令因一人自安高洁，使万众失所瞻依，奚忍牵动全局安危，悫视同袍痛痒，淑身淑世，万望兼筹。诸君子或属朋交，或关党义，或情深桑梓，或爱切鹡鸰，感想当有同情，〈敦劝〉务祈一致。内则信义相孚，外则驰驱共勉，岂独全粤之庥，西南之幸，中国前途，实深利赖。声嘶泪竭，端盼福音。惠州善后处长李炳荣叩。宥。印。

（《粤局转变之消息（续）》，长沙《大公报》1922年5月15日）

广东长洲要塞司令陈策致孙中山等电

（1922 年 4 月 27 日）

急。广州孙大总统睿鉴：分送国会、省会议长、各部总次长、各司令、统领均鉴：

驻粤北洋舰队为政桂余孽盘据，平日养尊处优，糜费西南政府饷糈甚巨。来粤六年，毫无建树，坐误国事，至失民望。复与桂、政学系，诪张为幻，倒行逆施，纵莫贼之刺程公，沉冤莫雪，助桂逆以阻粤军，战祸延长。又复包藏祸心，勾结北敌，各舰员兵热心护法者，则被其排斥。九年冬，圻、琛两舰发生风潮，尽力排除异己，以遂其暗通北敌之志。而毛仲芳、魏子浩、叶心传等辈益无忌惮，阳假护法美名以骗饷糈，阴联北方海军欲图扰乱，叛逆不法，罄竹难书。策等奉总统密令，召我海军同志温树德等，遵于本日午刻破厥负隅，率队先登海圻、海琛、肇和暨碇泊省河永丰、楚豫、豫章等舰，勒令政桂余孽解除武装，业告肃清。除飞报大总统核示外，特电奉闻。广东长洲要塞司令陈策叩。感。印。

（《广东收复北洋舰纪详》，上海《申报》1922年5月3日）

护法舰队官兵致孙中山等电

（1922 年 4 月 27 日）

广州孙大总统、国会参众两院、各部总次长、大理院院长、伍省长、省议会、许军长、卫戍总司令、各师长、各旅长、各团长、各司令、各厅长、各局长、各县长，教育会、儿善堂院、总商会、工商各团体、各报馆均鉴：

呜呼！吾人伏处于大福州专制淫威之下，噤口结舌，低首下心，如罪因，如犬豕，任其驱策，供其宰割，昏冥黑暗，不知历人间世几何年日矣！

昔者舰队南下，揭口〔纛〕护法义旗时，程公秉军权，昭信义，光明正直，畛域无分。吾人乃可重睹天日，私心庆幸，欣若赦囚。不幸程公死，而林葆怿与饶、毛、魏诸人，遂得朋比为奸，实施其大福州之酷辣手段，排挤险诈，谋祸西南。饶鸣銮通款于北方伪廷，魏子浩结合于政、桂两系，运动降北，牵制粤军，毛仲芳复公然往返厦门，亲赴北舰签字，以舰队先后弃粤为条件，接受伪廷收束金，以舰队暗助为信条，瓜分莫氏酬劳费。迨莫氏败走，林、饶相继而逃，毛、魏两人不恤人言，仍各为永丰、海琛舰长，往来香港，与政、桂余孽密设机关，祸粤阴谋，路人皆见。其尤逆迹显著者，魏子浩早奉褫特令，而违抗不遵，毛仲芳兼并参谋职权，而擅施威福，尤复遍布羽翼，密结爪牙，煽拨乡人，排除异己，以致我大多数之他省健儿横遭排斥，无舰可归。而他省之舰员学生，则或被除名，或遭降调。最近海圻烧火枪，逼舰长，驱逐总车，种种压抑摧残，无一不由若辈直接间接之主动。迹其经过罪状，罄竹难书。

未〔夫〕海军者，中华民国之海军也，军饷既为国人共同负担，则军事当为国人共同效力。乃闽人据为禁脔，视若家珍，不惜剥夺靡遗，以遂其无厌之大欲。咄咄！谁无血性，谁无心肝，此而可忍，宁复爱国军人，此而不除，将非热血男子。即日集合同志，举义发难，誓〈以〉铁血，殄灭群凶，拼〈此〉头颅，争回人格。吾人激于义愤，绝无权利之思，正义所驱，他非所计。邦人君子，幸垂鉴焉。海军全体官佐士兵同叩。感。

（《舰队被袭之因果（续）》，长沙《大公报》1922 年
5 月 11 日）

护法舰队官兵致孙中山电
（1922 年 4 月 27 日）

广州孙大总统均鉴：

同人等愤海军之腐窳，为根本之改造，爰集同志，扫除海军败类。托天之福，群丑溃败。用敢申明素志，共策进行：（一）拥护正式政府；（二）整理舰队，实行北伐；（三）完全服从大总统命令。有渝斯旨，鬼神殛之。特此宣言。海军全体官佐士兵同叩。

（《北洋舰收复后海军之表示》，上海《申报》1922
年 5 月 6 日）

海军上校周天禄等致孙中山电
（1922 年 4 月 28 日）

广州孙大总统钧鉴：

北洋舰队，来粤六年，徒糜巨饷，屡阻大计，国人失望，将士痛心。遵奉我大总统密令，当于念七号联合同志陈策、温树德、何学海等，统率辖舰广玉、广金等舰，将驻黄埔海坼、海琛、肇和、同安、豫章、飞鹰、福安等舰，驻白鹅潭之楚豫、永丰、永翔等舰，一律收复，派员驻管，以俟后命，特此奉闻。海军上校舰务处

长周天禄等叩。

（《舰队被袭之因果（续）》，长沙《大公报》1922 年

5 月 11 日）

旅沪赣民自治促进会致孙中山电

（1922 年 4 月 28 日）

大总统钧鉴：

肇造共和，中经护法，我赣人由李参谋部长烈钧领袖，几无一次不勉效驰驱，无一役不亲冒锋镝，我赣人为国牺牲，谅为国人所共见。惟自癸丑以还，吾赣已成亡虏，受人宰割，民不聊生，意谓时事多难，大局为重，豺狼当道，安问狐狸？江西问题，应随大局以解决，故茹苦含辛，忍辱负痛，从未敢轻言复赣，牵动义师。

今者我大总统为正本清源之计，兴师讨贼，正吾民出水火之日，庆幸有加。乃陈光远犹思售其诡谋，希望保全地位，诈言愿协饷械，赞助北伐，而以勿假道江西为请，由邓文辉、夏同和从中牵引。同人等关怀乡国，实有不能已于言者。义师讨贼，主义堂皇，陈光远果有忏悔，诚意归降，立当效命前驱，率师北指；即无能力负此仔肩，亦当欢迎义军，会师武汉。陈乃不然，而反拒绝假道，其为欺诈，已可洞烛。若听其蛊惑，不加讨伐，结果必使吾江西陷于万劫不复之地，而陈光远将为西南不拔之障碍物。义师以讨贼卫民，至为国人所信仰，当不养虎贻患，转背舆情。且陈光远众叛亲离，已无斗志，前闻北伐消息，特将细软眷属运回天津，并以重金赁定军舰一艘，停驶江干，以为出走之计。庸懦如陈，更无联合之必要。

邓文辉以赣人而充西南代表，应如何为护法政府张威信，为吾赣人民谋幸福。讵意人心不同，各如其面，就论事实，赣人尤不能无疑。查文辉自充西南代表以来，常时驻赣，陈光远先后委以樟

树、三湖两卡一等税差，互相狼狈，坐拥巨金。邓文辉感恩图报，利陈自利，万喙难辞。上年江西同乡，在北京开除陈大会，地方败类如戴秉清等，出名电请北庭从严取缔，邓文辉亦附名在内，称徐世昌为大总统，是陈未附南，而邓先服北，利令智昏，竟至于此。匪惟赣人之羞，抑亦西南之玷。兹令充当代表，为陈利用，不惟西南密计有失关防，窃恐狐媚为心，隐相勾结，难免不造成陆荣廷第二，出现于新广东，此同人所日夜焦思惕励祗惧而不敢不告者也。至夏同和本腐败官僚，光远走狗，前在江西实业厅长任内，曾被省议会列款查办，因而去职，为赣人所不齿，其言更不足听。

伏乞我大总统洞鉴机先，勿堕诡计，刻日誓师大举，取道赣省，直趋武汉，则西南之半壁已成，而统一之完成立致。吾赣人当箪食壶浆，欢迎道左。敢贡区区，迫切待命。旅沪赣民自治促进会叩。勘。

（《革命文献》第五十二辑，第113～114页）

陈炯明致孙中山电

（1922年4月28日）

万急。广州大总统钧鉴：

感电祗悉。前呈各节，业蒙采纳，使旧部数万健儿，不至因炯明个人去职而有所不安，于公于私，均拜隆赐。现所急者，北伐步队迅发赴机，留守部队妥速安顿，此皆明见所已及。其余接收总部，及出师、分防、接济等事，在职诸兄均优为之，固不必俟炯明也。炯明在位，既贻丛脞，在野或得有所尽力，以报我公。若万不得已，惟有陆长一职暂不辞退，但在此时仍请准假，俾资养疴。部务由程次长暂摄，当于各事均无致碍矣。炯明叩。俭。印。

（《陈总长陈述北伐计划》，上海《民国日报》1922年5月6日）

附　陈炯明致孙中山电

（1922 年 4 月 28 日）

万急。大总统钧鉴：

　　日感［感日？］电谕，祗悉，前呈各节，均蒙采纳。旧部不至因个人之去，为之不安，于公、于私，皆极感激。目下要着，出发步队，固宜迅赴事机，留守部众，亦须分别安顿，明见早及，毋须过虑。至接济后方等事，在职诸兄优为之，固毋俟炯明也。炯明在职，既多丛脞，下野或可稍助。惟陆军总长一职，仍勉担任，惟仍恳准假，俾稍休息。部务由次长程潜主持，谅亦无窒碍矣。陈炯明叩。俭。

　　（《陈炯明复各方面电》，天津《大公报》1922 年 5
月 13 日）

旅沪赣人林乐学等致孙中山等电

（1922 年 4 月 29 日载）

广州大总统及伍秩庸、李协和、陈竞存、徐固卿、胡展堂、汪精卫、徐季龙、徐鹤仙诸君均鉴：

　　报载北伐改道，请即先行规复赣省，拯救赣民于水深火热之中。陈光远无端纵兵，枪刺女生，残忍已达极点。近更骄横无忌，搜括益厉，运输巨款于吴佩孚，肥己肥人。伏乞我大总统即加讨罚［伐］，以符吊民伐罪之旨，协和总长尤宜为桑梓除暴安良计也。翘首南天，仰望无穷。林乐学、涂忠圖、陈云田叩。

　　（《赣人请愿新政府规复赣省》，上海《民国日报》
1922 年 4 月 29 日）

温树德致孙中山等电

（1922 年 5 月 3 日）

（衔略）冬日奉大元帅令开：任命树德为海军舰队司令。同日奉令，任命树德为海圻舰长。自维庸驽，谬膺重寄，汲长绠短，时虞陨越。惟念北虏未灭，国难方亟，壮夫报国，义不敢辞，遵于五月三日就职视事。此次树德秉承密令，改造海军，其主旨在巩固政府基础，促成国家统一。仰赖我大总统之威灵，暨各袍泽之协助，搏战竟日，群孽肃清。谨再代表我海军将士郑重宣言：（一）竭诚拥护正式政府；（二）完全服从大总统命令；（三）整饬海军，克期北伐，其有心怀疑二为国家统一之障碍者，树德即认为公敌，愿随诸君子之后，誓翦除之。掬诚电闻，伫候明教。海军舰队司令兼海圻舰长温树德叩。江。印。

（《中华民国史事纪要（初稿）》1922 年 1～6 月，第 748 页）

黄爱之父呈孙中山文

（1922 年 5 月 5 日载）

为赵恒惕肆凶毁法，虐杀平民，恳请昭雪以平冤狱事：窃民子黄爱，系学工出身，于民国九年秋间与庞人铨在长沙联络各行工友，组织湖南劳工会，以改善物质生活、增进劳工智识为宗旨。是年十一月呈准湖南省政府立案。旋在长沙省城教育会开成立大会，民子与庞人铨等被举为驻会干事。历年以来，计设平民阅报室两处、工人补习学校四所、劳工小册子四期，并劳工周刊一种。凡此种种，皆无非为工人自谋福利，社会共见共闻，并亦法律上所许可者也。

　　乃本年一月十六日夜十二时，湖南总司令兼省长赵恒惕竟派大兵围搜劳工会，将民子黄爱并庞人铨二人捕去，十七日清晨三时余，即斩杀于浏阳门外。民在籍闻耗，奔走长沙收尸，□见赵恒惕所宣布民子黄爱及庞人铨罪状，谓：盛倡无政府主义，假劳工名义煽惑人心；近复秘密收买枪支，乘冬防紧急，希图扰乱治安等语。窃思民子一向依法办理工会，并无所谓盛倡无政府行为，人所共知，岂容污蔑。劳工会既由省政府批准立案，民子依法被选干事，则当然无假借名义可言。所谓煽惑人心，究竟煽惑何人？所谓收买枪枝，究竟收藏何地？既无煽惑之左证，又无枪枝之明征，一味肆其淫威，锻炼成狱，如此周内，与以莫须有三字杀人何殊。尤可□者，民子自被捕至行刑之时，相距不过三点钟。不加审讯，不问供词，随时捕人，任意斩决，违法灭理，残杀平民，大□穷凶，至此已极。

　　民衰老余生，仅此一子，今竟被人诬杀，罹民国已废之斩刑，睹血肉之模糊，不禁身心〈为〉之交碎。抑冤□不雪，而国法不可不伸，用特不避艰险，间关来粤呈诉。伏望大总统即将赵恒惕免职拘传到案，严行究办，治以应得之罪，而儆凶顽，则生死人而肉白骨，感德者不止湖南一省矣。谨呈。

　　（《赵恒惕惨杀黄庞之被控》，上海《时报》1922 年 5 月 5 日）

湖南劳工会驻沪办事处及广东工界呈孙中山文
（1922 年 5 月 5 日载）

　　为请愿事：窃劳工会于民国九年秋季在长沙组织成立，以改善物质生活、增加劳工智识为宗旨，是年十一月即在湖南省长公署立案。旋在省教育会开成立大会，举定机械工人黄爱、纺织工人庞人铨为驻会干事。十年十一月改选，黄、庞继续当选。乃本年一月十六日夜十二时后，湖南总司令兼省长赵恒惕，派兵一连，围搜工会，将黄、庞二人捕去，于十七日清晨三时余，斩杀于浏阳门外。是日下午九时，又将工会解散查封。事后调查，始知黄、庞被杀并未经过正当审讯，亦未录取口供，而其所宣布之罪状，则谓盛倡无政府主义，假劳工会名义煽惑人心，近复秘密收买枪枝，乘冬防紧急，希图扰乱治安等语。更根据其所伪造之罪，谓劳工会匿居前次要犯，显为藏污纳垢之所，自应勒令解散，立予查封。

　　窃思黄、庞二人，自被举为劳工会干事之后，素依会章办理，社会共见共闻；而劳工会皆属正当生产之工人，亦昭昭在人耳目。且黄、庞二人办理报章、学校，成绩斐然，但求为工人自身谋福利，决不知何者为无政府主义。所谓煽惑人心，既无确征，收买枪枝，更无左证。乃赵恒惕肆凶虐杀，草菅人命，擅封工会，蹂躏自由，工人等迫于淫威，无从抵抗，只有遣代表赴沪，联络驻沪会员，暂设办事处，并不避险阻匍匐来粤，叩阍请愿，敬谨将工会历年之经过，及黄、庞被杀之惨情，为我大总统一详陈之。

　　窃工人等于民国十年，以湖南屡经兵燹天灾，民生疲敝，救济之道，舍实业更无别途，而启发实业，又舍将固有公产收归公有不可。当时华实纺纱公司握于少数奸人，工人等遂举黄爱、庞人铨等十人为工会代表，为取回纱厂公有之运动。讵华实公司即诡词□禀政府，总司令部偏听一面之词，即将黄爱等拘留于陆军监狱。黄爱等义不受辱，在狱绝粒，赵恒惕一时不能逞其□杀手段，始令释放。自是该厂衔恨工人及黄爱等刺骨。迨阴历年假将届，纱厂工人因要求发给夹［加？］薪一月及分红利事，酿成罢工。驻厂监察员李汝贤指挥开枪弹压，华实公司又电请总司令部加派大兵来厂干涉，致有击伤工人之事。劳工会以此次酿成之事变，当谋和平解决，于是乃徇华实公司之请，黄、庞二人出任调停。乃华实公司勾通监查员李汝贤及赵恒惕，妄称黄爱、庞人铨为此次风潮主动之人，即行派兵□捕，因无罪状可以宣布，故加以购买枪枝、希图谋乱之词，因恐人民营救，故不加讯问，即连夜绑赴浏阳门斩决。

窃思人民身体自由载在宪章，集会自由，尤彰彰规定于根本大法。今赵恒惕肆其凶焰，残杀平民，更弁髦法令，擅封工会，似此行动，不独有负大总统仁爱之冲怀，抑亦违悖国家规定法律之本意，非将赵恒惕褫职惩办，不足以彰国家之典型［刑？］，非取消赵恒惕乱命，由大总明统［人总统明令］恢复，不足平天下之冤愤。为此胪陈颠末，伏乞大总统即将赵恒惕褫职惩办，并以明令将劳工会恢复，使得继续进行，工人幸甚，天下幸甚。

（《赵恒惕惨杀黄庞之被控》，上海《时报》1922 年 5 月 5 日）

章太炎致孙中山贺词
（1922 年 5 月 5 日）

民国十一年五月五日，孙大总统被选就职，岁时一周，同志庆祝，礼也。往者军府解散，民无所托，大总统以奥主之资，采纳群议，涣汗大号，事既猝成，度越常轨，守义之士，或滋异言，既而湘鄂相鏖，川军踵下，大义衄折，崩角相求，于是广州政府岿然为南方斗极焉。改岁以来，将士用命，人有奋心，军舰携二，应时摧伏，咸［威？］信允著，关外慕义，大总统将于旬日之内，誓师北征，扬旗度岭，肇造区夏，在此时也。惟愿廓清江流，先建根本，激扬义旌，示之轨物，旁揽英俊，唯善是视，武义直方，覃及燕蓟，使我南方倡义之区，咸睹兴复，胜国余孽，荡无孑遗，以成真正共和，雪壬子小成之侮，群伦延颈，属望在兹。岂曰岁时更新，循例颂祷而已哉。此祝。

（《章太炎善颂善祷》，天津《大公报》1922 年 5 月 17 日）

中华民国各团体会议致孙中山电
（1922 年 5 月 5 日）

改造一周，薄海同庆，每维治绩，益企新猷。中华民国各团体会议祝。歌。

（《各团体庆祝双五纪念》，上海《民国日报》1922
年 5 月 5 日）

全国各界联合会致孙中山电
（1922 年 5 月 5 日）

广州大总统钧鉴：

公久抱改造之决心，重受国民之付托，精诚所至，金石为开。兹值就职一周纪念，用摅微悃，预祝成功。全国各界联合会。歌。

（《各团体庆祝双五纪念》，上海《民国日报》1922
年 5 月 5 日）

留日学生救国团致孙中山电
（1922 年 5 月 5 日）

广州大总统钧鉴：

公膺重责，瞬届一周，士饱马腾，澄清不远。念为国之多劳，幸斯民之有托，云霓在望，无任依依。留日学生救国团谨祝。歌。

（《各团体庆祝双五纪念》，上海《民国日报》1922
年 5 月 5 日）

旅沪赣人致孙中山电①
（1922 年 5 月 7 日载）

广州大总统钧鉴：

遗孽作祟，毁法乱国，共和民主，名存实亡。我大总统以开创之元勋，受国民之翊戴，广州正位，正统攸归，国纪为之一伸，共和因之托命。兹值纪念一周，凡我国人，同深庆幸，行见统帅出赣，饮马长江，统一之期，指顾间事。遥瞻荣戴，毋任翘企。谨申电祝。

（《旅沪赣人电贺大总统》，上海《民国日报》1922
年 5 月 7 日）

陈炯明致孙中山电
（1922 年 5 月 9 日载）

自己此时虽在野，然必为广东政府尽力。但陆军部长之职，虽暂不辞退，然甚愿休假，一切事务，请由次长代理。

（《西南北伐与陈炯明》，长沙《大公报》1922 年 5 月 9 日）

章太炎致孙中山函
（1922 年 5 月 9 日）

中山先生左右：

黄晦闻来，奉读手书，略悉近状。沈军既挫，北兵当不敢果于

---

① 该电列名的团体及个人包括：旅沪赣民自治促进会、旅沪赣人公益会、江西第二届省议会旅沪议员等。——编者

一逞，竞存虽尚跳梁，逆计未能得志，此可以暂息目前而未有久安之计也。前联名通电未发时，我公曾欲召集各省代表，今电已发出，正着手此事，以省代表尚在上海，赴粤是其心愿。滇则切托王九龄使归晓夔赓，湘亦派人前往要求矣。此事成就，尚非甚难，然只为联合感情之事，于军事计画尚无通盘筹算之地。此后更欲各省派遣军官就大营组织一参谋团，虽行军动员，未必出于中枢命令，而欲尽当今彼此互知，较之各干各事不相呼应者，必有进步矣。

然今日之势，攻守同盟，尚难实现，事前须先有军械，同盟一事，所以然者，如有子弹，皆为自相战争，消磨略尽。（川、滇二省，最为近鉴：川军所以不敌杨森者在此；滇军虽援川，不能与北军猛战者在此。）以所闻者平均分配，每枪不过二百粒，欲与北方竞胜，非增至五百粒不可。（前次与皖系战争，子弹较今为充足，皖系亦尚易与，然仅得自保而止。今吴佩孚之善战，远过皖系，断不可狎而玩之，目前所以尚得支持者，正因奉张牵制，吴氏本部军队不得南下耳。然川中已受巨创，粤虽幸胜，亦未能永久无患。况奉直终须一决，奉若战胜，我尚可存，奉若战败，则又谁为牵制者耶？终不如自充实力为可恃也。）

现以军械军队相比，南北军队可用者当不下十六万人，则充补子弹，须四千八百万粒矣。川之兵工厂，既为敌人所据，滇则昼夜加工，不过出三万粒。粤规模稍大于滇，而向来所造六八子弹，与各省枪式不合，未可通用。纵使一律改造七九，尽一年之力，犹未足补充他省，若奉若浙，虽可向彼拨调，而江海阻隔，事多留碍，故非一面自行整齐，一面购之外国，无由取济。购弹之道，唯滇、粤可以直接，川、湘、黔则非待滇、粤转运不可。故非军械同盟，则各省不得平均分配，而攻守同盟之策，心虽欲之而力不能逮也。

鄙意当以各省派遣寻常代表于粤为第一步，以各省派遣军事代表于粤组织参谋团为第二步，以筹画军械实行同盟为第三步，但使奉直未决，西南终有从容筹画之余地。从前孟浪用兵，不谋根本，但可以对河上翱翔之将，今则大敌当前，远非前日皖军可比，若欲以儿戏对之，恐无可幸免矣。此外，尚望推诚将士以辑军情，招致民八议员以箝敌口，本末兼施，名实具举，则庶可以维持数岁乎？

炳麟近以联合西南尚未竣事，未克南下。所拟策略，亦不外此数端，用特驰书以复。

章炳麟启 五月九日

（《章太炎书信集》，第 433～434 页）

湖南零陵各界罗沛国、蒋汉勋致孙中山电
（1922 年 5 月 10 日）

桂林大总统钧鉴：

民国肇建，十有一年，北贼专横，祸遍全国。我大总统恤念民瘼，大伸天讨，救生灵于涂炭，巩国基于苞桑。沛国等受各法团推举来全，已向谢旅何团代表己意，云霓在望，食浆迎师。伏望威旌早莅，天戈迅挥，使逆瘟潜踪，国基早定，西南幸甚，全国幸甚。零陵各界代表罗沛国、蒋汉勋叩。蒸。

（《革命文献》第五十二辑，第 52 页）

旅粤贵州公民董琳等致孙中山等电
（1922 年 5 月 13 日载）

桂林孙大总统，广州国务会议、各部总次长、参众两院，各省总司令、省长、省议会、各团体、各报馆均鉴：

本月八日《商权报》载：旅粤黔人萧承武百余人，昨日通电桂粤各机关，略谓卢总司令热爱共和，尊重民意，全黔爱戴，前因刘、王以舅甥争权，喋血城市，双方均不容纳，公推卢任总司令，共弭争端。乃被匪师长袁祖铭，野心顿起，于援鄂用兵时，受吴佩

孚任为定黔军总指挥，为吴利用，冀牵制川湘义师，以攫地盘云云。查该电所云一切，与刘前督昔年离黔事实，及近今黔省大局情形，大相背谬。矧袁师长此次回黔，实由黔省各界公推代表，会同驻扎洪江、黎平一带之黔军游击营兵队，赴常欢迎，并未假借外省兵力。日前袁抵黔后，备将各情电呈中央，声明黔事稍定，即行率师随同北伐，并派代表穆永康赴桂，晋谒总统，详陈一是。对于西南各省，亦曾有详细通告。可谓态度明瞭，函电具在，事迹昭然，不待赘述，遐迩咸知。

该电种种谰言妄语，本无驳斥之价值，大可置之于不理。惟查旅粤黔人，自去岁清理会馆事件，叠次登报召集会议，以及前月邀约团拜，合计到与未到，不过七八十人，并无百余人之多，且无该电领衔萧承武之名。琳等昨阅报后，四出访问，凡属同乡，莫不惶骇，佥谓显系一二捣乱份子捏造黑白，摇惑人心。目下在粤黔人，自闻袁师长入黔后，人心安堵，乩乩不惊，莫不额手称庆，深幸得人，今竟有此无知之徒轻举妄动，真令人不胜喷饭也。

此电专为揭破捣乱者之阴私，表明黔局之真相起见，除一面查究主名外，特此声明否认，免惑在远观听。事关至要，伏祈鉴察。旅粤贵州公民董琳、吴西城、周旭东、胡日初、董重、王朝赐、杨燊、史继法、杨伯卿、陈子清、杨灿焌、甘凤章、郭梓斋、吴廉臣、陈宝卿、薛勋臣、何荣端等同叩。

（《袁祖铭亦云北伐欤》，天津《大公报》1922 年 5月 13 日）

冯德麟等致孙中山等电
（1922 年 5 月 13 日）

由盛京致广东孙中山先生、张总司令、督军、总司令、省长、省议会、农、工、商、教育会、各报鉴：

十日北庭乱命，免去张巡阅使本兼各职，并调任德麟等署理督军等语。德麟等具有人心，与三省桑梓为□，对此乱命，概不承认，合电奉闻。冯德麟、吴俊升、袁金岂、史纪常。文。

（《中华民国史档案资料汇编》第三辑军事（三），第99页）

陈炯明致孙中山电
（1922 年 5 月 16 日载）

（一）各部军队皆系由漳力战返粤之健儿，追随数载，出死入生，有功于国，劳绩甚大。应请一体从优看待，所有官长士兵，概仍旧贯，勿予更动。（二）前粤军总部欠发各部军饷，应由省库担任全数清给。（三）各该部军队是否留驻省防，抑或改编北伐，应由大元帅酌量妥定，不得反抗。（四）现追随到惠之军队，应暂担任东江防务。一俟安顿办法妥定后，当即分别撤调回省。（五）驻桂留办善后之粤军，为数甚众，应请大元帅去电慰抚，藉安军心。

（《西南已下讨伐令》，长沙《大公报》1922 年 5 月16 日）

石青阳致孙中山等电
（1922 年 5 月 17 日）

广州分送大总统钧鉴（余衔略）：

北庭毁法祸国，贼盗相仍，重以华会失败于外，吴、曹跋扈于内，忧患纷乘，国势倒悬。我大总统亲率六师，躬行天罚，薄海群侪，咸怀振奋。青阳忝承明命，遄赴湘黔，敦促同志各军，用翊北伐大计。行抵川境，据杨旅长春芳、汤旅长子模请受节制，移师北伐，推青阳为四川讨贼军第一路司令，并恳即日就职，用资统率。青阳曩总师干，北伐未果，解甲以还，时切内疚。比来猥随元首驰驱道轼，国贼未灭，敢云暂逸？幸兹旧时部僚，壮志犹存，奋励陈词，趋义恐后，若作无谓之执谦，讵〔岂〕违讨贼之夙愿？义之所在，窃不敢辞，用于五月十七日在龙潭就四川讨贼军第一路总司令之职，请命政府指挥施行，效兹棉薄，冀裨鸿业。青阳赋性愚直，墨守正谊，于赞同讨贼者虽多憾，亦引为良友；反对讨贼者虽婚媾，亦视为寇仇。金石可渝，此心不二。我大总统庙谟高深，诸公筹策无遗，尚肯不吝明教，俾无陨越。临电翘企，无任主臣。四川讨贼军第一路总司令石青阳叩。篠。印。

（《石青阳就四川讨贼司令职》，上海《民国日报》1922 年 6 月 11 日）

曹锟、吴佩孚等致孙中山等电
（1922 年 5 月 19 日）

大总统钧鉴：国务院各部院、步军统领、警察总监、京兆尹，各省督军、省长，各特别区都统、各总司令、各司令、各护军使，海军总司令、各舰队司令，各镇守使、各师旅长、王聘卿先生、张金波先生、赵次珊先生、熊秉三先生、汪伯唐先生、孙慕韩先生、王铁珊先生、周少朴先生、钱干臣先生、田焕庭先生、张镕西先生、梁伯强先生、蔡鹤卿先生、王亮畴先生、王幼珊先生，天津黎宋卿先生、段芝泉先生、靳翼卿先生、严范孙先生、范静生先生、吕镜宇先生、朱桂莘先生、李仲轩先生、张敬舆先生、梁卓如先生，上海岑云阶先生、章太炎先生、孙伯兰先生、谭组庵先生、康长素先生、萨鼎铭先生、聂云台先生、穆藕初先生、黄任之先生、陈干卿先生、莫日初先生、李印泉先生、徐固卿先生、林隐青先生、温钦甫先生、张季直先生、吴莲伯先生、刘如周先生，广州孙中山先

生、汪精卫先生、胡汉民先生、徐季龙先生、林子超先生，成都熊
锦帆先生，汉口汤铸新先生，各省议会、农、教、商、工各会、各
报馆均鉴：

近年以来，祸患频仍，兵争迭见，国家危如累卵，民生凋瘵，
尤不堪言。近者奉军肇乱，危及国家，幸将士用命，驱除迅速，使
大局得以危而复安。然兵力但足勘定一时之乱，至于百年大计，非
从根本解决，终无长治久安之望。共和建设十有一年于兹矣，国家
何以不能统一，宪法何以不能改良，军区何以不能确定，不灼见其
症结所在，何从以施疗治之方？今兹国内硕贤耆德，□□□士，微
言渺论，日有所闻。或主张恢复六年国会，及召集第三届国会，以
维总［法］统；或提倡国民自由会议，以顺民意；以及协同制宪，
联省自治。各种提议，凡此起死之神功，皆为救时之良药。惟是言
法制者，当实尊法理；言民意者，当真出民意。苟有丝毫之假借，
即不足归真正解决。所望邦人君子，审思详虑，以期至善。一言兴
邦，在于今日。锟等分属军人，身为国民，有卫国保民之职责，对
于国家大计，惟有服从民意，实力奉行，初无几微成见可言。国内
明达，共鉴斯忱，伫候教言，俾资圭臬。曹锟、吴佩孚、田中玉、
陈光远、齐燮元、冯玉祥、刘镇华、陆洪涛、萧耀南、马福祥。
印。效。

（《曹吴等效电补志》，天津《大公报》1922 年 5 月
23 日）

叶举等致孙中山、陈炯明电
（1922 年 5 月 22 日）

举等远戍桂省，读总统前月翯日明令裁撤粤军总司令部，又接
电悉，陈总司令离省赴惠，三军闻之，彷徨不知所措。即于有日旋
师，经于巧、皓等日全军陆续抵省。举等追随陈总司令十余年，其

间由粤而闽，由闽而粤，复由粤而桂，生死患难，无役不共。不特陈总司令勋高望重，为全军所佩仰，即感情固结，亦非陈总司令总绾军符，三军必彷徨无主。粤省乃护法政府之策源地，粤军无主则粤局必乱，护法政府亦无所托。即恳大总统俯念粤省为全局所关，力挽陈总司令出任艰巨，以挽危局。临电不胜翘企，谨闻。总指挥叶举、魏邦平、熊略、翁式亮、何国梁、李云复、钟景棠、陈德春、罗绍维、杨坤如、陈炯光、姜汉□、贺□亭、太永宽、王定华、袁带、纪译深、陈家武叩。养。

（《粤军班师后之各面观》，上海《申报》1922 年 5 月 31 日）

湖北自治军第一军致孙中山等电
（1922 年 5 月 22 日）

天津张巡帅行营，广东孙大元帅，云南唐联帅，北京徐菊人先生，天津黎宋卿先生，浙江卢督军，福建李督军，安徽张督军，河南赵督军，四川刘总司令，各省督军、省长、镇守使并转各师旅长，上海何护军使、各法团、各报馆钧鉴：

天祸中国，变端叠起，分崩离析，迄无宁日。东三省巡阅使张，痛国家之危亡，高唱统一会议，念生民之涂炭，促进自治实行，磊落光明，中外共钦。讵吴佩孚者不识时务，横行无忌，破坏统一，摧残自治。去岁弄兵湘鄂，今且构战河北，吾民何辜，不死于战，即死于水，不死于水，亦毙于财。以国家为孤注，以人民为牺牲，倒行逆施，莫此为甚。超等不才，素抱爱国热忱，睹此情形，何忍袖手。谨率豫西健儿、鄂北志士，成军两旅，团结一心，扫此统一障碍，行我自治事实，附骥尾而固国本，瞻马首以维大局。尚望海内明达一致赞助，邦人君子时匡不逮，国家幸甚，人民幸甚。湖北自治第一军司令王超、旅长卢仙州、周震铎率全体将士同叩。

（《奉系军阀档案史料汇编》第三册，第726页）

洪兆麟致孙中山等电
（1922年5月23日）

韶州大总统、许军长、梁师长，惠州陈总长（余衔略）钧鉴：

兆麟养疴沪滨，自甘寂静，政潮澎涨，久无见闻。每接粤中函电，并蒙元首、总座暨诸同志敦促再三，并先后派员来沪慰问，殷殷以粤事变迁见告，催速返惠，共济艰难。自维多病之躯，庸胜艰巨之任？惟念西南护法，十载于兹，缔造艰危，仅有今日。若内部各殊意见，进取必至纷岐。应请大总统迅派专员劝慰陈总长即返穗垣，并以明令规复粤军总司令一职，仍资统率，以利进行。陈总长为国功高，军民爱戴，西南大计，举足重轻，仰恳勉抑高怀，出膺重寄。兆麟奔走廿年，备历艰危，既惧鹬蚌之争，并怀袍泽之谊，急整归装，力疾就道，返粤有期，重辱嘉海。谨布区区，伏维谅察。洪兆麟叩。漾。印。

（《陈炯明叛国史》，第41页）

广东省银行程天斗致孙中山等电
（1922年5月24日）

韶州大总统，惠州陈总长，广州国会非常会议，伍、居、汤总长，廖、伍、程、蒋各次长，徐院长，许军长，卫戍司令，叶总指挥，各善后处长，粤军各师旅团长、各司令、各统领、各营长，郑盐运使，孙市长，广东省议会钧鉴：

读陈总长篠电，奸人造谣，殊堪骇异。查省库支出款项，无论何费，均须审计处核准，再由财厅饬库照支，非可随时提用。且库储支绌，寅食卯粮，何能积存数百万，以供临时之携取。至广东省立银行，统与财厅时有通融，然必须依借贷形式，方能借入。惟当陈前省长辞职时，财厅并未借过省行款项，再证以金库四月下旬之报告，所支皆属细数，亦无有过百万者，事实具在，无可含糊。除将查明情形，呈请伍省长明白宣布外，谨电奉闻。程天斗叩。敬。印。

（《陈炯明回任问题之要电补志》，天津《益世报》1922 年 6 月 23 日）

朱培德致孙中山等电
（1922 年 5 月 25 日）

捷报。韶关大总统钧鉴（余衔略）：

本军自敬晨开始进攻，占青龙、黄龙、社公坝等要点。惟时以新城未下，故命一旅助攻新城，二、三旅攻大庾之背，鏖战一昼夜，敌人死伤甚重，即向崇义方面溃退，遂于有日午后五时，完全占领大庾。是役夺获野炮一门，步枪数百杆，七九子弹数百箱，俘虏百余名，我军死伤官兵七十余员，现正追击中。谨奉闻。朱培德叩。有酉。自大庾县发。

（《北伐军攻克大庾岭战况》，上海《民国日报》1922 年 6 月 6 日）

彭程万致孙中山等电
（1922 年 5 月 26 日）

捷报。韶州大总统钧鉴（余衔略）：

本军第二混成旅自敬晨逼近沙江坝后，苦战终日而不稍退，赖旅长世璜因沙江坝为全线锁钥，非迅予击破无以摇动敌阵，亲率主力协同滇军一部，战斗一昼夜，至昨晨敌始不支，遂将沙江坝占领。敌退东山，复顽强抵抗，苦战至午后六时，始将东山之敌击退。同时第一混成旅李旅长明扬亦亲率所部，冒雨攀登要隘，猛扑至勘午后六时许，先后将仙人岭、大小梅关之敌完全击退。随即尾追敌踪，至晚八时，两旅陆续进大庾岭城。万于本日午前八时到达大庾。计□日阵亡官长二员，伤八人，阵亡兵士七八十名，伤百余名。擒敌官兵百余名，退管炮一门，山炮三门，水机关枪二挺，七九步枪百余枝，子弹万余颗，军装无算。除派队向崇义方面穷追，并布告安民外，谨电奉闻。彭程万。宥午。印。

（《北伐军攻克大庾岭战况》，上海《民国日报》1922年6月6日）

赖世璜致孙中山、李烈钧电
（1922年5月26日）

大总统、李总长钧鉴：

职旅于本月二十四日拂晓占领马鞍山一带高地，向社江坝附近之敌开始攻击，该敌恃工事之掩护，顽强抵抗，与职旅激战一昼夜。廿五日晨七时，遂派一部绕至敌之右路，猛行突出，并以一部向敌左路包围，敌势不支，遂向东山岭方面退却。比即率队追击，敌人又占据东山岭顽强抵抗，而仙人岭上之敌炮，亦向我追击队猛烈射击。至晚七时，敌恐后路断绝，遂乘雨全部击退。职旅先头部队乘势尾追，当夜即占领南安县城（即大庾县），本晨六时遂完全克复。现已派一部肃清窜匿各处之敌兵，俟部队稍事整顿，立即派队向崇义方面行战场外之追击。此次战斗，职部夺获敌炮三门，机关枪一枝，弹药军物无算，敌军死伤数百。职旅官兵死伤及弹药耗费之数，容后即行详报。特此奉闻。旅长赖世璜叩。宥辰。印。

（《北伐军攻克大庾岭战况》，上海《民国日报》1922年6月6日）

张作霖致孙中山等电

（1922 年 5 月 26 日）

广州孙中山先生、唐少川、伍秩庸先生、陈总司令，广西刘总司令、马省长，福建李督军，浙江卢督军、沈省长，安徽张督军，南雄大本营转李总司令、许军长、黄军长，湖南赵总司令，重庆刘总司令并转熊总司令、但总司令、刘总司令，云南唐总司令，贵州卢总司令，陕西陈总司令，山西阎督军，热河汲都统，河南赵师长、常统领，九江镇守使，上海何护军使，各省议会、各团体、各报馆公鉴：

共和肇造，丧乱频仍，国几不国，推原祸始，皆因军阀窃柄，昧于世界潮流，弃法令如弁髦，蔑民权如刍狗，非根本改造，断难谋统一而企和平。吴佩孚以后生新进，标掠虚誉，作霖等以望治心切，拟于协力扶持，促成民治。故庚申之役，助之成名。不谓吴佩孚丧心病狂，跋扈愈甚，攘夺秦楚，专攘地盘，蹂躏荆湘，残贼民命，迹其背弃信义，拂逆潮流，种种叛乱行为，殊非作霖等初料所能及。作霖等犹复曲于含容，不肯以不肖之心待人，始既助之成名，终必劝之改过，乃于月前率师入关，警告吴佩孚彻底觉悟，共策进行。吴佩孚竟怙恶不悛，逞其凶焰，向我开衅，近更盘踞要津，把持政柄，倒行逆施。东三省人民自作主张，并与西南及长江同志各省取一致行动，拥护法律，扶植自治，铲除强暴，促进统一，伏愿天心厌乱，早日观成，使合法之政府，得以实现。作霖等立即解甲归农，不再与闻国事，区区此心，神明共鉴。用荷电闻，伏候明教，张作霖、孙烈臣、吴俊升。宥。印。

（《中华民国史事纪要（初稿）》1922 年 1～6 月，第
970 页）

孙传芳致孙中山、徐世昌电
（1922 年 5 月 28 日）

广东孙中山先生，北京徐东海先生钧鉴：

慨自民国六年，法统破裂，政局分崩，南则集合旧国会议员，
选举孙大总统，组织广东政府，以资号招。北则改选新国会议员，
选举徐大总统，依据北京政府以为抵制。谁为合法，谁为违法，天
下后世，自有公论。惟从此南北背驰，各走极端，连年内争，视同
敌国，阋墙煮豆，祸乱相寻，民生凋敝，国本动摇，颠覆危亡，迫
在眉睫。推原祸始，何莫非解散国会，破坏法律，皆［阶］之厉
也。传芳删日通电，主张恢复法统，促进统一，救亡图存，别无长
策。近得各方复电，多数赞同，人之爱国，同此心理，既得正轨进
行无阻，统一之期，殆将不远。惟念法律圣神，不容假借，事实障
碍，应早化除。广东孙大总统，居于护法，法统既复，责任以终，
功成身退，有何流连。北京徐大总统，新会选出，旧会召集，新会
无凭，连带问题，同时失效。所望我两先生，体天之德，视民如
伤，敝屣虚荣，及时引退，适可而止，知几其神，标逊让之高风，
促和平之实现，救人民于水火，系国家于苞桑，无使天之扰攘，曲
为两人，俾得大好山河，全归一统。从此庄严民国，得享承平，黄
炎子孙，胥受乐利。饮水思源，罔不知感，馨香顶戴，于万斯年。
传芳武人，粗知大义，爱人以德，缄默难安，贤达如两先生，当不
河汉斯言。孙传芳叩。勘。

（《中华民国史事纪要（初稿）》1922 年 1～6 月，第
905 页）

朱培德致孙中山等电

（1922 年 5 月 30 日）

韶关大总统钧鉴（余衔略）：

本军自二十八日击破青龙、新城之敌后，该逆所部之第十二师四十五、六、七诸团尾蹑追击，本军三十日占领南康，该敌退至金霉岭、李家山潭一带，负固死守，现对于该敌正在围击中。朱培德叩。卅午于南康。

（《北伐军克赣州后战报》，上海《民国日报》1922年 6 月 13 日）

国民外交后援会致孙中山电

（1922 年 5 月 31 日）

韶关大本营孙大总统钧鉴：

澳门葡兵俭日淫辱华妇，途人向前施救，竟被捕去，押留警区。各华人到区请求释放，由□七时候至翌晨，葡官不特不准保释，更纷调兵警到场实弹，向华人发枪，毙命者七十余人，伤者不可胜计。犹复运尸九洲，弃之大海，以图售其灭尸狡计。幸得雷震舰长途中截回，否则必尽葬鱼腹。似此横暴，人道奚在？公理何存？椎葡房之心，直视我国同胞亡国奴隶之不若，视吾民生命蝼蛄蝼蚁之不如。此而可忍，亡可立待。本会为贯彻外交后援主张计，除即日召集各工商社团开对葡大会外，特电乞我大总统迅饬广东政府收回澳门领土，调派兵舰保护侨民，以维国命而救危亡。不胜迫切之至。

（《广州各界对葡大会议》，上海《民国日报》1922年 6 月 6 日）

刘镇华等致孙中山电

（1922 年 6 月 2 日）

广州孙中山先生鉴：

帝制推翻，共和创建，艰难缔造，第一首功。溯禹域之披离，由宪法之未定。自国会散闭，荏苒六年，兵祸频仍，寰宇分裂。年来各方同志，苦心焦思，慨法统之不能伸张，恶魔之不能驱逐，璀璨庄严之中华国土不能统一，国际上既无价值，国体上殊涉危疑，乃不惜以铁血为代价，藉以图根本于苞桑。兹者战事和平，群情望治，迭经各省区各名流往复磋商，佥以为民六非法解散之国会，亟宜回复，民六被胁不能行使职权愤而去位之元首，亟宜拥护。本立道生，表端形正，是以淬厉民气，进行务期贯彻。迩来京津沪各议员已多数集合，徐东海复有自行引退之宣言，全国同意，一致倾向黄陂，敦劝出山，回复原任。公论所归，义不容辞，是今日中华民国已纯然恢复六年前有法统之地位。揆诸我公真正爱法律、爱国家、爱人民之私心，亦已完全达到。正宜成功不居，及时引退，以国民资格，共图国是，旷代一人，非公其谁？民国万年，实利赖之。时机迫切，稍纵即逝，当机立断，是在我公。刘镇华、吴新田、阎治堂、刘宝善、顾琢塘等。冬。印。

（《北洋正统中之拥黎电》，上海《民国日报》1922
年 6 月 6 日）

全国商会联合会致孙中山电

（1922 年 6 月 2 日）

广州孙中山先生赐鉴：

法律失效，南北分离，先生拥护法之旗，争民治之本，倡义西南，五稔于兹。今幸天心厌乱，大众自觉，恢复旧国会，完成国家根本大法之主张，已成全国一致，法律问题于焉解决。先生始终护

法，目的已达成功。至事实问题，敝会本全国商民公意，决定一面
请愿于先生及东海，本为国为民之心，双方下野，一面请黄陂即日
复职，促进统一，于三十一日通电全国在案。今东海以大势所趋，
毅然宣布退位，惟乞先生俯从民意，敝屣尊荣，归权法统，成全统
一。先生素主民治，毫无权利之私，定能俯顺国民吁悫，而谋国民
之真正福利也。全局解决，在公一人，肃电陈请，伏维亮察。全国
商会联合会副会长张维镛、上海总事务所干事江经沅、京兆事务所
干事安迪生暨各省驻京评议员同叩。冬。印。

（《全国商会联合会请孙文下野》，天津《益世报》
1922 年 6 月 5 日）

旅沪江西第二届省议员致孙中山等电
（1922 年 6 月 2 日）

韶州大本营海陆大元帅暨前敌各司令、各将领公鉴：

陈、杨祸赣，民不聊生。兹蒙俯顺舆情，率师伐罪，捷报传
来，迭占赣南诸邑，来苏有日，庆何如之。前经加推代表，随营欢
迎，尤有陈者，吾赣人与陈、杨誓不并立，机会已来，咸知奋勉，
应如何断彼交通，绝彼粮饷，随在皆可响应。军行所至，敬乞驾驶
飞机，先行晓谕，俾知准备，免误戎机。临电不胜企祷之至。江西
第二届议会议员公叩。冬。

（《赣议员欢迎北伐军援赣》，上海《民国日报》1922
年 6 月 2 日）

全国各界联合会致孙中山等电
（1922 年 6 月 2 日）

韶关大本营海陆军大元帅、各处处长，广州国会非常会议、总统

府、各部总长并参谋部李部长，粤桂滇黔川湘暨讨贼军各总司令、司令、师旅团长、各省长，陕西讨贼军各总司令、司令、师旅团长，施南潘总司令、各旅团长，各省区、各侨埠、蒙古、青海、西藏、各团体、各报馆并转各界均鉴：

自恢复六年国会声浪喧腾于津、保，凡畴昔毁法乱法之徒，皆骤变其论调，一若解决时局舍此莫由者，是不可以不辩。

查约法第二十条：参议院得自行集会开会闭会。第二十八条：参议院以国会成立之日解散，其职权由国会行之。议院法第七条：议员于开会后满一个月尚未到院者，应解其职。但有不得已故障报告到院时，得以院议展期，延至两个月为限。国会被黎元洪非法解散后，自行集会于广州，本约法第二十条之规定也。民国七年七月十二日宣布解职者，计参议员五十一人，众议员一百四十七人；八月十二日宣布解职者，计参议员五十八人，众议员六十九人。本议院法第七条之规定也。言恢复则不啻承认国会可解散，固已违法矣。言恢复又限于六年国会，则不啻否认院法之效力，不尤违法乎？夫国会议员资格之所以取得，凭法律而取得也，其存在凭法律而存在也。业经丧失议员资格者，与未尝取得议员资格者等耳。彼辈前既承官僚武人之意旨，或博北庭官吏，或入安福机关，或充经济调查员，兹复承官僚武人之意旨，悉冒国会议员，迷离扑朔，宁非滑稽之至耶。

抑尤有言者，国会漂泊，原因虽甚复杂，而躬为议员之不良份子，实不能辞其咎。当梁启超、汤化龙之勾结督军团也，其同系议员相率辞职，六年复辟怪剧于以开幕；当岑春煊之勾结徐世昌也，其同系议员相率缺席，八年宪法会议于以中夭。此皆有违法之事实，或免除名之处分，审情度理，同在真正民意屏弃之列。辄乘此时叫嚣活跃，果胡为哉！他如护法半途，忽逗留踟躇于各地而未解职者，亦不乏其人。正宜慎终于始，共襄一篑之功，若竟去正就邪，必成千古之恨。

报载吴佩孚密电，略谓恢复法统，南政府可即日取销，副总统可即选出，北洋正统从此可以巩固。试问吴氏何以主张取销南政府，为其有碍于北洋正统也；何以主张选出副总统，为其有利于北洋正统也。改革以来，国民生命财产葬诸北洋正统之观念中者，不知几何。吴氏独坚固北洋正统为前提，真善传袁世凯之衣钵者也。是恢复六年国会之说，倡之者别有肺肠，附之者甘为乌狗。本会戮力于维持法统，历三年如一日，深恐泾以渭浊，朱以紫乱，特电痛辟，并候明教。全国各界联合会。萧。

（《各界联合会辟恢复国会通电》，上海《民国日报》1922 年 6 月 3 日）

旅沪赣民自治促进会致孙中山等电
（1922 年 6 月 2 日）

大总统钧鉴：李部长，粤军许军长、梁师长、黄司令，滇军朱总司令，赣军彭总司令、李旅长、赖旅长暨北伐军前敌各将士公鉴：

赣省沦陷，将及十稔。李纯驻防于前，张光远窃据于后，贪鄙横暴，不知纪极，人怨神怒，水深火热。欣闻大总统亲率六军，彰行天讨，驱除群凶，造功自赣，八十一县属三千万人民，莫不引颈企踵，色舞眉飞，箪食壶浆，备之久矣。诸将帅所部，或为滇粤义旅，或为梓桑豪杰，素孚同胞之谊，克营合作之功。遥想势等破竹，指日可痛饮洪都；卷甲疾趋，匝月而会师武汉。苍生有幸，日月重光，大旱云霓，曷胜仁瞻。旅沪赣民自治促进会叩。冬。

（《旅沪赣人之贺捷电文》，上海《民国日报》1922 年 6 月 4 日）

江西旅沪自治同志会致孙中山电
（1922 年 6 月 3 日）

大总统钧鉴：

顷致国会一电，文曰：国会议员公鉴：徐世昌遁逃，黎元洪曾行解散国会，促成复辟，实叛法丧国罪人，无复职理。且集在天津之所谓旧议员，或食徐俸之经济调查员，或南来议员之下堂求去者。甚至有业经辞职，或被公决依法宣告除名者多人，实已毫无代表资格，不得冒充国会，擅行推戴。贵会宜正告全国，伪廷已倒，凡受伪廷委任者应速行反正，否则均属伪官，应咨行政府督师声讨。外交尤关重要，往日外人以宛平地点便利，遂致认伪廷为对手。方今并伪者而亦无之，更宜宣告各国，我国正统依法为归，历史上向以政府所在即为京都，反之僭贼即窃据旧京，亦不成为正统。友邦应尊重国家人格及其友谊，与我正式政府交涉，未可因片面之便利，遂与僭贼周旋也。等语。今当举国惶惑之际，伏望我大总统亦体斯旨，昭告中外，并亟行申讨一切叛贼，肃清中夏。其有假借名号，凭负旧京者，一以僭逆处之。毋听游词，致隳大业。讨袁以潦草结局，酝乱至今，牺牲大矣。前车可鉴，请为我国民熟虑之。江西自治同志会叩。江。

（《赣人自治会力维法统》，上海《民国日报》1922年6月5日）

萧耀南、刘承恩致孙中山电
（1922年6月3日）

（衔略）窃维治世有大经，立国有大本，行有其道，则历年变乱，可致谧平。反之则治丝而棼，愈趋愈远，转足召危亡之祸。

比年以来，南北父老共苦兵争久矣。溯厥所由，实造端于一二人之权位争执，而祸患遂深中于全国。盖以法统不明，乘时之士，各得因缘时会，意见纷歧，南曰护法，北曰统一，究其实际，几促成国内之分裂。措置不得其平，希望适得其反，炮火连年，徒令利归私人，害及国家。而忧时之彦，亦几于群思高蹈，缄口结舌，厌谈国事。诚以法律、事实背道而驰，不揣其本，而齐其末，空言救国，终于当世无补耳。伏读东海世、冬等日通电，及王、吴两议长东日通电，一则敝屣尊荣，一则维持法系，剀切详明，国人共鉴。循是而著为常经，确定国本，正式国会既可依法成立，合法总统复能行使职权，国内一切纠纷，立可迎刃而解，奠安时局最要之途径，莫逾于斯。

耀南一介武夫，服务桑梓，虽报国之有心，愧匡时之乏术，惟知西南数省，非贯彻护法之主张，绝无接洽之余地，朝野名流，非期望国会之成立，实无轨道之可言。兹幸朝野宗旨，趋于一致，南北主持，根本相同，谨敢披沥陈请，切盼中山先生，本毕生缔造共和之苦衷，为觉悟国民之先导，护法而能恢复法统，目的既达，旗帜可消。尤愿海内贤达，以共同一致之精神，为急起直追之策画，宏抒伟略，众志成城，俾海内兵争从此永息，国家大法得以复苏，民国之幸，即国民之幸也。耿耿愚衷，伏乞垂察，赐教为幸。萧耀南、刘承恩。印。觉。

（《萧刘请孙中山引退之觉电》，天津《大公报》1922年6月6日）

东三省议会联合会致孙中山等电[①]

（1922年6月3日）

各部院，孙中山、唐少川、伍秩庸、陈竞存、张季直、熊秉三、段芝泉、孙伯兰、吴莲伯、岑云阶诸先生，巡阅使、督军、省长、都统、各总司令、护军使、镇守使、各省议会、各团体、各报馆均鉴：

---

① 据天津《益世报》（1922年6月5日，《各方面对于解决时局之主张》），该电应发于江日。——编者

　　顷接北京东电，东海下野，三省人民均以为统一有日。所望海内明达，趁此时机，本约法之精神恢复旧国会，应以沪上为开会地址，俾免武人之干涉，庶国家有合法之政府，以谋统一。三省人民当以全力赞助，切勿再事纷歧，陷国家于万劫不复之地，非独三省幸福，全国同胞，实利赖之。谨布区区，伫候明教。东三省省议会联合会。印。

　　（《东省议会对时局主张》，长沙《大公报》1922年6月9日）

张作霖等致孙中山电
（1922年6月4日）

广东孙中山先生鉴：

　　奉天、黑龙江、吉林及内外蒙古实行宣布自治，与西南取一致行动，同伸救国大义，共图统一良策。诸君为国家尽瘁，数载于兹，作霖等执鞭之来迟，愿同舟而共济。敢布腹心，伏候明鉴。张作霖、吴俊升、孙烈臣。

　　（《中华民国史事纪要（初稿)》1922年1～6月，第971～972页）

江苏公团联合会致孙中山等电
（1922年6月5日）

广州大总统、参众两院、各部总长、各司令、各军长、各报馆，粤滇黔川湘桂赣陕各省长、各总司令、各省议会均鉴：

　　叛法及除名之国会议员王家襄等，勾结护法之败类吴景濂等，冒用国会牌号，麇集天津，捏参、众两院议员名义，发似是而非之电，恢复国会，通电主张违法解散国会已满任之黎元洪复职，并欲藉以消灭护法伟业。而直系尤有请政府及伪廷同时取销之谬电，吴佩孚更以北洋正统号召，其奸谋已昭然若揭，而以伪乱真，其罪尤浮于毁法。我大总统于国纪中断之日，法统继续之交，为真正国会所选举，应天顺人，正位南都，讨逆出师，来苏同庆。惟是叛法祸国害民诸贼，一日不铲除净尽，中华民国版图，一日不完全收归正式政府治权之下，是诸公之负任一日未尽也。尚乞我大总统策胜赣余威，全师北伐，各将领本救民素志，同饬戎行，两院议员诸公，抱护法决心，力遵正谊。同舟共济，荡彼么魔[幺麼？]，毋惑奸回，自甘退诿。曹贼虽横，汉统尚知存蜀；周王犹在，国人义不帝秦。用辟诐辞，伏希明教。江苏公团联合会叩。微。

（《各方面尊重法统表示》，上海《民国日报》1922年6月6日）

民治急进社致孙中山电
（1922年6月5日）

广州孙大总统钧鉴：

皓、感数电，计邀霁鉴。徐世昌畏法潜逃，足征我大总统德隆望重，义师未至，贼胆寒矣。孰料违法叛国解散国会之黎元洪，竟与决堤杀民之吴佩孚、洪宪元勋曹锟等勾结，希图复职，盗窃大权。同人等闻之发眦俱裂。纵观宇内，城狐社鼠，遍地豺狼，确有民不欲生之惨状。务恳钧座□电促前敌将士，积极进攻，扫除群凶，还我故土。同人不敏，纵血溅疆场，誓为义师后盾。临电愤激，不知所云。民治急进社叩。微。印。

（《各方面尊重法统表示》，上海《民国日报》1922年6月6日）

蔡元培等致孙中山及非常国会议员电
（1922 年 6 月 6 日载）

广州孙中山先生及非常国会议员诸公均鉴：

自六年间国会受非法解散，公等与西南诸首领揭护法之帜，以广东为国会自由召集之地点，中间受几多波折，受几多阻力，而公等坚持不渝，此以［以此］种手段求达护法目的。开非常国会以抵制北方非法国会，选举总统以抵制北京非法总统，举行北伐以抵制北方拥护非法国会与非法总统之武力。虽有〈以〉此种手般［段］为诟病者，而公等坚持如故，固以为苟能达护法之目的，无论何种手段不妨一试。且正惟公等用此种种手段，使全国同胞永永有一正式民意机关之印象，故至今日而克有实行恢复之机会。公等护法之功，永久不朽，当为国民所公认。乃者北京非法总统业已退职，前此下令解散国会之总统，已预备取消六年间不决［法］之命令而恢复国会，护法之目的，可谓完全达到。北方军队已表示以拥护正式民意机关为职志，南北一致，无再用武力解决之必要。敢望中山先生停止北伐，实行与非法总统同时下野之宣言。倘国会诸君惠然北行，共图国家大计，全国同胞实利赖之。蔡元培等二百余人叩。

（《蔡子民与直系同一主张》，上海《民国日报》1922
年 6 月 6 日）

黎元洪致北京、广州府院部等电
（1922 年 6 月 6 日）

北京、广州府院部，各省区巡阅使、督军、省长、总司令、都统、各护军使、镇守使、海军各总司令，天津第一届国会王议长、吴议长、各议员，各省议会、教育会、农、工、商会、各报馆，北京王聘卿、张镕西、谷九峰、汪伯唐、庄思缄、蔡子民、王亮畴、孙慕韩、上海康长素、张仲仁、岑云阶、唐少川、章太炎、谭组庵、孙伯兰、广州伍秩庸、李协和、胡展堂、汪精卫、惠州陈竞存、济南王儒堂、重庆熊锦帆、桂〔贵〕阳刘如舟、南通张季直、天津萨鼎铭、段芝泉、熊秉三、严范孙、梁任公、张敬舆、范静生、周少朴、北京各国公使、各省埠各国总领事均鉴：

前读第一届国会参议院王议长、众议院吴议长等宣言，由合法总统依法组织政府，并承曹、吴两巡阅使等十省区冬电，请依法复位以维国本。曾经复电辞谢。顷复承齐督军等十五省区冬电，及海军萨上将、各总司令等江电，京省各议会、教育会、商会等来电，均请旋京复职。又承两院议长暨各省区、各团体代表敦促，金以回复法统，责无旁贷。众意所趋，情词迫至，人非木石，能无动怀？第念元洪对于国会，负疚已深，当时恐京畿喋血，曲徇众请，国会改选，以救地方，所以纾一时之难。总统辞职，以谢国会，所以严万世之防。亦既引咎避位，昭告国人，方殷思过之心，敢重食言之罪，纵国会诸公矜而复我，我独不愧于心乎？抑诸公所以推元洪者，谓其能统一也。十年以还，兵祸不绝，积骸齐阜，流血成川，断手刖足之惨状，孤儿寡妇之哭声，扶吊未终，死伤又至。必谓恢复法统，便可立销兵气，永杜争端，虽三尺童子，未敢妄信。毋亦为医者入手之方，而症结固别有在乎？症结维何，督军制之召乱而已。民军崛兴，首置都督，北方因之，遂成定制。名号屡易，权力未移。千夫所指，久为诟病。举其大害，厥有五端：

练兵定额，基于国防。欧战既终，皆缩军备，亦实见军国主义，自促危亡。独我国积贫，甲于世界，兵额之众，竟骇听闻。友邦之劝告不闻，人民之呼吁弗恤。强者拥以益地，弱者倚以负隅。虽连年以来，或请裁兵，或被缴械，卒之前省后增，此损彼益，一遣一召，糜费更多。遣之则兵散为匪，召之则匪聚为兵，势必至无人不兵，无兵不匪，谁实为之，至于此极，一也。

度支原则，出入相权，自拥兵为雄，日事聚敛，始挪省税，终截国赋。中央以外债为来源，而典质皆绝。官吏以横征为上选，而罗掘俱穷。弁髦定章，蹂躏预算。预征既及于数载，重纳又限于崇朝。以言节流，则校署空虚，以言开源，则市廛萧索。卖儿贴女，祸延数世，怨气所积，天怒人恫，二也。

军位既尊，争端遂起，下放［犯］其上，时有其闻。婚媾凶终，师友义绝，云翻覆雨，人道荡然。或乃暗扇他人，先行内乱，此希后利，彼背前盟，始基不端，部属离二，各为雄长，瓜剖豆分；失势之人，又图报复，阴结仇敌，济其欲心。祸乱循环，党仇百变，秦镜不能烛其隐，禹鼎不能铸其奸，覆亡相寻，惜不怨悔。幸制一省，复冀兼圻，地过八州，权逾二伯，扼据要塞，侵夺邻封。猜忌既生，杀机益烈。始则强与弱争，继则强与强争，终则合众弱与一强争，苟可泄其私仇，宁以国为孤注。下民何辜，供其荼毒，三也。

共和精神，首重民治。吾国地大物博，交通阻滞，虽有中枢，鞭长莫及。匪厉行民治，教育、实业皆难图功。自督军制兴，滥用威权，干涉政治，囊括赋税，变更官吏。有利于私者，弊政必留；有害于私者，善政必阻。省长皆其琐娅，议员皆其重儓。官治已难，遑问民治。忧时之士，创为省宪，冀制狂澜。西南各省，迎合潮流，首易为总司令，复拟易为军务院，隶属省长。北方明哲，亦有拟改为军长，直属中央者。顾按其实际，已成积重难返之势。今之总司令，固犹昔日之督军也。异日之省长、军长，亦犹今之总司令也。易汤沿药，根本不除，虽有省宪，将焉用之？假联省自治之名，行藩镇剚分之实，鱼肉吾民而重欺之，孑遗几何，抑胡太忍！四也。

立宪必有政党，政党必有政争。果由轨道，则政争愈烈，真义愈明，亦复何害。顾大权所集，既在督军，政客争权，思遂凭藉。二年之役，则政党挟督军为后盾；六年之役，则政党倚督军为中心。自时厥后，南与南争，北与北争，一省之内，分数区焉，一人之下，分数系焉。政客藉实力以自雄，军人假名流以自重，纵横捭阖，各戴一尊，使全国人民涂肝醢脑于三端之下，恶若蛇蝎，畏若虎狼。反键飞箝，方鸣得计，卒至树倒猢散，城崩狐迁，军人身徇，政客他适。受其害者，又别有人。斩艾无遗，终于自杀。怒潮推演，可为寒心，五也。

其余祸害，尚有不胜枚举者。元洪当首义之时，原定军民分治，即行废督，方其子身入都，岂不知身入危地。顾欲求国家统一，不得不首解兵柄，为群帅倡。祸患之来，听之天命。轻车骤出，江汉晏然。督军之无关治安，前事具在。项城不德，帝制自私，利用劝进，授人以柄，荏苒至今，竟成踧盩。今日国家危亡，已迫眉睫，非即行废督，无以图存。若犹观望徘徊，国民以生死所关，亦必起而自救，恐督军身受之祸，将不忍言。为大局求解决，为个人策安全，莫甚于此。

或谓兹事体大，旦夕难行，必须于一省军事妥筹收束，徐议更张。不知陆军一部，责有专司，各地独立师旅，皆自有长官统率，与督军存废，影响无关。督军果自行解职，但须收束本署，旬日已足。此外独立师旅，暂驻原地，直接中央，他日军制问题，悉听军部统筹全局，妥为编制。此不足虑者一。

或谓师旅直属，恐饷项无出，激成变端。不知督军之饷，皆取国赋，非捐私财，督军虽废，国赋自在。且漫无考核之军事费，先行消灭，比较今日欠饷，或不至若是之巨。此不足虑者二。

或谓仓卒废督，恐部属疑惧，危机立生。不知督军易人，党系不同，恐遭遣散，心怀反侧，诚或有之。若督军既废，咸辖中央，陆军部为全国最高机关，昭然大公，何分畛域。万一他日裁兵，偶然退伍，军部亦易予安置，宁惧投闲？督军果剀切劝导，当可涣然冰释。此不足虑者三。

或谓督军皆望重功高，国人托命，一旦废除，殊乖崇报。不知所废者制，并非废人。督军多首创民国，与同休戚，投艰遗大，重任正多。望崇者，国人必有特别之报酬；功伟者，国人亦有相当之付托。果其自行解职，国人更感激不暇，宁忍听其悠游？否则民意所趋，发生误会，恐有不能相谅者。人情莫不去危而就安，避祸而求福，督军之明，抑岂见不及此？此不足虑者四。

或谓战事方剧，兵祸未平，猝言废督，必至统率无人，益形危险。不知全军司令，并非尽倚重督军，且年来争战，皆此省与彼省，此系与彼系耳。即或号召名义，彼善于此，国人皆漠然视之，所谓春秋无义战也。若既求统一，中央当一视同仁，不分畛域，从前误解，皆可消融。万一怙恶不悛，征伐之权出自政府，亦觉帅直为壮。此不足虑者五。

或谓中央此时已无政府，稽留时日，牵动外交。不知阁员摄行，已可负责。且法统中绝，已及五年，国人淡然若忘，久侪元洪于编户，此元洪法律不负咎也。元洪所求，论既至公，事尤易举，久延不决，责有所归，此元洪事实不负咎也。况华府会议，外人以友谊劝告，久有成言。各公使旁观既熟，高义久敦，当必恤此阽危，乐为赞助。此不足虑者六。

或谓总统不负责任，废督与否，应俟内阁主持。不知出处之道，不可不慎，量而后入，古有明箴。以今日积弱之政府，号令不出国门，使非督军自行觉悟，则废督之事万非内阁所能奏功。彼时内阁可引咎辞职，总统何以自处？若督军自行觉悟，放刀成佛，指顾间耳。嗣后中央行政，亦易措施。此为内阁计，应先决者一。

或谓东海去位，京畿空虚，一再迟延，恐生他变。不知国无元首，匪自今始。总统一职，名存实亡，空位纵久，何关轻重。京畿责任，自有长官，必可以维持秩序。果其有变，元洪无一兵一卒，又何能为？若督军不废，他日京畿战祸，能保其不续见乎？此为地方计，应先决者二。

或谓督军爱戴，反欲废之，以怨报德，非所宜出。不知督军请复位者，为利国家也，元洪请废督者，亦为有利国家也。目的既同，肺腑互谅。元洪与各督军分同袍泽，情逾骨肉。十年患难，存者几人？他日共治天下，胥各督军是赖。既倚重之，必保全之。此为督军计，应先决者三。

督军诸公，如果力求统一，即请俯听刍言，立释兵柄。上至巡阅，下至护军，皆刻日解职，待元洪于都门之下，共筹国是。微特变形易貌之总司令，不能存留，即欲划分军区，扩充疆域，变形易貌之巡阅使，尤当杜绝。国会及地方团体，如必欲敦促元洪，亦请先以诚恳之心，为民请命，劝告各督，先令实行。果能各省一致，迅行结束，通告国人，元洪当不避艰险，不计期间，从督军之后，慨然入都，且请国会诸公，绳以从前解散之罪，以为异日违法者戒。苟利于国，牺牲不辞。非然者，亡国之祸，即在目前，奴隶牛马，万劫不复，元洪虽求为平民且不可得，总统云乎哉！方将老死于津海之滨，不忍与世人相见，白河明月，实式凭之。废不能遍，图不能尽，觍然出山，神所弗福。救国者众人之责，非一人之力也，元洪颓然一翁，何所希恋，但愿早见统一，死无所恨。若众必欲留国家障碍之官，而以坐视不救之罪，责退职五年之前总统，不其惑欤？诸公公忠谋国，当鉴此心。如其以实权为难舍，以虚号为可娱，则解释法律，正复多端，亦各行其志而已。痛苦陈词，伏希矜纳。黎元洪叩。鱼。

（《黎黄陂吁恳废督裁兵之通电》，《申报》1922 年 6 月 9 日）

左翼司令黄大伟致孙中山电

（1922 年 6 月 6 日）

我军攻克大路坪后，敌军残部退至上洛，得援兵到助，即向我军反攻，枪炮颇犀利。黄司令乃亲率劲旅次横石井，从侧面绕攻敌军，前后受敌，遂全军覆没。我军计得枪七百杆，其他军用品无算。南昌总商会来电称陈光远潜逃，请大元帅迅派大军到省城镇压。

（《攻克赣州之详报》，上海《民国日报》1922 年 6 月 14 日）

蒋作宾致孙中山电

（1922 年 6 月 8 日）

广州大总统钧鉴：

我军自攻克信丰、南康、上犹后，我右翼军乘胜经由信丰、零都追击，于江日攻克零都。中路经由南康江口塘江追击，左翼占领上犹，威胁敌军右侧。敌人特有新锐军之增加，仍负固自守，顽强抵抗，激战两昼夜，经我右翼梁师长分兵由王母渡绕攻敌之左侧背，于歌日（五日）未刻攻入赣州城。正面之敌，闻风胆落，不能支持。我滇两军及左翼各军乘势猛攻，行大包围，致敌腹背受攻，死伤过半，残部纷纷缴械投诚。我军夺获枪械子弹无算，许军长业于鱼日晨入赣州城，出示安民。查赣州内称天险，又属赣南敌之根据地，此次突受围击，仓卒溃走，遗弃辎重及军用品物狼藉遍地，所有精锐丧残殆尽。我军现仍向万安、吉安跟踪追击。连日得沪电，陈光远业已出走，从此全赣传檄可定。特电奉闻。蒋作宾叩。齐。印。

（《攻克赣州之详报》，上海《民国日报》1922 年 6 月 14 日）

第二届国会议员致孙中山等电

（1922 年 6 月 8 日）

北京各部院、王巡阅使，天津徐总统、黎总统，广州孙总统，保定曹巡阅使、吴巡阅使，各省区督军、总司令、都统、护军使、省长、各省省议会、教育会、商会、农会、工会、各团体、各报馆暨全国国民均鉴：

天祸民国，变乱相寻，建国至今，迄无宁日。今则中央且陷于无政府地位矣。以西南非常国会所除名之议员百数十人，不足法定之人数，假窃第一届国会名义，在津集会，违法发布通电，迫徐大总统仓皇去位。夫使徐大总统去位之日，即为南北统一之日，而黎大总统即于是时就任，孙大总统亦于是时下野，第一届国会亦即于是时集合法定人数，正式开会，宁非全国国民所馨香祷祝以求之者。乃日复一日，黎大总统既无就任之期，孙大总统更无下野之说，不惟统一不成，大局且将益形分裂，言之痛心。

夫以四万万人之耳目，诚非此百数十人所能一手掩尽，为功为罪，事后自有定评。惟该电中以第二届国会为非法国会，关系国家，至为重大，使出自西南非常国会，尚有可言。乃发电之人，即系西南非常国会所宣布除名之人，一部分实即徐大总统所任用之经济调查局会员及各官吏，又一部分实即选举徐大总统之第二届国会议员。是不独民国法律为之摧残，即国会尊严亦为之损失，此中内幕诚有不得不为我国人正告者也。

查民国法系有二：自民国元年至六年为第一法系，自七年以后为第二法系。此第二法系实因复辟中断共和再造之后，依据约法召集参议院之所修正，良以时事迁嬗，区域变更，有不能不加以修正者，仍第一法系之所孳生而已。所谓新旧法律，不过通用之名词，两系实本一系，安有所谓合法、非法。况颁布此第二法系之人，召集此第二届国会之人，即第一届国会所选举之副总统、执行大总统职务之冯国璋，更安得指为非法。况对德宣战、华府会议，尤外交重大问题，皆第二法系政府所办理，此种不能淹没之事实，久为国际所公认，如并指为非法，则国际上之效力，皆将发生影响，何以对外。夫果以第二届国会为非法国会，二届总统为非法总统，则非法总统所任命之巡阅使、督军，及各官吏，亦皆为非法，又将何以处分，是并无以对内。今徐大总统退位已若干日矣，成事既不可挽回，后此究如何补救，顾病虽急，必不可乱投医，医虽急，尤不可乱投药。第一届国会在西南者为合法，则在天津者为非法，在天津者为合法，则在西南者为非法，今欲急求南北统一，则与其谓在天津者为合法，毋宁谓在西南者为合法；欲拥戴黎大总统以求统一，又何不迳行拥戴孙大总统以求统一。盖恢复第一届国会，即为护法有效，护法既为有效，当然承认护法国会为正式国会，则并未护法之议员，只可依法加入，不得以一国会更分为二国会，反自陷于非法之地，此在法律上、事实上，皆一定不可移易者也。夫果承认护法国会为正式国会，则其所选举之孙大总统，当然为民国正式总统，不欲求南北统一则已，欲求南北统一，则迳行承认孙大总统，请其就职中央，宁不直截了当？又何必需用此并未护法之议员，以为机械，反引起西南之反对，于统一上更加一层障碍耶？且即以拥戴黎大总统而论，欲认为时势之需要，则迳以民意拥戴之可也，又何必比附法律，强就任期，妄为解释，反致法律失其根据，使黎大总统，亦因之顾虑不前耶。

总之，今日欲崇统一，则南北只能有一国会，不能有两国会，一国会更不能分为二国会，否则徒借恢复法统之名，阴行攘夺权利之计，是为抱薪救火，将见治丝愈棼，国家危亡即在眉睫。当此千钧一发之时，非纳诸轨道，无以解决纠纷，非明辨是非，无以伸张公理。特此宣言，敢希公鉴。第二届国会同人叩。庚。

（《第二届国会议员庚电之宣言》，天津《大公报》1922 年 6 月 13 日）

刘存厚致孙中山等电
（1922 年 6 月 9 日载）

北京大总统、国务院总理、各部院，保定曹巡阅使、吴巡阅使，各省督军、省长、各总司令、各都统、各护军使、各镇守使、各军师旅长，广东孙中山先生、旧国会议员诸公，各省议会均鉴：

顷诵曹、吴两使效电，筹谋国是，天下为公，正谊嘉谟，交深感佩。溯自共和肇建，五族一家，邦本以群力而相维，国交以内宁而增重，隆平之望，中外同殷。何图法统中断，致启南北分崩，本是同袍，妄分畛域，痛阋墙之殷衅，甘同种以相残，抱瓜蔓于黄台，殄苞桑之国脉，长此不解，民命何堪？返诸爱国初衷，宁不神明内疚？夫树国本于不敝，必以法律为依归，存厚之愚，以为解决纠纷，非恢复法统，无以促成统一。乃召集旧国会，仍为恢复法统之要图，但使纲举目张，必能循序就理，本固邦宁，端资群策。尚望邦人诸友，南北同胞，共捐私嫌，同申正义，合力主张，恢复法统，召集旧国会，以图统一，而奠国基，大局幸甚。

（《刘存厚之论法统》，天津《益世报》1922 年 6 月 9日）

胡石庵致孙中山等电

（1922 年 6 月 9 日）

韶关大本营海陆军大元帅、各处处长并李协和、汪精卫诸先生，广州国会非常会议、总统府、各部总司令，粤桂滇黔川湘暨讨贼军各总司令、军长、师旅长、各省长、各团体、各报馆均鉴：

石庵佳日致黎宋卿先生一电，文曰：天津前大总统黎公钧鉴：天佑中国，徐氏逃亡，通电纷纷，均向我公进劝。石庵不才，辱承知遇，宁不能攀龙附凤，巧作谀词？然明知事不可为，乃勉强附和，以陷长者于不利，石庵不忍为也。公之勋绩，中外皆知，公之德行，无思不服，他人一致拥护，石庵又乌有异辞？不过石庵之意，谓公可为总统，但为之非其时，公非不足拥戴，但拥戴公者非其人。始基不立，后患实多，民信不孚，反响立至。自从法律、事实双方观测，则知公之复职有不可者四，谨为我公陈之：

其一，公之复职，当先决国会问题。国会未定，群议分歧，武夫嚣张，乃亦侈谈法律，恢复国会，遂成高调。然则旧会之召集，其以经济调查局之议员为有效乎？抑亦以广东所补之议员为有效乎？此一极难决之事也。其以六年解散之命令为有效乎？抑亦以为无效乎？此又一难决之事也。如以解散令为有效，则今日又何能召集？如以解散令为无效，则广州之非常国会已经过恢复之手续矣，又何待今日之再为召集。今之所谓召集者，不过经济调查局之委员而已，资格已失，安有恢复之可言。此就国会问题言之，公之不可复职者一。

其二，公之复职，当自审本身问题。今之拥戴我公者，徒以公之去职为武力所迫胁云尔，公之解散国会，亦为武力所迫胁云尔。就人情论，国人诚可谅公。就法律论，公究难于自解。国会既因公而解散，公何能借国会以重来。此就公本身问题言之，不可复职者二。

其三，公之复职，当研究南北问题。十年以来，战争相继，南北分裂，各走极端。石庵职司言论，非敢偏于一方，徒视法律之从违，以定用兵之曲直。北京袭专制之成规，为官僚之渊薮，政事丛脞，法纪荡然，或则帝制自为，或则称兵复辟，内有卖国之奸党，外有干政之武人，不徒根本推翻，永无刷新之望。西南之北伐，非谓仅除徐世昌一人，即可以相率罢兵也。我武维扬，除恶务尽，并非反对我公，我公当能谅之。如必勉强就职，势将讨伐西南，以徐世昌之所不肯为者，而公竟不免，天下后世，其谓公何？此就南北问题言之，不可复职者三。

其四，公之就职，当揆度利害问题。武人用事，意气自豪，为所欲为，毫无忌惮。今日则挟公自重，以便其私图；明日则拔剑言功，以逞其跋扈。赵孟所贵，赵孟贱之。既可以拥公上台，即可以逼公下野。袁世凯之帝制，督军团之独立，公已历受教训，当能刻骨勿忘。此就利害问题言之，不能就职者四。

统上四端，均为紧要问题。心所谓危，难甘缄默，君子爱人以德，故不恤发为逆耳之言，幸垂谅焉。为公之计，应自保令名，暂安岑寂，众望所属，自有正式被选之时。与其求拥护于武人，何若求拥护于国民，与其就职于万方多难之秋，何若就职于四海升平之日耶。时机尚早，躁进实危，敢怖区区，无任惶悚。胡石庵叩。佳。印。等语。特电奉闻。胡石庵叩。佳。印。

（《胡石庵电》，上海《民国日报》1922年6月12日）

陈光远致孙中山、黎元洪等电

（1922年6月10日）

万火急。天津黎大总统钧鉴：北京国务院各部院，保定曹巡阅使、吴巡阅使，北京王巡阅使，各省督军、省长、各都统、护军使，上海海军总司令，下关海军司令，广东孙中山先生，惠州陈竞存先生，各省总司令，第一届国会王幼山先生、吴莲伯先生、各议员先生，各省议会、各法团、各报馆均鉴：

黎大总统鱼电敬悉。爱国肫诚，救时至计，仁心毅力，神人所钦，庄诵回环，一辞莫赞。窃谓时至今日，阽危已甚，非有聪强睿智之明，恺恻谆诚之意，不能为人民谋幸福，为国家图治安。以吾国之纠纷，民心之祈向，非废督不足以铲除内乱，非裁兵不足以整理财源，此皆人人心理所欲言，友邦忠告所切望者。惟以利害所怵，事变相寻，或顾忌而不敢倡言，或因循而难求实效。今遇我大总统复位之先，反复丁宁，推诚相告，莫不急起相应，切实奉行，不惟负推戴之初心，亦何以副奠安之盛举，应恳黎大总统即日返京，早慰众望。光远请首先解职，敬表服从。现在赣省军事未了，光远一面克日收束军署各事，一面暂以个人名义维系军心，此为尊重黎大总统宣言，首裁督军，消弭内乱，安全国家起见。掬告国人，敬祈垂察。陈光远叩。蒸。印。

（《北洋军阀史料·黎元洪卷（二）》，第310～313页）

黎元洪致北京、广州府院部等通电

（1922 年 6 月 10 日）

北京、广州府院部，各省区巡阅使、督军、省长、总司令、都统、各护军使、镇守使、海军各总司令，天津第一届国会王议长、吴议长、各议员，各省议会、教育会、农工商会、各报馆，北京王聘卿、张镕西、谷九峰、汪伯棠、庄思缄、蔡子民、王亮畴、孙慕韩，上海康长素、张仲仁、岑云阶、唐少川、章太炎、谭组庵、孙伯兰，广州伍秩庸、李协和、胡展堂、汪精卫，惠州陈竞存，济南王儒堂，重庆熊锦帆，贵阳刘如舟，南通张季直，天津萨鼎铭、段芝泉、熊秉三、严范荪〔孙〕、梁任公、张敬舆、范静生、周少朴各先生均鉴：

　　鱼电计达。顷接曹、吴两巡阅使、齐督军、冯督军、田督军、阎督军、萧督军等先后来电，均表赞同。曹、吴两使且于阳日通电，首愿实行，为各省倡。并齐督军庚日通电，具见体国公忠，□□坚决，天心悔祸，元气或苏。元洪忧患余生，得闻福音，剥尽复亨，喜极以泣，当为全国遗黎顿首拜赐。

　　惟所虑军队改辖，权限归并，陆部之放任既久，将校之欠饷尚多，期以浃旬，势多窒碍。群龙无首，京辅荡摇，再任悬延，或生剧变。伏念元洪退职已久，思过不遑，栋析榱崩，将压是惧，纵懔覆车之戒，忍怀忘世之心？鱼电所陈，昌言干讳，亦实以症结所在，寝馈难安，冀以晓音，仰回清听，于私交为稍戾，于公谊为甚忠。乃者鉴其悃忱，矜其戆直，解兵释甲，同然一辞。丈夫相交以心，出语若矢，一言坚于九鼎，片语重于千金。宁复执久待之前言，贻丛生之后患，逆亿之罪，待朋友为不诚，操切之愆，谋国家为不智。谨于本月十一日，先行入都，暂行大总统职权，维持秩序。一面恢复国会，刻期齐集。当此议员陆续入京之日，即为督军从容解职之时。谨当矢此公诚，待其结束。谋身之私，所不敢出，

对人之念，所不敢存。甚望力屏浮言，完成壮志。我黄帝在天之灵，实式凭之。（中脱）①

他日解决总统问题，无论复任另选，元洪皆当力践前誓，拱让后贤，息壤有盟，菟裘无恙。国人亦当怜此暮齿，放之海滨，不忍值国家浩劫之时，强沦胥以俱尽也。掬诚奉告，谅荷鉴原。元洪。蒸一。印。

（《黄陂复职之蒸一电》，《申报》1922 年 6 月 12 日，"公电"）

黎元洪致北京、广州府院部等通电

（1922 年 6 月 10 日）

北京、广州府院部，各省区巡阅使、督军、省长、总司令、都统、各护军使、镇守使、海军各总司令，天津第一届国会王议长、吴议长、各议员，各省议会、教育会、农工商会、各报馆，北京王聘卿、张镕西、谷九峰、汪伯唐、庄思缄、蔡子民、王亮畴、孙慕韩，上海康长素、张仲仁、岑云阶、唐少川、章太炎、谭组庵、孙伯兰，广州伍秩庸、李协和、胡展堂、汪精卫，惠州陈竞存，济南王汝堂，重庆熊锦帆，贵阳刘如舟，南通张季直，天津萨鼎铭、段芝泉、熊秉三、严范孙、梁任公、张敬舆、范静生、周少朴各先生均鉴：

顷据各方以复仕敦迫，并述国家危迫情形，谊无可却。惟法律问题，应由国会解释。元洪谨于六月十一日早八时入都，暂行大总统职权。俟国会开会，听候解决。待［特］此布闻。元洪。燕［蒸］二。

（《癸亥政变纪略》，第 45 ~ 46 页）

---

① 原文如此。——编者

吴佩孚致孙中山电

（1922 年 6 月 11 日）

广东孙中山先生鉴：

国以法立，无法则乱。曩者共和肇创，参议院首定约法，以立国民之基，公明法而退，天下韪之。项城为德不卒，遂启内争。黄陂继任，海内庶乎定矣。不幸而复辟之变，意气愤兴，再酿战祸。公提携南中豪俊，张护法之帜，法纪凌夷，理固然也。戊午之岁，集会沪渎，公于其时，痛国步之艰难，慨民生之涂炭，又以国会自由行使职权之言，宣示中外，以警分赃之代表。国人争相告语，群谓公之能见其大。盖世名业，晚节宜慎。公之非常总统，固无以示天下，然犹曰国无正统，藉以相消，法固无据，意容可原。故忠告止于东海，征桂罪其北降。迩日以来，北伐之师，络绎于韶关、庾岭之间，揆公之意，尚不外此。佩孚束发受书，服膺天下为公之义，不知一党一派之私，频年戎马，乱以济乱，大憝不除，有志未逮。

今者国是已明，山河再奠，国人于水深火热之余，金欲恢复法统，以弭大乱。东海俯顺舆情，毅然下野，业于本月二日退隐津门。黄陂依法复位，还膺首都，撤销前令，敦请旧会，护法数载，兹告终局。公先天下之忧而忧，戡乱而来，得仁而止，同德一心，共图建设。海内必仰颂功德，以昭大公。纷纷横议，有以待我公之临，言者谓公将内受小人之惑，外藉凶逆之援，以图一逞。他非所问，此固非区区所敢言也。惟善人能受善言，以公明达，必有以受此言矣。临电神驰，伫候明教。吴佩孚。真。印。

（《直吴开始对付新政府》，上海《民国日报》1922年 6 月 13 日）

吴佩孚致孙中山等电

（1922 年 6 月 11 日）

北京大总统、国务总理、参众两院、各部总长、京兆尹均鉴：督军、省长、各总司令、各司令、各镇守使、各师旅长，彰德府、归化厅各都统，上海护军使，海军总司令、各舰队司令，北京萨鼎铭、汪伯唐、熊秉三、孙慕韩、王铁珊、周少朴、钱干臣、田焕廷、张镕西、梁□〔伯〕强、蔡鹤卿、王亮畴，天津段芝贵、靳翼青、严范孙、范静生、吕镜宇、朱桂莘、李仲轩、张敬舆、梁卓如，三原县于有〔右〕任，上海岑云阶、章太炎、孙伯兰、谭组庵、柏烈武、康长素、聂云台、穆藕初、黄任之、陆干卿、莫日初、李印泉、徐固卿、林隐青、温钦甫、张季直、刘如舟、褚慧生、孙中山、唐少川、李协和、汪精卫、胡汉民、徐季龙、林子超，重庆熊锦帆、汤铸新诸先生，各省议会、农、教、商、工会、各报馆钧鉴：

　　顷致广东伍秩庸一电，文曰：广东伍秩庸先生鉴：民国肇造，祸变迭兴，立法机关两遭解散。六年之变，公总揆枢，对解散之命毅然拒署，维持法统，严正不屈。为国家保纪纲，为民族存正义，凛凛大节，炳若日星。□是以还，法统中绝，公与南中豪俊，揭护法之帜，数年于兹矣，鞠躬尽瘁，艰苦备尝，国人至兹，犹知以恢复法统为解决时局之要图，公之赐也。今者畿甸肃清，山河再造，东海下野，黄陂还都，六年旧旭，翩然莅止，护法之业，蒸告成功。此诚民物昭新，天下更始之希也。建设大业，仰赖高贤，国人望公久矣。惠然北来，共商国是，佩孚不敏，敬当熏沐以待。倘急遽未克离粤，梯云哲嗣代表我公先行，亦所企祷。南望岭云，伫候明教。吴佩孚。真。印。等语。并以奉闻，诸公同意，即希一致敦请，是为盼祷。吴佩孚。真。

　　（《吴佩孚之通电》，天津《大公报》1922 年 6 月 12 日）

全国商会联合会致孙中山等电①

(1922 年 6 月 11 日)

慨自民国不造，南北分裂，政府依事实而存在，西南执法律以相绳，争持莫决，亦固其所。今则新会久终，东海下野，事实上之障碍既去，法律上之争议自息，民国议会行将回复其集会之自由，众有所归，黄陂亦依法而复任，此后改造之图、建设之业，不难迎刃而解。乃诸公未察，或则争持广州为正统，或则否认复法之大计，已见执持，殊反民意。

窃谓卢公果欲维持新统，自当争之于瀛台会议取消新法之日，否亦宜勉随徐、靳之后，力赞旧法新选之时。乃迟回审慎，竟未举行，其维持法统之意见可见。至于护法诸公，果欲贯彻西南之主张，承继民国之正统，则不宜坐视选举之破坏，自陷于紊乱国宪之行为，不宜以少数议员遽行民国议会之职权；且既建号经年，国人并未加以质问，近忽于全国承认复法之际，发为自是之宣言，举国之大，兆民之众，其谁信之。诸公若以利国福民为前提，和平统一为先务，亟应取消非常政府及一切特别组织，联袂北来，晤对一堂，共商大计，民国前途，实利赖之。至今日国民所承认之国会，在以法定之人数，依法定之程度，行使其法赋之职权而已。其他非常之行动及表示，无论已往、将来，在南、在北，一切认为议员个人之行为，绝无代表国民之资格，对内对外当然不生效力，尤本会所又郑重声明者也。

尚希诸公勉持大体，毋趋极端，服从法律，以复统一，依据民意，以谋建设，则诸公之令誉，将与民国同垂不朽。否则，犯众怒以成专欲，窃为诸公所不取也。愚戆之言，敬希宥察。全国商会联

---

① 本电致送对象除孙中山外，还有广州国会议员、杭州卢督军、上海国会议员。——编者

合会副会长张维镛、上海总事务所干事江经沅、京兆事务所干事安
迪生及各省区驻京评议员等同叩。尤。印。

（《全国商联会张维镛等劝告南方国会议员等电》，
《申报》1922 年 6 月 18 日，"公电"）

赣人旅沪三团体致孙中山等电^①

（1922 年 6 月 11 日）

大总统、李总长、赣籍国会议员暨前敌各将领公鉴：

民国十年，民不自主，原因虽甚复杂，而政权之操纵于保皇
党、官僚派则为其归宿。我总统仗义兴师，护大法之效力，亦即为
谋民治之发展。所有克复地方，用人行政，必以民意为本，殆人民
所祝祷，亦总统所愿望也。江西自癸丑以还，强盗官僚相继盘踞，
人民涂炭于内，志士亡命于外，颠连困苦，不可言状，水深火热，
日甚一日。赖我大总统大加挞伐，全赣平定，在指顾间，民之感
戴，难以言喻。日昨阅报，忽发表反复小人、嗜利无耻之谢远涵为
省长，群情惶惑，莫可名状。

窃谢远涵性情反复，品性卑污，清末附和梁、汤，主张君
主。辛亥江西光复，极力反抗，光复夜，见人心一致，始垂城而
逃。癸丑之役，以进步党江西部长之资格，媚袁助乱，骂民党为
贼党，称李烈钧为叛逆，此皆事实昭著，函电犹可考者也。癸丑
以还，江西固为北房所踞，而谢氏则无不逐一献媚，或求充顾
问，或运动委员，或荐人员以分肥，或要求地位以图利。其有最
可笑者，则为争九南铁路总理失败，而索赔偿运动损失费一万元
于杨庆鋆。杨以其与直系有关，竟赔以九千元。当赔偿费未得以

---

① 赣人旅沪三团体包括旅沪赣民各界联合会、江西旅沪自治后援会、江西旅沪陆
军同志会。——编者

前，亦声明反对陈、杨，俟赔偿费到手以后，即改怨为恩。要之，谢为保皇党健将，亦为祸赣罪魁。远如护国，近如护法，谢氏从未参与。至今日复赣有望，始奔赴粤省捏造函电，效法毛遂，其卑污狡狯若此。桑梓不齿于人类，民党拟得而甘心，革新政治、发展民权之政府，令以长赣，赣人固认为奇辱，政府亦当引为巨耻。盖以如是复赣，不啻祸赣，如此戡乱，不啻长乱。赣省为讨袁发难之区，民虽愚鲁，是非颇明，故不仅为民治悲，并为前途□也。

伏乞大总统谨加考察，俯顺舆情，立将任命谢远涵长赣大令收回，另择真能发展民治者加以任命，以奠赣局，而利北伐。再，李总长长军事而并谙政治，委以□任亦未始不可。此外如秘书徐苏中，意志纯洁，亦堪充任。倘牵于情势，惮于更改，深恐同志解体，志士灰心，我总统建设民国大业，亦将间接直接受其影响。盖是非不明，用人不当，建设绝不至有成。掬诚吁恳，临电不胜迫切待命之至。六月十一日。

（《赣人反对谢远涵之第一声》，上海《时报》1922年6月12日）

旅沪赣省议员致孙中山等电

（1922年6月12日）

韶州大本营大总统、李部长暨各军师旅长、各司令、省长、各厅长均鉴：

军阀祸赣，于兹十稔，义师播捷，简命迭颁，赣人迤听，无任额庆，云霓在望，箪壶仁迎。旅沪江西省议员杨耀祖、欧阳暄、刘子贞、颜丙临、王秉文、吴道行等叩。侵。

（《谢远涵长赣之欢迎声》，上海《民国日报》1922年6月14日）

全国各界联合会致孙中山等电①

（1922 年 6 月 13 日）

比者徐世昌自知罪恶贯盈，为全国人民所共弃，仓皇出走，殊快人意。惟吴佩孚嗾使早经解职之议员王家襄、徘徊歧路之议长吴景濂等，乌合津门，妄称黎元洪为合法总统，请其入京，儿戏国事，莫此为甚！

查黎元洪为第一届副总统，依法只能继任至第一届大总统任期终了之时，第一届大总统任期，业于民国七年十月九日终了，今之黎元洪一平民耳。若谓袁世凯颁布新约法，变更国体，张勋复辟及冯国璋强代期间，不能算入第一届大总统任期，则袁、张有叛法之实事，冯有叛法之嫌疑固也，而黎元洪于民国六年六月十二日解散国会，其叛法与袁、张无异，视冯则过之。若谓解散国会，系受胁迫，则在第一届大总统任期以内，黎元洪倘与西南势力护法戡乱，犹可略迹原心，何以民国六年程海军总长派军舰迎之南下，黎元洪竟拒绝乎？是黎氏有罪未科，无职可复，贸然北上，实徐世昌第二也。

吴佩孚所谓恢复法统，无非藉拥戴黎氏，以欺骗列强，大举外债，诪张为幻，祸国尤烈。务望政府、国会暨军民长官，坚持护法戡乱之初衷，继续声讨，彼借法文奸者，计等黔驴，终蹄颠仆。临电发竖，统祈察纳。全国各界联合会。覃。

（《电请新政府坚持护法主张》，上海《民国日报》1922 年 6 月 14 日）

孙洪伊致孙中山等电

（1922 年 6 月 13 日）

广州非常国会、孙大总统，旅京国会议员，保定曹、吴两巡阅使，

---

① 除孙中山外，此电尚致送广州国会非常会议、各部总长、各总司令、各省长。——编者

各省总司令、督军、省长、省议会、农、工、商会，各团体，各报馆公鉴：

国家不幸，战乱频年，追溯祸源，实始于六年黎黄陂非法解散国会，而徐世昌乘时窃位，冯借非法总统长奸助乱，有以致之。兹幸北方诸将帅翻然觉悟，断然驱走军阀、官僚首领，全国公敌之徐世昌，而广州政府孙大总统亦复宣言承认，其深有合于广州护法戡乱主旨，数年榛晦正义，始获稍伸，不可谓非吾国拨乱反止之新机也。惟是是非不容假借，公理何可尽诬。今北方诸将既憬然于往日之非，尊重法统，企谋统一，即应承认护法政府，即或势有难能，亦应暂组一临时机关，以维持现状。

国家当改革之际，短时间之无政府，对内、对外皆不生何种影响。今乃误于君主时代传统思想，谓大位不可久虚，遽认黄陂为法律上总统，挽之以出，无论黄陂总统之资格应已消失。即自护法军兴，全国鼎沸，赖广州政府艰险撑持以至于今，使当时黄陂果以国事为心，护法南来，何至战祸延长竟阅六年之久？国命颠危，生民涂炭，黄陂实负其责。今乃坦然复位，其何以服天下之心，此不能无疑者一。护法国会议员崎岖岭表，今已六年。当民国八年时，在广州曾开临时会及宪法会议，皆正式会，非非常会。今乃曰恢复六年国会，是使备历艰难，驰驱岭表者反以护法成功而屏之会外，观望者安享其成，奋斗者归于失败，岂得谓事理之平，此不能无疑者二。民国成立十一年，国会两遭解散，皆由于宪法之争，而尤要者则在地方制度，此实为民国立国之根基。吾国国势应取地方分权，而迷旧者必曰中央集权，历年战争，殆由于此。迩者，自治潮流弥漫全国，制宪固为国会之职权，而立法应循国民之公意，国民不先求一确当之表示，而率然委之国会，宁不虑再起纷争，终致国基不立。此不能无疑者三。

吾国民之希望统一久矣，伊亦何尝不具此同情，惟苟且弥缝于一时，将不旋踵而溃裂。窃见海内人士，似谬于丙辰往事，以为帝制既倾，国体已定，国人应不复持异议，不知今日之事纷纠复杂，不似帝制之单纯。今欲使宪政入于常轨，南北合为一家，释国内不平之气，立百年长治之基，铲除以往之乱源，共谋将来之幸福，应使黄陂善于自处，国会继续八年，方足以昭公允而示后来。区区愚虑，窃愿与邦人君子一商榷之。孙洪伊叩。元。

（《孙洪伊维持法统之主张》，上海《民国日报》1922
年6月15日）

温宗尧致孙中山电
（1922年6月13日）

广州孙中山先生鉴：

民六祸发，公以护法为名，倡义南返，似犹有爱国之心，迨后一再变节，其始与卖国贼携手，最近又与帝制派联盟，虽日暮途穷，何至倒行逆施，反复无常如此。频年捣乱桑梓，广西已全省糜烂，今复竭广东之力，穷兵黩武，滥发纸币数千万，民将绝粒，宗尧南望桑梓，若鲠在喉。公年垂六十，举动如此，揣昔年所谓护法爱国之心，宁复有丝毫存在？所幸天佑吾民，法统恢复，犹忆公言，如东海下野，国会复开，己亦自愿罢手，今既如愿相偿，公纵不顾前言，独不为桑梓留一线生机耶？忠言逆耳，利于晚节，惟公察之。温宗尧叩。元。

（《温宗尧电劝孙中山下野》，天津《大公报》1922
年6月17日）

琼崖旅宁同学会致孙中山、伍廷芳电
（1922年6月13日）

孙大总统、伍总长钧鉴：

澳门葡兵凌辱华妇，枪毙华侨百余人，警耗传来，不胜骇诧。澳门为粤省门户，自前清光绪间与葡国订约，许其管理，不纳租

金，侵占以来，事事蚕食，夺我无数小岛，尽辟澳门为烟赌娼寮窟
穴，害我侨民，剥我膏血，侮辱同胞，蛮横已极。讵知去月更以非
礼逞凶，杀戮华侨百数十人，投尸海中，惨无人道，国体何存，正
谊安在，举国同愤，公法不容，是而可忍，孰不可忍。伏乞吾大总
统、总长速派大兵保护侨民，争回主权，雪耻奇辱，敝会同人愿牺
牲一切以为后盾。琼崖旅宁同学会叩。覃。

（《琼崖旅宁同学会电》，上海《民国日报》1922 年 6
月 14 日"公电"）

浙江军官张载扬等致北京、广州府院部等电
（1922 年 6 月 16 日）

北京、广州府院部，各省区巡阅使、总司令、督军、省长、各都
统、护军使、镇守使、海军各总司令，各省议会、商教农工各会、
各团体、各报馆均鉴：

自公理凯旋，强权挫败，和平福音，应运而起。吾国自建共
和，十年九乱，诊厥病源，武力为梗。往者卢督军有鉴于此，首倡
废督裁兵之议，一言兴邦，举国额手。迩来武人玩法，动摇国本，
覆雨翻云，劫持清议，我督座怒焉忧之，已于本月十五日自行宣告
废督，为天下倡。含识之伦，靡不倾倒。

载扬等凤隶岈嵝，奉为模楷，于公则钦服高义，于私则顿失依
归，五中皇皇，人思借寇，攀挽再三，期必得请。同人等所以拳拳
不已者，窃维凡有历史根基之事实，其兴废必积渐而来。矧吾国向
系佣兵，与义务兵役严定年限者迥然不同。患难相从，累历岁月，
利害关切，亲如家人，我督座涖领师旅，历积资劳，上自将校偏裨，
下逮目兵夫卒，类多日久追随，身经百战。一闻主帅解甲，则惊走错
愕，黯然啜泣，宽以时日，尚可曲为抚慰，绝裾而去，恐以疑虑生心。
此为裁兵权宜计，不得不慎重也。浙中各军，虽籍地不同，而袍泽情

深，畛域胥泯。譬诸百川归海，以其浩阔能容，众星拱宸，以其各循轨度，皆由我督座德感诚服，有以致此。一旦统驭无人，势必纲维立解，军民各有统系，讵能邈奉一尊？政治原有习惯，更张讵宜操切？若欲驾轻就熟，仍宜望诸老成，此为地方治安计，不能不慎重也。

窃惟军事綦重，尤贵专一，至善后诸事，不能一时无领挈之人，爰于本日集合全体军官会议决定，公推卢公暂任浙江军务善后督办。载扬等谨当一致服从，保境息民，藉抒国难。掬诚宣言，伏祈公鉴。浙江陆军第二师师长张载扬、近畿陆军第四师师长陈乐山、浙江陆军第一师师长潘国纲、浙江嘉湖镇守使兼近畿陆军第十师第十九旅旅长王宾、宁台镇守使王桂林、近畿陆军第十师第二十旅旅长荣道一、浙江督军署参谋长范毓灵、宪兵司令官马鸿烈、镇海炮台各司令官张伯岐暨各师旅所属全体军官。铣。印。

（《浙省军政界二次废督会议》，《申报》1922 年 6 月 18 日）

叶举等致孙中山等电[1]

（1922 年 6 月 16 日）

广州总统府（以下衔略）[2] 均鉴：

民国十稔，祸乱侵寻。袁氏称帝，而有靖国之役；张勋复辟，

---

[1] 报载时未署日期，据《中华民国史事纪要（初稿）》（1922 年 1～6 月，第 1058～1059 页）所载同电，酌定为 6 月 16 日。——编者

[2] 据《中华民国史事纪要（初稿）》，该电的发电对象还包括各部总次长、非常国会、海军温总司令、伍省长、魏卫戍总司令、省议会、总商会、全省商会联合会、教育会、报界公会、学生联合会、惠州陈总司令、南雄转送李部长、许军长、梁师长、朱总司令、彭总司令、李梯团长、赖梯团长、黄司令暨前敌各旅团长、各区善后处、各县长、各县会、北京总统府、参众两院、国务院、各巡阅使、各省督军、省长、省议员、各特别区都统、海军杜总司令、各护军使、镇守使、各军师旅长，云南唐总司令，四川刘总司令，湖南赵总司令，贵州袁总指挥，梧州马省长，广州探送刘督办，钦州黄司令，北京蔡子民先生，上海章太炎先生，香山唐少川先生，各省各法团、各报馆等。——编者

逼散国会，而有护法之役。孙中山先生率海舰南来，以护法相号召，西南六省相继宣布自主，亦以护法相感应。六年以来，兵士亡于锋镝，人民转于沟壑，屡蹶屡起，百死不悔，惟护法故也。

八年海上和会，以北庭不克恢复法统之故，和议垂成而不成。当时唐代表即有和议唯一条件为恢复国会之宣言。九年，岑氏取消息〔自〕主，护法几濒于危殆。粤军回粤，重组护法政府，宣布对徐，孙中山先生又有徐氏退位当〈同〉时下野之宣言。今幸天心厌乱，旧国会已自行召集，徐氏复引咎退位。南北用兵累年，所志无非护法，今目的已达，自无用兵之必要。况粤自桂莫入据，民生已慨凋残，自主以还，以粤当西南之重，财力更形竭蹶。黄台之瓜，何堪再摘？

举等同属国民，同隶粤军，为国为粤，不忍因一人以祸天下。为此合吁请孙中山先生实践与徐同退之宣言，敝屣尊荣，翩然下野。我海内明达，救国同具热心，望治当无二致，应恳一致敦劝，同抒国难。我海陆军前敌同胞，爱护国家，尊重法治，亦恳即日罢战，共表同情。销兵气为日月之光，奠国本于苞桑之固。民国前途，实嘉赖之。粤军总指挥叶举，第二师师长洪兆麟，第四师师长关国雄，第一独立旅旅长李炳荣，第二独立旅旅长熊略，第三独立旅旅长邓本段〔殷〕，第五独立旅旅长陈德春，第六独立旅旅长翁式亮，第二旅旅长尹骥，第四旅旅长李云复，第七旅旅长孙〔谢〕文炳，第三支队司令罗绍雄，第二路司令陈炯光，第五路司令钟景棠，第六路司令胡汉卿，第七路司令黄强，指挥官何国梁、李荫轩，司令杨坤如、陈小岳、丘耀西、陆兰清、黄志桓、黄凤纶、冯铭楷、苏世安、副司令黄任寰、黄业兴，粤军总司令部参谋长张酥村、副官长陈演雄，炮兵团长王惺庵，团长贺瑞廷、纪泽波、王昌期、邓桂生、杨锦献、吕春荣、饶寿平、许廷杰、陈已、林烈、苏廷有、陈凤起、林捷之、陈家威、王定、季黎生、张化如、陈绍鹏，统领李汗隆、林子、严胜、谭启秀、李子青、吴庆恩、袁带、余亦〔六?〕吉、罗石平、余宏锦、邓乃忠、钟子廷、杨廷芳、陈汗洲、丘可荣、钟作新、陈国华，独立旅长翟铭祺等全体官兵同叩。

（《陈部叛军毁弃护法电》，上海《民国日报》1922
年 6 月 22 日）

萧耀南、刘承恩致孙中山电
（1922 年 6 月 17 日载）

广州孙中山先生鉴：

岭峤修阻，莫觐清光，遐慕之忱，与时俱积。我国自六年政变
以还，法律解纽，沧海横流，我公痛国际之沦胥，张护法之高帜，
苦心孤诣，中外同钦。今幸天心悔祸，人事向明，障碍悉祛，旧会
规复，东海引退，黄陂返都，是举我公历年所主张所注视者，俱一
一而吻合之。求仁得仁，备尝夙愿，饩羊未去，朔礼终存，岭表风
高，当亦欣然色喜也。惟念首都更始，民物初新，经纬万端，端资
硕彦。吴玉使真电，敦劝出自肝胆，伏望敝屣尊荣，与黄陂共谋统
一，饮水思源，功当不朽。

（《萧耀南通电》，《申报》1922 年 6 月 17 日，"公电"）

美洲中国国民党致孙中山电
（1922 年 6 月 17 日）

孙总统钧鉴：

闻粤变，群情大愤。请速率大军攻复广州，一免受赣、粤军夹
攻，一可占交通根据地，庶可再谋发展。侨中人民信赖我公，愿尽力
接济。望我公奋斗到底，大事犹可为。美洲中国国民党全体叩。筱。

（《关于孙陈交哄之电文》，上海《时报》1922 年 6
月 19 日）

广州市民致孙中山书

（1922 年 6 月 17 日）

孙大总统垂鉴：

我救亡之大总统，其何以慰我粤人之望乎？溯中国之不亡于满清者，赖有广东。讵中国未亡，而广东先亡。昔之亡于龙王桂系者，犹未若今日之亡于吴佩孚降将陈炯明之惨也。在昔革命失败，必有轰烈之讨贼文，所以鼓人心而寒敌胆，是革命常以言论正义为利器也。今事变经旬，仍未见一讨逆之痛快文字以倡导人心，表示大总统之伟见，使无耻之社蠹，得以托脚妄吹。今日曰中山下野，明日曰陈公登场，语语刺心，无知附和，此民等惶栗危惧，而渎呈于最有希望之大总统也。

陈逆之宣言曰：以粤省而负天下之重，请孙公下野，促成统一。此言最易为渴望和平者所愚惑，且予大总统以贪位之嫌。讵知粤东人之负担，不因北伐而增加，而忧惠州之罗掘。统一为人人所希望，北政府果能觉悟，真诚谋国，则西南收束，事理当然。乃黎氏复位数天，真相未明，而先翻护法之根本，使野心之北敌，无所顾忌，适为统一之阻碍。倘孙公下野，有利于统一，亦当出自正式政府之要求，及人民之情愿，岂有对于护法元勋，如待寇仇，而自诩成功护法。此应伸明正理以免愚民受惑者一也。

中国变乱十一年，无非由于武力阴谋所败坏，欲地方之安靖，当委托于忠诚文治之人。陈炯明素多诡诈，姑不赘述。此次交通吴佩孚，实在于黎未复位之前，于粤人牺牲财产生命于〔与〕北敌决战之时，彼因人之生命金钱以成势力，而诡向北敌投降，其心术大坏可知。对于十余年生死患难之党魁，昔则藉其名义以攫权势，一反手则欲戕其生命以事寇仇，其人格更不可问。天良稍具，应无面目立人间。若以掌地方之权，何异驱三千万粤人于牢狱？此应声讨其罪，使粤人知所自觉自卫者又一也。

北伐义师，护法议士，皆热血男儿，中华俊艾。陈逆自诩为护法告终，面对此忠义之人，则疾视如仇，欲置之死。使陈而得志，则是热心救国者受刑，奸诡害群者受赏，中国是非公理无存。此极望我大总统领袖忠义全群，表示坚决者又一也。

以地方为统系，必致全国分崩，更何有乎统一？陈逆实以惠州而成一系，比之北洋系、桂系，其范围更狭。日来惠籍之兵，肆行抢劫，为龙、莫所不忍为者，彼竟为之，是此系之人格，最为凶险鄙下。若予以广东地盘，势必视各属人为被征服，其横暴更不可思议。此应由我大总统警告各属军民，促其自觉者又一也。

民党之略，每谓内地商人为腐败，知有商业，不顾国家。然此次广州市民，实多数企望于总统。征之前者龙、莫两役，战争一息，则欣然复业。此次逆军踞广州市已十余天矣，而各商店仍然闭业，实于消极之中，表示不信任逆军，不附从托脚社团之劝诱也。全市商人，每日损失，何下百万，然皆守此以企望我大总统解决。纵不若即行讨伐，亦当标强毅之宗旨，以坚定市民之趋向，杜绝社蠹簧鼓假托，聊慰市民之望也。

抑犹有进者，举世潮流，咸趋重于和平自治，即陈逆北敌，亦均窃自治美名。望我大总统向陈逆声明，画分行政经商区域，将广州市画为商场，所有行政机关、军队等等，脱离市场百里，实予广州市民自治，只留有警察商团。彼此战争，不致市场残毁，市民受殃，损及全省元气，此议当为中外所赞同。彼若不迁离，是藉市民生命财产为掩护，无异社鼠城狐，曲直是非，于焉大白。

素仰大总统麾下不少文坛健将，何难露布立成。民演说十余年，当思身殉言论，入狱几番，挫而愈劲，得大总统赐指方针，民必力任宣传，周行各属演说，有死无二。企候驰驱。（从略）

（《中华民国史事纪要（初稿）》1922年1~6月，第1141~1142页）

福建中国国民党致孙中山电
（1922 年 6 月 17 日）

广州孙大总统钧鉴：

　　陈贼炯明，背党叛国，围攻府院，谋劫元首，纵兵殃民，排除异己，恶贯罪盈，神人共愤。伏乞钧座迅饬各军严切剿麋，务使陈贼授首，贼类无遗，以申大义，而达护法。同志等谨领闽中健儿，伫盼捷音，并图报效。福建中国国民党诸同人叩。霰。

（《陈炯明叛国史》，第 163~164 页）

虎门要塞梁禹平致孙中山等电
（1922 年 6 月 18 日）

万急。孙大总统钧鉴：海陆军同袍鉴：

　　天不佑粤，叛将称兵，背党乱国，蹂躏乡邦，倒行逆施，天人共愤。禹平谬承孙大总统、何司令振委任，长虎门要塞沙角总台，莅任甫及一旬，措施靡不竭力，诚以为党为国，份应服从牺牲。讵十五日逆兵倡乱，何司令骤遭黄逆凤伦诡计扣留，挟令禹平克日交卸，勿容抵抗。在当时明知阱中乱命，当然失其效力之功能，遂一面飞饬各台实弹备战，一面电令陈逆来受显诛。敌军闻报胆落，弗敢妄进，复强迫何司令电令交驰，制止禹平抵拒；同时地方人民群来哀乞，求免糜烂。忖思投鼠忌器，动狼跋胡，且何司令身陷贼中，必难幸免，迫不获已，于十六日暂行退出，徐图收复。旋奉孙大总统面谕，着即集合旧部，无论如何，限日克复虎门要塞各炮台等因。奉此。业经积极筹备，戮力进行，矢身之死靡他，誓不与贼两立。所望亲爱袍泽，共济同舟，天日式凭，义无反顾。虎门要塞沙角总台长梁禹平叩。巧。

（《陈炯明叛国史》，第 167~168 页）

上海广肇公所致孙中山电

（1922 年 6 月 18 日）

广州探投孙中山先生鉴：

人民苦兵祸久矣，国家则四分五裂，皆受政客、武人之赐。今幸天相中国，各方多所觉悟，力谋统一与废督裁兵之举。不幸而我粤兵戎又见，真可为痛哭者也。公与竞存患难交，共求国是，趁此时会，牺牲一切，消弭兵祸，救人民于水火，望公图之，人民幸甚，国家幸甚。上海广肇公所叩。巧。

（《孙陈交哄之粤人呼吁声》，天津《大公报》1922年 6 月 22 日）

全国各界联合会致孙中山电

（1922 年 6 月 18 日）

广州各报馆转孙大总统钧鉴：

顷闻陈炯明叛，群情愤慨异常。乞飞调海陆各军，相机讨伐，一时胜负可勿计，正气犹在，公理不磨，公必有奏凯之一日也。全国各界联合会。啸。

（《陈炯明叛变之公愤》，上海《民国日报》1922 年 6月 19 日）

民治急进社讨伐陈炯明电

（1922 年 6 月 18 日）

（衔略）护法不幸，妖孽丛生，岑、陆、莫、谭叛变于前，幸元首惨淡经营，支持危局。正期同心北伐，直捣幽燕，不料陈炯明、杨坤如、叶、岑甘犯不韪，背叛民国，围公府，逐议员，不铲除，何以奠国□？我护法将领、全体国民誓一致讨贼，以维法纪而清乱源。民国幸甚。赖子钊、彭光武、吴子坦、蒋子青、吴桢、刘辅民、董森、赖名博、屈云程、周心皖、何尺僧、焦桐、华秉言、华云诚等叩。巧。

（《陈炯明叛变之公愤》，上海《民国日报》1922 年 6 月 19 日）

严伯威等致孙中山等电
（1922 年 6 月 18 日）

广州各报馆转孙大总统暨海陆军各将领钧鉴：

陈炯明忘恩负义，叛法通贼，其恶已不容于天理人情，其罪则更大于北方群逆，若不速行铲除，何以服众，用特电达。务乞我孙大总统及各将领即日讨伐，以申正义而定国是，则吾民幸甚，大局幸甚。江苏江北自治协会驻沪理事严伯威暨会员张筱如等百三十余人叩。巧。

（《陈炯明叛变之公愤》，上海《民国日报》1922 年 6 月 19 日）

江苏平民自治会致孙中山等电
（1922 年 6 月 18 日）

广州各报馆转孙大总统暨海陆军各将士钧鉴：

陈炯明叛变附逆，自降人格，丧心病狂，天理不容，人情共愤，国法必诛。务请一致声讨，灭此元恶，以维法纪而清乱源，民国幸甚，国民幸甚。江苏平民自治会马杰、蒋作新、倪端、季方、许应文等叩。巧。

（《陈炯明叛变之公愤（二）》，上海《民国日报》1922 年 6 月 20 日）

菲律宾中国国民党第一支部戴金等致孙中山电
（1922 年 6 月 18 日）

孙大总统鉴：

陈贼炯明造反，叛党叛国，罪不容诛，乞通电声讨。华等愿以生命财产为后盾。菲律宾中国国民党第一支部戴金等。巧。印。

（《陈炯明叛国史》，第 212 页）

改造湖北同志会致孙中山电
（1922 年 6 月 19 日）

香港大北转广州黄埔海圻兵舰孙大总统钧鉴：

陈炯明围公府，逐总统，迫议员，并宣言逐公，所以谋统一，叛法附逆，其罪浮于曹、吴万万。曹、吴同为贼伙，尚不忍以兵力迫走徐世昌，陈炯明竟忍以二十年师事父尊之革命党魁，为附逆投降之贽敬，法律荡然，纲纪渐灭。请飞调海陆各将士，共伸天讨，灭此枭獍，以端法纪而清乱源。改造湖北同志会。效。

（《陈炯明叛变之公愤（二）》，上海《民国日报》1922 年 6 月 20 日）

加拿大国民党总支部致孙中山电

（1922 年 6 月 19 日）

《民国日报》转孙大总统鉴：

　　炯明通贼祸国，愤甚，请痛剿。加拿大国民党总支部。皓。

　　　　（《华侨请一致声讨叛军》，上海《民国日报》1922
年 6 月 22 日）

美国岜华埠代表致孙中山等电

（1922 年 6 月 19 日）

孙总统、伍省长、省议会、报界公会均鉴：

　　竞存变叛，侨民愤激，请先诛内奸，而后北伐，贯彻护法大
义，保全西南人格，侨民等愿为后盾。美国岜华埠代表李卓常、李
伯平叩。皓。

　　　　　　　　　　　（《陈炯明叛国史》，第 211 页）

英属稳梳华侨致孙中山等电

（1922 年 6 月 19 日）

《民国日报》转孙总统、广州国会、军民、报界鉴：

　　炯明叛国，明助国贼，华侨共愤，请速先讨之，徐图北伐，侨
等誓为后盾。英属稳梳全体华侨叩。皓。

　　　　（《华侨请一致声讨叛军》，上海《民国日报》1922
年 6 月 22 日）

芝加哥救国团致孙中山等电

(1922 年 6 月 19 日)

《民国日报》转孙总统、各报馆、各界鉴：

陈炯明通贼害国，甘为北伐障碍，奸凶得志，速请声罪致讨，吾人誓作后盾。芝加哥救国团长伍恩暨全体叩。皓。

（《华侨请一致声讨叛军》，上海《民国日报》1922年 6 月 22 日）

芝加哥国民党致孙中山等电

(1922 年 6 月 19 日)

《民国日报》转孙大总统暨各将领鉴：

炯明通奸叛国，破坏大局，罪更浮于吴贼，恳尽力痛剿，务绝祸根，同人生死以之。芝加高国民党部长谭赞暨全体叩。皓。

（《华侨请一致声讨叛军》，上海《民国日报》1922年 6 月 22 日）

东三省商工联合会致北京、广州府院等电

(1922 年 6 月 20 日)

北京大总统、国务院，广东府院、国会钧鉴：各省巡阅使、督军、各总司令、护军使、各都统、各省长、各省议会、各公团、各报馆均鉴：

窃惟奉省此次兴师入关，张公之意，原为促进统一，张公曾迭电声明，早为海内所共鉴。乃者钧座就职，统一可期，天心有厌乱

之机，贞下有起元之念，凡属圆颅方趾，畴不颂祷维殷。张公为国为民，原无丝毫权利思想，故于东三省省议会联合会恳请与直军息战言和，遂毅然立允所请，勒令前方将士克日出关，并自愿解甲归农，以遂初服。惟现在三省地方伏莽未靖，而沿边防务土地堪虞，加以俄新旧党，祸机四伏，过激派隐患潜滋，非有重兵，不足以资保卫。东三省原有军队，一时断难遽裁，绝非废督裁兵四字空言所能解决。张公自民国五年莅任以来，信义孚于中外，威惠洽于军民，不但为国家之干城，亦实为桑梓所托命。所有东三省数十万军队，若非张公出而统率之，实不足以维系人心。现由三省省议会联合会公举张公为东三省保安总司令，孙公烈臣、吴公俊升为东三省保安副司令，以靖地方，而维秩序。本会同人，喜衽席之同登，欣家室之克保，欢欣鼓舞，一致赞同。谨奉电驰告海内邦人君子，幸共鉴之。东三省商工联合会叩。号。印。

（《东三省商工联合会电，《申报》1922 年 6 月 22 日，"公电"》

东三省省议会联合会致北京、广州府院等电
（1922 年 6 月 20 日）

北京大总统、国务院、国会，广东府院、国会钧鉴：各省各巡阅使、督军、总司令、护军使、各都统、各省长、各省议会、各公团、各报馆均鉴：

前者奉军入关，志在统一。兹黄陂莅任，统一可期，张公本无权利之心，自无用兵之必要。旋经本会要请双方罢兵息事，已邀同意，克日实行。张公本废督之素愿，拟即解组归田。在张公功成身退，固属磊落光明，无如东三省地处边隅，北界乱俄，时思蠢动，西邻蒙境，后患堪虞；加以撤兵之后，十数万之军队，统率无人，则地方之糜乱可忧，即国家之危亡立见。缘张公莅任以来，恩威素

乎，际此危急之秋，非张公无以期三边之镇摄，非张公无以系内外
之人心。本会再三挽留，复经各团体一致力恳，仍请张公担任保安
总司令，并公举吉督孙公、江督吴公为东三省保安副司令，以清边
患，而靖地方。俟合法政府成立，废督裁兵确定办法，东三省不能
独异。谨布区区，伏希鉴察。东三省省议会联合会叩。号。印。

（《东三省省议会联合会电》，《申报》1922 年 6 月 22
日，"公电"）

伍廷芳致孙中山等电
（1922 年 6 月 20 日）

广州孙大总统钧鉴：参众两院、各部院、省议会、各师旅长，惠州
陈总长，韶州大本营探送李总长、许军长、梁师长、黄大伟司令、
李福林司令，北京黎宋卿先生、第一届国会议员诸公，保定吴子玉
先生，各省总司令、督军、省长、省议会、各报馆均鉴：广东各善
后处长、各县长览：

溯自武人毁法，廷以力维法统之故，拒签解散国会命令，随
孙大总统暨诸同志之后，间关南来，宣言护法，荏苒六年。其中
虽迭经挫磨，而拥护法律，始终不二。中外共见，无俟赘陈。十
年，孙公被选为大总统，廷勉竭驽骀，任外交、财政两职。洎夫
竞公解组，奉命兼权省篆，固辞不获，暂承斯乏，所冀桑梓安全，
国家乐利耳。何图事与愿违，诚不足以感同侪，德不足以服将士。
长粤月余，设施未暇，萧墙之内，陡起干戈，省垣骚扰，市民荡
析。维时以省署陷入战线，枪林弹雨，不得已暂避友家。虽武力
骤加，维持计短，而职守所在，未敢擅离，凡可以救目前之危难，
策地方之安全者，无不竭诚殚思，冀图补救。终以在省各军队，
非竞公不能收拾，已电请从速来城，想竞公顾念乡邦，当有以善
其后也。

廷于此次变故，事前则调解术穷，事后则维持力薄，内惭衾影，外负国人，忧劳成疾，心意灰冷，已决意引退。应请大总统准予辞去本兼各职，其外交、财政两部职务，无从履行，应暂行结束，奉还大总统。其广东省长印信，封送省议会暂为保存。

维护法之役，本因武力干涉政府而起，今不能改图易辙，以意见偶有不同，竟致诉之武力，矛盾相攻，内煎太迫，外侮堪虞，隐忧何极。苟非大彻大悟，何以救国救乡。此廷于慨痛之余，而亟盼邦人君子，有以处此者也。

至日来报载，北方邀廷参预政局，在北方当以此为恢复六年解散国会原状之一事，在廷则以为黎公复职，负荷艰巨，毅力热心，固堪钦佩。然法律尚欠根据，当日解散国会，廷既不肯附和，今日黄陂复职，廷亦未敢苟同。必须国会完全行其职权，产出政府后，法绪方能继续，国家乃可奠安，此则区区愚诚，以为护法救国之正轨，舍此末由也。

廷八十之年，沧桑屡阅，鲜能薄德，夫复何求？惟以民国缔造艰难，当日曾参末议，故虽频年杌陧，未敢安逸自耽。徒以事变之来，恒出意表，心力既瘁，莫补时艰，行将息影家园，再研灵学，乡国之事，敬谢不敏。尚望国人鉴前事之屡覆，念来日之大难，守法以定国是，推诚以息争端，群策群力，惟忍乃成，民国之幸，人类之福也。谨此奉闻，诸祈亮察。伍廷芳叩。号。印。

（《停战后之粤局收拾谈》，《申报》1922 年 6 月 30 日）

福建自治军杨汉烈等致孙中山等电
（1922 年 6 月 20 日）

急。广州海军舰队转孙大总统钧鉴（余衔略）：

此次我大总统出师北伐，甫及一旬，即占赣州，义师所向，敌皆披靡。行见下南昌，克湖口，会师武汉，直捣幽燕，藉偿吾党澄清中原，实行民治之夙愿，不图噩耗传来，陈逆炯明身为西南总帅，竟敢昧灭天良，私与北敌吴佩孚结连，受款七百万元，妄冀副总统，悍然叛变，陈兵羊城，指令贼子叶举等围攻公府，搜抢国会官署、银行。商店民居，均遭抢掠，迹其行为，甚于盗匪，粤人何辜，罹此惨祸？

查陈逆此次叛变，无非欲迫我孙大总统下野，以阻碍北伐进行，破坏西南大局，遂其与吴逆分赃之阴谋。叛国卖党，罪通于天，务恳我大总统明令护法各省，一致申讨，将陈、叶诸逆明正典刑，以昭徼戒。诸公民国贤豪，中流砥柱，尚望力挽狂澜，诛锄叛逆，拥护元首，保全旧会，肃清内患，共图北征。盖保全护法政府，即以延中国命脉，民国存亡，在此一举。

烈等待罪闽省，始终护法，倾心首座，始终不渝。前年陈逆入闽，多方压迫，终乃卖我闽省，使复沦于北虏宰制之下，闽人茹痛，未尝一日忘之。烈等所部，戮力同心，经年苦战，附地虽有缩小，实力尚无损伤，今日愿随各省之后，共讨北庭，惟诸公有以教之。临呈涕泣，不胜痛心之至。福建自治军杨汉烈、卢兴邦、林文龙、吴威、陈亮、秦望山、叶定国、王锡三、王珠笃、杨学良、苏万邦、陈安邦、陈文海、陈国辉、陈清东、陈联辉、狄世美、王振南、蔡灿若、黄金炎、周延云、陈其仁、汪汉民、詹楷、林文龙、罗光、谢重光、李恒美、李瑶梯、陈铁卿、吴乘风、黄国治、徐翼栖率全军二万一千五百七十三人同叩。哿。

（《革命文献》第五十二辑，第 213～214 页）

颜启汉致孙中山、陈炯明电
（1922 年 6 月 20 日）

香港总商会、各报馆转广州孙中山、陈竞存先生鉴：

阅报知贵党内讧，省垣遭劫，闻之痛心。徐氏去职，法统复活，中山求仁得仁，护法目的已达，自实践与徐同退宣言，促成统一。乃复野心勃勃，假借西南正统之说，曲解法理，以争天下，涂炭生灵，蹂躏国脉，以把握政柄，宰割中国。仁者岂应如是耶？司马昭之事，路人皆见。中山已矣，法律云乎哉。竞存出处，全仗党力。民国成立，以书生得兵柄；攻闽之役，二十营取得饷械接济，因之得力于党；前岁回粤，苟非同党接济金钱、弹械，党友奋力前驱，安有今日？背叛党魁，自残手足，以求专制，两粤卧榻之傍，不容他人鼾睡，操戈同室，倾覆党谋，卖友叛上，纵容部曲，不外权利私争，祸及桑梓。丈夫处世，饮水思源，义者亦岂应如是耶。千秋万世之后，竞存将成何人格哉！

大凡两军相见，必先宣告居民，俾知迁徙。今则不顾人民生命财产，遽在繁盛省垣实行接触，敌国尚不忍出此，而竟以为桑梓重地，为争权夺利之牺牲，稍有天良，宁肯如是，何无人道乃尔。广东为三千万人共有之广东，岂能以此为贵党兄弟相残互相攘夺之私产？孙固应去，陈亦不应再留，双方应即释兵，敛迹悔祸，听候父老裁判，勿谓吾粤除贵党外无他人也。

启汉伏处沪滨，以商自娱，频年对于国事不复闻问，今兹电讯传来，伤心乡国，天良所在，安忍缄默。如再执迷，定当纠合同志，统率旧部，实行驱逐与众共祸桑梓者。丈夫行事，磊落光明，勿谓言之不先也。前广东游击队总司令颜启汉。哿。

（《颜启汉之痛诋孙陈电》，天津《大公报》1922年6月24日）

广东省议会议长钟声等致黎元洪、孙中山等电
（1922年6月20日）

北京黎大总统，广州孙中山先生，惠州陈总司令，南雄探转李

部长，各省督军、总司令、省长，上海广肇公所，京、津、沪、汉各报馆均鉴：

粤自辛亥以后，变乱频仍，护法靖国，皆以一省任天下之重，民力凋残，已达极点。吾民引颈企踵，渴望统一久矣。九年粤军回粤，中山先生重组政府，早有徐氏退位，当同时下野之宣言。今徐氏已悔祸之延长，宣告退位，首先恢复国会，促成统一。中山先生数年护法，一旦成功，自应践言退位，罢兵息争。

敝会等读叶总指挥等通电，名言谠论，实护〔获？〕我心。爰于皓日联合会议，一致赞同，用特宣言，以征民意。诗曰：民亦劳止，汔可小康。海内贤达，幸垂鉴焉。广东省议会议长钟声、陆孟飞、冯葆熙，广东全省商会联合会会长刘焕暨报界公会、自治研究社、粤商维持公安会、各善堂院、各团体代表同叩。号。印。

（《粤公团促孙下野之三电》，天津《大公报》1922年6月30日）

广东省议会议长钟声等致孙中山等电
（1922年6月20日）

广州孙中山先生、海军汤总长、温总司令、粤军叶总指挥、魏师长，惠州陈总司令，南雄探转李部长鉴：

自统一问题发生，双方误会，致以兵戎相见。广州地面顿成枪林弹雨之区，人民转徙流离，目不忍睹。敝会等属目伤心，当于皓日联合开会，金谓滇龙桂莫素视广东为征服地者，犹且俯从民意，爱惜地方，诸公或本属粤人，或久居粤地，以粤人之爱诸公，诸公独不爱粤人乎？用敢联请双方即日罢兵，徐图善后，如有破坏统一，糜烂地方，则是自绝于粤。吾粤三千万人当视为公敌，宣告中外，与众弃之。涕泣陈情，即希垂察。广东省议会议

长钟声、陆孟飞、冯葆熙，广东全省商会联合会会长刘焕暨报界
公会、自治研究社、粤商维持公安会、各善堂院、各团体代表同
叩。号。印。

（《粤公团促孙下野之三电》，天津《大公报》1922
年 6 月 30 日）

香山公所致孙中山电

（1922 年 6 月 20 日）

孙大总统鉴：

陈贼炯明，寇粤叛国，请尽歼勿纵，以肃军纪。为国杀贼，侨
民誓为公助。香山公所。哿。

（《陈炯明叛国史》，第 212 页）

国民党上海支部致孙中山电

（1922 年 6 月 21 日载）

广州孙大总统钧鉴：

陈炯明此次叛变，对国家则为毁法附逆，对粤省则为弄兵残
民，对元首则为忘恩背义。查护法之役，吾粤牺牲至巨，名誉亦
隆，乃炯明于欲得总司令、省长时，则捷足争先；既得矣，则安富
尊荣；及其失职，遂不惜举一切之牺牲荣誉，资其一掷；尤可诛
者，竟密与吴佩孚订立逼迫元首夹击义师之毒计，于元首坦怀相与
之际，嗾部星夜袭府，图谋贼害。纵不思孙公为民国所寄命，岂并
忘尔二十年师事父事之良友乎？始既许之以生死之誓，后复诳之以
自刎之言，今则甘为枭獍，灭绝人伦，所部群丑，又复效尤，昼夜

淫虏，全市糜烂。某某等为乡为国，皆不能任粤省成为禽兽世界，玷污粤秀，誓共洗之。中国国民党上海分部部长吴公干暨全体党员叩。

（《陈炯明叛变之公愤（三）》，上海《民国日报》1922 年 6 月 21 日）

上海潮州会馆致孙中山、陈炯明电
（1922 年 6 月 21 日）

广州孙中山先生，惠州陈总司令均鉴：

得粤电，两公部属误会，激成巨变，长堤一带几成邱墟，闻之忧心如捣。两公向属同好，艰难共济，而左右不谅，各走极端，致构巨变。追怀旧雨，良可痛惜。广州为全省精华所萃，若任其糜烂，全省将受其影响，况自政变以来，吾粤连年兵祸，十室九空，加之纸币低折，商业停顿，生民痛苦，匪可言喻。抚恤犹恐不济，何堪再予蹂躏。两公爱乡，素所钦佩，务恳即饬所部罢兵，为三千万人留一线之生机，实所拜祷，为乡请命，急不择辞，伫候明教。上海潮州会馆叩。个。

（《潮州会馆电劝孙陈弭兵》，上海《时报》1922 年 6 月 23 日）

何犹兴致孙中山电
（1922 年 6 月 21 日）

大元帅钧鉴：

职自六月二号奉电向赣东内应，三号即由沪潜入赣东，十五号抵鄱、乐、万三县交界之好义局。准备三天，十七发动，占领鄱阳东路之八齐地方，周围约二三百里。十八晚向乐平进攻。此时适天降淫雨，行至距乐平城约二十余里之中庄，洪水淹途，不能前进。次日即改道鸣山。该山鄱乐公司矿警曾经我军汪支队长霖、方支队长轫升预约为联络，并填誓约受领委任，约定我军攻乐经该处时，彼等即携械弹下山，愿为前导。不意我军行至山下，正渡横河长桥时，该矿警等据山向桥猛击。职恐事出误会，除令我军停驻□地，即分派干员探听抵抗之故。旋据报该公司办事人徐宝田、沈炳堃等，闻该公司矿警有附义之消息，即先向乐平、景德镇请来北兵约共百数十人，压迫矿警抵抗我军。职因该公司办事人多属地方绅士，尚有民党在内，拟从晓谕令其服从，故饬我军暂退原防，一面缮函并布告专人送往该绅士，约其自行联络该县军警绅商各界，克期收复乐平。旋又得确实探报，陈、杨自接鄱、乐、万三县告急之电，于次日逃走。职度敌军省援断绝，即改变计划，先克饶城，以便集合各方面进攻南昌，藉袭敌军背面，以利大本营戎机。适鄱阳知事汪浩，因我军声势浩大，邀请商会会长张紫垣、会董余襄丞、姚绍虞、绅商曹锡福等前来，要求我军须缓进城，以免地方惊恐。并据报载，前敌业已停战。职以此项要求，确系地方绅商诚意，又因有时局关系，故□允静待□星期，再行相机动作。谨此报告。大本营第九路游击司令何犹兴谨呈。六月二十一日发于鄱阳之八齐地方。

（《赣东民军起义之战况》，上海《民国日报》1922年7月28日）

墨国加兰姐国民党分部致孙中山等电

（1922年6月21日）

孙总统暨各军长鉴：

炯明通贼，叛党叛国，乞尽力声讨，同人愿为后盾。墨国加兰姐国民党分部全体叩。马。

（《陈炯明叛国史》，第 211 页）

秘鲁筹饷会致孙中山电
（1922 年 6 月 21 日）

孙总统鉴：

竞逆变志叛国，侨众愤激，请讨，捷电复。秘鲁筹饷会。马。

（《陈炯明叛国史》，第 210 页）

西特□国民党致孙中山电
（1922 年 6 月 22 日载）

《民国日报》转孙大总统鉴：

陈通敌叛国，请速讨之，愿为后盾。西特□国民党全体叩。

（《华侨请一致声讨叛军》，上海《民国日报》1922
年 6 月 22 日）

美国梳力埠国民党分部致孙中山电
（1922 年 6 月 22 日载）

《民国日报》转孙大总统鉴：

炯明叛国，请一致声讨。美国梳力埠分部全体叩。

（《华侨请一致声讨叛军》，上海《民国日报》1922
年 6 月 22 日）

加省罗省国民党分部致孙中山电

（1922 年 6 月 22 日载）

《民国日报》转孙大总统鉴：

炯叛，请即讨之，本分部誓作后盾。加省罗省分部全体
叩。

（《华侨请一致声讨叛军》，上海《民国日报》1922
年 6 月 22 日）

美国葛峇国民党致孙中山等电

（1922 年 6 月 22 日载）

《民国日报》转孙大总统暨各报馆鉴：

陈炯明胁迫元首，叛党叛国，请先惩，后北伐。美国葛峇国民
党全体。

（《华侨请一致声讨叛军》，上海《民国日报》1922
年 6 月 22 日）

陈安仁、余荣致孙中山电

（1922 年 6 月 22 日载）

《民国日报》请转候总理安：

竞存谋叛，祈通令各界剿灭。澳洲雪梨支部陈安仁、余
荣。

（《华侨请一致声讨叛军》，上海《民国日报》1922
年 6 月 22 日）

巴拿马中国国民党致孙中山电

（1922 年 6 月 22 日载）

《民国日报》转孙大总统鉴：

炯明叛党，速讨，以安大局。巴拿马中国国民党。

（《华侨请一致声讨叛军》，上海《民国日报》1922
年 6 月 22 日）

上海改造山东同志会致孙中山电

（1922 年 6 月 22 日）

广州海圻舰再呈孙大总统钧鉴：

陈炯明此次叛变，已激起海内外之公愤。人心未死，主义益彰。
闻讨贼军正兼程回粤，巨憝必有就擒之一日。除电海军鲁籍各将领
一致戮力外，特此奉慰，誓作后盾。上海改造山东同志会。祃。

（《陈炯明叛变之公愤（六）》，上海《民国日报》
1922 年 6 月 25 日）

侨民黄耀雄致孙中山电

（1922 年 6 月 22 日）

孙大总统鉴：

陈逆炯明，背叛民国，威迫元首，实四万万人之公敌，中华民
国之罪魁。凡有血气，莫不痛心。务乞声罪致讨，以张挞伐。侨等
誓为我孙大总统后盾。侨民黄耀雄。养。

（《陈炯明叛国史》，第 218 页）

周藜阁致孙中山电

（1922 年 6 月 23 日）

孙大总统鉴：

陈逆炯明，变节通北，神人共愤，天地不容。万乞火急电饬北伐军回粤痛剿，救国先期救粤，藜愿率全属民团为后盾。南海周藜阁。梗。

（《陈炯明叛国史》，第 197 页）

伍朝枢致孙中山等电

（1922 年 6 月 23 日）

广东孙大总统钧鉴：林子超先生、参众两院、各部院、省议会、各军长、各师旅长、温司令、各舰长、各社团、各报馆、陈总长、李旅长、大本营胡文官长并转李总长、许军长、梁师长、黄司令、李司令、唐少川先生，黎宋卿先生、吴莲伯、王幼山、王儒堂、第一届国会议员、颜骏人、吴子玉、王亮畴、周子廙、罗钧任、董绶金、骆少州诸先生、各国公使馆、各报馆、天津段芝泉先生、各报馆，上海汪精卫、章太炎、徐季龙、张溥泉、褚慧僧、庚［康］长素、孙伯兰、陈辉庭、聂云卿、丁仲佑诸先生、各报馆，各省总司令、省长、各报馆钧鉴：

家君南来护法，瞬届六年，为国为民，鞠躬尽瘁。不图此次废立政变猝发，自本月十六日忧劳成疾，医药罔效，恸于本月二十三日一点一刻病终广东公医院。弥留犹以大局为念，言不及私。谨电奉闻，诸惟矜鉴。棘人伍朝枢泣叩。漾。

（《伍秩庸之讣电》，天津《大公报》1922 年 7 月 9 日）

钮永建关于粤变之通电

（1922 年 6 月 24 日）

铣日广州之变，实出情理之外。粤军将士以百战凯旋之师，公然为灭伦叛义之举，使数年来〔使〕护法救国大业败于垂成。民国以来，未有可痛可耻若此役者。

粤军之兴，岂非以义师自显者乎？今时局初有转机，举国人士方苦心淬虑，冀以最后之奋斗，达最初之目的。粤军诸将士即有所求于政府，亦岂无术以自达，乃遽出此暴举，弃初心而背同志，使历年苦斗之成绩，付之流水。破坏信条，谥为叛逆，千夫所指，诸将士其何以自立于人世，固无待北伐军之回讨也。竞存身总陆军，且变乱者又其素所统率，就国法、军律而论，孰能为之原恕？虽隐遁不出，亦何救于中外识者之纠弹，将来史笔之评判乎？以功首而陷于罪魁，非特为竞存个人惜，抑亦民国一大损失。而我国命所托之道德、正义、情感，一举而铲绝无遗。未审竞存何所乐而为此，以后社会之组织，将赖何物以相维系？人人自危，国谁与立？北京执政及曹、吴诸氏，方忏悔前此当国之罪恶，冀藉法统之名，以挽回已去之人心，今对于广州事变，初不闻有悼惜同情之表示，而道路传言，若有幸灾乐祸之意，已非佳象。或谓实有阴谋于其间，果若是，则同情护法之说，岂非尽属假面，其何以洽全国之人心，挽方来之劫运乎？

自前清之季，不轨之徒阴谋篡窃，以自利之心居高播恶，遂使举国才智默化潜移，金以自利排他相尚。即属公义之举，亦绝不肯舍一党一系之利便，与世人相见以诚，致因私成嫉，因忌生恨，婚媾化为仇雠，骨肉成为矛戟，断无让步互助之可言。故以护法救国之大义，亦辄欲收其功于一党一系，北以命令式使对方下野，南以包办式使中枢撤消，种种包揽，强性智慧，私式能力，充分发达，迭争互竞，结果遂演成今日广〈州之〉惨剧。南北方之暗斗，长此不改，恐粤事尚见其端，而此后南北祸变之踵起，正未有艾。

（下略）①　钮永建。敬。

　　　　（《粤变关系国家命脉之痛论》，上海《民国日报》
　　1922 年 6 月 27 日）

鄂西纵队长张威致孙中山电
（1922 年 6 月 24 日）

　　威自前年入川，受杨旅春芳编制，无役不赴，每战必先，欠饷十一月之久，而兵无怨言者，原以杨挂名党籍，护法讨贼，志事胥同，患难追随，相依为命。近见其宗旨游移，行为乖舛，以北伐为名，拥兵自固。现右翼大军已入赣南，左翼何能坐视？请命于杨，惟以空言敷衍，令人失望。窃思与其为一省供内争，毋宁为全国靖大乱，爰于本月巧日率全部官兵由黔江开动，脱离杨旅关系，东行至施。值鄂西总司令潘公，奉大元帅令为左翼先驱，潘公宗旨纯正，待人以诚，威即以所部归潘公节制，改编为鄂西军第一纵队，敬日就职。威廿年奔走，素以我大总统言行为指归，从此即以服从我大总统者，服从我总司令，指天誓日，此志不渝。特电陈明，伏希鉴教。鄂西军第一纵队长张威叩。敬。

　　　　（《鄂西张纵队长就职电》，上海《民国日报》1922
　　年 7 月 5 日，"公电"）

章太炎、褚慧僧致孙中山函
（1922 年 6 月 25 日）

广州探送孙中山先生鉴：

　　徐世昌伏罪，我公内践前言，外从舆论，翩然下野，信若丹

---

　　①　原文如此。——编者

青，无任钦佩。时局尚有纠纷，望公惠然来沪，赐以教言。鹄立待命。

章炳麟、褚慧僧叩

（《章太炎等电请孙中山来沪》，《申报》1922 年 6 月
26 日；《章太炎书信集》，第 434～435 页）

王湘、彭介石致孙中山电
（1922 年 6 月 25 日）

广州海圻军舰转呈大总统钧鉴：

陈逆叛变，惊及主座，并闻伍总长悲愤过深，至已仙去。枭獍
横行，丧我耆旧，破国家之纪纲，灭人类之道义，逆徒之罪，真可
谓上通于天矣。伏乞钧座迅饬各军，严切申讨，务使逆首就获，生
民大义犹存人寰，庶以慰伍公在天之灵，亦可懔奸回叛逆之党。伫
聆捷音，无任企祷。王湘、彭介石叩。有。

（《伍外长逝世后之悼勉》，上海《民国日报》1922
年 6 月 26 日）

旅沪江西第二届省议员致孙中山电
（1922 年 6 月 25 日）

广州孙大总统钧鉴：

陈炯明谋叛，致令伍总长惊愤不起，昊天不吊，降此鞠凶，凡
我国人，同深哀悼。伏念我总长耆年硕德，中外同钦，救民护法，
功在国家，乃因陈逆叛变，丧我元良，凡有血气，目眦尽裂。务望
迅调劲旅，剪灭凶顽，削平内乱，奠定邦基，以慰我总长在天之

灵，而竟护法之志。临电哀痛，墨与泪俱。旅沪江西第二届省议会议员叩。有。

（《伍外长逝世后之悼勉（二）》，上海《民国日报》
1922 年 6 月 27 日》

驻沪参战华工会致孙中山电
（1922 年 6 月 25 日）

广州海圻舰转呈孙大总统钧鉴：

伍总长追随我大总统护法西南，备经忧患，百折不回。比者，大功行将告成，正赖斯人襄助，何图陈炯明迷信军阀，忽尔背叛，伍总长即因之以死，噩耗频惊，良深痛愤。同人等痛浩劫之横流，哀逝者之如斯，临电涕泪，不知所云，维我大总统图之。驻沪参战华工会评议长吴世英暨全体会员同叩。径。

（《伍外长逝世后之悼勉》，上海《民国日报》1922
年 6 月 26 日）

平民促新社沪总事务所葛振、李黄致孙中山电
（1922 年 6 月 26 日）

广州海圻舰转呈大总统钧鉴：

陈炯明叛乱，杀掳羊城，危害护法，逼死省长，天地震怒，人神不容。伏望我大总统严率舰队，待援荡平，擒陈以慰伍公之灵。平民促新社沪总事务所葛振、李黄全叩。宥。

（《伍外长逝世后之悼勉（二）》，上海《民国日报》
1922 年 6 月 27 日）

加拿大沙士加寸国民党分部致孙中山等电

（1922 年 6 月 26 日）

孙大总统暨国会、护法将领、各团体、报馆鉴：

炯明通敌，叛党祸国，请一致声讨，同人誓为后盾。加拿大沙士加寸国民党分部叩。宥。

（《华侨请一致声讨叛军》，上海《民国日报》1922年 6 月 27 日）

国民党巴生支部郑受炳等致孙中山电

（1922 年 6 月 26 日）

《民国日报》转孙大总统钧鉴：

陈炯明唆使部下叛国叛党，恳大张讨伐，彻底铲除，以绝祸根，而正法纪。巴生支部郑受炳暨全体叩。宥。

（《华侨请一致声讨叛军》，上海《民国日报》1922年 6 月 27 日）

桂绅及旅桂粤商致孙中山电

（1922 年 6 月 26 日）

孙大总统钧鉴：

军阀专制，民怨沸腾，改造军兴，争迎恐后。讵意叛贼陈炯明一入桂境，纵兵殃民，焚劫掳拉，惨无天日，以致附义军民挺而走险，阂隔局势，实陈贼一手造成。倘援桂义师，尽如许、魏各旅之严明，滇、黔等军之整肃，则平民政策早见推行，两粤一家，仍复旧状矣。岂料陈家之军，盗贼成性，祸桂祸粤，希冀兼坼。今竟谋叛称兵，破坏护法，若不严申惩讨，何以慰程、伍二公在天之灵？桂省虽处偏隅，人多向义，业已飞驰函电，揭发陈贼罪状，以为天讨后盾。涕泣陈词，伏惟慈鉴。桂绅覃超、陈仲宣、梁昌酷、梁斗棠暨旅桂粤商马义山、陈东明等呈。宥。

(《陈炯明叛国史》，第 168 页)

Statharines Chinese 致孙中山电
(1922 年 6 月 27 日载)

《民国日报》转孙总统鉴：

陈贼叛，速剿，愿后盾。Statharines Chinese 叩。

(《华侨请一致声讨叛军》，上海《民国日报》1922年 6 月 27 日)

Nationalist League 致孙中山电
(1922 年 6 月 27 日载)

《民国日报》转孙总统鉴：

炯明叛党叛国，天人共愤，请声罪诛讨，本分部愿后援。Nationalist League 叩。

(《华侨请一致声讨叛军》，上海《民国日报》1922年 6 月 27 日)

江苏公团联合会等致孙中山电
(1922 年 6 月 27 日载)

前以徐世昌乱法据国，义师北伐，方越岭表，未竟全功。今黎元洪竟以失大总统资格、手曾解散国会之人，胆敢妄□，伪冒国会拥戴，入京僭位，刍狗法律，唾弃誓言。消息传来，群情愤激。乞即迅师北扫，荡除伪冒国会僭窃总统与乱暴军阀等，以统一全国，使诪张为幻者不得售其奸，乱危有止。（具名同昨报，从略）①

（《七十八团体重要通电再志》，上海《民国日报》
1922 年 6 月 27 日）

旅沪国会议员凌钺等致孙中山电
（1922 年 6 月 28 日）

广州探送海圻军舰呈孙大总统钧鉴：

陆军部长陈炯明，阴贼险狠，降敌倡乱，黑夜纵兵，炮击公府，白昼淫掠，惨害平民，捣乱国会，逼死耆宿，穷凶极恶，人类何容。应责成我大总统严令海陆军，限期剿灭叛贼，恢复程序，并将陈炯明褫夺军职，拿获到案，□□示众，幸勿惑于奸人调和，再

---

① 据上海《民国日报》1922 年 6 月 22 日《七十余团体重要通电》，"七十八团体"当包括江苏公团联合会、江苏劳工俭德会、全国各界联合会、中华民国各团体会议、中华民国国事会议、中华民国全国国民外交大会、上海各路商界总联合会、中华民国国民外交后援会、全国民生协会、中华民国留日学生救国团、中华劳动联合会、江苏自治期成会、驻沪参战华工会、江苏省平民教育会、时间守约同志会、改造湖北同志会、江苏各县自治联合会、旅沪赣民自治会、山东旅沪劳工进德会、江苏各县公民自决会、上海工商友谊会、旅沪湖北自治协会、扬州盐务维持会、民权建设社、江苏民治促进会、江西各县旅省同乡会联合会、江苏政治讨论会、新人社、江北自治协会、江西旅沪自治同志会、苏事研究会、浙江天职同志社、上海市邑庙豫园纳税捐人分会、邑庙豫园商业联合会、旅沪安徽自治社、江苏自治促进会、驻沪安徽劳工总会、改造江苏同志会、湖北德属旅沪同乡会、吴淞路商界联合会、江苏自治联合会、江苏自治期成会武进分会、江苏自治期成会江阴分会、沪北五区商业联合会、闸北公民自治筹备会、上海租界教育会、新社总部、上海江西天津宁波三路商界联合会、顺直同乡慈善会、山西政治研究会、徐海民生协济会、江苏六十县旅沪同乡联合会、改造山东同志会等。——编者

中毒计。国会议员凌钺、陈荣广、马光晖同叩。勘。

　　　　（《旅沪议员致孙总统电》，上海《民国日报》1922
　　年6月29日）

上海工商友谊会致孙中山电
（1922年6月28日）

广州孙大总统鉴：

　　陈炯明嗾使部兵，围击府院，我大总统受天辅佑，安健如常，
无任庆幸。伍总长受惊得病，一旦逝世，民国前途，瞻望堪忧。乞
大总统将老博士生平施行政绩，宣布全国，使海同胞咸得知哀，更
以鼓励国人护法之志。上海工商友谊会。勘。

　　　　（《伍外长逝世后之悼勉（六）》，上海《民国日报》
　　1922年6月30日）

皖人李鸿典等致孙中山电
（1922年6月28日）

上海《民国日报》转广州孙大总统钧鉴：

　　炯贼叛国，人神共愤，务恳迅令讨贼军各将领扑杀此獠，肃清
内愚而树国本。李鸿典、童汉章、翟树五叩。勘。

　　　　（《安徽李鸿典等讨陈电》，上海《民国日报》1922
　　年7月1日，"公电"）

陈炯明致孙中山函
（1922年6月29日）

大总统钧鉴：

　　国事至此，痛心何极！炯虽下野，万难辞咎。自十六日奉到钧

谕，而省变已作，挽救无及矣。连日焦思苦虑，不得其道而行。惟念十年患难相从，此心未敢丝毫有负钧座。不图兵柄现已解除，而事变之来，仍集一身，处境至此，亦云苦矣！现惟恳请开示一途，俾得遵行；庶北征部队，免至相戕；保全人道，以召天和。国难方殷，此后图报，为日正长也。专此，即请

钧安

陈炯明敬启　六月二十九日晚

（《孙大总统广州蒙难记》，第 15 页）

黎元洪致孙中山电

（1922 年 6 月 29 日）

广州探送孙中山先生鉴：

千里论交，两心默契，朔南迢递，无任依驰。往者武汉首义，举国风从，公张帜于天南，仆执殳于楚北，左提右挈，忧悃交孚，日月几何，风云百变，赖执事主张正义，力遏狂澜，伟烈高名，环瀛仰企。乃者国会重光，人心望治，正执事求仁得仁之日，亦下走避人避地之时，思过不遑，敢言问世？而群情敦迫，解脱无从，薰穴人多，下车士笑，知难而进，惭悚何言。现在轨物既同，棼丝待理，蚊负山而知重，鸟出谷而求声，全赖邦人君子，戮力同心，相助为理。矧元洪与执事苔岑结契，袍泽同仇，本为志同道合之人，宜有声应气求之雅，每怀前辙，益盼导师，尚望旌旆北来，准绳下锡，藉承明教，庶见〔免？〕冥行，际此云霓望岁之时，应无风雨弃予之虑。敬摅微悃，伫候高轩，临电翘企，并希环示。元洪。艳（二十九日）。印。

（《黎元洪致孙总统电》，上海《民国日报》1922 年 7
月 3 日）

旅暹侨民暨各公团致孙中山等电
(1922 年 6 月 29 日)

孙大总统、参众两院、李参总长、许将军，讨贼军、海军各将领，
各公团、各报馆公鉴：

　　陈逆炯明，叛国降贼，围攻公府，蹂躏国会，糜烂地方，破坏
护法团体，罪大恶极。请我政府严令剿办，侨民誓为后盾。旅暹侨
民暨各公团。艳。叩。

(《陈炯明叛国史》，第 209 ~ 210 页)

旅暹中国国民党暨各团体致孙中山等电
(1922 年 6 月 29 日)

孙总统、参众两院（余衔略）鉴：

　　陈逆炯明，叛国降贼，围攻公府，蹂躏国会，糜烂地方，破坏
护法团体，罪大恶极。请即严令剿办，侨民誓为后盾。旅暹中国国
民党暨各公团叩。艳。

(《陈炯明叛国史》，第 215 页)

李烈钧致孙中山电
(1922 年 6 月 30 日收)

　　陈逆倡乱，惊及主座，违背共和，勾通非法，各将士闻知粤
变，均异常愤慨。烈钧等以为家贼不除，无以对外，兹已与前敌将
士开会讨论对陈办法，决定以左翼黄大伟、李福林所部，协同中路
赣军扼守庾关，烈钧、崇智等已于二十五日星夜率领滇、粤两军回

粤，以平内乱。

（《中华民国史事纪要（初稿）》1922年1～6月，第
1240页）

叶夏声讨伐陈炯明电

（1922年7月1日）

前陆军总长、内务总长、广东总司令兼省长、国民党支部长陈炯明，蜂目豺声，性行反复。自辛亥广东反正，炯明率其民军自惠入粤，谋争都督，排除异己，戕贼善良，居心已不可问。旋以不甘于护军使，则蹈事梁士诒，潜通袁世凯，举其所部，受贿通敌，推翻汉民，受命北廷。继任都督，嗣缘内变，卷款出亡，当时粤之陈、皖之胡、赣之欧阳，实一邱之貉。徒以粤中民党宽厚待人，恕其既往，炯明罪恶，幸未昭彰。而声也生性疾恶如仇，又念忝居师长之分，深惧逢蒙复起，必属炯明，爰与绝交，避之若浼。十年以来，炯明颂声载道，而声卒未敢妄赞一词者，职由斯故。

乃民党既原情略迹于前，复轻信过爱于后。戊午为其经营粤军之际，竟并忘其甲寅树帜背党、乙卯预备投诚、丙辰拥龙、丁巳通桂之罪。大元帅登坛拜将以宠炯明，国民党踊跃输将以助炯明，汪、胡曲就岑、莫以卫炯明，元首联欢段氏以壮炯明，期望之切，倚畀之深，前史所无，今代仅见。虽炯明天性跋扈，时怀反侧，而民党溺爱，如饮□醪。故大元帅炮击督署之役，炯明违令告密而不悟；改组军府迫走孙公之役，炯明袖手旁观通电赞成而不悟；粤军回粤，朱执信无故被刺而不悟；反对军府、国会回粤而不悟；反对选举总统及总统就职而不悟；赞成国是会议、第三政府而不悟；刺邓铿而不悟。迨元首返自桂林，炯明席卷避匿，似可以悟矣，而仍不悟。挽留有人，调停者有人，担保者有人，信使络绎于惠广，调人趋跄于湖上，心腹悉举而北伐，彼军任意而返省，而炯明者犹

指天誓日，自明其忠耿也。

嗟夫！自安禄山以异种反侧以来，同气之伦，诚未有阴贼险很〔狠〕如炯明者矣。数其今罪，其尤有十：纵火发炮，夜袭元首，其罪一；蹂躏国会，凌辱议员，其罪二；假名统一，藉遂私图，其罪三；捏诬元首，随徐下野，其罪四；奸淫掳掠，纵兵扰民，其罪五；滥杀无辜，草菅人命，其罪六；诱胁社团，强奸民意，其罪七；现任阁员，抗命谋叛，其罪八；军人干政，故违禁令，其罪九；身为部长，背义叛党，其罪十。综上十罪，陈炯明实触犯现行刑律内乱、渎职、擅逮杀人、强盗、骚扰、诬告、诈欺各本条。以侵害之法益论，应成立数千个之犯罪，自古穷凶极恶当无逾于炯明者。

乃趋炎附势之徒，观望骑墙之辈，犹欲曲加容谅，或主欢迎，或主和息，甚至身为典兵守土之员，亦藉词保境安民，希图迎合。自固瞽盲之论，反至奉若神明，而弗审若辈于事起之日，全城糜烂以后，始出而表示心理，一致悔其从并救人。嗣闻海军发炮，则又以维持调护自任，冀饰其溺职庇纵之咎。凡此乡愿，被害者理宜责其损害赔偿，讵容奉其言行为圭臬。至吾粤中父老诸姑昆弟，及直接间接之被害人，切宜审民党何以待炯明者，而炯明竟忍负之。则粤民一时之拥戴，果能浹炯明之髓而沦其肌，遂收投桃报李之效耶？语曰：鸟兽不可与同群。吾愿国人慎思而明辩也。临电感慨，未尽所怀。叶夏声叩。东。

（《叶夏声宣布陈炯明罪状》，上海《民国日报》1922
年7月20日）

中华民国进步党留日支部致孙中山电
（1922年7月1日）

十万火急。广州孙大元帅钧鉴：

陈逆炯明谋叛乱国，破坏护法，害及我伍博士，摧残民意，罪大恶极，望速讨之。吾党誓为公等后盾。中华民国进步党留日支部全体党员同叩。东。

（《陈炯明叛国史》，第 217 页）

中国国民党加拿大卡忌利分部致孙中山电

（1922 年 7 月 2 日载）

孙大总统鉴：

陈叛国，请痛剿，以绝根株，侨誓为后盾。加拿大卡忌利分部叩。

（《华侨请一致声讨叛军》，上海《民国日报》1922
年 7 月 2 日）

巴拿国中华会馆致孙中山电

（1922 年 7 月 2 日载）

《民国日报》转孙大总统钧鉴：

陈逆叛乱，危害民国，请速声讨，以维正义。此间侨民现正集
款汇寄。巴拿国中华会馆叩。

（《华侨请一致声讨叛军》，上海《民国日报》1922
年 7 月 2 日）

秘鲁利马埠中华商会致孙中山电

（1922 年 7 月 2 日载）

《民国日报》转孙逸仙总统：

报载陈炯明造反，实出意外，请起兵讨贼。秘鲁利马埠中华商会。

（《华侨请一致声讨叛军》，上海《民国日报》1922
年 7 月 2 日）

墨国莱苑埠华侨工商总会致孙中山电

（1922 年 7 月 2 日载）

《民国日报》转孙大总统：

　　陈炯明降敌叛变，普天同愤，请集合各路义师讨逆救粤，侨等愿为后盾。墨国莱苑埠华侨工商总会。

　　　　（《华侨请一致声讨叛军》，上海《民国日报》1922
　　年 7 月 2 日）

TAMPICOME 国民党致孙中山电

（1922 年 7 月 2 日载）

《民国日报》转孙总统鉴：

　　炯明通贼，叛党祸民，请声讨，愿为后盾。TAMPICOME
Kuomintan

　　　　（《华侨请一致声讨叛军》，上海《民国日报》1922
　　年 7 月 2 日）

十四省以上国会议员凌钺等致孙中山电①

（1922 年 7 月 4 日）

十万火急。广州探送海圻军舰转呈孙大总统钧鉴：

　　陆军部长陈炯明，阴贼险狠，降敌倡乱，黑夜纵兵，炮击公

---

① 据《中华民国史事纪要（初稿）》1922 年 7～12 月，该函发函日期为 7 月 4日。——编者

府，白昼淫掠，惨害平民，捣毁国会，逼死耆宿，穷凶恶极，人类
何容？应责成我大总统严令海陆军限期剿灭叛贼，恢复秩序，并将
陈炯明褫夺军职，拿获到案，押往军前，处以极刑。幸勿惑于群奸
播弄，再误调和，致中毒计，后悔无及。十四省以上国会议员凌钺
等二百八十人同叩。

（《革命文献》第五十二辑，第206页）

广东国民大会致孙中山等电

（1922年7月4日）

十万火急。黄埔孙大元帅、广州参众两院、各部部长、海军总司
令、各舰长、南雄胡文官长、始兴许军长、东山魏师长、北海黄司
令、北伐军各司令、大本营游击队各司令、警备军各司令、各省各
县各公民大会、各机关、各团体、各报馆公鉴：

我粤自光复以来，惨遭变故，龙毒陆祸，苦不堪言，粤民何
辜，受此奇劫？痛定思痛，方谓粤军旋粤，急事整理，讵知萧墙之
祸，伏于陈逆一身，煮豆燃箕〔萁〕，遽起叶匪之叛。我大总统孙
公博爱为怀，仁义接物，不料姑息养奸，深蒙祸害。以陈逆二十年
之师事，忽变节于一朝，如此祸国叛党之徒，不能再容其活于人
世，不特贻我三千万同胞之羞，故不能不声罪致讨，揭其劣迹而暴
露于天下，使四万万同胞得人人起而诛之。

陈逆炯明，乃一蜂目豺声之忍人也。纵军淫掠，政治之破产也；
祸国害友，信用之破产也；弃南投北，名誉之破产也；卑鄙龌龊，人
格之破产也。有此四者，不诛何待？叶匪举乃市井无赖也，围攻总统，
蹂躏国会，抢劫商场，捕杀党人，有此四者，不戮何待？陈炯光乳臭
小儿，杨坤如绿林小丑，熊略滑头小人，翁式亮奔走小狗；洪兆麟、
李炳荣，则阿媚求荣；钟景棠、陈永善，则摇尾乞活。似此一般强盗
喽啰，以之治国，何国不乱？以之治粤，何粤不亡？惟有求我粤三千

万人大解脱，大觉悟，早揭义旗，起而讨逆，何逆不摧？起而图功，何功不集？试看今日之广东，果是谁人之粤土？我辈者，乃广东之主人翁也。倘有见逆不讨，定为从逆，见逆不诛，定必奴于逆。

陈逆者，乃广东之祸首，亦西南之罪魁也。今北伐军当胜利之日，忽然驱逐总统，威迫海军，解散国会，阻止北伐，危害友军，抢掠商场，捕杀人民，构陷党狱，如陈逆者，其肉岂足食乎？惟有联恳我各省各县公民出而主持正义，组织义军，一致声讨，使扑灭逆獠，还我民国。不然，先行罢工罢市，停止征粮纳税，以制其死命。伫看羊石妖氛，一扫而光，珠海欢声，万家预祝。痛哭陈词，血泪俱下。广东国民大会全体同叩。支。印。

（《革命文献》第五十二辑，第205～206页）

国民党湖南支部萧翼鲲等致孙中山电
（1922年7月4日）

广州黄埔大总统钧鉴：

陈炯明称兵犯顺，劫夺白宫，噩耗传来，发指眦裂。务恳我大总统命将帅师，会剿此逆，以儆凶暴，而奠国基。不胜迫切盼祷之至。萧翼鲲、杨道馨、刘毅夫、邱惟震、陈克刚、邹敬芳、李文汉、李原埰、宋南山、傅进德同叩。支。

（《全国共弃之陈炯明》，上海《民国日报》1922年7月11日）

墨西哥那罅国民党致孙中山等电
（1922年7月5日）

《民国日报》转孙总统暨各将领鉴：

炯明叛，愤极，请即讨，同人誓为后盾。墨国那罅国民党全体叩。微。

（《华侨请一致声讨叛军》，上海《民国日报》1922
年7月7日）

上海天潼福德两路商界联合会会长
陈广海等致孙中山电
（1922年7月5日）

探送黄埔海圻舰孙大总统钧鉴：

　　日来读报，纷载钟荣光、刘学询又来调和等说。陈一步收买省
议员、商联会、九善堂、黎明通讯社、《群报》等失败，势必谋第
二步妥协。钧座关系中华民国存亡，不止关系广东一省，此次讨
贼，务乞坚决，勿为利口所动。一误再误，前车屡覆，调和调和，
假其名以自欺欺人，人民父老受祸深矣，钧座被卖亦多矣。辛亥咄
嗟而覆满胡，况义师云集，区区叛寇，曷足平耶，钧座速图之。民
国前途，实利赖之。上海天潼福德两路商界联合会会长陈广海、时
间守约同志会总务崔通约叩。微。

（《商界劝总统坚决讨逆》，上海《民国日报》1922
年7月7日）

旅沪赣人致孙中山电
（1922年7月5日）

广州孙大总统钧鉴：

　　赣省自陈、杨逃后，北方又增援师，垂苏之民，复堕涂灰。眷
念桑梓，倍切心痗。公本救民为怀，今乘北方有停战之意，伏请明
令前方各军暂行停战，以待和平解决。倒悬之苦，非可言宣，急切
陈辞，伏维鉴纳。江西旅沪同乡会、赣民自治促进会、旅沪江西自治

同志会、旅沪赣籍国会议员、旅沪江西第二届省议会议员同叩。歌。

（《旅沪赣人要求停战之哀声》，上海《民国日报》
1922 年 7 月 23 日）

美洲国民党总支部致孙中山电
（1922 年 7 月 5 日）

孙总统鉴：

　　报载粤局接近调停，同志一致反对。陈逆内忧人心离叛，外惧大军包围，穷蹙出此，请峻拒。讨叛，始张正义；纵敌，贻数世忧，惟公图之。美洲国民党总支部。微。

（《陈炯明叛国史》，第 211 页）

美洲国民党致孙中山电
（1922 年 7 月 7 日载）

孙大总统鉴：

　　各报载粤局接近调和等语。此种逆贼，尚有何言调停之余地。贼穷蹙出此，务望万勿中其奸计，请速讨。否则，此间同志极端反对。美洲国民党全体叩。

（《华侨请一致声讨叛军》，上海《民国日报》1922
年 7 月 7 日）

广东各界和平维持会致孙中山电
（1922 年 7 月 7 日）

孙大总统钧鉴：

　　粤省自伍出缺，省长一席，至今虚悬。同人以为省中现当紊乱之秋，政务何可一日无人主持，经即敦请前第三师魏出而勉摄，乃因仕途冷淡，再四坚辞。同人不得已，集合省内各届会议，讨论终结，佥以汤公廷光老成廉正，调护粤局，仰赖者多，望隆品重，人所归心，一致赞成，公推汤公兼权省篆，用特肃陈钧察。凤仰大总统念切桑梓，素重三民，际此粤民凋敝之余，当必以抚辑民生为急务，伏乞赐予同意。人民幸甚，大局幸甚。广东各界和平维持会谨呈。

（《广东和平会之和平运动》，《申报》1922 年 7 月 15日）

黎元洪致孙中山函
（1922 年 7 月 8 日载）

中山先生左右：

海关万里，引冀为势，熙天耀人之勋，乔岳东山之望，高名宿德，中外同钦。

元洪自顾余生，何心问世，属国事蜩螗之日，诸方敦迫之词，且不忍以先生艰难缔造之共和，自元洪瞻顾徘徊而中绝。敝屣固其素志，缨冠亦当勉为。惟自改革以还，十年未靖，佳兵之祸，千里为墟，来日大难，隐忧为捣，先生智珠在握，心镜无私，冀闻经国之谋，式永新邦之命。

兹遣白君楚香上谒，即望赐之颜色，锡以箴言。除一切由白君面达外，用特修函，祗候起居，顺颂

勋祺，诸希

鉴照

黎元洪启

（《黄陂再促中山北上》，天津《大公报》1922 年 7月 8 日）

讨贼义勇军司令沈志恨致孙中山等电

（1922 年 7 月 11 日）

广州孙大总统、参众院、各部长、姚军长钧鉴：江西李总长，南雄胡文官、许军长、朱总司令、李、赖两梯团长、黄司令、李司令、各师旅长，梧州张师长，浙江卢于嘉先生，上海孙伯兰先生、章太炎先生、汪精卫先生、张溥泉先生、广肇公所、各报馆、各社团公鉴：

  陈逆炯明，私通吴逆，拥兵称乱，围攻公府，驱逐元首，蹂躏国会，迫死老宿，败国残民，坏法蔑纪，罪人恶极。此而不诛，我中华民国四万万神明华胄，何以自拔于飞走之伦？志恨束发受书，曾闻大义，誓诛逆贼，洗此奇羞。顷蒙孙大总统复委以讨贼义勇军司令之任，不敢自逶，敬即就职，经飞令所部，克日誓师，歼陈逆贼，谨先电闻，企候明教。讨贼义勇军司令沈志恨叩。印。真。

（《陈炯明叛国史》，第 173 页）

各界联合和平维持会致孙中山等电

（1922 年 7 月 11 日）

永丰舰孙大总统钧鉴：惠州陈总司令、广州叶总指挥鉴：

  广州商民，连受惊恐，今因变故，又罹兵燹，凋敝已极，触目伤心。敝会联合各界，竭力调停，都求宁人息事。不料昨夕至今，又闻炮响，战事复起，人民处此，如伏倾巢，惊惧之情，实难言状。查广州为全省精华荟萃，凡属粤人，均宜加意保存，况人民何辜，再罹锋镝。天下无不了之事，同袍同泽又何忍自启阋墙，万恳分饬所部，申明大义，稍缓须臾，以待解决。即使万不得已，亦请另择市外，划定战地，以免人民同归于尽，玉石俱焚。谨代百粤人群请命。涕泣陈词，不胜待命之至。各界联合和平维持会叩。真。

　　（《粤人呼吁和平之五电》，天津《大公报》1922 年 7
月 19 日）

宁少清致孙中山电
（1922 年 7 月 11 日）

黄埔行营大总统钧鉴：

　　陈逆叛变，中外注目，盖不仅关系破坏讨贼，而开将来以怀二
之风，贻祸无穷，尤为罪大恶极。前者为国法所不能宽，后者为礼
教所不能容。民国所恃以有今日之一线生机，群奸不敢公然拍卖
者，为我民党素重人格，一致推戴我大总统，始终爱护共和，磊落
光明，不为势利所动，宵小无从以入而肆其破坏也。乃不幸陈逆受
北房流行病之传染，竟为吴贼所惑，冒天下之大不韪，称兵畿辅，
破坏大局，作乱犯上，行同枭獍，其罪殆不容诛，所谓投诸有北，
有北不受也。乃者港电逆部叶举有乞降之说，窃以为陈逆不忠不
义，非杀之不足以彰法纪而振颓风，与其姑息养奸，不如贷贼以不
讨，反不失为我大总统宽大之仁，故请拒而杀之，亦正所以成之之
微义也。区区之愚，伏维垂察。宁少清叩。真。

　　（《讨陈炯明者继续不绝》，上海《民国日报》1922
年 7 月 13 日）

赖德嘉致孙中山等电
（1922 年 7 月 11 日）

广州孙大总统暨北伐各将官、各报馆、各省议会、各法团均鉴：

　　陈逆炯明，胁迫总统，背叛党魁，摧残政府，逼死元勋，纵兵

行劫，罪大恶极，不容于死。现闻该逆见势不佳，欲思幸免，冀想
求和，亟应电恳大总统暨北伐各将官，勿纵凶恶，迅速进剿，以清
妖孽，而伸国法。并望各界一致主张，扫除和平障碍，国家前途实
利赖之。赖德嘉叩。尤。

（《拒绝陈炯明乞和之主张》，上海《民国日报》1922
年7月17日）

国民党东京支部致孙中山电
（1922年7月11日）

孙大总统钧鉴：

陈逆不悟，益肆凶锋，逼我总统，驻跸无地，罪大恶极，神人
共愤。誓扑杀此獠，以谢天下。谨掬血诚，听命驱策。中国国民党
东京支部党员全体同叩。真。

（《华侨请一致声讨叛军》，上海《民国日报》1922
年7月19日，"要闻"）

安庆陈天裁等致孙中山电
（1922年7月12日载）

上海《民国日报》转孙大总统钧鉴：

陈贼炯明叛党叛国，元老伍公忧愤溘逝，天人共愤，罪不容
诛。恳请我大总统暨西南护法诸公，一致讨伐，扑杀此獠，以正国
法，以维纲纪。陈天裁等一百三十四人同叩。

（《安庆陈天裁等讨陈炯明电》，上海《民国日报》
1922年7月12日，"公电"）

温哥华国民党致孙中山电

(1922 年 7 月 13 日载)

孙大总统转各报馆鉴：

陈贼炯明叛国，此间同志愤甚。请速痛剿，侨等誓为后盾。温哥华中国国民党分部叩。

（《讨陈炯明者继续不绝》，上海《民国日报》1922 年 7 月 13 日）

英国利物浦国民党致孙中山电

(1922 年 7 月 13 日载)

《民国日报》转孙总统鉴：

炯明悖叛，结党祸粤，误国害民，私通北庭，同人决议，誓不共天，敢请明示，以便遵循。英利物浦国民党。

（《讨陈炯明者继续不绝》，上海《民国日报》1922 年 7 月 13 日）

全国商会联合会等致孙中山电①

(1922 年 7 月 13 日)

广州沙面探投孙中山先生鉴：

前月冬、尤两电，秉全国之公意，效一得之悃诚，计荷俯垂清

---

① 本电自全国商会联合会致广东全省商会联合会等电中辑出，署名者包括全国商会联合会副会长张维镛、上海总事务干事江经沅、京兆事务所干事安迪生暨各省区驻京评议员等。——编者

听。近接广东省议会、广东全省商会联合会暨各法团等号电，又广东自治维持会刘子询等东电，一致宣言，请公践言退位，足征各方厌兵悔祸，心理从同，无从讳饰。此间国会已定八月一日开会，正纯如还赵璧，首都复见汉仪，几席从容，纠纷立解，干戈载戢，建设宜先。因思我公比年维护法统，间关奔越，竭智索能，乃以有此一日。顾兹息壤，先生可谓求仁得仁，溯厥本源，国人敢□以德报德。况梓邦之责，忍痛负重，独任牺牲，不堪涂炭，尤为海内群情所共深悯恻。既颠连而罔告，宜休息之是谋，此为公计、为粤计，不能不赓续前陈，而盼公之早践凤诺也。时会难再，应恳克日命驾北上，与当局捐嫌释疑，协商国是，谤可消乎负固，望曶切其来苏，北□不惊，遑辞拥彗，南风有□，遥企扬飙。谨布血忱，维希矜念。

（《京团体迎孙之措辞》，天津《大公报》1922 年 7 月 20 日）

黄明堂致孙中山等电
（1922 年 7 月 13 日）

十万火急。广州孙大总统，南雄胡文官长、许军长、朱总司令、李、赖两梯团长、黄、□两司令、各师旅团长、汪精卫先生，省港各报馆、各社团均鉴：

前陆军陈总长解除兼职，遄返惠州，忽而援桂粤军，返旆东归，因统驭无人，遂横决而莫可收拾。甚至袭攻帅府，糜烂全城，堕西南垂成之功，犯天下之大不韪。因知亡不越境，春秋难免诛心，必也正名，纲常早垂定义。惟当局心如悔祸，方且内疚神明，而叛将恶已贯盈，更宜声罪致讨。明堂感豆箕〔其〕相煎之苦，抱鸰原急难之思，不得已剑履仓皇，出师戡乱。俾战期缩短，庶集矢者或可以减轻痛苦，补救令名，抑风俗尚有人心，天壤常留正气，公谊私情，两无所憾。临电无任主臣。讨贼军南路总司令黄明堂叩。元。印。

（《黄明堂出师讨贼电》，上海《民国日报》1922年7月31日）

广东各界联合和平维持会致
孙中山、陈炯明、叶举电
（1922年7月13日）

孙大总统、陈总司令、叶总指挥钧鉴：

叠肃函陈，吁请我公以桑梓为重，严饬所属，勿轻启衅，想蒙钧鉴。同人不揣冒昧，观察各方，仍有不能不仰恳矜怜者。

盖图治之道，得民为昌，而贤者用兵，兵无血刃。今者事变已一月矣，是非曲直，天下后世，当有定评，同人至愚，非所敢问。然所争者惟政见，夫政争之事，各国常有，未必借重于兵戎，且兵凶战危，古人所诫，胜败未定，人民已饱受颠连。我公桑梓情殷，同袍念切，即有龃龉，亦宜诉诸公评；况枌榆之地，生长之邦，又何忍因相竞而致闾里凋零，因政争而遗父老忧惧？真日海珠会议，已具和好端倪，此后困难似可于斯解决。人民当此彷徨之秋，得此佳耗，正庆其苏，乃昨会议结果，卒因各有所持，竟至宣布停顿，调人束手，后顾靡涯。夫为上者，虽一瞻顾，而在下者，即足生死而有余。

除函汤、魏、洪、熊、李五君，恳仍赓续调停外，用谨吁陈，叩乞迅赐函致原日调人，再集讨论，并乞俯赐优让，俾得调停早日妥适，人群早日安宁，粤人幸甚，大局幸甚。广东各界联合和平维持会叩。元。

（《广东》，天津《大公报》1922年7月23日）

鄂人张伯烈等致孙中山等电

（1922 年 7 月 14 日）

北京府、院、部，广州孙中山先生，四川刘辅臣先生，长沙赵夷午先生、孔雯轩先生，江西李协和先生、蔡虎臣先生，保定曹仲珊先生，洛阳吴子玉先生，开封冯焕章先生，西安刘雪岑先生，武昌萧衡珊先生，各省湖北同乡，各省议会，各商会，各团体，各报馆均鉴：

迩来谈政之士，昌言废督裁兵：黄陂鱼电，认此为统一政策；直军将领，迭电赞同；浙省且实行废督为天下先；中山前次通电，亦有化兵为工之宣言，诚以兵不裁，则废督为虚言，督不废则裁兵无诚意，英雄所见，大略相同。同人奔走四方，默观时变，溯夫积年肇乱之源，南北相持之故，罔不由于军队纵横，逾越常轨，武人割据，助长祸机。物极则反，群谋寝兵，此和平之福音，而民治将行之朕兆也。仁言利溥，敢不拜嘉，顾同人所希望于群公，发最大之愿心，而苏最近之民困者，有一先决问题焉。即实行撤销驻防式之军队是也。同人鄂人也，请言鄂事。

辛亥改革，鄂军已增至八师，统一以还，退伍者六。虽黎天才与石星川所部，尚分屯荆襄，七年一役，牺牲殆尽。今所补充，名则七旅，实则主客参合，非复旧观。至论驻鄂之防军，约而计之，数亦不下十万。查冠名陆军统于北方将领者，有师二十五，而鄂驻其四；有旅二十五，而鄂驻其七。以一省之力，给养师旅如是之众，既顾主军，兼供防饷，税收有限，苛征无已，吏因为奸，民不堪命，长此罗掘，省产焉得而不破，民财焉得而不穷。追原祸始，宁非无限制之驻防军队阶之厉哉。夫国之所以赖有军队者，为国防也。不防边塞，而防腹地，不防敌国，而防人民，惟异族宰制征服地则有之。如前清驻防各省，各国殖民属地者然，非所以论今日之国民也。今日五族共和，主权在民，鄂非化外，何庸驻兵。且江汉汤汤，工商所荟，地非要塞，亦宁有云屯重兵之理。况岳州已明令撤防，湘鄂同为腹省，在理应无歧视，乃者鄂防依然，反以撤岳之兵，陆续移防于鄂，果何厚于湘而薄于鄂也。

至为驻鄂之兵，非以防鄂，乃以防南，非以防民，乃以防匪，同人之愚，窃所未喻。今国会已集北京，南北争议似已根本无存，若犹不免南顾之忧，则同人敢请议、商两会暨军、政两界起负调解责任，迳与邻境各省互定保境安民之约，划全鄂为军事上永远之缓冲地带，省各自治，谁敢败盟，则防南之说破。防匪固矣，然责之驻军，所防几何？吾鄂当王占元时代，兵变之惨，搜括之酷，为历史所未有，更操何术而防兵，曷若尽撤驻兵，代以团防，征其地之土著，即以任其地之捍卫，训练责成长官，枪弹保存商会，法求良善，乱曷由生，则防匪之说亦破。总之，废督裁兵，已成不可抵抗之潮流，撤销驻防，尤为均平统一之初步，此制不更，祸乱未已。或者曰：驻鄂各军，皆国军也，鄂不应驻，然则应以邻为壑耶？不知同人之意，正欲一视同仁，愿以待湘者待我鄂人，不愿以制我者更制邻省。特以此项驻军，皆齐鲁燕豫之良民，实非生而为兵者，谁无室家，谁无手足，久戍思归，人之恒情。撤令朝下，雄师夕班，将军有衣锦之荣，壮士慰闾阎之望，卖刀买犊，农归及时。若裁兵方案不及遽行，亦可暂移陆军部直辖师旅，拱卫畿辅，壮严首都。吾鄂人民但求生息，所纳国税，仍以时供。万不可仍驻防之陋制，腾讥笑于列邦。彼日本驻汉之旅，近已服从华会军备限制之议，实行撤防。可以中央之视地方，不及邻国之视我通商口岸耶？

干戈遍地，诸公已有玉帛之心，疮痍满目，同人顿切桑梓之念，心所谓危，披沥陈词，邦人君子，实利图之。张伯烈、汪哕鸾、刘一清、王彭年、范鸿钧、徐芷敬同叩。寒。

（《鄂人请撤驻鄂客军》，《申报》1922年7月21日）

中国劳工联合总会印度支会致孙中山电

（1922 年 7 月 14 日）

邮电广州孙大总统钧鉴：

　　陈逆炯明，叛党乱国，威胁元首，逼散议员，害伍博士，种种罪恶，恒河沙数。恳请我大总统迅将陈逆严拿惩办，以谢国人，中华幸甚。中国劳工联合总会印度支会全体会员六百五十四人同叩。寒。印。派出驻粤代表者录。

　　　　　　　　　　　　　　（《陈炯明叛国史》，第 216 页）

范玉琳致孙中山电

（1922 年 7 月 15 日）

大总统钧鉴：

　　前聆慈谕，敬铭五内。忽闻陈炯明嗾令党羽，颠覆政府，驱逐议员，背叛民国，通敌降寇，私订密约，隳千载历史之光荣，毁万世人类之信义，公谊私交，均堪发指。此贼不灭，人无噍类。玉琳从戎有年，粗知大义，迩听恶息，难忍须臾，既感总统知遇之恩，敢鼓歼灭渠魁之勇，爰集河洛健儿、济沂壮士，整束戎装，效命疆场，扫除妖孽，拔尽根株。谨布区区，敬待后命。范玉琳叩。删。

　　　　（《拒绝陈炯明乞和之主张》，上海《民国日报》1922
　　年 7 月 17 日）

许宝祥致孙中山电

（1922 年 7 月 15 日）

广州黄埔孙大总统钧鉴：

　　创造共和，丰功伟烈。军阀骄横，破坏法律，政治纠纷，南北分裂，护法七年，热心毅力。陈逆炯明，天下公敌，温、魏调停，体统攸失，与贼言和，后悔何及。誓灭巨奸，再谋统一，谊切同仇，矢如皦日，速整义师，警电万急。北伐大本营总参议兼右翼总指挥许宝祥。咸。叩。

（《许宝祥讨陈炯明电》，上海《民国日报》1922年7月18日，"公电"）

国会议员李希莲致孙中山等电

（1922年7月15日）

广州孙大总统，北京黎宋卿先生，各省督军、省长、各省议会、教育、农工商各会、各团体、各报馆均鉴：

国人乎，我中国十一年之变乱，何一非骗术所酿而成乎？被骗之国人，其生命财产心术，损失破坏，至不可极，何至今日犹不觉悟耶？

试略言骗之历史。袁氏骗国人以为总统，而人心坏；其左右骗袁氏以筹帝制，而内犯成；督团受政客骗解散国会，而督团之罪恶彰；黎氏以三不骗国人，而黎氏倒；徐氏假安福以骗大位，而徐氏逃；岑、陆卖护法以骗国会，而岑、陆衰。凡以骗术以攫窃权利者，无不身败名裂以去。求一真诚爱国百折不回者，诚属寥寥。即有之，人或不拥护之者，殆欲于骗术中求生活耳。近日甚切假法律以骗国人矣。黎元洪以叛法满任之总统，可以骗而袭位；王家襄以弃法解职之议员，可以骗而复职；吴景濂以自誓赞成六年国会非中国人所生者（民国八年元旦在广州东园语），可以骗而谋利。法律内容，国人或有不知，以事实论，一月前黎氏不曾以裁兵废督骗国人乎？今吴长植自请裁兵，竟不之许；又复以四百元骗护法议员，美其名曰酬庸，在纯洁议员固不屑受，而贪其饵者容或有人，然此种骗术鲜而易见。夫孙大总统非真诚护法者耶？伪廷一面电催其入京，一面唆使陈逆黉夜叛乱以害之，曾几何时，竟忘之耶？吾辈何人，能否不受其骗，自问可知。然孙大总统虽受陈骗，尚不屈挠，力持正谊,如黎氏处此,则日本使馆早多一寓公矣。如以此比较之,有贪黎氏之饵者,终有追悔不及之日。况议员资格经法律手续取得,既非吴、王私人宣言能以丧失,亦非黎氏僭窃命令能以取销,尤非违法伪廷之顾问可以交易。须知吾人之代表天职,为人民公意所付与,苟非有确切保障,能自由行使职权时,毁法者即恢复八年国会亦骗术也。况卖自身、卖人民、买空卖空之四百元乎。

夫骗人者或得一时之利,及其结果,欺诈百出,终酿惨祸,所苦者惟吾军民耳。人民之智识与实力,现在幼稚,兹不具论。若赫赫握数省兵权者,往往亦被人骗,遂至生灵涂炭,罪积其身,此愚之甚者。慨自袁氏利用武力,纵容军队,以骗头脑简单之军人,而政客又复兴波作浪于其间,遂造成今日武人割据残杀无已之局。然而前仆后继攫夺权利者,不特亡国灭种之媒,亦丧身破家之具,武人苟知觉悟,须知今日之主张六年国会。黎氏僭位,又开破法酿乱之门者,皆向之欺骗国人。所谓帝制犯、复辟犯、督团造反造意犯等等,人物使之然也。国人如知痛苦,思弭此乱,窃愿全国一致主张,请毁法满任之总统退位,既重法律,则护法之经过事迹一切有效。如吴佩孚所言法律问题,国会自身解决。解决之方,如东三省省议会联合会所主张,在上海开会,不受任何方面干涉,则国家或有统一之望。不然,甘受奸人之一骗再骗,至国家不可收拾之日,晚矣。当否,请国人其见教之。参议院议员李希莲。删。叩。

（《中国乱于骗术之痛论》,上海《民国日报》1922年7月18日）

广东全省地方自治维持总会刘学询等致
孙中山、陈炯明电

（1922年7月17日载）

中山先生、竞存先生均鉴:

民国缔造,越十一年,龙去莫来,战争叠见,粤军返旆,即闻

共有共治共享之宣言，凡我粤人，方谓后来其苏，必能出水火而登衽席也。乃自删日变起，兵连祸结，敝会代表民意，曾于东日通电左右，解决危局。以中山先生护法南来，现值东海下野，中央恢复国会，尊崇法治，请北京政府派员奉迎北上，共谋国是，停止各方用兵，静候和平解决。竞存先生虽甘高蹈，然眷怀袍泽，缨冠往救，义亦难辞。况兄弟阋墙，有何不了之事，自无不解之冤，务恳分饬各军，互相让步，各派代表，会议磋商，征集民意，挽此危局。为民请命，急不择言，尚祈鉴亮，伫候明教。广东全省地方自治维持总会刘学恂［询］、梁致广等叩。

（《粤垣二次开战中之两团体》，《申报》1922 年 7 月 17 日）

陕西民军致孙中山电
（1922 年 7 月 18 日载）

大总统钧鉴：

陆军总长陈炯明，嗾令部曲，迫胁元首，闻之发指，思之心寒。举国澄清之业，败于一人，十年卵翼之恩，背于一旦，是可为孰不可为，是可忍孰不可忍！论名分以下犯上，论法统以正附逆，论恩义以怨报德，论军纪以将通敌，罪浮于卖国，行污于篡贼。是不徒是非之辩，而实为人禽之分。君父之仇，戴天不共，乱贼所在，尽人可诛，请缨□系奸尉之颈，挥剑誓斩畔臣之头，奋戟□指，倚马待命。西北讨贼军第一路代理总司令杨彪、参谋长胡德夫、秘书长蒙俊生、第一团团长任春龙、第二团团长姬汇百、第三团团长冯钦哉、骑兵团团长李子高、副官长马光齐率全体将士叩。

（《陕西民军请讨陈炯明》，上海《民国日报》1922 年 7 月 18 日）

汉口旅鄂广东全省同乡会致孙中山等函

（1922 年 7 月 18 日）

　　民国以来，吾粤迭遭灾害，十室九空，火热水深，疮痍满目。近复戈操同室，更嬗为雄。窃恐杀机一开，地方益加糜烂，黎庶益觉颠连，兄弟阋墙，豆煎瓜剖。试问诸公数十年来惨淡经营，呼号提倡改革之谓何？得无变本加厉，与初心相刺谬乎？夫同室有斗，则被发缨冠，其兄弯弓，则垂涕而道。同人等乡间远隔，庐墓犹存，怅望松楸，眷怀桑梓，言有所不敢，默有所不忍，椎心泣血，中夜旁皇。伏乞悉泯猜嫌，化干戈为玉帛，重视民命，以地方为前提，天下无不解之仇，万姓慰其苏之望。拟公推唐少川先生出作调人，排难解纷，匪异人任，维持秩序，恢复治安，勿使陷入无政府地位，不惟吾粤之幸，抑亦全国之幸也。临颖无任企祷。专此，即颂

台祺

汉口旅鄂广东全省同乡会谨启
七月十八日

　　（《广肇公所所接旅汉同乡复函》，《申报》1922 年 7 月 23 日）

旅美华人骆侠生致孙中山电

（1922 年 7 月 19 日载）

《民国日报》转孙大总统鉴：

　　陈逆炯明，通敌变叛，威胁元首，破坏大局。请声罪诛讨，誓为后盾。谨此，并候精神。华盛顿约加磨通信处骆侠生。

　　（《华侨请一致声讨叛军》，上海《民国日报》1922 年 7 月 19 日，"要闻"）

陈际熙致孙中山函^①

（1922 年 7 月 20 日）

大总统钧鉴：

际熙于十日面奉钧令，回港筹商讨逆事宜，俾预备响应我北伐军回粤。遵即于十一日启程，因船为飓风所阻，至十六日始行于抵港。旋赁居兴汉道十六号为办事机关，以便联络各方，一致着手进行。

现探悉粤中叛军将领内哄风潮，日行剧烈。叶逆与陈逆呈露决裂，昨已由省潜返惠州。洪逆兆麟因争省长不遂，迁怒于陈逆；近复因撤换张慎藩之盐运使缺，竟悻悻赴汕，外间宣传其有备战动作者。熊略因有附义嫌疑，致有削夺兵柄，而调充伪总司令部参谋长消息。闻熊决不受调动，将另图对付方法。至北江近日纷调大兵，闻系防止沈鸿英假道回桂。连日报载，梧州之卢、张、关、郑经已联合，积极筹备东下讨逆各讯，又足使逆贼寒心。故粤中处此风声鹤唳之天，陈逆虽欲求一夕之安不可得也。

犹忆大总统临离粤时，谓陈逆断难维持广东，今果不出所料。唯吾人对此应如何妥筹讨逆方略，以收事半功倍之效，殊为目前要图。际现正与谭礼延兄等磋商沈部附义进行，并一面请何振设法说其部将。缘沈部沈保华、沈秉强辈均为何旧日得力部将。去年邓师长剿匪北江，特聘何随营参议帷幕，盖即为此。至于虎门一隅，亦经转令何振，协同陈经邦誓图恢复，积极进行，已有妥切布置。详情容日再行呈报。大总统近日对于定粤计划，如何设施，伏乞随时训示，俾得祗遵。

李耀汉、莫擎宇近日在肇属等处仍肆力活动，黄明堂尚能支持。如此时我北伐军乘锐气方新之际，回戈痛剿，东由梧州卢、

张、关、郑等部会师三水，北由沈部直趋韶州，内则由各地民军响应，逆党现互相猜忌，士气已馁，当不难一股荡平，诚千载一时之良机。伏乞大总统迅赐统筹兼顾办法，无以斯言为河汉，至深祷幸。陈逆因叶举愤而去惠，军事无人主持，故于十六日已就伪总司令职，以防他变，各界对之，极形冷淡。谨以奉闻，余情后禀。肃此。恭叩

钧安

陈际熙谨呈　七月廿日

孙中山批：代答：函悉。望专与何振图复虎门，不必分心他事。

（《国父墨迹》，第 440 页）

江苏公团联合会致孙中山等电

（1922 年 7 月 20 日）

广州海军部转大总统、伍总长、汤总长、居总长及虎门各要塞、参众两院，省议会分转议员诸公，报界公会转各报，香港《晨报》转各报，韶州大本营各处长，赣州分投李总长、许军长、黄总司令、谢省长，滇、黔、川、湘、桂各省长，各总司令，各省议会，各报馆，浙江督办、沈省长、省议会、各报馆，暨全国团体、国民公鉴：

国有大法，系于国会，国之大纲，厥为政府。陈炯明背主投逆，弄兵称叛，迹其大罪，总约十端：

兵毁两院，诛逐议员。段、倪再围国会而不敢烧，袁、黎解散议员而不敢逐，陈氏灭毁大法，盗贼行为，大罪一。府院各部，政府所在，称兵杀掠，抢烧一空。督军团之犯关兵谏，假名直隶派之逐徐，法言藉口，迹彼北洋，犹知自饰，矧任正统，竟尔横揽，大罪二。西南护法，六载播迁，讨贼出师，今方发轫，忍效王敦之乱，致旋陶侃之师，奸慝弹冠，苍黎扼腕，大功中隳，大罪三。报

章喧载：吴佩孚以伪廷副座相给，黎元洪以两广地盘为饵，陈逆不思，小朝偏任，曹氏久图百越山河。孙公不□，北伐之大军既发，南疆之重任已畀，而遽利令智昏，贪生活怙恶〈不〉悛后，大罪四。昔年救桂，疮痍之难未平，今日反兵，余孽之衅又启。浔水柳江，潮翻血浪，龙山邑阜，尸化瘴烟。竟抛百战之辛，以逞一人之愤，桂民何罪，兵燹重经，大罪五。广州自治，世界楷模，全省菁华，于焉荟萃。养兵供费，粤人不薄于陈；焚市戮民，陈氏何仇于粤，必使羊城糜烂，劫甚于洪、杨，珠海掠残，远过岑、莫，大罪六。城门之火未起，池鱼之殃可忧。粤当道极尽周旋之术，而不能收制大之声；粤公团恳作吁呼之请，而不能已贪狼之欲。是何心肝，必欲残民，□□□无恻隐，竟甘流血称豪，大罪七。总统之于陈氏，久获妍蒙，深资卵翼，出驻漳汀，则资根厚赏，挥戈潮惠，则器械频供。十年父事之恩，忍为吕布；毕世亲情之谊，竟效禄山。枭獍同行，良心何在？豺虎不食，凉血同伦，大罪八。论国法，总统即是君亲；论党纲，总理实居魁首。陈遂凤誓服从，未干口血，忽冒不韪，尚何靦颜为全国军阀不敢为之创举，造世界党派未曾有之奇闻，武人尤效，列国腾讯，大罪九。认贼作父，为北洋正统之虏臣；报德以怨，作民主共和之障碍。纪纲废弃，胥五族而无颜；法典沉沦，将万劫而不复。大罪十。

　　按诸十罪，恶极穷凶，一有于兹，万死不宥。陈炯明兼而有之，古无其人。上溯丹霄，普天同怒，下穷碧壤，薄海腐心。本公团等愤慨无既，气奋实深，未能执殳前驱，誓愿握管后盾。所幸峨峨军舰，大义凛存，振振师干，群雄激发。尚望赣中大队，拨轻骑以言旋，各省贤能，率义师以会剿。为法网而杀贼，不难收釜底之游魂，聚海陆而进攻，会看扫林间之落叶。先期削平内难，再图挞伐远奸，使贼知所惕，而乱庶可已。江苏公团联合会叩。号。

　　　（《中华民国史档案资料汇编》第四辑（二），第698～699页）

国会议员丁超五致孙中山电

（1922 年 7 月 21 日）

广州孙大总统钧鉴：

　　陈贼炯明，以怨报德，犯上作乱，其手段之残酷，张勋复辟时所不敢施于黎氏者，陈贼竟优为之。罪大恶极，为古今中外历史所无。吾国数千年来圣贤所传之纲常礼教，为之破坏殆尽。从前外人尚称吾国为半开化，恐将后直以野蛮生番视之。一人作俑，全国蒙羞。为恢复政府威信计，为保存民族人格计，应请钧座严加挞伐，以彰天讨。超五虽无似，愿誓死以从其后。众议院议员丁超五叩。马。

　　（《国会议员明辨顺逆之表示》，上海《民国日报》
1922 年 8 月 6 日）

周召棠等致孙中山电

（1922 年 7 月 22 日）

广州黄埔孙大总统钧鉴：

　　近阅沪、粤各报，知陈逆炯明势蹙求和。使天□人，闻此消息，极端反对，佥谓此獠不除，祸根蔓延，伊于胡底。自宜大发雷霆，整军率武，声讨□罪，明正典刑，并将叛部骈诛，肃清党恶，庶反侧永销，无复为护法共和之障碍。愿总统刚正□□，不予优容，天下幸甚。周召棠、罗文清、蒋世伟叩。养。

　　（《反对陈炯明求和电文》，上海《民国日报》1922
年 7 月 24 日）

广东全省商会联合会致孙中山电

（1922 年 7 月 22 日）

永丰舰呈孙中山先生钧鉴：

接全国商会联合会张维镛暨上海总事务所、京兆事务所等元电，名言正论，正与敝会众意相同，万恳俯顺舆情，克日北上，为粤省留元气，为国家策久安。吾民爱戴之诚，断不因钧座之行而有间也。广东全省商会联合会会长刘焕、副会长胡颂棠、陈崇迈叩。养。印。

（《粤商会请孙中山北上》，长沙《大公报》1922 年 8月 5 日）

美国杞连湖国民党分部致孙中山电

（1922 年 7 月 25 日载）

孙大总统钧鉴：

炯明叛党，枭獍不如。既张天讨，请并削党籍，以肃法纪。美国杞连湖国民党分部叩。

（《美洲国民党讨陈电》，上海《民国日报》1922 年 7月 25 日，"公电"）

江西自治筹备处致孙中山电

（1922 年 7 月 25 日载）

广东孙大总统钧鉴：

曩者辛亥革命，有清退逊，我公功成不居，慨然奉民国无上职权授让于项城氏，高风盛德，薄海同钦。我公固非竞利争权之流，人已公信。不幸国家自洪宪消灭以还，政局屡变，兵祸频兴，公居南服，树帜护法，全国扰攘之会，使四百兆同胞尚知法系之尊严不可废者，公之力也。赣省地接长江，毗连东粤，比岁以来，遭陈氏苛虐，商民困瘁，穷于赴愬。公与李公协和司令爱举义师，慨垂援手，凡属赣人，谁不仰感。不意事机掣滞，延及逾月，谁取南虔，北来援军，雾屯云集。况集兵既多，而相持复久，财力敝于供给，人民迫于转输，农工失业，市面萧条，败兵焚掠，村舍为墟，寇盗假名，远近告警。似此情形，赣民未登衽席，而已先陷于水火，仁者闻此，能无恻然？

迩者黄陂复出，表示和平统一宗旨，对于钧座及政府诸公谅有媾和之蹉议。夫中华共一民国，南北悉属同胞，异种相争，犹终归于和好，况且同室之斗乎？伏乞停止战争，撤回师旅，开诚布公，与北京政府共相筹议，顺自治之潮流，俾民治之实现；饬谢省长速即履新，主持一切，民国幸甚，赣人幸甚。近日省内外人心惶惶，朝不谋夕，各界人士束手无策，为此除另呈黄陂请求下令撤兵外，专此呈请钧座，伏维明断施行，不胜迫切待命之至。江西自治筹备处叩。

（《江西自治筹备处呼吁和平之文电》，天津《大公报》1922 年 7 月 25 日）

四川省议员曹叔实讨伐陈炯明电
（1922 年 7 月 25 日）

（衔略）均鉴：

护法不幸，生此巨憝，竞存陈氏，顷以革命中心人物竟敢通贼，率叛部叶举、杨坤如等围攻公府，驱逐护法议员，种种叛逆行为。远耗初传，尚以孙公、陈氏关系过深，未敢遽信。日来报纸喧传，则事实暴露，轩然大波，全国震怒，西南半壁更属根本动摇。凡我同志血性之士，无不惊心骇魄，裂眦切齿。（中略）① 如此宵小凉血，讵可不声罪致讨，以维正谊？

溯自辛亥革命以前，孙公号召同志，奔走呼号，为人权之奋斗，作国事之牺牲。迨民国成立以后，大盗窃国，又复坚持主义，屡蹶屡起。回首黄花岗头，忠魂犹郁；汉水江干，热血未凉。目极山河，罔非以烈士头颅为代价。陈氏虽追随孙公及诸同志后，然黄花岗已误事于先，今忽叛主义于后，对死者何以慰诸先烈之英灵，对生者又何以报孙公及诸同志之苦心？此其可讨者一。

黄陂解散国会，徐氏僭位，误国滋深。民国六年，孙公始以大元帅名义起师护法，复以国会选举膺任总统，近又秣马厉兵提师讨贼，意在维系法律于不坠，减除军阀之专横，旗帜鲜明，万方崇奉。方讨贼军入桂之时，陈氏允月拨五十万元之饷项，至孙公赴桂半载，而陈氏则未有一粟一弹之接济。又电湘赵阻遏义师，种种不欲讨贼之心，已昭昭在人耳目。尔者，江西则克捷矣，湘省又出兵矣，适值奉直交攻，曹吴未洽，苟能再联西南诸省一致出兵，直捣幽燕，诚有破竹之势，乃孙公急进于前，而陈氏则多方牵掣于后。陈氏果以讨贼非其时，尚属振振有词，差可藉政见不同以为掩饰，今竟迷梦副座，以吴佩孚之马首是瞻。事将垂成，乃功亏一篑，千载之会，坐误良机，所谓聚铁不足以铸其错，罄竹不足以尽其辜矣。此其可讨者二。

孙公之对陈氏，患难与共者二十余年，推心置腹，引为知交。民国元年，寄以南疆之任，岑、陆作乱，畀以精锐一旅之师回粤，又以军民两政萃于陈氏一身，未尝以培林养虎为怀，尾大不掉为虑。而陈之恃爱恣肆有不可言喻者，援引亲族，则遍据要津，广树爪牙，扩充势力，孙公固又深信之而不疑，望之者则甚厚也。（中略）乃陈氏受孙公之卵翼，受同志之匡扶，以博得高位厚糈，尚

---

① 原文如此，后同。——编者

犹贪婪不足，摧残护法，危我孙公，何异鹰饱食而远飏，虎生翼而反噬，此其可讨者三。

粤省为中国庶富之区，又为革命根据之地，陈氏龙盘虎踞，回翔其间，此次则因操兵行逆，掳掠一空，占羁奸淫，无所不至。况复两兵相接，电火交哄，昔之崇楼杰阁，今则化为焦土，昔之繁华都市，今则顿变萧条。粤民何辜，遭此荼毒。推原祸始，则陈氏以粤饷而养粤兵，以粤兵而残粤民，既阻讨贼，又扰桑邦，厉阶戎首，两无可逃。此其可讨者四。

以上四端，皆为陈氏之荦荦大罪。甚望南中同志诸公急起讨贼，庆父不除，鲁困未已，先奸萧墙之内奸，后作北讨之大计。叔实在川无状，只以不敢辱孙公及诸同志之命，对于护法宗旨勉尽棉薄。今者秩庸逝世，弱一护法元勋，陈氏称兵，添一腹心强寇，瞻顾西南，抚心滋痛，苟陈氏枭首都门之日，叔实虽远处西陲，亦当同此一快也。临电迫切，毋任悚惶。曹叔实。有。叩。

（《川议员声讨陈炯明》，上海《民国日报》1922 年 8 月 19 日）

广东省议员刘经画致孙中山快邮代电
（1922 年 7 月 25 日）

孙大总统钧鉴：

陈逆炯明，长粤年余，蔑法揽权，人民怨望久矣。徒以公卵翼骈襹于前，当有权衡处置于后，故忍痛弗言，翘首待命。讵公方行免职示惩，而陈逆竟敢通敌作乱，于是毁公府，击元首，枉押财长，迫毙博士，逐迫国、省议员，抄抢许军长之家宅，勒缴姚司令之兵械，劫掠奸淫商民男妇之财色，行同强盗，罪浮龙、莫。似此叛国祸粤、纵兵殃民之逆贼，投之有北必不受，投之豺虎必不食。金望我公声罪致讨，会集海陆大军，一鼓而尽歼之。画为人民代表，用敢直陈，并恳张民意为旗帜，挥楮墨为戈矛，行使职权，为公后盾。不足则复集曩日讨桂所部健儿，重张旗鼓，出为前驱。临电迫切，怒发冲冠，杀逆安民，万不可缓。广东省议会议员刘经画叩。径。印。

（《粤省议员深明大义》，上海《民国日报》1922 年 8月 24 日）

黔省代表李子仁致孙中山函
（1922 年 7 月 26 日）

孙大元帅钧鉴：

　　敬呈者：顷奉袁指挥邮电，以粤变发生，纠纷莫决，徒快□仇，痛心曷极，嘱荣在粤，就近斡旋切劝，俾粤事得和平解决，免致自伤实力等因。窃维钧座与竞公多年患难，同造共和，一旦政见偶歧，荣以调停无术，坐视相煎益迫，良用疚心，奉电前因，不揣冒昧，窃欲于双方有所□议，冀息战祸，重睹和平。惟望洋兴叹，特肃函呈，尚祈指示途径，或指定时间，由荣在沙面候派艇渡过，俾得展觐，面呈下悃。如何之处，伏冀核示，不胜企祷。

（《粤省战事之近状》，《申报》1922 年 7 月 31 日）

海军司令温树德致孙中山函
（1922 年 7 月 26 日）

中山先生鉴：

　　粤难突发，变生仓猝，树德既苦调解之乏术，并愧捍卫之未周，抚躬自问，内疚实深。惟前后经过之种种困难情形，有不得不急为钧座追陈者：查海军原定之作战计划，所恃以固防地资联络者，一恃要塞之互为掩护，一恃陆军之遥为策应，而后水陆可通声气。凡此布置，固钧座所信为确有把握，树德所据以告谕将士者也。不意事变交乘，蹉跌立见，真大出人意料之外。

当省垣发难之前二日，树德曾派员晋谒公府左右，询及各要塞防守情形，据云兵力充足，万无疏虞，即至万不得已，卸下炮门，亦属易易。讵战端甫启，虎门、鱼珠未见为钧座效命，坠江防之长城，陷海军于绝地。谁司驻防之责，而庸怯疏忽若是，此海军将士之所由灰心，树德虽欲代为解释而无辞者也。迄乎粤军入城，钧座登舰，公府要人复向树德郑重声明，谓某师布置既妥，当候海军动作，立即响应。乃海军鏖战竟日，而响应之军寂然。士卒啧啧，金谓公府左右大言欺人，百端譬解，终未释然。开战之翌日，省城各界出而调停，群以息事宁人勿扰地方为请，总长汤公亦谆嘱以战端不宜再开，百姓不堪再扰。树德再四思维，充海军之力，未尝不可糜烂省垣，以代泄钧座之愤，但作战贵有目的，虑事宜彻始终，若徒苦生灵，无补大计，于情既有所不忍；况坐困一隅，外援中断，在势亦有所不行。权衡重轻，弃战言和，盖不仅为地方留元气，实兼为钧座留地步也。讵意条件既定，谣诼四起，海军士兵纷纷向树德报告，谓海军此举系受粤军之百万重贿，询以消息何来，则云传自公府，树德闻此谰言，愤极而泣。

窃思树德束发从戎，自问他无所长，惟狷介之操，差堪自信，往事俱在，尽可复按。讵至今日，顿易前操，吾知造谣者虽百端附会，终不足以蒙钧听也。条件既定之后，旋接粤军知会，谓长洲民军麇集，毁路轰城，现已下令攻击长洲，请各舰驶出防线。树德闻耗，亟派员多方疏解，而命令已下，万难挽回，往返数四，始有展限五日之约。此五日内，固深望钧座从容计划，暂离危地，乃一再派员陈述，未蒙左右允纳。而五日之限期已届，三舰势不得移位下驶，暂避锋镝。在树德处理此事，实属深具苦心，盖以三舰逼近鱼珠，鱼珠开炮轰击，三舰首当其冲，对轰已久，死伤必重。附近又无船坞，修理维艰，则海军重大之牺牲，而仍无补于钧座。于无可如何之际，惟拟迎钧座于海圻，以便安全离粤，可谓两全。无如风声紧急，永丰戒严，他舰小轮势难傍近，几次派员登舰，因恐转生误会而终止。此当日三舰下驶之确实情形也。而左右不察，责难交至，诬树德以受贿，指海军为投降，枪决属员，煽动士兵，以寒官长之心；威逼各舰，更换长官，以孤树德之势。长此以往，嫌疑滋深，树德纵欲竭智效忠，其如将士之咸有戒心何。此所以不惮据情直陈，深冀左右之知所变计也。

抑树德尤有进者，白登之辱，会稽之耻，古之人受之而不辞者，暂屈一时，求伸于后日也。钧座已脱长洲之厄，复冒险屯驻鹅潭，揆厥用意，将为孤注一掷，冀达目的于万一耳。窃以目的之能达与否，不在钧座之果否离粤，而在北伐军之能否回粤。今者，北伐军败挫迭见告矣，就令后日转败为胜，以疲劳之众，扫粤军以无余，此为时势上必不可能之事。就令全体凯旋，底定粤东，欲以一隅之地，长驱而饮马江汉，此又时势上必不可能之事。于万不可能之中而身莅虎口，思侥幸以图功，此上智之所不为也。为钧座计，宜急流勇退，即离粤境，徐待天下之变，以为后图。坐困一隅，以一身为孤注，此偏将裨卒之所为，非国人所望于钧座也。窃察粤军当局，惟求钧座早期离粤，其余优待条件，自当一概履行。时局蜩螗，大乱未已，钧座能早离一日，则早获一日之安全。保留余力，补牢未晚，彼此相衡，果孰得而孰失耶？再者，永丰、楚豫诸舰，同隶海军范围，兹因追随左右，进泊鹅潭，自卫不足，徒苦生灵。倘战端再启，雷炮交轰，至我舰受重大损坏，树德固无以对将士，即钧座亦何以对国家。万恳饬永丰四舰出口归队，俾得及时整练，以备异日为国效力，此又全体将士所昕夕翘盼者也。披沥上陈，急不择言，伏乞垂察。

温树德叩

（《温树德致孙中山书》，《申报》1922 年 7 月 31 日）

侨美中国锄奸团致孙中山电
（1922 年 7 月 28 日载）

《民国日报》转孙大总统，并全国各界鉴：

炯明通敌，叛党叛国，请先诛讨，随图北伐，誓为后盾。侨美中国锄奸团。

（《美洲来电》，上海《民国日报》1922 年 7 月 28 日，"公电"）

湘人黎兆枚等致孙中山等电
（1922 年 7 月 29 日载）

万急。上海《民国日报》转广州孙大总统、海陆军讨贼将领、国会诸公、各同志、各公团、各报馆均鉴：

民国破裂，祸出幽燕，时以武力扰害西南，时以帝制放逐总统，陷人民于水火，致大局之纠纷，激动群情，兴师护法。我大总统本首创民国之苦心，抱挽救共和之主旨，人民推戴，复任巨艰，西狩东巡，有公无我，爱国神圣，中外咸钦。乃北伐行抵粤州，而万恶滔天之陈竞存，视国体如儿戏，惟权利之是争，妄逞干戈，破坏法统，致使总统蒙尘兵舰，秩老为国捐躯，作奸犯科，普天同愤，陈氏之肉，其足食乎？

现虽黄陂复位，国会重开，此即北方滑稽之作用，图南之战略，万不可认为统一之时机。废督裁兵，欺人之语，六年故辙，不日发生。如谓徐世昌去职，我总统亦应下野，共体时艰，务必有具体办法，通电西南，则六七年护法，内政外交，方有正当解决。竞存何人，胆敢出此悖逆手段，为曹操、王莽所不为。此贼不除，国将不国。

顷读我总统誓词，以身殉国，各讨贼将士义愤同伸，兆枚等同为国民，兴亡有责，一致征讨，天职当然。现组织敢死民军数部，以为义军后援，正在秣马，用敢电呈。伏乞着鞭猛进，歼厥渠魁，恢复公府之原状，再谋联省之进行。引领南天，枕戈待命。黎兆枚、王章颂、李宗纲、姜熊飞、杨槐三、文植、杨树楷、余觉民、萧振豫、罗伏龙、首博义、李占鳌、傅述岩、唐晋、吴贞瓒、黄鼎彝、周道、彭俊之、杨仁、聂定超、刘振汉、洪云超、喻祖杰、刘安、刘祖鑫、丁广照、宋葆畴、邓雄飞、罗新辉、萧德薰、章亮□、喻翊忠、黎郁、宋冬超、周渠恩等同叩。

（《湘公民黎兆枚等讨陈炯明电》，上海《民国日报》1922 年 7 月 29 日，"公电"）

洪兆麟等宣告中立电[①]
（1922 年 7 月 31 日）

（衔略）回师误会，致启兵戎，百粤编氓，寝不安枕。麟等谬领师干，分防要塞，调解无方，未敢左右。重以各公团函电交驰，责以息境安民，勿入漩涡，致陷糜烂，用于本日宣告中立，只以保民为旨，他事暂不与闻。诚恐远道传闻异同，敢布微忱，即乞亮鉴。洪兆麟、魏邦平、李炳荣、关国雄同叩。三十一。印。

（《洪兆麟等宣告中立电》，天津《大公报》1922 年 8 月 8 日）

李郭等致孙中山电[②]
（1922 年 6 ~ 7 月）

孙大总统钧鉴：

陈炯明称兵犯粤，总统被困，国会被逐，毁法降敌，卖党

---

① 就内容看，此电应致送孙中山、陈炯明等。——编者
② 此电及以下40余电出自《陈炯明叛国史》，收录时未署日期，据内容，应在 6 ~ 7 月间。——编者

求荣，酿成逆部奸淫抢掠，而今未已。警耗传来，群情愤慨。
夫总统产自国会，国会被逐，名义犹存，总统被困，职权尚在，
我大总统应即免去陈炯明陆军总长职务，悬赏通缉，处以极刑。
是否有当，伏乞钧裁。李郭、苏子厚、杨杰夫等二百一十人仝
叩。

（《陈炯明叛国史》，第 197 页）

周藜阁致孙中山电
（1922 年 6 ~ 7 月）

孙大总统钧鉴：

陈逆炯明背党降北，推翻同〔国?〕法，嗾使叛军，围困公
府，抢劫商民，普天同愤。务恳我大总统率部痛剿，藜誓愿召集旧
部，追随大总统之后，以尽匹夫负责之义。不胜待命之至。前救国
第六军三支队南海周藜阁。

（《陈炯明叛国史》，第 197 页）

李任侠致孙中山电
（1922 年 6 ~ 7 月）

孙大总统钧鉴：

陈贼炯明，身任陆军总长，不知策划北伐军事进行，胆敢通敌
作乱，威逼元首，戕贼党员，务恳我大总统执行海陆军大元帅职
权，分令各军声罪致讨。任侠虽不敏，愿随诸义师之后，誓灭此贼
也。退伍军人李任侠叩。印。

（《陈炯明叛国史》，第 197 ~ 198 页）

聂一民致孙中山电

（1922 年 6～7 月）

广州孙大总统鉴：

今日陈氏炯明，乃我民国及广东大贼，前督粤时代，劫我公款数百万，逃出海外。此次粤人忘了陈贼罪恶，帮助返粤，驱逐桂系，不料陈贼炯明胆敢行逆背党，投降北廷，首先发难，围困救国元首，糜烂桑梓，纵兵奸劫，无所不用其极。种种罪恶，罄竹难书，皆以逆党不杀尽。务望我大总统饬部痛剿，无任切盼。聂一民叩。

（《陈炯明叛国史》，第 198 页）

徐树荣、李辉白致孙中山电

（1922 年 6～7 月）

孙大总统鉴：

陈逆炯明，通敌降北，嗾其犬党叶举等炮击公府，驱逐议员，凡血气之伦，莫不义愤填胸，争食陈逆之肉，宣扬总统德威，以为叛逆者戒。树荣奉孙总统委任为大元帅讨贼军别动队司令，辉为副司令，遵于六月二十六日启印视事。当经集招旧部二千余人克日成军，枕戈待命，以与陈逆相周旋。谨布区区，伏惟垂鉴。徐树荣、李辉白。

（《陈炯明叛国史》，第 199 页）

国民党南非洲杜省支部致孙中山电

（1922 年 6～7 月）

孙总统钧鉴：

闻钧座被惊，同人极愤，誓为复仇。南非洲杜省支部叩。

（《陈炯明叛国史》，第 208 页）

百图加义华侨致孙中山电

（1922 年 6～7 月）

孙总统鉴：

竞贼势败议和，请拒绝。剿灭，免贻后患。百图加义华侨叩。

（《陈炯明叛国史》，第 208 页）

星洲广肇同志致孙中山电

（1922 年 6～7 月）

孙大总统鉴：

陈贼求和，反复小人，亟宜诛戮，稍一容忍，贻患无穷。伏望我大总统宸衷独断，勿为言求和者误。星洲广肇同志谨电。

（《陈炯明叛国史》，第 209 页）

暹罗国民党致孙中山电

（1922 年 6～7 月）

孙大总统鉴：

陈贼叛逆，罪大恶极，与敌不全，岂可议和。凡拥陈及调和者杀无赦，务请总统执行，军政时期一律格杀勿论，勿以人道再误。暹罗国民党同人叩。

（《陈炯明叛国史》，第 209 页）

美国掘慎委利中国国民党分部致孙中山电
(1922 年 6 ~ 7 月)

孙总统鉴：

　　闻伍总长永逝，悲悼良深。陈逆炯明通贼，嗾部作乱，致惊及主座，危我民国，请声罪致讨，侨等力为后盾。美国掘慎委利中国国民党分部叩。

（《陈炯明叛国史》，第 209 页）

菲律宾纳卯华侨总会致孙中山电
(1922 年 6 ~ 7 月)

孙大总统钧鉴：

　　陈逆炯明，良心丧尽，叛党叛国，破坏西南，危害护法，甚且惊及元首，几至国脉被断。侨民闻知，发指眦裂，咸以此贼不除，无以伸国法而慰人民。务望我孙大总统毋再优容，惟顺人民之请求，尽力歼灭此等丧尽天良之逆贼。侨民未得身赴前敌，惟有汇款接济军粮，苟有不前，惟有一死，以作我大总统之后盾，以报国家，以对良心，伏祈鉴察。菲律宾纳卯华侨总会陈毅率全体侨民叩。

（《陈炯明叛国史》，第 210 页）

维也基华侨致孙中山等电
(1922 年 6 ~ 7 月)

孙总统鉴：各军官、各界鉴：

　　炯明叛国，全侨愤，求歼灭，愿为后盾。维也基华侨叩。

（《陈炯明叛国史》，第 210 页）

顷市国民党致孙中山电
（1922 年 6 ~ 7 月）

孙总统鉴：

炯明通贼，叛党祸国，同人愤极，请尽力剿灭。顷市国民党全
体叩。

（《陈炯明叛国史》，第 210 页）

亚顿华侨致孙中山电
（1922 年 6 ~ 7 月）

孙总统鉴：

炯明仇恩贼父，负义无耻，同人愤极，惟愿力筹饷，助公灭杀
此獠。亚顿华侨全体叩。

（《陈炯明叛国史》，第 211 页）

古巴华侨国民党全体党员致孙中山电
（1922 年 6 ~ 7 月）

孙大总统钧鉴：

连读外电，知陈逆炯明及其部下，背党降北，复回兵捣乱，危
及我公，蹂躏大局，罪不胜诛。海外华侨人心愤慨，应请先平粤
乱，扫清陈逆，后乃北伐，则统一之局成，中国前途幸甚。古巴华
侨国民党全体党员叩。

（《陈炯明叛国史》，第 211 页）

李铁铮致孙中山等电

（1922 年 6 ~ 7 月）

孙总统、国会议员、各部总次长、海军各舰舰长、各护法同志钧鉴：

国贼陈炯明倡乱广州，威迫元首，驱逐国会议员，甘心降北，丧失护法人格，陈逆尚有何颜对我因护法战死之将士耶？恳请我大总统俯察舆情，速令北伐各军班师旋粤，会合海军荡平逆贼，将陈逆处以极刑，以维国法。然后出师北讨，统一中华，永享共和幸福，则四万万国民拜诸公之赐多矣。专此奉陈，企候捷音。民国幸甚，广东幸甚。李铁铮叩。

（《陈炯明叛国史》，第 212 ~ 213 页）

斐律宾华侨全体致孙中山电

（1922 年 6 ~ 7 月）

孙大总统鉴：

今日之陈逆炯明，在国家为叛国，在吾党为叛党，在广东则为乱贼，职其罪状，淫于岑、陆。恳明正典刑，以彰国法。斐律宾华侨全体叩。

（《陈炯明叛国史》，第 213 页）

民生社赵有那致孙中山电

（1922 年 6 ~ 7 月）

孙大总统鉴：

陈逆部下，军无斗志，务请急号召声讨。民生社赵有那。

（《陈炯明叛国史》，第 213 页）

中国国民党海防、河内支部全体党员致孙中山电
（1922 年 6 ~ 7 月）

孙大总统钧鉴：

　　阅报及外电，知陈逆炯明嗾使部下危害总统，捣乱粤局，背党降北，以图禄位，罪不胜诛。海外华侨众心慷慨，应请宣布内外，声讨其罪，先平粤乱，扫除陈孽，然后移师北伐，方无返顾之虑。伏望速下决心，毋再迟迟，恳切祷切。中国国民党海防、河内支〈部〉全体党员叩。

（《陈炯明叛国史》，第 213 页）

中国国民党海阳分部致孙中山电
（1922 年 6 ~ 7 月）

孙大总统钧鉴：

　　阅报及外电，知陈逆炯明及其部下背党降北，复回兵捣乱，危及我公，蹂躏大局。应请先平粤乱，扫清陈孽，后乃北伐，以完成统一之局，中国前途幸甚。中国国民党海阳分部全体党员叩。

（《陈炯明叛国史》，第 213 页）

中国国民党南定、太平分部致孙中山电
（1922 年 6 ~ 7 月）

孙大总统钧鉴：

　　连读外电及报纸消息，惊悉陈逆炯明与其部下危害总座，扰乱大局，不惜背党降敌，以争禄位，应与国民共弃之。务恳先平陈孽，扫清内乱，而后移师北伐，方无顾虑。无任恳切之至。中国国

民党南定、太平分部全体党员叩。

（《陈炯明叛国史》，第 213～214 页）

中国国民党塔旧、北宁分部致孙中山电
（1922 年 6～7 月）

孙大总统钧鉴：

陈逆炯明，嗾使部下，危害得大总统，捣乱粤局，通敌降北，不惜背党背乡，以争个人禄位，罪恶弥天，应与国人共讨之。望速平陈孽，先定粤局，然后移师北伐。无任恳切。中国国民党塔旧、北宁分部全体党部叩。

（《陈炯明叛国史》，第 214 页）

南洋华侨致孙中山等电
（1922 年 6～7 月）

孙大总统、各报馆、各团体公鉴：

陈逆炯明反叛，围公府，逐国会议员，害伍总长，罪大恶极。请速令共同讨逆。南洋华侨全体叩。

（《陈炯明叛国史》，第 214 页）

巴城老巴阅书报社致孙中山等电
（1922 年 6～7 月）

孙大总统、国会、各护法军、各报鉴：

陈炯明谋叛祸国，遣部队围公府，逐国〈会〉议员，逼毙伍总长，逆焰滔大［天］，罪恶已极。请速诛伐，以谢天下。巴城老

巴阅书报社同人叩。

（《陈炯明叛国史》，第 214 页）

南洋挂罗庇啰华侨致孙中山电
（1922 年 6～7 月）

孙大总统鉴：

陈逆背党通北，谋乱粤局，扰害桑梓，罪大恶极。望申天讨，以慰国人。吾人拥护孙大总统始终不渝。南洋挂罗庇啰全体华侨叩。

（《陈炯明叛国史》，第 214 页）

叶有志等致孙中山快邮代电
（1922 年 6～7 月）

孙大总统电［鉴］：

陈逆叛国，纵兵殃民，奸淫抢掠，无所不为。龙、莫素称凶残，尚不忍作此惨无人道，陈逆敢为之，所谓粤人治粤者，竟变为粤人祸粤。凡有血气，莫不疾首痛心，食其肉而寝其皮，亦难泄我三千万人之愤。惟念我孙大总统倡数十年革命，推倒清廷，荡数千年专制淫威，建此中华民国（中略）。背叛民国，是为不忠；背叛孙公，是为不义；逼死伍省长，是为不仁；背党食言，是为不信。仁义忠信，一无存在。惟有吁恳我孙大总统电饬前敌大军，以百战余威兼程回粤，拯吾民于水深火热之中，解侨工旦夕倒悬之望，举足轻重，惟我孙大总统图之。临书恳切，急不择言。叶有志、郑启昆、何熹、陆国瑞、梁林、汤星暨太古澳三千工人同叩。

（《陈炯明叛国史》，第 215 页）

侨民郑梦芝致孙中山电
（1922 年 6 ~ 7 月）

孙大总统钧鉴：

　　陈逆炯明，诡谋倡乱，背负民党，胆逼我大总统下野，解散非常国会，实属罪无可逭。望我大总统电饬北伐义师南归，扫除逆贼，以慰烈士之先灵，以慰四万〈万〉同胞之愤激。侨等誓为我大总统后盾。侨民郑梦芝。

　　　　　　　　　　　　　　　（《陈炯明叛国史》，第 215 页

荷兰华侨苏恶敌、张毅等致孙中山等电
（1922 年 6 ~ 7 月）

孙大总统暨国内外同胞公鉴：

　　支持国家，赖乎人才；维系国脉，端在法统。吾国几经变乱，而尚不致于灭亡者，非孙伍诸公之持撑、护法议员之维持之致耶？讵知陈贼炯明，甘为祸首，残戮性发，冒天下之大不韪，威胁总统，逼死伍公，驱逐议员，杀戮无辜，奸淫掳掠，放僻邪侈，无所不为。种种罪恶，罄竹难书，是天地之所不容，人神之所共嫉。侨外闻及，发为之指。望我孙大总统与同胞急起，共灭此獠，国家幸甚，吾人幸甚。否则必贻无穷之祸，吾等侨民无噍类矣。荷兰日丽埠华侨苏恶敌、张毅等全叩。

　　　　　　　　　　　　（《陈炯明叛国史》，第 215 ~ 216 页）

侨民李弋墀等致孙中山等快邮代电
（1922 年 6 ~ 7 月）

孙大总统、护法海军各机关均鉴：

　　陈逆炯明，叛党祸国，劫公府，逼元首，散国会，逐议员，杀同

党，害伍公，掠民财，奸妇女，无所不用其极，罪恶弥大，神人共愤。恳即下令致讨，灭此朝食，以谢国人。侨民愿作后盾。江侨李弌墀、邱伟南、陈寿荣、甘庆化、蔡炳文、刘福涛暨一千六百七十三同叩。

（《陈炯明叛国史》，第 216 页）

亚剌士打国民党分部致孙中山电
（1922 年 6～7 月）

孙总统鉴：

护法平叛，海外愿为后盾。

又陈炯明先生：

愿公始终护法，以慰华侨，否不承认。亚剌士打国民党分部叩。

（《陈炯明叛国史》，第 216 页）

西特林国民党致孙中山电
（1922 年 6～7 月）

孙大总统鉴：

陈通敌叛国，请速讨之。愿为后盾。西特林国民党全体叩。

（《陈炯明叛国史》，第 218 页）

美国斐市那国民党分部致孙中山电
（1922 年 6～7 月）

孙大总统鉴：

炯明通贼，破坏大局，务调讨代［伐］。同人誓为后盾。美国斐市那国民党分部叩。

（《陈炯明叛国史》，第 219 页）

美国必珠卜国民党分部致孙中山电
（1922 年 6～7 月）

孙大总统鉴：

炯明背叛，太动公愤，请即平乱。侨等誓为后盾。美国必珠卜分部叩。

（《陈炯明叛国史》，第 219 页）

如〔加？〕拿大波兰党中国国民党
黄国良致孙中山电
（1922 年 6～7 月）

孙大总统鉴：

请逐炯明，吾人愿为后盾。如〔加？〕拿大波兰党中国国民党黄国良同叩。

（《陈炯明叛国史》，第 219 页）

檀山国民党支部致孙中山电
（1922 年 6～7 月）

孙大总统鉴：

速灭陈党，以谢天下。请勿宽纵，致灰党心。吾人愿为后盾。

檀山国民党支部全体同志叩。

（《陈炯明叛国史》，第 220 页）

中美屈地吗拿国民党致孙中山电
（1922 年 6 ~ 7 月）

孙大总统鉴：

　　陈逆炯叛国，众同胞共愤，乞速杀灭，以安大局。中美屈地吗拿国民党叩。

（《陈炯明叛国史》，第 220 页）

墨国孙沙打冷国民党分部致孙中山电
（1922 年 6 ~ 7 月）

孙大总统鉴：

　　陈逆炯明通敌叛乱，乞下令致讨，以彰国法。墨国孙沙打冷分都〔部〕。

（《陈炯明叛国史》，第 220 页）

国民党加拿大舞士助分部致孙中山等电
（1922 年 6 ~ 7 月）

请转孙大总统、国会、护法将领、各团体、报馆鉴：

　　炯明通敌，叛党祸国，请一致声讨，誓为后盾。国民党加拿大舞士助分部。

（《陈炯明叛国史》，第 220 页）

加拿大民国建设会致孙中山等电

（1922 年 6~7 月）

孙大总统、国会、护法将领、各团体、报馆鉴：

炯明通敌，破坏大局，请严痛剿。侨等誓为后盾。加拿大民国建设会。

（《陈炯明叛国史》，第 220 页）

智利国意基忌埠国民党分部致孙中山电

（1922 年 6~7 月）

孙大总统钧鉴：

陈逆叛国，闻之发指，请速讨，傲效尤。智利国意基忌埠国民党分部。

（《陈炯明叛国史》，第 220 页）

墨威味利市国民党分部致孙中山等电

（1922 年 6~7 月）

孙总统暨将领鉴：

陈炯明叛国，请速讨，吾人誓为后盾。墨威味利市国民党分部。

（《陈炯明叛国史》，第 220 页）

美国企李扶一华侨致孙中山等电

（1922 年 6~7 月）

孙总统、广东国会、各法团、各报馆鉴：

炯明叛国，侨愤，请即诛，并继续北伐。誓党后盾。美国企李扶一华侨全体叩。

（《陈炯明叛国史》，第 220 页）

中美丹自化瓦打国民党分部致孙中山等电
（1922 年 6 ~ 7 月）

陈贼叛，请迅攻，吾等誓为后盾。中美丹自化瓦打国民党分部。

（《陈炯明叛国史》，第 220 页）

加拿大都朗度分部中国国民党致孙中山电
（1922 年 6 ~ 7 月）

孙大总统鉴：

请将陈炯明明正典刑，以靖粤安国。侨等誓为后盾。加拿大都朗度中国国民党分部叩。

（《陈炯明叛国史》，第 220 页）

加拿大坎问顿中国国民党致孙中山电
（1922 年 6 ~ 7 月）

孙大总统钧鉴：

陈贼祸国，请即声罪致讨，我等当尽力接济。加拿大坎问顿中国国民党同叩。

（《陈炯明叛国史》，第 221 页）

美国尼加拉中国国民党致孙中山电

（1922 年 6 ~ 7 月）

孙大总统钧鉴：

炯明祸国，义情共愤，请立令北伐军回戈，以靖内乱。〔盾〕侨等愿为后盾。美国尼加拉中国国民党同人叩。

（《陈炯明叛国史》，第 221 页）

芙蓉埠国民党致孙中山电

（1922 年 6 ~ 7 月）

孙大总统鉴：

陈逆叛党，人人共愤，乞力剿。华侨始终为后盾。芙蓉埠国民党叩。

（《陈炯明叛国史》，第 221 页）

庇能国民党支部致孙中山电

（1922 年 6 ~ 7 月）

孙大总统鉴：

陈逆叛国，侨民愤激，速请讨伐。庇能支部同人叩。

（《陈炯明叛国史》，第 221 页）

旅沪广东公民大会致孙中山电

（1922 年 8 月 7 日载）

广州探送孙大总统鉴：

天福吾华，我公不死，逆贼败亡，当在旦夕。故盼速复公府，行使职权，维持秩序，俾广州四民，如常乐业，徐图补救，幸甚祷甚。旅沪广东公民大会叩。

（《旅沪广东公民大会纪》，《申报》1922 年 8 月 7 日）

杨汉烈致孙中山等电
（1922 年 8 月 7 日）

十万火急。上海《民国日报》、香港《晨报》转孙大总统钧鉴：李部长、许军长、李师长、朱总司令、黄司令，梧洲〔州〕张总司令、刘师长，钦廉黄司令暨各义师均鉴：

汉烈等前闻陈逆炯明卖党叛国，谋害主座，破坏西南大局，经即联合闽中同志，召集所部，伸罪致讨。近者北伐军返旆，捷音频传，陈逆胆寒，竟向李厚基乞援。李逆昧于大义，经派王献臣一旅进驻闽边，希图助乱。本月二十二日，北逆高义一团，由泉洲〔州〕取道安溪，将由漳入粤。烈及所部闻知，均深愤激，当经率队截击。击毙逆军副官、营长、连、排长各一人，兵七十余人，伤者不计，夺获枪械七八十杆，辎重甚多。现正联合闽中健儿共起杀敌，藉伸正义。杨汉烈叩。阳。

（《杨汉烈□击赴粤闽军电》，上海《民国日报》1922年 8 月 8 日，"公电"）

四川省宪筹备处致孙中山等电
（1922 年 8 月 12 日）

北京王亮畴先生并转蔡孑民先生、高一涵先生、参议院汤斐予先生，天津熊秉三先生、范静生先生，上海孙中山先生、章太炎先生、谭组庵先生、汪精卫先生、胡汉民先生、孙伯兰先生、张君劢先生，南通张季直先生，长沙省议会转李剑农先生均鉴：

川省本人民之公意，制百年之大法，发端甚宏，创造匪易。扶掖振导，当赖时贤，先生熟察世潮，勤求典宪，必有宏规，藉作准则。现本会组织着手筹备，除依据四川省宪法会议组织法，首设起草委员会，并已由省议会选举起草委员，本处电函敦促，克期从事起草外，务请先生发抒伟论，早日见贶，以凭汇交起草委员会。掬诚奉恳，敬候教言。四川省宪法会议筹备处主任刘成勋，筹备员但懋辛、邓锡侯、向楚、曾宝森、石青阳、肖德明叩。文。印。

（《四川军阀史料》第三辑，第209~210页）

上海大中烟公司陈白致孙中山电
（1922年8月12日）

孙总理钧鉴：

陈炯明受卵翼之恩，为枭獍之行，白宫吠犬，中夜反戈。我总理以元首之尊严，蒙难粤海，惊耗遥传，发眦为裂。今幸吉人天相，脱险归来，六辔既康庄而不虞，三军乃疆场而效命，陈尸有日，天地清明。敬候起居，欢忭无任。上海大中烟公司陈白叩。文。

（《总统来沪后之欢慰声》，上海《民国日报》1922年8月16日）

欧阳丽文致孙中山函
（1922年8月12日）

大总统钧鉴：

丽文一柔弱女子耳，然少读春秋，颇知大义。此次逆贼背叛，闻耗之下，愤不欲生。兹幸黄总司令奉命讨贼，丽文得因缘时会，组织第三独立统领，效力疆场。旬日以来，仗我大总统神威，一战而下安铺，再战而下廉江。现正秣马厉兵，直出江门，与叛将周旋于五羊城下。晋谒靡遥，容后详禀。肃此，谨呈

钧安

讨贼军南路独立第三统领欧阳丽文谨禀

十一年八月十二日

（《高廉讨贼军之胜利》，上海《民国日报》1922 年 8 月 23 日）

三藩市国民党总支部黄子聪等致孙中山电

（1922 年 8 月 13 日载）

孙大总统钧鉴：

公一身为全国之系，今闻公离粤到沪，侨等慰甚。请速电前方将领，务须奋斗，铲除逆贼，以还我西南护法之大业。此间备饷十数万，准日间汇上，侨等誓为后盾。三藩市国民党总支部黄子聪、国民建设会刘芦隐暨全体华侨叩。

（《华侨慰问孙大总统电》，上海《民国日报》1922 年 8 月 13 日）

加拿大国民党总支部致孙中山电

（1922 年 8 月 13 日载）

孙大总统鉴：

闻公抵沪，万祈自珍。同志讨贼，愤激非常，筹划进行，誓为后盾。加拿大总支部蒋宗汉代表全加同志叩。

（《华侨慰问孙大总统电》，上海《民国日报》1922 年 8 月 13 日）

新加坡华侨张永福等致孙中山电
（1922 年 8 月 13 日载）

《民国日报》转孙大总统钧鉴：

公平安莅沪，民国之福，侨众忻慰。谨祝前途万岁。张永福、明绍贞、梁允煊等叩。

（《华侨慰问孙大总统电》，上海《民国日报》1922年 8 月 13 日）

陈季博致孙中山电
（1922 年 8 月 13 日）

孙总统钧鉴：

天相民国，公得移跸沪上，特先电奉慰。并誓为党奋斗，讨贼救国。谨掬诚待命。东京支部长陈季博叩。元。

（《总统来沪后之欢慰声，上海《民国日报》1922 年8 月 16 日》）

旅沪广东公民大会致孙中山函
（1922 年 8 月 14 日载）

敬肃者：前星期六、日，本埠同乡假虹江路广舞台开旅沪广东公民大会，到会不下二千余人，讨论解决粤局，一致拥护我大总统、驱逐陈逆炯明、质问广肇公所等三事，以后筹议组织永久公团。兹闻大总统平安抵申，公民等特派代表崔君通约亲到欢迎，表

示旅沪十万余广东同乡之公意。敬颂

政安

　　旅沪广东公民大会敬上

　　　　（《孙大总统已抵吴淞口》，上海《民国日报》1922

年8月14日）

四川省议员王翼致上海国民党同志电
（1922年8月14日）

上海国民党办事处转沪上同志诸公均鉴：

　　前报载陈炯明谋叛，围攻公府，窃恐非实，连得粤函始知不虚。查陈逆追随元首二十余年，扶持卵翼，乃有今日。不图悖义忘恩，至于此极。揣陈逆意，所藉以为口实者，必谓黎氏僭位，法统恢复，护法政府自应消灭。不知黎氏毁法弃职，祸延全国，揆诸法律，虽万死不足被其辜，宁有复职之可言。旬月以来，海内明达，既以群斥其非，在粤国会，亦曾一再宣言否认矣。陈逆为护法分子之一，不思效忠讨贼，贯彻初衷，竟敢响应曹、吴，犯上作乱，大逆不道，罪岂容诛。务恳诸公一致声讨，以维法纪，国家幸甚。四川省议会议员王翼。寒。叩。

　　　　（《川议员声讨陈炯明》，上海《民国日报》1922年8

月19日）

国民党山东支部致孙中山电
（1922年8月14日）

国民党本部转呈孙总统钧鉴：

　　闻公平安抵沪，至为忻慰。国步多艰，万祈为国珍摄。山东支部同人敬叩。寒。

（《大总统到沪后之欢慰声（四）》，上海《民国日报》1922 年 8 月 20 日）

皖人孙希文等致孙中山电
（1922 年 8 月 16 日）

上海《民国日报》转孙大总统钧鉴：

我总统身系民国存亡，顷闻平安抵沪，薄海人士咸有依归。伏乞淬厉有众，完成救国宏愿。不胜欣慰感奋之至。孙希文、李次宋、王孟起、何文楼、孙毓琨、汪开松、穆海鹏、黄梦飞、李鸿典、翟树五、胡啸宇、罗秉堃、张鹏等叩。谏。

（《皖人欢慰孙大总统电》，上海《民国日报》1922 年 8 月 18 日，"公电"）

皖人张拱辰等致孙中山电
（1922 年 8 月 16 日）

上海《民国日报》、《时报》转孙大总统钧鉴：

叛党横行，动摇国本，正义顿挫，普天愤慨。顷闻我大总统安抵沪滨，不胜欣慰。殷忧启圣，古有明训，救国大计，群赖我公，康□之期，必可不远而复也。谨电欢颂。张拱辰、凌锐、陈紫枫、管曙东、刘公畏、汪楚西、陈天裁、陈怀德、钱开智、方涤新、万诚、陆玉松、刘蔚起、李克贤、陈章奇、魏石岑、陈镇、朱光斗、王振汉、严子舟、浚需等叩。谏。

（《皖人欢慰孙大总统电》，上海《民国日报》1922 年 8 月 18 日，"公电"）

江辛致孙中山电

（1922 年 8 月 16 日）

《民国日报》转孙大总统钧鉴：

陈逆叛国，中外同愤。天相吾民，佑公出险。目前胜败，何足为凭。昔蜀先主叠困于贼，卒承正统以绵汉祚，美华盛顿屡起屡仆，终造新邦，为世所称。惟我总统手创共和，福国利民，舍公谁属？希坚初志，勿急近功，自有国民为公后盾。江辛。谏。

（《江辛慰问孙总统电》，上海《民国日报》1922 年 8 月 25 日，"公电"）

皖人李乃璟等致孙中山电

（1922 年 8 月 17 日）

上海《时报》、《民国日报》转孙中山先生钧鉴：

公安抵沪，民治之幸，即祈珍重。李乃璟、史毓琨、窦延年、刘式庵、李立民叩。筱。

（《皖人欢慰孙大总统电》，上海《民国日报》1922 年 8 月 18 日，"公电"）

安徽全省学生联合总会致孙中山电

（1922 年 8 月 17 日）

《民国日报》转孙中山先生钧鉴：

天福民国，我公安抵沪滨，遽听曷胜欣慰。值兹国步愈艰，端赖我公主张正义，力锄奸邪，敝会誓为后盾。安徽全省学生联合总会叩。霰。

（《安徽学生会欢慰孙总统电》，上海《民国日报》
1922 年 8 月 19 日，"公电"）

安徽县自治联合会致孙中山电
（1922 年 8 月 17 日）

上海《民国日报》转孙大总统钧鉴：

我公安抵沪滨，不胜欣慰，护法讨逆，尤望毅力坚持，俾竟全功。救国任重，千万自珍。皖省县自治联合会叩。筱。

（《皖人欢慰孙总统莅沪》，上海《民国日报》1922
年 8 月 20 日）

安庆青年同志会致孙中山电
（1922 年 8 月 17 日）

上海《民国日报》转护法孙大总统钧鉴：

粤京政变，海内同仇，天相吾华，公竟脱险。武夫盗国，僭伪相蒙，惟冀无忘在莒之艰，共信会有沼吴之日，淬厉有众，发奋为雄，奠国苏民，微公莫属。引领云天，伏维为国珍重。青年同志会自安庆发。筱。印。

（《皖人欢慰孙总统莅沪》，上海《民国日报》1922
年 8 月 20 日）

徐达卿致孙中山等电
（1922 年 8 月 17 日）

孙大总统并转各师旅、各报馆、各法团均鉴：

陈贼炯明，叛国犯上，凡有血气者，无不眦裂发指，共愤其奸。此獠不扑，终为后患。应请大总统立张挞伐，明正典刑，以警将来，而伸国纪。一家哭与一路哭，轻重攸分，咎由自取，于仁何伤。四川成都徐达卿叩。洽。

（《川人徐达卿讨陈炯明电》，上海《民国日报》1922年8月23日，"公电"）

横滨、神户国民党支部致孙中山电

（1922 年 8 月 18 日载）

大总统钧鉴：

欣闻钧座平安抵沪，我等无任欢忭。此后除奸讨贼，誓死后援。特掬诚请命。横滨、神户支部鲍应隆、杨寿彭、黄焯民、李晖等同叩。

（《大总统到沪后之欢慰声（二）》，上海《民国日报》1922 年 8 月 18 日）

横滨黄自强等致孙中山电

（1922 年 8 月 18 日载）

孙大总统钧鉴：

陈逆叛乱，危及元首，钧座帅师讨贼，侨等深恐为奸人暗算。幸天不绝我民，尚留父母，六辔既康，三军效命，北□粤寇，不难歼也。所望继续行使职权，为谋国利民福，侨等誓为后盾。谨此电呈。恭候起居。横滨黄自强、李军、鲍兴仁、梁朝圻等五百四十六人同叩。

（《大总统到沪后之欢慰声（二）》，上海《民国日报》1922 年 8 月 18 日）

神户华侨杨远名等致孙中山电
（1922 年 8 月 18 日载）

大总统钧鉴：

钧座安抵沪上，中外同庆。此后除凶讨贼，务恳积极进行。钧座护法精神，寰瀛景服，侨等专候明令，誓作后援。特电陈请，并乞为国珍摄。神户华侨杨远名、梁朝卿等四百二十人同叩。

（《大总统到沪后之欢慰声（二）》，上海《民国日报》1922 年 8 月 18 日）

全国商会联合会致孙中山电
（1922 年 8 月 18 日）

上海孙中山先生赐鉴：

国事至今，不能不极谋解决，我公力争护法，倍受艰辛，功在民国，薄海颂祷。铺等前以时局剧变，统一渐有动机，料知我公必肯敝屣尊荣，容纳商民意见，曾一再渎电钧产〔座〕，陈请旌旗北上，共商国是，而奠邦基，区区之私，计邀鉴察。

国民今日所最感苦痛者，厥为兵祸。我公前次宣言，即注意兵工政策。近读报载，台从莅沪后，对于此点仍极主张，具见谋国无遗，利民至溥。铺等本商民公意，年来为裁兵之运动，奔走呼吁，力竭声嘶，而尤注意于兵卒之谋生，与夫国民之实利。以为兵多足以祸国，兵散而为匪，尤足以殃民，裁兵固宜亟行，而安置裁兵之筹备，尤不可或缓。盖兵可裁，而不可散，可教之生利，而不可听之分利。以吾国已有之兵，诚能安插之于一极大之事业，使之从事劳动，以裕其生活，则惟有利用兵卒，以建筑铁道之一法。故经再三研究，拟就筑路养兵计划，敷陈当道，用备采择。诚以我国交通梗塞，铁道为一切建设所必先，果以裁兵之费，为修路之资金，以溢额之兵，供修路之工作，在裁兵则无业而有业，足以自食其力以生，在国家则兵裁而路成，足以因民之利而利。则前之祸国者，适足以福国，殃民者适足以便民，一举数善，莫过于此。

惟兹事体大，非常之业，必待非常之人，伏宣钧座之工兵宣言，及以前之全国铁路计划，则镛等之所陈述，实皆钧座之所赞同。然则督办其成，非公莫属，特谨将所具管见，陈请鉴裁，并祈即日命驾北来，主持其事。云霓在望，不尽依驰。全国商会联合会副会长张维镛、上海总事务所干事江经沅、京兆事务所干事安迪生暨各省区驻京评议员同叩。巧。印。

（《全国商会联合会迎孙电》，天津《大公报》1922年8月24日）

民治急进社彭光武等致孙中山电
（1922年8月19日载）

中华民国大总统孙公钧鉴：

公以救国之身，履险如夷，节临沪江，同深额颂。读六月十五日护法宣言，仰见三十余年三民主义之精神，始终贯彻，诚足以杜军阀之诡谋，褫叛贼之奸魄。陈逆谋公不死，中夏事大有可为。同人不敏，誓随公后。伏乞为国珍重。民治急进社彭光武、赖子钊、吴子垣、华秉言、焦桐、李挥戈、吴桢、刘辅民等叩。

（《大总统到沪之欢慰声（三）》，上海《民国日报》1922年8月19日）

杭县孙斌等致孙中山电

（1922 年 8 月 19 日载）

《民国日报》转上海孙大总统钧鉴：

天相民国，我公平安抵沪。中华前途，建设大业，护法重任，系公一身，万祈为国自珍。民众忻慰。杭县孙斌、吴素昭、任佐廷等叩。

（《大总统到沪之欢慰声（三）》，上海《民国日报》1922 年 8 月 19 日）

范永成、刘雪等致孙中山电

（1922 年 8 月 19 日）

钧座莅沪，无任欢呼，苏皖同人，额手相庆。叛逆陈、叶，国人共弃，势必执行显戮，以快人心。尚乞毅力精忱，坚持到底，以达最初目的，掊强权而伸公理。

（《大总统到沪后之欢慰声（五）》，上海《民国日报》1922 年 8 月 21 日）

邹鲁致孙中山电[①]

（1922 年 8 月 19 日）

先生此次由粤奋斗以后，各方敬仰有加，以现在国家中论，尚

---

① 收入《一九二二至一九二三年孙中山在沪期间各地来电汇编》各电大多未录受电名衔。——编者

未入权利运动期间，以为大任舍先生莫属者十人而八。有会议之谈话，皆盼先生于此道进行得康庄。郏某之言，无［罗？］君任等亦如此谈，且愿任某方联络，与亮畴同在弟考量，亦觉大有把握，但尚未入实行时期，只好使各方面促其内部酝酿，杨、罗、王，弟皆持此宗旨。仅且不说。

惟有一着应盼，意即新补之参议员，不能不急来京，提出参长运动。报沧□、溥泉致友人函，国会为伪□也。国会本我之国会，何常不真，特现在之手续不合，我须纠正之耳。若此便放弃不来，其对于一己之将来票数，关系小，其对于人之号召，关系大。此届议员及议长有选举总统之关系，若放弃政治问题，则另一说，我辈似不宜恝置之也。对于民八之力争，伯兰派袖手旁观，似别有用意，应否使伯兰一致行动，可在沪决定，就近告知伯兰，转告其在京议员为盼。

再，党律放宽，吸收人材，固为要着。闻近有改组党务之议，千万注意。鲁。皓。

孙中山批：答以：关于国会可由兄等在此相机行事。党中修正章程，并无改组事。汉民往津答段，溥泉往保曹，日内起程。文。

（《一九二二至一九二三年孙中山在沪期间各地来电汇编》，第335～337页）

皖人陈紫枫等致孙中山电

（1922年8月20日载）

上海《民国日报》转孙大总统钧鉴：

民贼专横，窃国叛法，护持卵育，惟我大总统是赖。我大总统卅年救国，功在寰区，正义昭垂，胜利可必。今闻已脱离险境，于元日抵沪，引领东望，距跃万千。掬诚电祝，为国珍摄，更祈提挈海内贤豪，共除民贼。同人不敏，愿效驰驱。陈紫枫、张迪俊、汪楚西、黄梦飞、杜秉钧、方兆楠等全叩。

（《皖人欢慰孙总统莅沪》，上海《民国日报》1922年8月20日）

江西自治会致孙中山电
（1922年8月21日载）

公虽暂离公府，然公之安危，即天下之安危，公今得脱万险，从容筹划，此后所得，必远胜于转战一隅。逆焰虽张，终无存理。公以困守数舰者两月，艰贞已见，国人感奋，自当效死，剪此群凶。伏愿公为国执守大权，毋滋群丑诡名僭窃法统之正。舆论渐明，众望所归，必有成也。

（《大总统到沪后之欢慰声（五）》，上海《民国日报》1922年8月21日）

汪祖铨致孙中山电
（1922年8月22日载）

孙大总统钧鉴：

公为国民宣劳，奋斗三十余年，精神如初。此次陈炯明叛变，几被谋害。幸天相民国，得庆平安抵沪，不胜欣慰。观中外真正舆论，对公咸表敬意，非若数年前之不仁。即与公对敌之人，亦思尊重公之主张，国民是非之辨，较昔已明。窃思我公贯彻主义之期已近，完成中华民国之建设，微公莫属。伏祈为国珍重。汪祖铨。

（《大总统到沪后之欢慰声（六）》，上海《民国日报》1922年8月22日）

越飞致孙中山函

（1922 年 8 月 22 日）

亲爱的博士：

　　我曾幻想，我个人能有机会结识您，从而见到正在为自己民族的解放而斗争的当代中国最伟大的国务活动家。根据您给契切林同志的信，我知道，您以您所固有的明晰而清醒的思维，出色地理解了我们总的对外政策的基本原则，特别是远东政策的基本原则。因此我不想说服您使您相信，我来这里的唯一目的是修复同中国人民的真正睦邻友好关系，因为我们的同情完全是在中国人民中一些有觉悟的分子为自己的政治和经济上的解放而进行的英勇斗争一边。我给您写这封信，不是为了说明您十分了解的这些原则，而是为了解决一些具体问题。我通过我的信使给您送去这封信，他无权进行谈判，但应通过马林同志将这封信转给您。

　　我希望您帮助我解决这些问题，请不要不给我出主意，您的主意对我来说，是特别宝贵的和十分需要的。我在远东政策上是新手，因为这以前我一直在西方工作。鉴于我们在中国和在其它地方都没有任何帝国主义的利益，其它大国的利益完全不该在这里同我国的利益发生冲突。可是看来，这些大国在中国的帝国主义利益和胃口是如此之大，以致我作为中国独立的拥护者和捍卫者的仅仅一次表态，就足以使我成了此间欧洲人和美国人所憎恶的人，并招来被他们收买的那些报刊的狠毒如蝎的家伙对我的攻击。如果您注意一下这些机关报，您就会看到，他们对我进行了怎样的陷害，对工农政权进行了怎样的造谣诽谤宣传。可见，我单枪匹马，无法利用我那些更了解中国的外交同行的知识和经验。

　　唯一令人高兴的是中国社会对我的亲密的接待。但是，要了解这个社会，我还缺少材料。劳驾您为我解释一下我不明白的问题，因为没有人像您这样了解中国和理解它的内部发展条件了。1. 我不清楚，张作霖及其一派是否也是民族解放派，但比其它派更反动一些，或只不过是日本帝国主义的代理人。我还不清楚，从社会阶级角度说，张作霖依靠谁，在北京有哪些人支持他。2. 我不清楚，为什么您不久前同张作霖达成反对吴佩孚的协议？这仅仅是想支持一个更强大的敌人来消灭另一个敌人，使您只剩下一个敌人，便于以后消灭它，还是您真的认为张作霖的政策对中国有好处？与此相联系，我想知道您建议我对张作霖采取什么样的行为方针？3. 我不清楚您同陈炯明的意见分歧。要知道，仅仅不同意应由北京还是由广州来实现全国统一这一点，还不足以导致流血战争。4. 我不清楚，如果说在目前的中国议会中国民党和整个南方在起很大的作用，那么为什么您不承认这个议会？5. 我不清楚，如果说您现在同吴佩孚达成协议，而您和国民党的影响因此而会更大，那么为什么中国政府特别是外交部在奉行一种既丝毫不符合国民党的纲领，也丝毫不符合中国人民的实际利益的政策呢？最后一点对于所谓的俄国问题特别重要。

我们现在不得不同日本谈判，因为我们自然非常想把日本人赶出我国领土。我的政府责成我进行谈判，我有意拖延，为的是能先来中国建立联系。我深信，如果同日本谈判先结束，而后开始同中国谈判，那对中国来说是很有害的。我曾建议顾维钧外长在俄日谈判时也同我们在同一城市进行谈判。我说我可以同时举行两个会议。我建议顾维钧部长，一旦我的第一个建议不能实现，在我同日本谈判时向我这里派一名可靠的代表，我可以就中国感兴趣的问题同他联系，以避免在我对中国利益不了解的情况下，无意识地做出有损于中国利益的错事。然而，看来外交部不准备采纳我的任何建议，至今也未满足我根据我的处境提出的唯一要求，即我不能允许中国政府对待我的态度，比对待任何别的大国代表的态度差。

世界帝国主义特别想把中国的唯一一块由于我们的干预而至今尚未处于它的影响之下的领土即蒙古置于它的影响之下，所以在蒙古问题上它败坏我们的声誉，指责我们是"帝国主义"。中国政府不知为什么上了这个圈套，所有谈判都从我们何时从蒙古撤军这个问题谈起，同时它本身还组织宣传运动，要求我们离开蒙古。其实，每个了解国际局势的人都清楚，我们无论从政治上还是经济上都不打算向蒙古渗透。但是我们若在目前的混乱时刻撤出军队，日本帝国主义就会乘虚而入，所以我们现在离开蒙古对中国不利，您同意我的看法吗？

我有一个印象，好像中国政府不相信我们，认为我们建议进行谈判是谋求某种私利。为了消除这种不信任感，我到处声明，我不再建议进行谈判，在这方面我将等待中方的主动。不过我个人确信，如果谈判进行得太晚，中国会蒙受很多损失，因为我们不能再拖延同日本的谈判。同时，中国应对同我们的谈判感兴趣，因为在俄中的几百年交往中，无疑积存了很多问题，既然俄中所有旧协议和条约不再有效，这些问题就不能再悬而不决了。同时我认为，所有问题都是紧密联系彼此交织着的，不能提出其中一个来单独讨论。如果您同意我的看法，或许您可在尽快开始俄中谈判方面行使自己的影响。

很抱歉，我这封信占用您这么多时间，但是中国哲人的意见是很宝贵的，我不能不欣然加以征求。我希望，以后我们之间能建立更密切的联系。亲爱的博士，请接收我最深切的敬意。

越飞

（《联共（布）、共产国际与中国国民革命运动（1920～1925）》第一卷，第 103～107 页）

陈无咎致旅沪粤人电

（1922 年 8 月 22 日）

《民国日报》转广东旅沪各团体、诸先生均鉴：

陈炯明冲动兽性，揭破假面，纵使部下鹰犬在广州省城内外奸淫焚掠，白昼横行。沿粤汉铁路而上，几无一片干净土。乃复不知自戢，希冀重握政权。果如所期，是以禽兽□临人类，此种耻辱，虽决珠江之水不足□也。夫粤省三千万人之耻，即诸先生之耻，不佞虽非粤人，然护法之役，驻粤有年，良心诏〔昭〕我，敢进直言，惟诸先生恕而教之，则幸甚矣。浙江陈无咎叩。祃。

（《浙人陈无咎讨陈炯明电》，上海《民国日报》1922年8月23日，"公电"）

安徽学生王同荣等致孙中山电
（1922年8月22日）

上海《民国日报》转孙大总统钧鉴：

叛贼未除，神人愤激。我公精诚慈爱，对此杌陧时局，希再接再厉，贯彻初衷，学生等誓为后盾。安徽学生王同荣、路锡祉、程□昌、何治溉、翟宗涛、谢嗣嫚、朱世珩、钟绍裘、张朝根、吴□新、张思拔、钱瘦侬等一千四百八十五人同叩。祃。

（《皖学生王同荣等致孙总统电》，上海《民国日报》1922年8月24日，"公电"）

黄德致孙中山函
（1922年8月23日载）

孙大总统钧鉴：

八月十一日十一点半钟，我军在廉江石城与敌军开战。逆将统领邹武率众两营、机关枪一连，顽强抵抗，战至下午两点半钟，我军欧阳汉统领将逆将邹武生擒，经转解黄总司令发落。邹部逆军全被我军击散，计得枪五百三十枝、机关枪六架。

第二军别动队第一支队司令黄德报告

（《高廉讨贼军之胜利》，上海《民国日报》1922 年 8 月 23 日）

浙江沿海渔业各公团致孙中山电
（1922 年 8 月 24 日载）

大总统钧鉴：

启者：民国不幸，军阀专横，十有一稔。我公树护法之帜，开府岭峤，一线生机，藉以不绝。陈逆炯明，仇视民国，弄兵萧墙，我公蒙难艰贞，屹不为动。此次出险来沪，渔商闻之，且悲且喜。神州莽莽，砥柱何人，我公既受人民之付托，则一己之安危即系中华之休戚，还请为国自爱，贯彻主张。旭日当空，群妖自匿，海角苍生，亦深拜我公之赐而共庆安澜。谨贡数语，藉祝加餐，惟我公鉴之。浙江渔商公会人和公所、振远公所、升平公所、镇安公所、闽北公所、定海人和公所、越州公所、靖安公所、北平公所、南定公所。

（《浙人慰劳孙大总统》，上海《民国日报》1922 年 8 月 24 日）

曹锟、吴佩孚致孙中山电
（1922 年 8 月 29 日）

上海孙中山先生鉴：

奉诵宣言，敬聆宏旨。曩当辛亥，改造民国，功成身退，天下鄙之。护法之役，数载勤劳，今兹贯彻主张，但正其谊，不谋其利。凡此咸德谦光，足使国人矜式。至以全国人民，共有共治共享真谛，诠释人民自治，痛斥军阀宰割，砥柱横流，具仰真知灼见。其工兵计划，发展实业，亦属民国建设必有之图。琨〔锟〕等感于国步艰难，民生凋敝，深望海内贤豪泯除成见，共济时艰，倘承不弃，时惠教言，则国有老成，匪独一二人之幸也。申江南望，临电神驰。曹琨〔锟〕、吴佩孚。艳。印。

（《曹吴致孙中山之艳电》，长沙《大公报》1922 年 9 月 8 日）

赴京护法议员致孙中山电
（1922 年 8 月 30 日）

（衔略）本日赴众议院出席，初则闭门禁阻，嗣始入院。多数议员允为依法解决。乞转〈请〉同人到京，一致力争，并祈通电主持。护法议员同叩。陷。

（《护法议员闹院之续讯》，长沙《大公报》1922 年 9 月 5 日）

河南省议会致孙中山电
（1922 年 9 月 1 日）

孙中山先生钧鉴：

奉读八月十五日宣言，关于国民经济及自治各意见，伟论名言，至为钦仰，务乞鼎力贯彻主张。凡属国民，罔不执鞭以从其后。沪云引企，毋任钦迟。河南省议会叩。东。

（《豫省议会倾向孙总统》，上海《民国日报》1922
年9月5日）

刘成勋致孙中山电
（1922年9月2日）

探送孙大总统钧鉴：

川中以杨森肇乱，勾结外兵，突起战争，重为民痛。勋迫于桑
梓大义，勉膺诸将乐推，出为军民，邓师讨伐。旬日之间，幸已戡
定，杨森逃窜，全局肃清。所有经过详情，业经先后通电全国，计
邀垂察。惟善后事宜，倍觉艰难，大局溟象，亦极泯梦，非蒙指授
机宜，诚恐因涤隙足。兹特托本部参赞向育仁，趋谒钧颜，代陈鄙
悃，敬祈进而面□，俾有遵循。临电神驰，伏维昭察。川军总司令
刘成勋叩。冬。印。

（《孙总统嘉勉川将》，上海《民国日报》1922年9
月17日）

石青阳致孙中山函
（1922年9月5日）

大总统钧鉴：

闻大局挫折，不胜悲愤。然南北名人因此愈多服从，后事仍多
乐观也。川局渐平，此间近状托陈抱一代为呈述，请赐亮察。肃叩
钧安

石青阳谨呈　九月五日

孙中山批：作答勉励，并预备向外发展。

（《国父墨迹》，第434页）

李海云致孙中山函

（1922 年 9 月 7 日）

大总统钧鉴：

　　窃本年六月十五夜，叛军倡乱，袭攻公府，职司所存现款及一切簿据悉被抢劫无遗，事出仓猝，司长未克防范于先，曷胜惶愧！事后难为详细之清查，而档册全失，无从着手。不得已督同在职员司，就经手款项，举其大略，互相参证，藉得梗概。兹将司中数目情形，谨为钧座陈之。

　　查本府经费，因财政部未能按时支发，截至六月十五日事变之日，仅领至本年三月份上半月为止，计实被欠经费三个月。而此三个月中，所有杂费一项月须五千余元，为日用所必需，皆须择要垫款应用。又如各员薪俸、公费、津贴各项，有奉钧令准予先发预发者，有向司中暂借，体察情形不能不应允者，其支领至本年四、五、六或七、八月不等。凡此种种，皆由司长设法张罗，俾资应付。司长明知府藏空虚，对于前项支领俸公薪津各员，若以经费欠发无款支付实情婉为陈说，亦自可获谅解。但以钧座旁求俊乂，宵旰勤劳，凡兹縻饩之颁，皆为鼓舞之具。倘于奉令准支，及景况极为窘逼，各员竟无可以餍足其望，既非所以仰体钧座之意，即于应尽之责有亏，耿耿私心，所由不敢不勉为其难者此也。职司历月所领财政部之款，财政部本按预算定数发给，司中核实开支，虽复间有超过，大率略有长余，此项长余计存于秘书处五千元，存于庶务司者一千余元（此款各该处司留为活动之用，屡催并未交司），司中所存寥寥无几。

　　自本年三月以后，纸币低折，杂费一项支出骤加，领入仍旧，而出入遂有不敷。以前此长余之款，不存职司，难以弥补之，故而职司垫用之数，更因而愈巨。惟职司因经费之不克依时清领，左支右绌，原非一日，司长深虑猝遇急需，款项不继，致有偾事。为未雨绸缪计，每于领到财政部款项之时，向皆酌留一部分，可以暂缓归垫之款，以备司中随时之活动。此项约计共有五千余元，内实存于广东省立银行者二千余元。六月十五日甫由省行提回者三千元，此提回之三千元中，付给振兴泰木器店者二百余元，拟汇作北方执行部经费，因赶汇不及，暂存司中铁柜，遇变被劫者二千七百余元。现在被劫之数，既难追还，省行存款亦难取出，而秘书处、庶务司分存各项是否保存，司长因各该处司职员遭乱分散，尤从查知。此关于职司存款之实在情形也。

职司欠人款目，计有先施公司二千余元，喜云楼纸店数百元，其中司长以私人名义，向商家友人告贷港币（因纸币低折时，购买汽油须用港币交易，故由司长在外借贷，厥后屡催财政部筹还未果）、毫银、省币各种，约共折合毫银三千元。此外由司长个人垫出之款，以簿据之散失，实在无从计算实数；且垫款悉系纸币，尤有垫时十足，还时抵折之损失，此项虽有簿据，亦难以计数。当兹公府蒙尘，先施公司、喜云楼欠款自难偿还，司长私人垫出之款，系属为国为党而用，牺牲在所不惜。惟借贷各款，皆系出以私人名义，似不能不还，煎迫之来，殊无善法应付，此又职司借欠垫用各款之实在情形也。

司长猥蒙特达之知，受任以来，非不深知财源枯竭，难为无米之炊，只以激于责望之殷，有关公义，遂复忘其负荷之重，敢便私图，现在个人信用、财产牺牲虽巨，此志不渝。以上所陈，本应早日呈报，适以忧愤致疾，床褥呻吟，缠绵日久，加之旧日在职员司星散各方，难以急遽召集，是以迟迟至今，非敢玩忽。深惟党义服膺有素，嗣后有生之日，仍为报答之年，绝不以成败利钝，遽灰心志，区区之愚，伏惟鉴察。肃请

钧安

会计司司长李海云谨肃　九月七日

孙中山批：要件，存。

（《革命文献》第五十二辑，第 434～436 页）

湖北京山县永漋市商务总会阮策澄等致孙中山电

（1922 年 9 月 8 日载）

阅《大汉报》纪载孙大总统抵沪，各界欢迎盛况，足征人心趋向，如水赴壑。我大总统为国宣劳，坚持三民主义，不久即有实现之一日。读我大总统之护法宣言，令人百感交集。彼陈逆枭獍成性，坏伦纪，破法律，理不可喻，情不能感，将见义师云集，聚歼可期。不如是，不足以振纲纪；不如是，不足以警群僚。万望我大总统政躬康泰，扫荡群魔，力伸国宪，永保共和，登斯民于衽席，奠国家于磐石。商民等无不虔心祷告，为我大总统敬祝万岁，为民国敬祝万岁。湖北京山县永漋市商务总会阮策澄等叩。

（《海内外慰劳总统声》，上海《民国日报》1922 年 9 月 8 日）

庇能国民党支部等致孙中山电

（1922 年 9 月 8 日载）

上海孙大总统钧鉴：

陈逆炯明，叛党毁国，毁法横行，胆敢嗾兵殃民，包围公府，残杀同志，图害元首，其恶贯满盈，法不容诛。同人等侨居海外，恨深切齿，虽值此生计困难之秋，而对于讨贼饷糈，极愿努力襄助。愿我孙大总统急命大军，歼除贼徒，以苏民命，而伸正义，民国前途幸甚，华侨同志幸甚。庇能中国国民党支部暨吉礁初贝、双溪大唪、浮罗交怡、瞳颂、居林六分部同叩。

（《海内外慰劳总统声》，上海《民国日报》1922 年 9 月 8 日）

旅杭江西公民邹怀渊等致孙中山电

（1922 年 9 月 8 日载）

上海孙总统钧鉴：

庄严共和，绝而复苏，国基未固，危机隐伏。飘摇风雨，震荡神州，孰维法统，砥柱中流。惟我钧座，自始至终，艰难困苦，务贯初衷。钧座抵申，日月有光，促醒军阀，邦家克昌，万众欢呼，民治先河，敬祝钧座，宏业不磨。旅杭江西公民邹怀渊等叩。

（《海内外慰劳总统声》，上海《民国日报》1922 年 9 月 8 日）

曹锟、吴佩孚致孙中山电

（1922 年 9 月 10 日载）

上海孙中山先生鉴：

先生反对联省自治，锟等极表同情。彼陈（炯明）、唐（继尧）、赵（恒惕）三君，主张在粤、湘建设联省自治，此种见解，不过欲将中央职权，移转于各省总司令之手而已。考吾国自数千年来，纯为君主专制国家，若一旦仿照美洲各邦，建设联省制，则人民程度既低，徒足以引起各省各党之争，于国于民，两无所利。据锟等愚见，主张在现在情形之下，建立强有力之中央政府，使其法令通行全国，则或能补救于万一。先生主张实行裁兵之后，建设工兵制，以收容被裁兵士，改良劳工待遇，以减少资本家与劳动者双方之争执，实属救国良法。至于先生又主张利用国内、国外资本，开发天然富源，锟等亦极端赞成。盖锟等所反对者，仅在不用于生

产之外债耳。（下略）①

（《曹吴再复孙总统电》，上海《民国日报》1922 年 9
月 10 日）

宋大章致孙中山函②

（1922 年 9 月 10 日）

大总统钧鉴：

徐苏中君转示钧谕已奉到。章仰副至意，自当奋勉也。

最近此间又闻吴有来攻消息，故有仰于钧座者较前益切，不日
派韩麟春赴沪，专谒先生，商具体之办法，并携有小款（此事甚
密），报效吾党。此人为段芝泉嫡派，日本士官学生，前充北京陆
军部次长，现为奉天兵工厂督办，觐见时可假以词色，预为还奉时
对张报告地步，此手段也。再示以希望奉张出款，召集民八议员，
执行国会职权，因现在章等正从事运动此事也。此事与吾党关系至
大，万恳钧座筹之。

再，饬事务所速寄《建国方略学说》、《五权宪法》各书五十
部，交章备用，至盼。肃此，恭叩
勋祺

宋大章鞠躬　九月十号

孙中山批：代答：两函呈阅悉。属代答，望兄等实事求是，从
人民方面以开发民智以辅当局之设施，期达最后之效果。此时尚无
向当局游扬之必要，幸为谅之。

（《国父墨迹》，第 436 页）

---

① 原文如此。——编者

② 原函信封写有"烦面呈大总统钧启，东三省民治俱进会缄，地址奉天省教育会
隔壁"。函内未署年份，就其内容判断，当为 1922 年，因此时孙中山与奉张有
所接触。——编者

谢持、邹鲁致孙中山电

（1922 年 9 月 13 日）

一、闽事以又铮故，空气恶劣。昨下讨伐令，亮将汝为名删去。闽状如何，盼示。二、亮阁总辞职，如留，则提出裁兵、理财政策，故亮要求先生示解决大局具体办法。三、先生须如何始能与保、洛具体协商，请示，以便斟酌应付。持、鲁。元（十三）。

（《一九二二至一九二三年孙中山在沪期间各地来电汇编》，第 339 页）

杨森致孙中山函①

（1922 年 9 月 15 日）

中山先生钧席：

久钦山斗，未遂瞻依。倾慕之私，与日俱积。比谂政躬迪吉，薄海同欣，为颂之至。

方今国步屯艰，贤愚并困，幸赖老成提挈，人心尚有所归，默化潜移，收功可待；潮流起伏，何足容心。森滥厕戎间，鲜与世接，而区区鲠骨，见忤滋多。故彝陵暂驻以来，时殷内疚，益抱隐忧。盖城濮之盟，虽未为深耻，而沼吴之志，岂毕生能忘。尚乞我公，不吝宏规，藉资善后，洛钟之应，固无殊耳提面命也。

兹因陈抱一兄赴沪之行，特奉书申意，并候起居。以后一切事

---

① 原函未署年份，据内容判定，当系 1922 年。——编者

项，即由抱一代达。遥望云天，无任主臣。肃此，敬请

勋安，即维

澄察不一

杨森再拜　九月十五日

　　孙中山批：作答：函悉。并闻有投依北敌，以图卷土重来之举，此期〈期〉不可。此后当注意全国之安危，而万勿恋恋于四川之权利。并望来沪，详商一切。

（《国父墨迹》，第 438 页）

越飞致孙逸仙函

（1922 年 9 月 15 日）

亲爱的博士先生：

　　我很感谢您的很有意思的信，和对我的问题作出的明确而全面的回答。

　　很抱歉，我作为我国人民和政府的正式代表，不能不同中国官方政府打交道。尽管我一直在注意您的劝告：不与现政府打交道，并且等待您建立自己的政府，但是当顾维钧部长开始与我讨论关于即将举行的俄中谈判问题时，我是不能拒绝的。此外，我过去和现在都一直认为，鉴于中国广大人民群众现在的这种情绪——坚决要求自己的政府开始同俄国进行谈判，并与之建立正常的外交关系，如果我拒绝就此问题举行谈判，那么，群众就会不理解，并且会造成很坏的印象。

　　然而，在同顾维钧先生谈判的时候，我清楚地意识到，您对现政府的评价是何等的正确，该政府对外国列强的依赖实际上达到了何等程度。在讨论我们应该就开始谈判问题所要互换的照会时，顾维钧先生竭力回避对可能引起"列强"不满的各种问题的任何暗示，也就是回避涉及到承认苏维埃俄国问题、中国民族解放斗争和我们各民族人民情绪的任何话题。现在这些照会都已发表，您自己

可以判断它们是何等的苍白无力。我坦率地说，由于我认为俄国不能放弃解决所有问题，包括恢复它与中国之间的正常外交关系问题，所以我担心，与现政府的谈判不会取得令人满意的结果。

根据我对中国形势所作的分析，我还觉得，您同吴佩孚联合并一起建立中国中央政府，对中国来说，这是最好的联合。我觉得，为了确保张作霖承认和支持这个政府，应该恢复他的一切称号、官职和官衔。我还觉得，张作霖会同意这样的条件，这样一来，这个政府实际上就统一了全中国。我毫不怀疑，我国愿意全力促进中国的民族统一和摆脱世界帝国主义的羁绊，它一定会给予这样的中国政府以力所能及的支持和援助。我还在想，在目前的国际形势下，俄国在国际间又占据了实际上它应占据的位置，此外，它又是一个把所有为自己的民族解放和国家独立而奋斗的人民和国家联合在其周围的核心，这样的政府对于帝国主义列强的阴谋是不会感到畏惧的，这些列强不仅企图保留由他们套在中国头上的枷锁，而且还想给它套上新的枷锁。

我有幸告诉您，我一弄清俄日谈判的可能性后，就采取了各种措施，要预先同中国协调一致，我正是为此目的提前来到了北京。我已正式通知中国政府，在与日本谈判过程中，我打算回避一切可能涉及到中国利益的问题。我还指出，鉴于中国的利益与日本的权利交织在一起，以及我对情况了解不够，我可能会无意中犯错误，因此，我请中国政府在俄日谈判期间通过某一位可靠的人士同我保持密切的联系。中国政府派来了列诺克斯·辛博寿先生，我现在与他保持着密切的联系。

我国政府从来是坚决反对把中国划分成势力范围的，并且永远不为自己谋求这种势力范围。鉴于某些条件，俄国在中东铁路及其所谓的隔离地带拥有特殊的利益，我不怀疑，在即将举行的俄中谈判过程中，这些利益将会得到中国的理解并给以满足。但是，当然谈不上，俄国会承认日本在北满拥有什么特权。沙皇政府由于战败，曾不得不对南满作出这种承认。但是，第一，我们不赞成沙皇政府那种靠损害别人利益而达成协议的帝国主义政策，第二，苏维埃俄国并没有输掉任何一场战争，而是打赢了所有战争。俄国现在不是处于可以向任何人作出它自己都不能接受的让步的境地，更何况是向日本作出让步。在与日本的谈判过程中，我们决不会作出哪怕稍微损害俄国及中国利益的任何妥协。

我现在秘密地告诉您，目前我们与日本的谈判正处于以下状态。在交换代表权时弄清了这样一点：日本代表被授权只同远东共和国进行谈判和签订条约，而俄国的参与只是被理解为见证人的角色，只能在日本与远东共和国协议中的那些涉及俄罗斯联邦领土的决定上签字作证。我们在答复（副本附后）中坚决拒绝了这种谈判。日本代表团在请示自己的政府后又建议，在日本和远东共和国之间举行谈判并签订条约，然后再就签订俄罗斯联邦和日本之间的贸易条约举行谈判。我们也拒绝了这个建议，并且指出，远东共和国不想同俄罗斯联邦进行任何谈判和签订任何条约。这时日本提出这样一个综合性建议：同俄罗斯联邦及远东共和国一起进行谈判，并以俄罗斯联邦和远东共和国为一方，以日本为另一方签订条约，但是该条约的适用范围只限于远东共和国和日本的领土，在达成这一协议之后，在开始同俄罗斯联邦就涉及其全部领土的问题进行谈判。

因为在这里日本已经放弃了与远东共和国单独达成协议的念头，这对于我们来说是至关重要的，所以我们承认这一建议原则上是可以接受的。但是，由于俄罗斯联邦和远东共和国之间存在着紧密的经济联系，这一建议实际上是难以实现的。目前实质上是在就未来条约的一些条款进行谈判。

最后我还要秘密地告诉您，张作霖还在奉天，为了建立联系，他向我这里派来了自己的代理人。遵照您的劝告，我没有拒绝与他们联系，甚至没有拒绝同张作霖本人见面，但是我要强调指出，鉴于我国政府所奉行的旨在支持全中国统一的政策，我不能就满洲问题进行单独谈判，我只能同中国官方政府进行谈判。

我提请您注意，据我所知，俄国的白卫分子正在从被日本人清洗过的俄国领土上向北满流窜，这种情况当然会导致俄中关系的复杂化。因为俄国不能允许在北满建立新的白卫分子据点，就像以前对蒙古所做的那样。

这封信将由我的军事顾问、前陆军军长和全俄参谋学院院长格克尔先生转交给您。请您对他持完全信任的态度，并十分坦率地同他讨论需要告知我的一切您所感兴趣的问题。我坚信，我的这封信会密切我们的关系和巩固我们之间的联系，我期待着您的回复，向您深表敬意。

（《联共（布）、共产国际与中国国民革命运动(1920～1925)》第一卷，第 126～129 页）

居正呈孙中山文

（1922 年 9 月 15 日）

为东京支部争执事，呈拟解决办法，仰祈钧鉴事：

一、邱怀瑾君、刘尧夫君等陈诉陈季博附逆一节。据杨寿彭君复称：广州政变，陈季博初不信炯明有此叛逆举动；又称：陈欲附逆，无利用本党支部之必要。本部复核：炯明叛变，事出非常，海外真相不明，于开始讨论之时发言过当，亦属难免。且据邱君原诉称：季博于发言后经党员诘责，已明白表示服从公意；及议决讨陈办法，季博仍负责报告前来，又有电申讨炯明，是杨君查复所称尚为平允。惟本部为解释一般误会起见，仍采取杨君意见，令陈君再函本部，申述当日发言意旨。

一、刘尧夫君等陈诉陈季博违法改选一节。据称：支部章程第十二条载，执、评两部各职员如有违法或旷职时，得由党员二十人以上之提议，经支部党员三分二以上之决议，得取消之，另行改选等语。同人等以此种不合法之选举，无赴会投票之必要，由是开会时到会党员仅三十八人，不足全体党员三分之一等语。查东京支部呈本部章程第十二条，关于人数原文系本支部党员大会出席人数三分二，今刘君等略去"大会出席"四字，遂致解释纷歧。据杨君复称：支部选举法无全体或出席人数三分之二之规定，诚为缺点，据此则人数问题不能以诘季博。惟本部查该章程称执、评两部各职员如有违法或旷职时，得取消之，另行改选云云，是应注重"各"字。今据陈君等函称：开大会时，廖前支部长以应付时局重要事件召集大会，届时无故缺席，由临时主席陈季博提出讨论，众以为不必深究违法及旷职职员，但以改选而定是非曲直，讨论终结，付众表决云云。据此，当时未将各职员行为一一分别讨论，遂行泛涉全体，与原章所称之"各职员"意义不符；况据杨君复称：查议案记录载改选干部，不言评议部，亦不言执行部，事后则指干部为单执行部，惟提议时则声明评、执两部云云。此种纠纷，皆因会议时提案及讨论过于囫囵之故，本部应认此次改选为根据不确。查本党海外支部通则第二十五条：海外支部职员之任期以一年为一任。今东京支部自四月八日成立，甫经半载，各职员既无根本谬误，不过时以误会，辄生争执，本部应令该支部回复原状，所有职员仍旧服务，一俟任期满了，再行照章举荐。

一、陈季博君等陈诉马肇良君等夺去部印一节。据杨君转据马君等称：此次纷纠，本部既派杨某来调查，双方宜静候本部处分。但在事未解决以前，所有支部印信彼此皆不得擅用，故强将印章封固，派人交伊保存云云。查马君等此举固不无词说，惟何以不将此理由函告本部核夺，乃迳以激烈手段前往迫取，殊为不合。现该支部既应恢复原状，自当由本部函知杨君，仍将原印送还支部启用。

以上三点为争执中重要情节，其余因此发生事故，拟另分别去函疏解，俾各弃嫌修好，和衷共济。是否有当，伏乞训示施行。谨呈总理

总务部长居正

中华民国十一年九月十五日

（《居正先生全集（中）》，第 320～323 页）

林直勉、古应芬致孙中山电

（1922 年 9 月 16 日收）

省币遵命兑换汇沪，惟现在由八二低至五八，应否换出，请示复。此间用款，以供给各军为大宗，余则侦察及居住各费，实无从预算。直、芬。

（《一九二二至一九二三年孙中山在沪期间各地来电汇编》，第 285 页）

邓锡侯等致孙中山等电

（1922 年 9 月 17 日）

飞急。北京黎宋卿先生、各部院、国会，广东孙中山先生、各部院、国会，各省议会，各巡阅使、护军使，各省督办、总司令、省长，各同流，各报馆，全川各局、省议会、各军师旅团长、康定陈镇守使、各道尹、各县局、各机关、各法团、各绅耆、各报馆均鉴：

吾川不幸，战祸频仍，顷者第二军军长杨森，肆其野心，复称兵发难，经各将领绅民迭电警告，冀其悔祸，早以转环。乃旬日以来，据第一军各将领先后电称：杨军刻尚向大竹、绥定猛攻不已。似此穷兵黩武，拒绝调停，若竟听其猖獗，人民恐无遗类。同人忝领师干，卫民有责，是用陈其罪状，告我国人。

查盐税约载不得附加，杨森乃借清乡费为名，重征巨额，嗣经军事会议议决，由刘前总司令明令禁止，乃妄改为公益捐，变本加厉，凡征二百余万之巨，外人啧有烦言。其罪一也。川军公约，所有械弹，应由各军平均分配。杨森自上年六月起，至本年二月，兵工厂所出子弹，私行攫取，达三百九十余万发。援鄂军兴，所有接济前各方军械弹，运输过泸，杨森不顾各军利害，尽数劫留，要挟权位，乃晋军长之秩。其罪二也。该军驻防营山、蓬安及万县一带，部队肆行帮掠，妇孺流掳，哀声满道，遂至激动民卒，揭竿驱逐，贬累川军荣誉。其罪三也。军事会议议决，统筹军费，禁止自由筹饷。杨森占据川东南广阔富庶各区，巧立名目，如附加丁粮、附加肉厘，加收酒捐及纸业捐、炭捐、船捐、猪毛捐、糖捐、丝茶竹果类捐、盐水捐等等，多至二十余种，恣意搜括，供其挥霍。其援鄂部，又在施南一带，强收烟捐七十余万，横征暴敛，民不聊生。其罪四也。团防武器，购以保持地方，杨森乃将川南民团任意编提，扩充军旅，并派员抚集匪徒，以至东南土匪蜂起，民不安业。其罪五也。川局迭遭变乱，无不起于各部相猜。杨森意图扩张实力，多方挑拨友军，如上年诱惑三师之杨纵队及郭团，令其附己。本年复协诱一军以攻涪，杨全旅亦畏，袭一军之后，又于事前故泄其谋，于该两部驻渝之代表，藉以市恩，希其助己。凭证确凿，皆可复查。曩昔新汉之役，亦由杨森主张，迨将三师部队诱去一部份后，乃发电调解，掩耳盗铃。去岁援鄂之师，忽欲排除内部异己，首倡扑灭邓、田、刘之议，经各友军反对始寝，继复托名秋操，欲遂改编二十二师，扩张己势，亦因公论不容，未能逞欲。其罪六也。他如藐视舆论，肆却谰言，擅据川南盐款，以并泸铁路，抵借外债。种种成乱，罄竹难数。

同仁等勒队行间，义无反顾，除呈请总司令明令讨伐外，沥电奉闻，伏祈鉴察。邓锡侯、赖心辉、陈洪范、田颂尧、刘斌、陈国杰、唐廷牧、张成孝、蓝世钲叩。筱。印。

（《中华民国史档案资料汇编》第三辑军事（三），第568～569页）

刘成勋致孙中山电
（1922年9月17日）

孙大总统钧鉴：

奉读元电，训勉有加，谠训名言，尤弥敬佩。川事远仗德威，幸告结束，现正会同诸将，筹办善后，共谋建设，期与人民休息。承派宋君戾止，仰见卓念川局，曷胜心感，一俟到时，谨当竭诚奉迓，藉聆钧诲。川中诸将□经享许嘉励，无不闻风鼓舞，吒弥感谢。谨电肃复，无任依驰。刘成勋叩。筱。印。

（《一九二二至一九二三年孙中山在沪期间各地来电汇编》，第 159 页）

谢持、邹鲁致孙中山电
（1922 年 9 月 19 日）

转先生鉴：

今晨函述亮畴、君任联吴事，计达。昨晚高恩洪、孙丹林对亮言，认表诚意。比以季龙曾至洛，决强其入王阁，长司法，共图进行。本日发表，亮、任嘱鲁电先生，即促龙来京，表面仍为亮、龙私人关系。查亮、任意诚，不妨促龙来，盼复。持、鲁。皓。复，交宣外烂缦胡同二十三鲁收。

（《一九二二至一九二三年孙中山在沪期间各地来电汇编》，第 343 页）

民六议员陈铭鉴等致孙中山电
（1922 年 9 月 20 日载）

上海孙中山先生鉴：

民国成立，十有一年，宪典虚悬，邦基弗固。兹幸天心厌乱，法统重光，举国同胞咸冀宪法速成，奠定国本。自八月一日国会继续民六开会以来，审议宪法，成绩昭然。方期宪典早成，慰我国人，不意九月五日，竟有曾在广东非常国会之少数候补人闯入议场，破坏制宪。此本院内问题，不难由国会自身解决，惟报载先生曾致曹、吴两使电内有：与我共难功高之护法议员，竟被拒绝出席两院，未免不符诸公恢复法统之初意。文恐真伪不明，法律仍无解决之望，对此民八、民六双方之争执，应作公道正义处置等语。细译电意，纯为舍法徇情之谈。

夫国会依法而组成，议员亦依法而取得，非可以意为去留也。广州开会只能认为护法手段，不能认为适法行为，犹之十年四月七日先生在广州以二百十八票当选为非常总统，自认为革命，不认为护法也。查国会组织法第十五条：两院非各有总议员过半数出席，不得开议；议院法第六条：新到院议员应将当选证书提出本院审查；第十三条：议员缺额由院通知国务院依法递补。广州非常国会当初开议时，即未依组织法第十五条之规定，按之违法行为自初无效之原则，不但解除议员职名不生效力，即民七、民八国会之名义，法律上亦不能成立。至其递补分子，既无当选证书，又非依法序补，越次冒替，瑕疵极多，根本上即不能认为有议员资格，遑论其它。又查组织法第六、七两条，规定两院议员任期至为谨严。广州非常国会自六年十月起，迄十一年六月止，连续开会计已四年零七个月，益以北京民二、民五两次开会十九个月，均已满六年以上。若非从黄陂复位撤销民六非法解散命令时接算，不独众议员任期三年早经届满，即参议员任期六年者，其议员资格亦不存在，更何有恢复之余地乎！

要之，护法有功一问题，依法取得议员资格出席国会又为一问题，二者性质截然不同。不能因护法有功，遂谓未经依法取得议员资格者亦可到院出席也。不然，南中护法将士为数甚伙，岂可援例要求耶。窃以为对于护法同人之未能依法递补到院者，由政府另筹位置，优加礼遇，即为公道正义之处置。倘弗违法规，横起干涉，致国会于破裂，败宪法于垂成，是以护法始者，以毁法终，恐非手创民国如先生者所愿出也。传曰：无偏无党，王道荡荡。又曰：差以毫厘，谬以千里。先生明达，谅不河汉斯言，谨贡刍荛，幸垂鉴察。陈铭鉴（以下名略）等叩。

> （《民六议员致孙中山电》，上海《申报》1922 年 9
> 月 20 日）

刘焜等致孙中山函
（1922 年 9 月 20 日）

孙大总统先生钧鉴：

闽省惨受李逆祸患，达于极点矣！吾人具爱国之心，行三民主义，不忍袖手旁观，蒙耻生存，立誓牺牲一切，驱除逆贼，伏乞我公，准予委任，以昭信用，明示事机，以便进行。兹闻浙卢永祥、闽王永泉，均归公节制，焜等如蒙擢用，应如何与浙联络，输运子弹；王永泉应若何关通暗号，庶不致误会。事关人民之生命财产安危之机，间不容发，非蒙我公宏力援助，无以救民于水火，而登衽席者矣！

兹特托代表陈春木君觐见尊颜，伫候面示一切。肃此，敬颂
勋安

> 刘焜、庄文泉、林寿华、傅健谨呈
> 九月二十日

孙中山批：代答，着受许军长命令。

> （《革命文献》第五十二辑，第 396～397 页）

护法议员致孙中山等电
（1922 年 9 月 21 日载）

北京国务院、各部、卫戍司令、步军统领、警察总监、宪兵司令、京兆尹、总商会、国立八校专门八校教职员联合会、中等以上学生联合会、各自治会、各法团、各报馆、万国报界联合言［会］，上海孙大总统、全国各界联合会、各法团、各界联合会、全国学生联

合会、总商会、教育联合会、全国司法会议会、全国律师公会、全国总工会、各报馆，保定曹仲帅，洛阳吴玉帅，奉天张雨帅，浙江卢督办，各省区总司令、督军、都统、省长、省议会、教育会、商会、工会、农会、各报馆公鉴：

此次北京开会之所谓国会，并非依法继续民六后正式国会所议各法案。同人业经迭次宣言，斥为不合法之集会，否认其一切行为，并力求国会本身法律上正当之解决。乃本月十八日，竟有所谓开会、闭会之谬举。开会既经非法，闭会尤为滑稽。且黎元洪前在总统任内，非法解散国会，促成复辟，今又出席，与破坏国会之解职分子，为此不伦不类之国会，尤为不经。同人对于此种假借国会名义之弄法举动，认为系吴景濂及解职分子王家襄等私人行为，此四十余日之弄法，不过为其谋权利而已，于法律上国会会期、任期不生丝毫关系，应予绝对否认。特此布闻，中外咸知，邦人君子，实共鉴之。

（《护法议员办公处成立》，上海《民国日报》1922年 9 月 21 日）

居正致孙中山函
（1922 年 9 月 21 日）

总理钧鉴：

据前指定本党改进起草委员丁惟汾、田桐、吕志伊、覃振四君，均先后辞赴北京，起草委员于讨论审查间，有人数过少之感。请再指定补缺四人，呈拟如左（下）：叶楚伧、刘芷芬、孙科、彭素民。右（上）四君，均为本党忠实有历练之党员，以之起草，当可胜任愉快。希鉴核批准，以促进行，不胜待命之至。

居正谨呈

九月二十一日

（《居正文集》（上），第 418～419 页）

刘成勋致孙中山等电

（1922 年 9 月 22 日）

急。北京黎大总统、各部院，保定曹巡阅使，洛阳吴巡阅使，武昌萧督军，宜昌孙总司令，北京国会议员诸先生、同乡诸先生，广州孙大总统、各部院、非常国会议员诸先生，各省巡阅使、督军、省长钧鉴：

此次川军一致讨伐杨森，所有东北两路戳［戡］定情形，节经电陈，谅邀明鉴。杨森由渝即奔长寿，殆长寿为我军堵塞，又奔涪陵。顷据石司令青阳文电，内称：已于虞日攻克涪城，杨森残余部队，连夜逃窜北山坪、李渡一带，即予扫除。又据二军四混成旅长袁区，元日通电逼称：子惠军长业于文日解甲东去，所部分居川军，若认为有咎，则请给资遣散，如荷体全，则请迅示办法，用便遵循各等语。查川省和平之局，实为杨森一人所破坏，兹既穷蹙无期，缴甲纵逃，则全川底定，如愿可期。用电特闻。奉行尘念。至刘前总司令湘，已由成勋电饬前方，派队护送回籍，并令各军查核陆军定制，一体崇敬。合并达闻。川军总司令刘成勋叩。养。印。

（《中华民国史档案资料汇编》第三辑军事（三），第569~570 页）

居正呈孙中山文

（1922 年 9 月 26 日）

为胪列请求给资姓名事由，仰祈钧鉴事：连日请求给资者不一而足，除少数由正负责请财政部发给外，尚有若干请求者如左（下）：

一、议员方潜、茅祖权、张知本等函告陈言，为革命出力，及今母死，代请给治丧费一百元。

一、奉天支部筹备处长朱霁青，请求发给凌印青返奉川资一百六十元，夏君赴青岛川资三十元，刘炳晨之弟赴南京营救刘炳晨川资三十元。

一、程壮历述革命成绩及现在困状，请求补助，拟请给五十元。

一、方震函告周武清军官因愤呕血致死，请求周恤前来。查周武清自七年入党以来，在武汉运动军队颇为出力，年少身亡，殊属可惜，拟请给资一百元。

一、何君成浚函告，为何子开、周炳卿请求各给回赣川资二十元，吴文安、沈点魁各给二十元。

一、詹大悲之子□请求赴南京营救曹振武，川资用费一百元。

右（上）呈所需总数共陆百伍十元，伏希总理鉴核，批示祗遵。无任惶恐之至。总务部部长居正恭上。中华民国十一年九月廿六日。

（《居正先生全集（中）》，第 324～326 页）

居正呈孙中山文

（1922 年 9 月 26 日）

为呈请委任事：据于洪起等函称：此次旅行至大连，约集在连同志等组织本党交通部于大连，已公推傅君立鱼为临时部长，恳速将交通部章程及部长委任状等，迅寄傅立鱼为幸等语，据此。查大连为交通口岸，殊有设立机关之必要，惟现章尚无交通部名称，拟请即令组织支部，委任傅立鱼为大连支部长，以利进行。是否有当，伏乞批示祗遵。谨呈总理。总务部长居正。中华民国十一月〔年〕九月廿六日。

孙中山批：当先咨询奉天各同志从详审慎，然后施行可也。文。

（《国父墨迹》，第 442 页）

许崇智致孙中山电
（1922 年 9 月 26 日）

　　一、智有日抵建瓯城，宥日全部均可集中。二、建邵司令徐镜清来附，建邵各县经略定，浦城至浙沪已通。三、本军现相机向古田前进，俟与又铮、伯川将作战计划协定，即迅图福州。四、先生寝电，铭钟删电，仲恺筱电，展堂、精卫巧电，均有日在建瓯收到。请速筹济洋毡、军衣，可以由浙运来，请与卢商，并恳接济七九弹。六、臧部及子靖、张贞等须速起，臧部已至龙岩，更可截王献臣后路。七、自后电，如上海不能直接，可商由浙转。许崇智。宥。

　　（《一九二二至一九二三年孙中山在沪期间各地来电汇编》，第 1～2 页）

廖湘芸致孙中山电
（1922 年 9 月 28 日）①

苏密。译呈大总统钧鉴：

　　据吴建东回称：已约西江各军，议决约滇桂军一致讨贼，反对者少数。直下广州，指顾间耳！关师经湘接洽成熟，恳电令湘为讨贼军粤军第四师师长，以便指挥，首先发动。余详函。廖湘

---

　　① 该电未署月份。孙中山复函时间为 10 月，据此，发电日期似为 9 月 28 日。——编者

芸叩。勘。

（《中华民国史事纪要（初稿）》1922年7～12月，
第873页）

居正呈孙中山文
（1922年9月29日）

呈为呈请委任事：安徽党务经管鹏等极力经营，颇著成绩。兹为便
利进行起见，拟请委任管鹏为安徽支部筹备。批示祗遵，谨呈总
理。总务部长居正。十一年九月二十九日。

（《居正先生全集（中）》，第328页）

讨贼军闽军司令王荣光等致孙中山等电
（1922年9月30日）

上海孙大总统钧鉴：宋子靖先生并转各省军民长官、省议会、各社
团、各报馆、各埠闽同乡会均鉴：

溯自军阀李厚基据闽以来，纵兵殃民，摧残教育，视交通、
实业如草芥，置吏治、军纪于罔闻，箝制舆论，任用私人，盘
踞民政，压抑民意。尤巧立省库券、军需公债等名目，横征暴
敛，诛求无厌。闽南既遭兵燹，闽北复遭水患，疮痍满目，哀
鸿遍野，民穷财竭，李壑莫填。近更藉名秋节，按县勒解巨款，
任奸胥滑吏悍将骄兵挨户强派，鸡犬不宁，奸淫焚杀，井里为
墟。呜呼！李贼不除，闽民将无噍类。光等目击心伤，义难坐
视，负弩之责已专，请缨之志早决，爰举义旗，誓驱此虏。谨
率三军，仁候明教。讨贼军闽军司令王荣光、杨汉烈、林清源、

吴威、陈亮等叩。陷。

（《闽省讨李军之响应》，上海《民国日报》1922年
10 月 3 日）

廖仲恺致孙中山电
（1922 年 9 月 30 日）

感日见秋屺赚云，现内阁为过渡内阁，不能有为，当忍须臾，俟政友会组阁，床次当局可言听计从，必有以报命。田中返乡，犬养事忙，约冬日可见路君，商件在进行中，但恐难速。通信寄使馆。恺。陷。

（《一九二二至一九二三年孙中山在沪期间各地来电
汇编》，第 371 页）

陈德全致孙中山函
（1922 年 9 月）

孙大总统伟鉴：

德全前因高属旧部请缨效力，当即据情转请钧座察核，旋奉复谕，着以靖南司令官名义督率进行，届时自当接济，现际戒严时期，毋庸到舰请训等因。德全遵即亲赴高属一带，宣达大总统德意，所属旧部无不感激涕零，誓始终服从，以符匹夫有责之义。并商同八属学会诸公，均愿竭力赞助。旋即集议进行，先由高州起义，出新兴攻肇庆，取道西江，进攻羊石。乃部署甫定，遽听钧座离粤赴申，德全以其中必有硕画宏谋，故未敢轻举妄动。又以所属旧部均系有军事学历，迥异绿林之豪，其宗旨非常坚定，用是先饬听候后命，趋谒钧座该如何进行之处，请即训令祗遵，并颁发正式

任命，俾昭信守，不胜翘企。敬叩

崇安

中华民国十一年九月　日　靖南司令官陈德全谨呈

（《革命文献》第五十二辑，第 407 页）

吴泽理呈孙中山文

（1922 年 9 月）

呈为呈报察核事：案奉大总统令内开：令委吴泽理为讨贼联军第二军第一独立支队司令，此令。等因。奉此，遵即回邑招编民军。旬日间应招入伍者千余人，分队编练。定期八月一日，约同新会县长陈永惠所部警察游击队，集中新会县城，分途进取江门，歼彼逆军。不图袁带所部逆舰十余艘，先期到江门助防，而陈逆小岳所部营长李克城，亦适由水东拔队回省，路经新会。是时逆军已满布江门，审度时宜，未易为力。不得已固守县城，徐图进取。越日逆将陈德春恃兵众势雄，分遣逆军水陆并进，围攻县城。我军以众寡不敌，暂行退出，以避其锋。四日，我军复由香山调队到城，途经白虎头庙地方，为袁带逆舰二十余艘四面围困。剧战一昼夜，众寡悬殊，我军幸冲锋而出。被夺去战舰利和号一艘，伤兵四名，余均无恙。毙敌不知多少，我军暂退回古井地方，复广行招编，加意整顿，密遣干探潜入江门侦查逆军虚实，俾便相机进取。奈何北江前敌以弹竭粮尽，暂次退出战线，而北江方面已入逆军之手。于是陈逆德春所部陈家威、王定华陆续调队回江，以防四邑民军起义。此时我军见大事已去，正拟将所部退入古兜，然后相机而动。讵九月八日晨光熹微之际，逆将陈德春复派兵四营分途来袭古井职部，职立督所部迎战，血战数小时，及至弹竭，始率队冲出。是役计阵亡兵士十二名，伤二十五名，失去步枪二十四杆，毙敌军数十名。随率所部退入古兜。岂知该逆军竟迁怒于敝乡文楼，蜂拥入村，纵兵骚扰，奸淫劫掠，为所欲为。搜劫民居千余家，抢掠财物数十万，押禁父老吴文垂等十三名，并押乡校校长、教员吴锡麟等三名，学校器具均被抢毁一空。仍留兵一营驻乡，勒父老缴械筹饷。乡民惶恐，避难不遑，流离失所，哀号载道，伤心惨目，向所未有。忖泽理以护法救国而起，本个人之行动，于家乡无与。且法律亦无罪人及孥之例，更于父老无与。今陈逆之大肆淫威，蹂躏我家乡，奸淫我妇女，拘禁我父兄，其惨无人道，良心尽丧，泽理虽万死，务以歼彼逆贼为志。现仍将所部屯聚古兜，敬候训示。谨将职部经过情形及敝乡所遭惨状，理合备文详报钧座，伏祈察核，实为公便。谨呈

大总统孙

讨贼军第二军第一独立支队司令吴泽理

十一年九月

孙中山批：代答：奖勉，并着暂候时机，以决灭贼而后已。

（《国父墨迹》，第 444 页）

赵从宾致孙中山函[①]

（1922 年 9 月）

中山先生钧鉴：

自蒙收录门墙，辄欲图建事功，藉以报国家，而酬知遇。以故奔走东西，屡有建白。每当时局有变更，必竭尽图维，徒以事机不凑，劳心伤财。中途以上下隔阂，且未免有求全之毁，静言思之，惭恨交集。然一鸣惊人，固时时来往于胸中也。

秋初得亲道范，一诉饥渴，感受先生之毅力雄魄，因又鼓我壮志，折变旅费，赴赣一行。（十二师周师长接洽已有端倪。）回津后，招集旧同志，解释鼓舞，仍前办理。随又赴京、保、赴郑、洛。顷以倒阁原因，竟为我造成绝对良好之机遇，前日费尽心力布

---

①　原函未署年月，据内容判断，似在 1922 年 9 月中旬。——编者

置未妥者，今竟一气呵成。总因却在两大军阀暗斗，遂种下待时而应之范围。某旅长赴申报聘，先生亦有回答。默默中业已发生效力。从宾已在直方占一位置，凡离心于彼者，均已信手拉拢，甘心就我。（首座不久亦有变化，先生正而副某勿轻允。）一旦局势有变，定有相当之响应，从宾报答殊知之日至矣。（前者函电交驰，一味隔阂，将及一载，坐失良机，令人三叹。）

所有成立机关，前以款项中断，暂告解散者，今已渐次恢复。仍以津为干处，通盘筹算，紧急用款五千，择要开支，极少亦须三千元。先生以天下为己任，固不计兹琐碎，切勿斥为空洞，屡呼不应，致从宾重失信用也。敢于先生前郑重声明：此后一切只知有先生，不知其他。直接先生办事，或仍由先生指派一共事之人。否则不敢任其事，亦不任其咎也。此番重关紧要，祈即电汇到津（最好仍汇中孚银行，由展堂名义交从宾），余俟详报，敬请

钧安

赵从宾谨上

请速电复。

孙中山批：代答：先生嘱答，此后此方已取和缓态度，故一切急烈之举，皆当停止。

（《国父墨迹》，第 470 页）

彭允彝致孙中山等电
（1922 年 10 月 1 日）

北京参议院、众议院、总统府、国务院，直隶曹巡阅使、王省长，奉天张总司令，吉林吴总司令，黑龙江孙总司令，山西阎督军，陕西刘督军，洛阳吴副使，开封冯督军、张省长，甘肃陆督军、林省长，新疆杨督军，山东田督军、王省长，江苏齐督军、韩省长，浙江卢督办、沈省长，安徽马督军、许省长，江西蔡督理、李省长，福建李督军，湖北萧督军，四川刘总司令，云南唐总司令，贵州袁

省长，广东陈总司令、陈省长，广西总司令、省长，热河王都统，绥远马都统，察哈尔都统，各省省议会，上海孙中山先生、岑西林先生，香山唐少川先生，上海章太炎、汪精卫、孙伯兰、谭组庵、胡展堂、聂云台、程颂云、程崧生先生，苏州朱师长、陈伟丞先生，天津梁任公、熊秉三先生，通州张季直先生，北京汪颂年、郭侗伯、范静生、徐佛苏各先生，各省湖南同乡会，各报馆均鉴：

湖南省长选举，业经依据湖南省宪法、省长选举法，于八月二十日由省议会举行省长预选，九月十日全省县议会举行省长决选，现已汇集决选票数，赵恒惕得一千六百零九票，为省长当选人。特此电闻。湖南省长选举总监督彭允彝叩。东。印。

（《赵恒惕当选省长之通电》，长沙《大公报》1922年10月2日）

居正呈孙中山文
（1922 年 10 月 3 日）

为请求给资，分别缓急，汇呈钧鉴事：一、安徽支部筹备处长管鹏急于返安庆筹备党事，拟请给川资二百元。二、宣子俊等七人呈请给资回籍，拟各给十元，共七十元。一、伍毓瑞函称所部湘粤来者日多，请先发给数百元以便遣送等由。查伍君此次随北伐军转战，颇著劳苦，拟请给资二百元。一、宋镇华等函称，请补济等费，请给资二百元。一、赵维桢函奉批代答却之，旋据赵面称经过情形及现在困状，请接济五十元。一、湖南刘毅夫、杨道馨、吴景鸿函请，维持民业日坚，请酌给二百元。一、丁士杰函称各节，请酌给三十元。右（上）各件是否有当，伏希鉴核，分别批示祗遵，谨呈总理

总务部长居正

（《居正先生全集（中）》，第 329～330 页）

陈煊致孙中山函

（1922 年 10 月 4 日）

陈逆与陈席儒近因陈觉民之政务厅长争用私人，意见甚深。且学费军费无法维持，此买办省长或因此而下场。而陈逆近亦借祝母寿为辞，已遣回惠州矣。

查陈逆近对于东西两江极力布防，因许军长在闽节节胜利，不日回戈，张开儒又与关、刘、郑联合来梧，侵侵东下，故甚惊惧，刻已陆续派军严防。闻派第一师、第三师往西江，而派洪贼之第二师开驻粤界线；其海陆丰嫡派全部，则密布其惠州之老巢也。杨贼坤如独当北江方面，未有若何布防，缘湘边尚未见有举动故耳。叶贼举以不得省长一席，愤而返乡，今尚未见回省也。总之，现在各逆军因争权夺利，故互相冲突，各怀意见，已无斗志久矣。一旦义军临城，未有不如鸟兽散也。

昨全城学校罢课，商场亦冷落如前，各界人心甚为惶惑。除少数附逆者外，均莫不盼义师之早日归来也。

（《中华民国史事纪要（初稿）》1922 年 7～12 月，第 656 页）

刘成勋致孙中山电

（1922 年 10 月 4 日）

缅维旧俗，节届中秋，气象万千，华光三五，抚驹光之如驶，思骏望以钦迟，聊达贺忱，伏希朗鉴。刘成勋叩。支。

（《一九二二至一九二三年孙中山在沪期间各地来电汇编》，第 163 页）

赵恒惕致孙中山电

（1922 年 10 月 4 日）

孙总理中山先生钧鉴：

琼楼高处，欣仙乐之重聆，金镜中天，见光华之复旦，谨申电贺，敬叩节禧，顺请钧安，惟祈霁照。赵恒惕叩。支。印。

（《一九二二至一九二三年孙中山在沪期间各地来电汇编》，第 165 页）

朱培德致孙中山电

（1922 年 10 月 6 日）

元首钧鉴：

奉删、支电，祗悉一切。窃德前奉明令，返粤讨贼，韶关之役，因地形关系，转战两月，毫无成绩，深负钧座期望之殷，惭悚奚深于他许、李各军均失联络，德与所部移驻湘边。与护黄自抵永州后，率设法与藻林联络，听候训示，再效驰驱，适奉谕饬，曷胜快跃。

伏查德部自桂返粤，转战数月，弹丸消耗，余存无几，枪枝损坏，为数亦多。幸各属将领颇明大义，虽数月以来备尝艰辛，然拥戴钧座救国之诚，暨激励士卒讨贼之心，未敢一息稍懈。应恳钧座俯念德军深入腹地，亦复断绝消息。德因改道桂省，拟与张、卢会合，讵渠匪华堂沿途袭击，幸赖钧座威庇，于前月东日击散群匪，进驻桂林。而该匪复于附近各处啸聚。贲克昭、韩彩凤诸贼，意图反攻，经德于支日派队进剿，谅兹群丑，不难荡平。

一俟道路肃清，准即准予添给枪弹，俾得效命。德虽愚鲁，誓当努力报国，以赎前愆。谨此电呈，伏乞察核，并恳请随时示谕，俾便遵循。朱培德叩。鱼。印。

（《一九二二至一九二三年孙中山在沪期间各地来电汇编》，第 363～364 页）

赵士觐致孙中山函

（1922 年 10 月 7 日）

（甲）职部进行状况：（一）逆军投诚已受职处委任者，除经呈报外，现正接洽者七连，统计前后投诚者约三营上下，俱驻河北、河南、兵工厂。（二）职部俱在肇庆、三水、狮山及石井十三乡（兵工厂附近）一带。（三）职部随时可以举义，经自行筹备发难费，惟发难后，应如何接济，未见明令。（四）职部集中西江，与滇军有连带之关系，特派员赴桂调查，据叠次报告：滇军行将抵梧，事前各路义军，应行联络一致行动，究应如何联络一致之处，仰候指示，俾有遵循。（乙）逆军内情：（一）逆军以欠饷无着，加以陈逆分配利权不均，互相水火，内部已不一致。（二）今日陈逆调兵于东北两江甚忙（第一、第三师皆在西江），省城甚空虚，若三江义师准备，请速下攻击令。职部除逆军投诚者约三营外，另在城炸弹队二百人，河南民军五百人，石井兵工厂附近十三乡二百余人，由肇庆至三水一带约三千人，顺德大良七百人，大可为义军响应也。（三）商民对于陈逆纵兵劫掠，私借外债及开赌等事，大有予及汝偕亡之势，若因其众叛亲离而讨之，不难灭此朝食也。详情返省再报。

（《中华民国史事纪要（初稿）》1922 年 7～12 月，第 700 页）

廖仲恺致孙中山电

（1922 年 10 月 7 日）

顷田中稔久交来问题数条，嘱作方案。交来数条如下：（一）金额，（二）用途，（三）担保，（四）还期，（五）借主，（六）利。前两款办法，金额拟千万，但担保颇难。恺意以将来四川煤油合为约，而以元帅府债券为一部担保，请商沧伯，并嘱焕廷，查债券存若干，电复。恺。阳。香凝南京船经沪。

　　（《一九二二至一九二三年孙中山在沪期间各地来电汇编》，第 367 页）

许崇智致孙中山电
（1922 年 10 月 9 日）

　　鱼电奉悉，虞捷电计达。（一）王旅歌、鱼猛攻水口，敌顽强抵抗，王部因粮弹不济，退守揖口、黄田一带，微有损失。刻正事补充，并集永安援队一团，准备反攻水口。因敌约二千人固守原阵地，此次死伤损失亦甚大。（二）智已派黄、陆两部，虞由古田向水口前进，孙、何两部绕击水口敌人后路，并断水口、福州之交通，刻已约王旅定齐夹攻。（三）子荫、登同所部，庚由古田出发综泔湖，向洪山桥、福州前进，约真、文等日可到福州、洪山桥附近。（四）又铮三万元未收到。崇智叩。佳。古田□发。

　　（《一九二二至一九二三年孙中山在沪期间各地来电汇编》，第 5 页）

李福林、黄大伟致孙中山电
（1922 年 10 月 12 日）

　　福林、大伟所部由大湖、桐口路线进攻，与敌血战一昼夜，于本日早十时克复福州城，夺获敌人大炮三十门，机关枪三十挺，快

枪五□枝，子弹无算。二军及王旅于今日行总攻击，消息不通，乞
转电告为祷。李福林、黄大伟叩。文。印。

（《一九二二至一九二三年孙中山在沪期间各地来电
汇编》，第 59 页）

李福林、黄大伟致孙中山电
（1922 年 10 月 14 日）

我军真日进攻福州，敌顽强抵抗，派兵千余名，挺出冈洋，攻我
后路。我军腹背受敌，双方不能兼顾，改以主力向福州猛攻，敌
势不支，遂于文早入省城。次晨，挺出冈洋之敌，又合史廷飏部
共四千名，向我猛攻，势甚大。经大伟、福林亲到火线，战相持
二昼夜，冲锋十次，始将敌击退。死伤枕藉，李厚基主力军已完
全击散，溃不成军，闽局定，指顾见。谨闻。福林、大伟。寒。
叩。

（《一九二二至一九二三年孙中山在沪期间各地来电
汇编》，第 77～78 页）

彭养光等致孙中山电
（1922 年 10 月 14 日）

孙先生钧鉴：

谢一净前在粤谋响应，事泄返沪，请酌给川资，俾得回籍，勿
任感幸。彭养光、王恒、杭辛斋叩。寒。

（《一九二二至一九二三年孙中山在沪期间各地来电
汇编》，第 341 页）

许崇智致孙中山电

（1922 年 10 月 14 日）

智部协同王旅于文晨进攻水口，元晨完全占领，将敌唐旅及他各部完全扑灭，得获步枪二千余枝，水机关枪六挺，退管炮四门，子弹及军用品甚多，俘虏敌官兵共千余名，余皆溃散。我军乘胜正向福州前进。谨闻。许崇智叩。寒。

（《一九二二至一九二三年孙中山在沪期间各地来电汇编》，第 151 页）

李福林、黄大伟致孙中山等电

（1922 年 10 月 15 日）

孙中山先生钧鉴：章太炎、孙伯兰、胡展堂、张溥泉、李协和、杨沧白、汪精卫、居觉生、蒋雨岩诸先生暨各同志、各省军民长官、商会、教育会、农会、太［报？］馆均鉴：

敝军于文日攻克福州，曾经通电，谅邀鉴察。乃李厚基残部史廷飏野心不死，竟于元日率队向福州猛攻，经敝军迎头痛击，该部遂于寒日完全缴械投诚，省城秩序现已大定。恐传闻失实，特电奉闻。李福林、黄大伟叩。删。印。

（《一九二二至一九二三年孙中山在沪期间各地来电汇编》，第 79 页）

黄大伟致孙中山电

（1922 年 10 月 16 日）

福州克复，军民两政无人主持，早经电呈。现萨自任省长，除重要军事机关由伟等派队占领外，民政机关未敢擅自委人。刻萨均派人接事，许军长远在古田，函电相召前来，钧座又无明令。江西未下，钧座即委省长，现福州完全占领，又不委人，同志人多不来，闽事诸多掣肘。按萨道德声誉颇好，惟左右多旧人，宗旨如何，电示。大伟。铣。

（《一九二二至一九二三年孙中山在沪期间各地来电汇编》，第 63 页）

李福林、黄大伟致孙中山电
（1922 年 10 月 16 日）

中山先生钧鉴：

福林、大伟以各财政机关不可任由扰乱，致妨军饷，兹特由陈参议丞志兼理福建财政厅事宜，参谋长邓雄兼理福建盐运使，中校参谋张定璟兼理福建烟酒事务局事宜，中校参谋钟枞兼理福建印花税事宜，以便清理。该员等均系才具优长，劳绩早著，敬请正式任命，俾专责成是祷。李福林、黄大伟叩。铣。

（《一九二二至一九二三年孙中山在沪期间各地来电汇编》，第 81 页）

许崇智致孙中山电
（1922 年 10 月 16 日）

（一）寒捷电计达。（二）智于寒晚十二时抵水口，计是役智部除获步枪二千枝外，实获水、旱机关枪廿余挺，大炮十余门，子弹一百万发，军用品无数。唐旅二千余人，退往闽清者仅二三百人，其余悉被剿灭。（三）此役各官兵均能仰体钧座悼勤惕厉救国救民之旨，勇敢前进，奋不顾身，故能一鼓格平强敌，但官兵伤亡亦在二百余人。（四）水口至福州电尚不通。（五）智部已于寒、删等日，由水口分向白沙前进，其先头部队约今午可到福州。又，在白沙之孙部，约明日即可到福州。（六）智准本午与又铮、伯川由水路赴福州。崇智叩。铣。水口发。

（《一九二二至一九二三年孙中山在沪期间各地来电汇编》，第 143～144 页）

许崇智致孙中山电
（1922 年 10 月 17 日）

李军长呈请委任该军支队长吴近、袁德墀、林驹、郑永琛为旅长，该支队长等克复福州，勋劳卓著，请准委吴、袁、林、郑为东路讨贼军第九、十、十一、十二旅长。谨呈。崇智叩。筱。

（《一九二二至一九二三年孙中山在沪期间各地来电汇编》，第 17 页）

黄大伟致孙中山电
（1922 年 10 月 17 日）

删电奉悉。汝为、赤民两兄尚未到省，李逆尚在海容舰，已请萨将他扣留，敌军概已缴械，萨运往马尾，陆续运沪，要塞司令兼之。大伟。筱。

（《一九二二至一九二三年孙中山在沪期间各地来电汇编》，第 83 页）

李福林、黄大伟致孙中山电

（1922 年 10 月 17 日）

李厚基主力军队已被我击溃，各事问题当易结束，但难统一，况民财纠纷甚多，来日方针亦应决定，恐非先生亲来不易解决，请预为准备为叩。福林、大伟全叩。筱。

（《一九二二至一九二三年孙中山在沪期间各地来电汇编》，第 83 页）

闽籍国会议员致孙中山等电

（1922 年 10 月 17 日）

北京大总统、国务院总理、陆军总长、海军总长、参陆办公处、旅京福建各县同乡会，保定曹巡阅使，洛阳吴巡阅使，南昌蔡督理、旅赣福建同乡会，天津段芝泉上将、旅津福建同乡会，南京齐督军、杜总司令，上海孙中山先生、何护军使、旅沪福建同乡会，转各民军首领，杭州卢督办、旅杭福建同乡会，广州陈总司令、旅粤福建同乡会，汕头洪镇守使、旅汕福建同乡会，福州省议会暨各团体、萨省长、王凯士旅长、许汝为军长、黄司令、李司令、马江杨司令、陈旅长，厦门陈道尹、高司令、刘统带、商会暨南局并转南洋各埠华侨，延平王百川旅长，建瓯徐司令，泉州张旅长均鉴：

李厚基祸闽九载，肇开战衅，井里为墟，□以年来暴敛横征，诛求无厌，道路侧目，部间离心，王、许两军，夺臂［臂］一呼，仓皇逃窜。萨上将鼎铭、王旅长凯士，怵于乡邦危□，出而维持秩序，收拾残局，顺应人心，此吾人喘息待定之时，亦闽省自治发展之会。

　　不意徐树铮怀抱野心，图谋大举，假孙、段二老为号召，欲以闽海一隅，供孤注之一掷。勿论其所称建国军政制置府者，是否颠覆国家，第念吾闽僻处□疆，向与中原大局无关，历史上末造播迁，偷安残局，开府未久，旋底灭亡，往事有征，可为殷鉴。况闽地屡经兵祸，哀鸿遍野，进取不可，自守不能，骤发大难，徒苦吾民。此我闽人对于在闽建国之行为，不能不一致拒绝也。此次驱李各军，或激于义愤，或迫于困斗，吾民当能谅解。若其附和狂瞽，建立中枢，一旦战祸蔓延，在首难诸公，成败利钝固非所计，其如全闽糜烂何。

　　方今自治潮流，弥漫全国，闽人虽鲁，区区爱省之念，自问不后于人，宁忍将三千万人民性命财产，供野心家之一博耶。今为吾闽善后计，宜乘此时机，□各军自动废督，并去类似督军性质之名称，以扶植民治为标帜。惧民隐之难通也，则省会亟宜□□；欲民治之实现也，则省宪亟起制定。海陆军和衷共济，分布要防，自治军□归警备，毋起内讧，闽事归闽人自了之，其他邻省所派援闽军队，重困吾民，闽人誓不承认。同人开会决议提出正义之主张，为当局忠告，凡百君子，鉴此血忱。参众两院闽籍议员同叩。霰。

　　（《闽人对闽事之请愿》，长沙《大公报》1922 年 10 月 22 日）

张知本致孙中山函
（1922 年 10 月 18 日载）

中山先生大鉴：

　　闽军崛起，别开生面，足破北洋正统之梦，极为可喜。惟徐树铮据延平一隅之地，擅设建国军政制置府，自居统领，并以所谓建国诠真者相号召。此种举动，于民国前途是否有益，于我公主义能否无忤，均大费考量。若徒称快一时，冈［岡］恤其他，恐非国人所乐闻也。望公详计审处，杜渐防微，民党精神，庶几健在。知本于誓约组党，虽未敢苟同，而爱公以德之衷，不减畴昔，公道使命，何可默也。

张知本谨启

（《张知本致孙中山书》，长沙《大公报》1922 年 10 月 18 日）

许崇智致孙中山电

（1922 年 10 月 18 日）

孙中山先生钧鉴：

此间诸事纠纷，请精卫、觉生速来闽一行。智叩。巧。

（《一九二二至一九二三年孙中山在沪期间各地来电汇编》，第 43 页）

许崇智致孙中山电

（1922 年 10 ［？］ 月[①] 18 日）

大总统钧鉴：

职部马日起，续由福州开动，约旬日内可开动完毕。谨闻。崇智叩。巧。

（《一九二二至一九二三年孙中山在沪期间各地来电汇编》，第 19 页）

---

① 此电时间存疑。——编者

黄大伟致孙中山电
（1922 年 10 月 18 日）

一、福州已下多日，何以臧部尚无动静。二、与伯川、又铮、汝为诸兄当确守友谊，决不因细故贻人笑柄。三、此次为党吐气，精神十分颓丧，拟来沪休息。大伟叩。巧。

（《一九二二至一九二三年孙中山在沪期间各地来电汇编》，第 75 页）

许崇智致孙中山电
（1922 年 10 月 19 日）

先生巧电悉。精卫、介石来，至慰。惟海军方面尚未妥洽，重要文件恐被检查，拟派严汉民、吴蕴父雇轮，挂美国旗，到马江候迎，希转注意。崇智。效。

（《一九二二至一九二三年孙中山在沪期间各地来电汇编》，第 21 页）

廖湘芸致孙中山函
（1922 年 10 月 19 日）

湘芸前自梧州返港，适钧座离粤，本拟进随杖履，面呈一切详情，嗣因古君湘勤、林君直勉奉命驻港，以梧事系湘芸经手，力留在此，以便继续。

现湘芸又两次赴梧面商，彼此情形，随时往来函告，极为融洽。刘师长始终拥戴钧座，其熊团已开驻藤县，与张开儒联防。关师长人极圆滑，北伐军退后，态度尤变。幸该部莫、温、关、黄四营长坚持正谊，始终不渝，对于关某且鄙夷之。郑旅则惟刘马首是瞻，张开儒司令已抵桂平、江口一带。朱培德司令已抵桂林、平乐等处，趋向桂平方面，与张接近。以上各方面经湘芸分途接洽，彼此均可互通声气，且义愤填膺，同以讨贼为职志，足以纾我大总统西顾之虑。

至湘籍中下级军官有觉悟者甚多，将来亦必反戈杀贼，如胡汉卿之参谋长胡钦柏欲逐汉自代，已派欧阳勋来港接洽。谢文炳收编之北伐军，实因一时不能归队，不过借屋避雨，萧化南熟悉该部情形，亦以派令前往接洽。洪部上下隔阂，其部下军官多不愿附逆，自动结合讨贼，该部谘议隆海楼差遣胡少泉来港面商一切。罗绍雄部、李炳荣部及陈炯光一部，亦经派萧湘从中接洽矣。现在福州又下，军心尤为之一振，以天怒人愤之陈炯明，当此四面楚歌之时，义师直捣，粤难不足平也。

（《中华民国史事纪要（初稿）》1922 年 7～12 月，第 772 页）

许崇智致孙中山电
（1922 年 10 月 20 日）

又铮现于福建设置总抚署，以伯川任总抚事，下分设民政、军务、财务三署，署各设长官一员。拟请鲁贻任民政署长官，属征同意，请转鲁贻，并乞即复。崇智。号。

（《一九二二至一九二三年孙中山在沪期间各地来电汇编》，第 25 页）

居正呈孙中山文
（1922 年 10 月 20 日）

为呈请委任事：前古巴总干事周雍能业经回国，报告办理党务经过，复查成绩优良，颇称得力。兹既经呈奉批准解除古巴总干事职务，拟请任为本部总务部干事，俾资助理。是否有当，伏候钧示施行。谨呈总理。总务部长居正。十一年十月廿日。

（《居正先生全集（中）》，第 331 页）

李福林致孙中山函
（1922 年 10 月 21 日）

大总统钧鉴：

　　承赐洋号四十枝，昨经收到，当即发交号兵练习所，赶速操练，以备进行。惟职部枪枝，确形缺乏，非设法补充，实难扩张兵力。万恳钧座无论如何，添购三二千杆，发给职部，以厚兵力，而备驰驱。余情谨由礼庭兄面陈一切。专此，肃叩

钧安

李福林谨呈　十月二十一日

　　孙中山批：作答：枪枝已与谭君设法。

（《国父墨迹》，第 456 页）

黄大伟致孙中山电
（1922 年 10 月 21 日）

　　一、筱、巧、铣三电均悉。二、伟部首入福州，以重要机关无人主持，诚恐案宗散失无稽，巧遂与登同商定，派人接管，以资整理。并未正式任命，意图占领也。三、伟统兵两年，备尝艰苦，颇思引退。四、指挥他部，与被人指挥，均受莫大痛苦。伟虽无才，

尚有独当一面之能力，援桂、援江西诸役可以证明。五、介石、精卫两兄尚未来。大伟呈。马。

（《一九二二至一九二三年孙中山在沪期间各地来电汇编》，第 69 页）

廖仲恺致孙中山电
（1922 年 10 月 22 日）

借款案文日交去，现在研究中。内阁无能，政党外交均趋保守，军阁势衰，恐终失望。恺。养。

（《一九二二至一九二三年孙中山在沪期间各地来电汇编》，第 369 页）

王永泉致孙中山、胡汉民电
（1922 年 10 月 23 日）

展堂先生鉴：呈孙中山先生钧鉴：

属在兵间，电传疏略，原恕。精卫、介石抵福，赍手书并代述尊意，指示周详，无任仰佩，允当遵照办理。此闽局仰荷德庇，并许军协力，得底于成。既辱同舟共济，痛痒无不相关，况泉与汝为心知尤非一日，惟黄大伟本隶粤军，现忽以国民军总司令自任，所有军政两方重要机关，全派军队占据，抗厉非常，转圜乏术。似此不顾大局，破坏团体，对于前途，不无障碍。除面与精卫诸先生商办外，谨并附闻。永泉。漾。

（《一九二二至一九二三年孙中山在沪期间各地来电汇编》，第 105 页）

张启荣致孙中山函

（1922 年 10 月 24 日）

先生钧鉴：

敬禀者：启荣曩为接洽藻公所部滇军事宜，连日报告，想达左右。此番离合得失，毫厘千里，心所谓急，不辞冒渎。

昨藻公特派谷君雨山到港接洽，启荣经即详询一切。据云：该军今春奉命北伐，间关假道，孤军万里，几经险阻，师次平南。即于月前遣使二李到沪，请示方略，迄今仍无确复。该部现已集中濛江、平南、江口一带。惟转战经年，忍饥冒苦，服装破失，饷糈告罄，待援孔殷，且浔南地瘠民贫，无法罗掘；而旅长范石生等近又为卢焘所诳，希得陈逆接济，愿与携手。幸启荣连函宣慰，并将各方佳讯详为报告，藻公志力坚定，各将领不为所惑。随于月中密开全军会议，所部均能深明大义，一致拥护元首。范某乃为所挤，昨见势不佳，已只身走梧；惟仍与卢焘、陈维庚等与粤中诸逆，往来不辍。万一此间再无巨款接济，该部或为饥寒所迫，中途被其勾去，则三秦无还定之望矣。

且谷君所称该部能战之士足有二万，现在朱培德所部，其前队二千已于十八日抵平乐，与黄明堂联成一气，合以三部兵力，当在三万以上，以之东下讨逆，实绰有裕余。夫闽局告定，吾粤必将用兵声讨叛逆，倘于此时接济该军，一俟相当时间率师东下，以为许君东归之助，陈逆虽有兵四万，而前后受敌，自不能应付也。否则彼西和东战之计已行，吾党其有豸乎？务乞先生统筹兼顾，速备巨款。谷君俟在此间稍为勾留，三四日即走沪，面告一切矣。肃此，敬叩

钧祺

张启荣禀　十月廿四日

孙中山批：代答：按洽滇军事，已交朱培德办理。着前途就近蹉商可也。

（《国父墨迹》，第 446 页）

福建省议会致孙中山等电

（1922 年 10 月 25 日）

旅沪福建同乡会转孙中山先生、各报馆均鉴：

闽民被祸，十稔于兹。此次陆海各军，协力同心，旬日之间，闽局底定，吾民欣然，以为民治将有发展之机。乃军事甫定，忽有建国军制置府之设，既与约法之旨不符，复与分治之义未合，加以闽省民穷财尽，满目疮痍，骤闻更张，尤滋惶惑。按之现时情势，似不宜有此非常之举。本会代表民意，未敢赞同，敢布区区，伫候明教。闽省议会印。有。

（《闽议会反对小徐举动》，长沙《大公报》1922 年 11 月 2 日）

林森致孙中山电

（1922 年 10 月 25 日）

孙大总统钧鉴：

顷奉祃电，特任森为福建省省长，并勖以职责，敢不拜命。只以闽省积困本深，军兴以来，国计民生，愈形凋敝，维持至今，心力已瘁。伏恳另简贤能，俾卸仔肩，别图报称，不胜屏营待命之至。林森叩。敬。

（《一九二二至一九二三年孙中山在沪期间各地来电汇编》，第 125 页）

梅培致孙中山电

（1922 年 10 月 25 日）

孙中山先生钧鉴：

福州大局尚未大定，商店仍未开市，子荫兄虽委任一财政厅长，表面似觉占领财政机关，不忧贫乏，其实毫无收入，穷苦万分，不但悬赏打进福州之赏金，尚无着落信用，即食饭问题亦难维持也。即给现款二万元，以维现状。不胜待命之至。梅培叩。径。

孙中山批：答电：一时无从设法。

（《一九二二至一九二三年孙中山在沪期间各地来电汇编》，第 135 页）

刘成勋致孙中山电
（1922 年 10 月 26 日）

上海孙中山先生钧鉴：

国家自改造来，扰攘十一年矣。国体之争，继以法律，法律之争，继以内讧，政府失统驭之灵，人民有不安之象。先生救国为怀，流离奔走，委曲求全，宁使一己供国家之牺牲，不使国家受高蹈之实祸，志贯金石，义薄云天。卒至南北倾诚，群伦谅解，形势虽未更张，精神已归统一，不世功成，端在兹举。蜀难敉平，此间军事善后会议，正在开会期中，各将领已定对内对外之主张。若论主义，素佩先生，亟图彻底，当此转危为安之秋，望先生勿稍灰心，力持救国大计，猥加指导。勋虽不敏，敬领嘉谟。刘成勋叩。宥。

（《刘成勋致孙先生电》，上海《民国日报》1922 年11 月 13 日）

王永泉致孙中山、胡汉民电
（1922 年 10 月 26 日）

胡展堂先生鉴：急转孙中山先生钧鉴：

奉敬电，殷意逾恒，不胜惭感。闽中事现正竭诚疏通，当不致

发生意外，且得精卫、觉生诸先生居间排解，自应同归一致。知关
廑注，特电禀复。王永泉。宥。

（《一九二二至一九二三年孙中山在沪期间各地来电
汇编》，第 107 页）

居正致孙中山电
（1922 年 10 月 26 日）

先生钧鉴：

抵福三日后所闻者，具报如下：〈（一）〉内部意见本无甚悬
隔，不过前此在战时，主张稍有不同。（二）钧座命令子荫兄，当
然服从，拟日来就军长职，稍事整理便来沪。（三）福建局面仍是
不定，我军□应徐、王之故，似不能遽得罪萨与海军。（四）省长
问题，现与徐、王提出交涉，由省议会选子超兄充任云。福建所有
现款，被李厚基搜括殆尽，子荫与登同虽先入城，占有财政机关，
其实只得几座空房子，且有海军、徐、王牵制，筹款亦大不易。故
十五万赏金尚无着落，钧座如能设法，请准照培兄电办理。居正。
宥。

（《一九二二至一九二三年孙中山在沪期间各地来电
汇编》，第 101～102 页）

居正致孙中山电
（1922 年 10 月 26 日）

先生钧鉴：

顷子荫兄处见有公文，称由钧委令充福建讨贼军总指挥许春
草，颁给关防一方，式较总统印尤大。是否属实，盼即电复。居

正。宥。

（《一九二二至一九二三年孙中山在沪期间各地来电
汇编》，第 103 页）

居正致孙中山电
（1922 年 10 月 27 日）

先生钧鉴：

讨贼军已经宣布。惟军旗一项，荫兄有电主地用青天白日，方
青天白日在中，与海军旗区别。如荷认可，即恳钧座电令二、三各
军一律通用，以壮声色，而一军心。居正。沁。

（《一九二二至一九二三年孙中山在沪期间各地来电
汇编》，第 103 页）

朱培德致孙中山函
（1922 年 10 月 27 日）

近因藻林在桂平地方，屡次来械，促职部前往联络，未便再
延；加以沈（鸿英）军由赣返桂，现已行抵江华，叠电职部，表
示和好。然两军逼处，旨趣各殊，纵能暂泯猜忌，终多障碍之处，
准于即日内由桂启行与藻林会合。

（《中华民国史事纪要（初稿）》1922 年 7～12 月，
第 839 页）

许崇智等致孙中山电
（1922 年 10 月 27 日）

漾电敬悉。前自堂在沪语汉民及铭，今日并接自堂电、镕甫

函，皆云联陈为缓兵计，并谓子嘉亦赞此说，令臧致平入漳，即欲缓兵，以先固吾圉云云。当验其谋对付。昨日伯川来说，赞成军民分治，并议以子超为省长，约智及铭往晤又铮。今日又铮招集福州绅商学界，宣布尊重舆论，撤消原有主张，赞成军民分治，并对智及铭对子超甚赞，不愿省长民选，欲由彼咨任，智及铭未□，俟明日决此。又铮□让步，如欲调协，则由彼咨任，或推下，一面仍令各界公举，亦非常事变时应有之办法。如何，乞复。智、正、中正、铭。沁。

（《一九二二至一九二三年孙中山在沪期间各地来电汇编》，第27~28页）

旅沪赣人黄威等致孙中山等电

（1922年10月28日）

上海孙中山先生，香港李协和先生，福州许汝为军长、李登同军长、黄子英军长、王永泉司令，广州赖肇周司令，北京谢省长、国会议员、省议会、请愿代表团、同乡会诸公，南昌省议会、商会、教育会、农会、各公团、各报馆，暨各省同乡诸公均鉴：

吾赣亡省十年，受祸莫甚于今日。前仅诛锄异己，今则害及全民；前虽迹涉诛求，今则实行劫掠；前尚矫饰虚文，今则肆无忌惮。盖自徐世昌令蔡成勋入赣后，复有不齿乡里之李廷玉，居中煽惑，揽权劫持，而吾赣遂沦于地狱矣。

顾蔡氏原不足责，独不解主张法统、号召统一之当局，何以视毁灭法纪、破坏统一之蔡氏，尚优容之，且倚重之。将谓其有战功耶，则统数万之众，不敢敌一旅之师，直至赣军自退，乃逡巡而推据其地，有何战绩可言？将谓其能治军耶，则沈、常诛［诸］军，固各自由行动，即蔡所统者，亦历次哗变。此在政治稍觉清明之世，久已治其抗命溺职之罪，乃转授以善后之权，已属赏罚颠倒，岂可再容其无形窃兼民政，荼毒生灵？乃政府惟知恋鸡肋之余味，不敢行讨伐之大权，保、洛惟图逞其一系之兵威，不复顾及全国之民意，持与蔡氏相较，本属唯之与阿。故疏通之使不绝于途，告哀之词几可盈尺，查办之案等于昙花，请愿之文类于废币；而三厅长之乞怜，谢省长之忍辱，曾不足感其肤发，赣人虽弱至是，亦当奋其羞恶之心，振其颓丧之气，力求自治，宁与偕亡。

曩者各处同乡，屡乞援于广州政府，志虽未达，气已略伸。今则赖旅尚屹立于粤赣之交，友军亦伺机于牧角之地，沈、常去而有机可乘，亡散多而一招即至，倘诚求之备至，岂声应之无人。多福必由自求，苟安亦非幸至，同人伤主权之尽失，痛群盗之如毛，思之再三，佥谓与其如勾践之事吴，毋宁为李朔之下蔡。用抒愚悃，伫候同情。旅沪江西公民黄威、刘天民、张呓等一百十五人同叩。

　　（《中华民国史事纪要（初稿）》1922 年 7~12 月，
　　第 849 页）

许崇智等致孙中山电
（1922 年 10 月 28 日）

　　兹奉委任崇智为东路讨贼军总司令兼第二军军长，大伟为第一军军长，福林为第三军军长。委任状及关防均已奉到。谨于十月二十八日就职。伏念崇智等行能无状，猥受重寄，惟有竭尽心力，以纾国难，而副期望。谨此呈报，伏乞鉴察。东路讨贼军总司令许崇智、第一军军长黄大伟、第三军军长李福林。勘。叩。

　　（《一九二二至一九二三年孙中山在沪期间各地来电
　　汇编》，第 29 页）

汪精卫致孙中山电

（1922 年 10 月 28 日）

报载先生宣言反对建国军政制置府。确否，即复。铭。勘。

（《一九二二至一九二三年孙中山在沪期间各地来电汇编》，第 85 页）

蒋中正致孙中山电

（1922 年 10 月 28 日）

接奉命令，任蒋中正为东路讨贼军参谋长，此令。等因。谨于十月二十八日就职视事。谨此上陈，伏惟鉴察。东路讨贼军参谋长蒋中正叩。勘。

（《一九二二至一九二三年孙中山在沪期间各地来电汇编》，第 91 页）

古应芬致孙中山电

（1922 年 10 月 28 日）

（一）感电敬悉。内部能包容一切，方易处事，芬非其手，但愿以个人为党尽力接洽，各事仍继续进行，惟乞准予辞退。（二）逆军续调钟、杨两部由东江赴闽。（三）关国雄已死。（四）范志陆云，谭启秀已允担任。芬。俭。

（《一九二二至一九二三年孙中山在沪期间各地来电汇编》，第 255 页）

张贞等致孙中山电

（1922 年 10 月 30 日）

孙大总统钧鉴：

我军克闽，民治待理，亟恳钧座迅任黄君展云为福建省长，以慰众望。福建省自治军前敌司令张贞、第一路司令杨汉烈、第二路司令许卓然、第三路司令陈国华、第四路司令卢兴邦、第五路司令吴适、第六路司令黄炳武叩。

孙中山批：海外华侨同志外属〔望〕于林子超，或藉此望华侨接济。然省长当由省会选举方妥。

（《国父墨迹》，第 448 页）

汪精卫、许崇智致孙中山电

（1922 年 10 月 31 日）

省长已公推子超兄，不日就职。请嘱展云兄速来，共同担任进行一切事宜。并请将子超被推电告华侨，鼓励筹款，并请其电贺为荷。铭、智。世。

（《一九二二至一九二三年孙中山在沪期间各地来电汇编》，第 87 页）

李福林、黄大伟致孙中山电

（1922 年 10 月）

诸将士啼饥号寒之际，渥受洪惠，宠赐华服，深琬感泣，尤多惭愧。福林、大伟全叩。

（《一九二二至一九二三年孙中山在沪期间各地来电
汇编》，第 70 页）

徐树铮致各方要人电①
（1922 年 10 月）

民国十稔，祸乱无纪，兵戎相寻，死亡载道。推原究委，殆莫非
基于贪私。继以患得患失之心，遂相猜忌，而不复宽谅。列骑寝搏，
自以为威武无敌，曾不知北京十数人者，窃踞空衔，朋吞借款，狼退
虎进，已于轻描淡写之际，卖绝我子子孙孙数世身家于不觉。孰巧孰
拙，不待智者而后决也。树铮避地默观，痛彻于心，昼夜彷徨，莫知
所措。时欲一抒怀抱，告我同群。又以丈夫生不能庇一军，乃于租地
中仰首伸眉，论列是非，大惧重为国辱，是以将言辄止者数矣。

闽督李氏，我之旧侣，重以乡戚至谊，且去春曾经面谈，因复
遣人就商。不意亲知反变敌怨，詈我为政客者流，营谋衣食，拒绝
弗纳，不得步逾仙霞间关延，冒苦犯艰，务求一伸己志。冬电，非
敢放言狂纵，实冀有以警悚耳目，一振风气耳。李督电复谓愿一致
策行，接读不胜欣然，以为中表之爱，国事之幸。赶即赴福面商。
不意启程未远，重兵已袭击于途，幸先有备，未遭毒螫，冲荡机
眾，以据水口。是时李部下游之兵，越境与许军开衅。许军已入闽
北，至是亦由古田、白沙一带，进袭省城，左右提携，不谋而合。
既入省，李先逃遁，银行倒闭，商民皇皇，悉力维持秩序，得告无
恙。树铮本意举怀想之政纲，试行于新造之闽局。谓官尚未及备，
适闽人士佥愿姑仍其旧贯，冀免惊诧，于是即辍新制，极返旧观。

---

① 据电报内容及徐树铮与孙中山当时的交往状况，该电致电对象应包括孙中山在
　　内。——编者

省中最高长官，既于昨日分别任定，并以用人行政一切纲领，全权付托军民两署。福建战局、政局粗具段落，全省底定，如愿可期。树铮愿掬此诚，以与天下贤豪商榷国是，故至今始得机会，可披肝沥血，明目张胆，为天下一言之，幸垂听焉。

夫兵凶战危，尽人而知，一时之用，为不得已。不能修明政治，举国何以图存？今天下汹汹，数岁未决，或利害不同，或主张不一，非有深仇大恨，至死不相容也。长此相持，徒迁岁月，虽有极美政策，而大局不克见之施行，后待统一告成，又恐河清难俟。适令彼寡廉鲜耻之夫，得假光阴，窃踞京位，好官自为，餍饮吾民之膏血，诸公经年熟睹，一若无与己者，何不仁至此？树铮愿为举国人民向诸公泥首垂涕以请，诸公各捐旧怨，共策新猷。即与北京伪府断绝往来，通告外国，勿与交涉。公推浙江卢嘉帅、奉天张雨帅为领袖，联合有力各省区，选派廉正忠勇代表各二或三人，集议沪上，奉迎合肥段上将军移驻龙华，与中山孙先生朝夕晤聚，主持议局。所有历相争持之集权、分权、均权诸学说，自治、统一、联省各政论，折衷取舍，期易推行。斟酌国情，勿持成见，议有定章，即由与议各省区，抽调劲旅为联军，共推名将率之，护送段公、孙公入京，共践尊位，妙选贤良，合组政府，按照议定节目，切实践行。即以联军驻卫京师，保持根本，天下大局一举而定。此议未定以前，凡有旧嫌未释者，在北若奉、洛之争持；在南若许、陈之疾视，树铮不敏，愿以只身来往，居间调停。鼎镬在前，所不敢避风尘，舟棹万里奚辞。是否可行，请迳以商之浙奉，树铮静待指挥，备供奔走，惟诸公详察焉。

近来每有政争，辄执树铮为口实，树铮束身自爱，步步检束，就国事论，有何罪案？就同好论，有何恶行？就一身论，有何污迹？清夜扪心，诚不自审，敢请明以教我。罪果属实，绝不诿饰，甘服重咎；如其无实，敬当相视一笑，复我凫交。勿执金壬拨弄之词，判为树铮定谳，则幸甚也。言短意长，不尽悃款。树铮。东。印。

（《中华民国史事纪要（初稿）》1922年7～12月，

第961～962页）

汪精卫等致孙中山电

（1922 年 11 月 3 日）

一、又铮昨离福州，甚秘。云赴厦，未确。二、余筹言浙卢遣
臧入漳，对又铮，绝不反对许、王。三、伯川欲宣布制置府不复在
福设立。明日开会，举伯川总司令兼督闽粤边防，而□兄则兼任闽
赣边防督办。四、赣兵如大举入寇，拟先攻赣。如赣能缓和，则我旧
历年内外可回粤。此时担任闽赣边防名义，以懈敌志。中、铭。江。

（《一九二二至一九二三年孙中山在沪期间各地来电
汇编》，第 97 页）

廖湘芸致孙中山函

（1922 年 11 月 4 日）

前月此间会议，承古君湘勤、林君直勉、林君拯民等，推湘芸
担任接洽湘籍官兵，窃以兹事关系重大，诚恐力难胜任。已商请古
君等另推同志担任，湘芸从旁赞助，庶不致有误戎机。至西江驻梧
军队，业经接洽有效，仍当极力进行。

（《中华民国史事纪要（初稿）》1922 年 7～12 月，
第 937 页）

管鹏、李乃璟致孙中山函

（1922 年 11 月 4 日？）

（凌）蕉庵到沪，所陈各节，想已在洞鉴之中。

日来突有赵杰所部约四千人，号称靖国军，自豫入皖，相继占
领颍州属阜阳、颍上等县，马联甲现正纷纷调动旧安武军开往应

敌。惟旧军将官与我接近者多，且联络最久之驻省华团现亦奉调，全部开往蚌埠，我等此时颇有进言机会。惟由豫入皖之军，与我有无联络，钧座是否允予援助，鹏等不知其详。……①如有联络，则用电文曰"安庆民治报管速来"；如无联络，则用"缓来"二字。因彼等多以此事相询，俾可确实答复也。

（《中华民国史事纪要（初稿）》1922 年 7 ~ 12 月，第 937 ~ 938 页）

许崇智致孙中山电
（1922 年 11 月 5 日）

赣兵入境，挠我军回粤计划，请遣溥泉兄赴保、洛，告以军民分治，无用兵理。与民党为仇，与闽民为仇，皆非策□，撤回赣兵为要。智。歌。

（《一九二二至一九二三年孙中山在沪期间各地来电汇编》，第 33 页）

汪精卫致孙中山电
（1922 年 11 月 5 日）

一、昨日推伯川福建总司令、臧致平闽粤边防督办，萨因未得同意，故未发表。赣兵入境，讨贼军为闽捍御，须待环请，不必自揽身上，故闽赣边防督办亦不发表。二、铭及觉生兄明日搭新丰回。铭。歌。

（《一九二二至一九二三年孙中山在沪期间各地来电汇编》，第 89 页）

---

① 原文如此。——编者

陈楚楠致孙中山电

（1922 年 11 月 9 日）

接厦电：虞夕臧缴李枪，高、李同逃，但许军长尚未接臧之电，此间颇疑臧有割据之忧。昨许军长嘱电厦，派人各出，密探军情，陆续通告。厦、漳等处办事机关，屡电催款，急请速接续汇来。楚楠。青。

（《一九二二至一九二三年孙中山在沪期间各地来电汇编》，第 15 页）

黄大伟致孙中山等电

（1922 年 11 月 9 日）

先生钧鉴：展堂、精卫、觉生三兄鉴：

一、据确报，常德胜文兵等扰光泽，现已迫回江西境界。二、得厦门电：虞夜，臧师长收缴李部枪械，李、高逃往鼓浪屿，审堂地方安谧等语。大伟叩。佳。

（《一九二二至一九二三年孙中山在沪期间各地来电汇编》，第 71 页）

张继、谢持致孙中山电

（1922 年 11 月 9 日）

（一）昨偕商亮、汉停止援闽，亮、汉声明负责。厚基事，汉谓王为奉军，不助李攻王，亦不助王攻李。（二）亮允任代表，要求开列具体办法，交渠提出。（三）亮、汉要求促季龙就法长职。

（四）与浙奉不宜有签字条约。因种种传说，此间怀疑。（五）姚飞言，俄无联直对奉行动，先生宜派事代表来北接洽。（六）夏芷芳为永泉代表，见持云王行动纯图缓兵，且与子荫龃龉，益自危。今陆、张语渠，王须与李合攻粤，否则调兵他走，未及王兵力地位，然王绝不背驰等语。比与持商定，已电王，嘱其与我军合击厚基。此计应请先生裁夺，密令汝为等办理，总宜乘机收王为我用。继、持。佳。

　　　　（《一九二二至一九二三年孙中山在沪期间各地来电汇编》，第 347～348 页）

蒋中正致孙中山电
（1922 年 11 月 10 日）

棉外套做就，请运来，棉袄不必做，只要卫生厚衣一万五千件。不日拟派人赴沪购起工作器具，其款约三千元，请为代支。太宁、邵武各敌已退回赣境，李、高确逃，并闻。中正叩。灰。

　　　　（《一九二二至一九二三年孙中山在沪期间各地来电汇编》，第 93 页）

徐镜清致孙中山函
（1922 年 11 月 10 日）

现敌人张清汝全旅及阎吉胜五营，均已盘踞泉州、永春一带，收容各路溃退残敌约数千人，希图死灰复燃。近且纷纷增兵枫亭桃岭，声言李厚基已得粤陈、洛吴出兵援助，亲自到厦，将卷土重来，先窥仙、莆，直迫福州。虽属张大其辞，然永、泉为闽南重镇，非从速肃清，恐为心腹之患。霖现统帅闽南各路讨贼军已达六千余人，布置包围永春、南安各县外，在仙尚有三千余人，专候补弹出发，进攻泉、永，以期一股荡平。泉、永肃清后，军队可集至八千以上，好枪足编为三旅，无论对付何方，均能听令出发。而陈炯明、李厚基为此间各军官所切齿，肃清闽南，征讨粤东，尤易收其臂助，诚可为吾党增一部分实力也。

（《中华民国史事纪要（初稿）》1922 年 7 ~ 12 月，第 970 页）

黄德致孙中山函
（1922 年 11 月 12 日）

大总统钧鉴：

敬肃者：前呈计邀钧览，未蒙指令，悬念殊深。窃念贼势日张，正义垂绝，近更大举外债，不幸而贼谋获逞，则根深蒂固，羽翼益张，滋蔓难图矣！德不揣冒昧，惟思与贼同尽，力所能及，悉以赴之。计自举事以来，至今共耗二万余金，流产既尽，继以商业，商业垂尽，继之以不动产，悉供牺牲。第内地屋宇，虽欲以之出售，港中居人无有应者，且事属急促，缓则难济。

近日许军长攻克福建，贼胆大寒，纷调逆军大队侵闽，所有精锐萃集东江，而西江方面亦风声紧急，贼又悉力以赴。惟北江反觉缓和，羊城守兵不逾三千，各属散驻，更无多人。德以时机可乘，业令黄德彰挠遂溪，董凌瓯窥高州，叶式其由罗定分挠三罗，俟机趋两阳，以俟会师。查黄明堂尚在桂，彼部第一统领刘朱华、第二统领杨廷光、第四统领彭文才等，以时机日迫，遍觅明堂，亦无定踪，是以来港与德接洽，愿听调遣，并请指示机宜。查该三部有众约二千，类皆能战之士，迭经邓本殷、黄志桓辈派人运动招抚，三人虽处窘境，仍不为动。德恐其困于境遇，摇动操守，不得已暂将三人所部分编三个支队，令由廉属发难，直攻安铺石城，侵遂溪，会合黄德彰等部，率大队趋两阳会师，窥粤省以为牵制贼兵东犯之谋，摇彼军心，收效自易。所有各支队旗帜服装分别发给，接济械弹，维持伙食，转瞬冬寒，棉衣亦须酌发，德以种种支应，业已筋疲力尽，气竭声嘶。况当军务吃紧时期，千钧一发，稍纵即逝，九仞为山，或亏一篑，言念及此，痛心何极。

不揣冒昧，用将下忱胪陈我大总统之前，并派林荫生赍呈恭谒钧座，禀陈一切。务乞我大总统念德之愚，鉴德之诚，赐助数千元，俾利进行，而收实效，使不致前功尽弃。早绝贼氛，以拯生民。则德效命之日正长，亦不敢妄贪天功，冀邀上赏，一息尚存，皆为图报之日。专竭诚悃，伏祈鉴察，敬请
钧安

讨贼军南路别动队司令黄德谨禀（印）
中华民国十一年十一月十二日自香港发

孙中山批：代答：以后无力接济，如能自行办理，立功后当于〔予〕承认。

（《革命文献》第五十二辑，第 407～408 页）

邹鲁致孙中山电
（1922 年 11 月 12 日）

先生鉴：

顷又得厦门臧致平致陈逆电，其文云：庚电谅早达到。此次徇各界人士之请，维持地方，实系迫不已，私衷耿耿，天日为昭。我公相知最深，必能谅察一切。昨尹总指挥派王参谋长来厦，晤谈各节，极感下怀，共济艰难，同兹心理。敝处各部队原定计划，仍始终一致协力维持进行，已与王参谋切实磋商，均有头绪。现派谘议莒荃随同王参谋、汤处长、楚材、起云前往汕，先谒湘臣，请示机宜，再赴广州晋谒，面陈详情。无论如何，决不使双方稍有隔阂。

李谘议到时，乞赐见垂询指导为盼。臧致平。蒸。云云。请与李前电互参。（二）逆知梧以上各军不稳，已轻东重西，不久或被迫即动，请促之贞回。（三）天斗、铁城款请促交。（四）逆以翁式亮任对闽主任，已抵汕。（五）刘山谷到沪，非能代表震寰者。鲁。侵。

（《一九二二至一九二三年孙中山在沪期间各地来电汇编》，第 275～276 页）

齐燮元复孙中山电
（1922 年 11 月 13 日）

阳电奉悉。查韩恢本江北巨匪，为祸十年，淫掠烧杀，无恶不作。冯、李两前督，悬赏通缉，虽未就擒，彼苟悔过自新，孰愿究其既往。乃韩恢再接再厉，更甚于前，犹以客夏为最烈，既陷多圩，全归一炬，且破重镇，所过为墟，无不以淫掠杀烧为目的，纵未闻有政治意味、军事行为。兼旬剿办，该犯在逃，正在通令严缉间，得报又将有扰乱事举，遂饬缉拿，解交讯办，供认不讳，依法处刑，此法办韩恢之实在情形也。

此间对于韩恢，确认为江北多年案积如山、妇孺皆知之巨匪，并未闻其为民党中人，更不知其与先生有若何关系。诚如尊论，所谓此系韩恢私人行止，别有问题，彼与先生及民党中人、海内志士又何涉焉？至与和平统一、个人交谊诸问题更属渺不相关。且韩恢临刑，曾告法官曰：淫掠杀烧，不知凡几，早即应死，大数何迟等语，其自认之情形亦可概见。素仰先生悲悯为怀，倘确知韩恢此等行止，先生早已弃之矣。

总之，燮元之法办韩恢，专为救济江北人民，免再遭彼荼毒，决无丝毫他意，可质鬼神。掬诚复闻，诸希亮察。齐燮元。覃。

（《一九二二至一九二三年孙中山在沪期间各地来电汇编》，第 171～172 页）

黄日权致孙中山函
（1922 年 11 月 14 日）

大总统钧鉴：

叩别回港，托庇安抵步矣。在沪诸承厚恩，铭感五中。亟宜乘时而动，鞠躬尽瘁，力图报称，庶几仰副高厚于万一耳。

昨奉职父明堂手书，此次退桂，万分危险，敌人节节进逼，被击毙坐马二匹，职父落马二次，幸托鸿庇，遇救脱险，得以生全。退往广西永淐，派员联络林君廷总司令，蒙允借地安插，旋商改为广西游击司令部，分扎邕之四五等塘，并承慨借两万元，俾资散放。将来回粤，如数归还。现赴大湟江口，与张开儒司令联络进行。林、张二司令，均愿隶骈氅，待时而动，护法除陈。现在筹商分路大举，早奏肤功。惟火食及购弹二者最要，为不可缓者，现无款可支。兹派罗中元、谢伯强来港请款支发，然非数万元万难办到，为此叩恳钧座火速就港地拨款四五万元，交香港湾仔道五十九号五楼日权处手收，即转解职父处支用，俾乘好之时机，可望肤功之立奏矣。专禀，敬叩

钧安

沐恩黄日权谨叩　十一年十一月十四日

孙中山批：代答：函悉，先生甚为喜尉〔慰〕，属转致明堂司令，坚持以待，得款则各路筹备，齐发讨贼。

（《国父墨迹》，第 450 页）

许崇智致孙中山电
（1922 年 11 月 14 日）

一、常部自占光泽后，复陆续进占邵、泰、建、将等处，刻对

我军尚取攻势动作。又，张亚伯电：刘冠雄不日来闽，据云直、洛决援闽，海军未动者，非中立，因实力未充。现正联各处民军，并拟先疏通我，期一致行动。据上观察，北京停止援闽之说恐难靠。（二）港讯：陈逆有先以主力，击破在桂滇军之计划。智。寒。

　　　　（《一九二二至一九二三年孙中山在沪期间各地来电
　　汇编》，第 37 页）

黄大伟致孙中山电

（1922 年 11 月 14 日）

先生钧鉴：

　　奉读真电，如释重负，感激莫名。惟因伤痍满目，补充维艰，戴［?］有一切事宜，不得不稍事清理。又以攻克福州，一、三两军悬赏十五万元，尚未筹发，有失威信，心殊难安。以上两项，拟于克日处理就绪，即行启程来沪，面聆钧诲。瞻望申江，无任驰依。大伟叩。寒。

　　　　（《一九二二至一九二三年孙中山在沪期间各地来电
　　汇编》，第 73 页）

蒋中正致孙中山电

（1922 年 11 月 15 日）

　　黄接电开：军官会议无效，现决回沪，请先电促其行。三旅长来见，表示服从之意甚坚，毫无问题，此后处置，请以正式电令三旅长归许总司令直辖，希将编辖及就职日期呈报等语。另来一电，但言第一军军长职务即归许总司令兼理，其第一军所属各部队概归许总司令直辖，希即转饬各部队一律遵照等语。惟此二电，如能待黄到沪，观察情形，得其同意，再发较为完全；如其仍有回闽之意，故意捣乱，不如从速发表，免生枝节，但切不可再任其回闽，务请严防。中正。删。

（《一九二二至一九二三年孙中山在沪期间各地来电汇编》，第 95 页）

何成浚、蒋中正致孙中山电
（1922 年 11 月 15 日）

子尚犹豫不行，如有人来前为其说项，请答，谓非子速来沪面商不可；倘再不奉命，只有另设解决方法等语。并请直接严电，催其速回。前奉各电令，汝为兄皆未转下，以顾全其面子。闻子已委吴醒汉为参谋长，并闻。成浚、中正。咸。

（《一九二二至一九二三年孙中山在沪期间各地来电汇编》，第 99 页）

黄大伟致孙中山电
（1922 年 11 月 17 日）

伟以粤军名义偏于一省，未免有狭隘之嫌，不足以代表党军并防军，谨于寒日改粤军第一路，用青天白日旗帜，为国民军，伟暂任令总司令。现将所部编为步兵五旅，每步团附机关枪一连，炮兵一团，工兵一营，警卫营一营，特电呈。大伟呈。筱。印。

（《一九二二至一九二三年孙中山在沪期间各地来电汇编》，第 65 页）

谢持致孙中山电

（1922 年 11 月 17 日）

（一）萨镇冰亲近某电孙丹林，催下令攻击我军，据称许驻城内，有陆战队四五千，与海军协力，足以攻敌。丹复暂缓决裂，但若许与徐合，则击之。 （二）丹林决去景濂，否则推翻国会。（三）昨与溥访亮，商阻北兵援闽。今溥与丹林及蔡元培接洽，蔡已电请吴中止派兵入闽。丹林告上［？］民八项消息外，主吴与先生联，颇露曹、吴分家意；并言只要我不与奉、徐、安福联，渠可担保吴不负先生。（四）溥明日赴沪。（五）速促海滨汇款来京。（六）旧坚密毁。持。筱。十五。

（《一九二二至一九二三年孙中山在沪期间各地来电汇编》，第 345 页）

黄大伟致孙中山电

（1922 年 11 月 18 日）

先生钧鉴：

铣电奉悉。准日内起程来沪，谨闻。大伟呈。巧。

（《一九二二至一九二三年孙中山在沪期间各地来电汇编》，第 67 页）

居正呈孙中山文

（1922 年 11 月 18 日）

为呈请委任事：黑龙江党务现可进行，兹拟于该省设立支部筹备处。并查该省同志田铭璋对党颇能负责，拟请委为该省支部筹备

处处长。是否有当，伏候核示施行。谨呈

总理

总务部长居正

十一年十一月十八日

（《居正先生全集（中）》，第 332 页）

萧耀南复孙中山电

（1922 年 11 月 18 日）

孙中山先生大鉴：

阳电敬悉。查金华衮前在湘鄂赣三省毗连之临平、崇通一带，抢掳烧杀，经敝前任迭令通缉，迭未就擒。此次经武昌稽查处根据原案，在沪捕解回鄂，当即发交陆军审诚处依法办理。正讯办间，接据通崇〔崇通〕等县绅民沈德辉等及陈户族、金声禹等先后具诉被害各情，公恳早正典刑。到署亦经令饬质讯明确，按律拟办。嗣经该处集证详讯终结，金华衮直认纠合多数土匪在崇通一带抢掳烧杀属实，并与各被害人质讯无异，该处以供证确凿，案无遮饰，援照惩治盗匪法三、四等条，判处死刑，令准执行，各在案。

尊电所云，不与审判，遽处极刑，想系远道传闻，告者失实。耀南谬督桑梓，职责所在，为民除害，原无容心。我公主张法治，国人共仰，对于盗匪行为，当亦深疾而痛绝之，不稍原宥也。肃电奉复，即希亮察。萧耀南叩。巧。

（《一九二二至一九二三年孙中山在沪期间各地来电汇编》，第 167～168 页）

许崇智致孙中山电

（1922 年 11 月 20 日）

大总统钧鉴：

前职部代理步兵第七旅旅长，改充第一支队司令何梓林，谧勇敢，久随本军，于援闽、返粤、援桂、北伐、讨逆诸役，卓著战功。此次入闽，水口之役，督率所部，奋勇冲锋，鏖战之际，中弹殒命。忠勇同志，为国捐躯，殊堪悯恻。定于宥日在福州开会追悼，拟恳我大总统从优抚恤，并颁恤典，以瞻遗旅，而慰忠魂。东路讨贼军总司令许崇智谨呈。哿。

（《一九二二至一九二三年孙中山在沪期间各地来电汇编》，第45页）

张绍曾致孙中山等电

（1922年11月20日）

急。北京各部院、参众两院，保定曹巡阅使，洛阳吴巡阅使，热察绥王巡阅使，北京冯检阅使，各督军、督理、省长、都统、总司令，浙江卢督办，广西陆督办，海军杜总司令，上海护军使，各舰队司令、各镇守使、各师旅长，上海孙中山、岑西林、康南海、章太炎、胡汉民、谭组庵、汪精卫、唐少川、孙伯兰，天津段芝泉、梁任公、严范孙、靳翼青，南通张季直，广东伍梯云，北京王聘卿、赵次珊、熊秉三、钱干丞、蔡子民、范静生、汪伯棠诸先生，各省议会、各法团、各报馆均鉴：

自法统复续，日月重光，幸承剥复之交，勉权今日之职。乃时逾数月，纷纠依然，国会与内阁仍乏圆融，地方与中央犹多隔阂。至军事方面，交竞之迹，尚未消除。疠氛弥漫，知劫数之未尽，中和无兆，将郅治其安期。伏思绍曾就职之始，原冀以平流共进之意，作整军卫国之图。乃事与愿违，既无共同之忏悔，有何共济之可言。复旦无期，隐忧倍切。再四思维，与其靦颜尸位，空负流光，无宁还我本来，差免罪戾。时迄三月，事无一成，人纵我容，我难自恕矣。除呈请大总统迅予开去陆军总长署职外，特电奉闻，诸希亮察。张绍曾。号。印。

　　　　（据《中华民国史事纪要（初稿）》1922 年 7 ~ 12
　　月，第 1055 页）

黄实致孙中山电
（1922 年 11 月 22 日）

　　桂平张部五旅情况如下：（一）旅长多私财，而士兵穷，不满
其长官。（二）藻林大事尚明瞭，对黔、桂均不主攻取。旅长中存
苟安者对张多恶感，故张主张不行。（三）陈逆以张去职方接济为
条件，以饴张部，故各旅长逼张解职。桂自治军以张不主攻桂，容
张驻平南。（四）蒋旅长部被士兵将私财掠尽。（五）范乘张行，
以私财运梧，为士兵追夺，幸不及。范抵梧，即赴粤。（六）张欲
益之接统。（七）闻铸九已到桂林。（八）三杨旅拟欢迎李麻，范
反对。（九）唐维源代表金与三杨接洽，或可以金制李。以现情
论，兵搜长官，秩序坏，一可虑。统率无人，二可虑。士兵穷，有
乳即母，加以陈、李诡谋及金钱，三可虑。非迅处置，即召分裂。
实恳迅筹五万储港，实即往确查内容再报。如何，乞即示遵。黄
实。养。

　　　　（《一九二二至一九二三年孙中山在沪期间各地来电
　　汇编》，第 263 ~ 264 页）

廖仲恺致孙中山电
（1922 年 11 月 24 日）

　　刘冠雄已到马江，先用陆战队统带杨砥中，电许、王及李福
林，请派员赴马江和衷商议。窥王、臧态度，并据探报，彼等似允

刘来，故刘敢迳来。刘来于王、臧亦不利，何忽作此态，殊难捉摸。请展兄即晤浙卢，探其意向，并询对刘处置。应如何，电告此间，俾早定策。应付以速为贵，迟恐失机贻误。恺。敬。

（《一九二二至一九二三年孙中山在沪期间各地来电汇编》，第 13 页）

王懋功致孙中山电
（1922 年 11 月 24 日）

孙中山先生钧鉴：

黄军长已于梗日同蒋公介石遵命赴沪，电陈明，敬叩钧安。旅长王懋功呈叩。敬。

（《一九二二至一九二三年孙中山在沪期间各地来电汇编》，第 117 页）

邹鲁致孙中山函
（1922 年 11 月 25 日）

先生大鉴：

回港二十余日，军队除滇军第一、三、四师及刘震寰军队时有电告外，其余西江下游各部旧属子云者，子云及之贞所派人已经办理，袁带八营亦悉允一致行动。启秀前夜秘密回省，系办省城陈炯光部及北江谢文炳部，至少有十营可靠，且极重要之驻扎地点。良牧未回之前，湘芸办湘军极有进步。日前颂云派人到港，尤足资为力也。至滇刘两军代表，在港已表示动作方法，现约一、三、四各师代表，使人持款往（两款鲁皆事前不知，高州之款支出后，以收单付泽如而已），不关照二人，未免使二人难堪，然此时补救尚未晚耳。要之，鲁对于此次粤事，抱十成乐观，财政虽有困难，决能奋力前进，不致为阻，是则可为先生预告者。借款缓交事，叠电告其详情。附另纸请查阅。专此，敬请

大安

鲁上言
廿五日

（《中华民国史事纪要（初稿）》1922 年 7 ～ 12 月，第 1122 ～ 1123 页）

许崇智等致孙中山电
（1922 年 11 月 25 日）

江电谅达。顷据徐镜清报，赣兵已抵光泽，请向京、洛疏通。徐已去，闽自治，用兵无名，以缓敌兵，俾不至挠图粤计划。此间各界已分电呼吁。智、正、中、铭。有。

（《一九二二至一九二三年孙中山在沪期间各地来电汇编》，第 98 页）

许崇智致孙中山电
（1922 年 11 月 29 日）

大总统钧鉴：

智谨遵命于勘日就兼理第一军军长职，经分令第一军各部队遵照。再，第一军部是否仍旧设置，抑并归总部，并请令遵。智谨呈。艳。

（《一九二二至一九二三年孙中山在沪期间各地来电汇编》，第 47 页）

王懋功致孙中山电
（1922 年 11 月 29 日）

孙大总统钧鉴：

勘日奉总司令训令：转奉大总统电令开：前电着该总司令暂行兼理第一军军长，所有第一军所属各部队，应即归该总司令直辖，希即转饬各部队一体遵照。孙文。铣。等因。奉此。除分令外，合行令仰该旅长遵照，并转饬所属一体遵照，切切。此令。等因。奉此。除饬属一体遵照外，职旅即日遵令归总司令直辖，此后为党为国，当遵从大总统电令，服从总司令命令，竭尽忠诚，至死不变。知关厪系，谨以电陈。旅长王懋功呈叩。艳。

（《一九二二至一九二三年孙中山在沪期间各地来电汇编》，第 121 页）

张开儒致孙中山函
（1922 年 11 月）①

敝军已开至濛江一带待时，敬听我公调遣。惟近日有儒之旧部步炮将士散布于粤军中者，及滇籍军官之现带粤军者，总共约有八九营之众，皆纷纷派代表向儒输诚，愿归儒部下，听任指挥，只要衅端一起，即倒戈攻陈。

（《中华民国史事纪要（初稿）》1922 年 7～12 月，第 990 页）

---

① 孙中山批函日期为 11 月 15 日。——编者

林森致孙中山电
（1922 年 11 月）

大总统钧鉴：

　　森谨于阳日就职，业经另电呈报。唯闽省反正后，所有中央政府直辖之各行政机关，均由省政府统辖，以维现状。现在钧府各部未行职务以前，可否仍由森暂行兼管，抑或别定办法，谨候钧命，以便遵循。

（《孙中山年谱长编》，第 1515 页）

许春草呈孙中山文①
（1922 年 11 月底、12 月初）

　　呈为呈报仰祈钧鉴事：窃职部属第一路庄雪轩，自克复金门后，军纪森严，秋毫无犯，邑中人民，莫不箪食壶浆，以表欢迎。讵臧致平贼心叵测，阳与我军敷衍，阴遣重兵袭击，该路指挥不忍地方糜烂，且因子弹不济，始行退出。惟臧军自入邑后，即大肆劫掠，稍事反抗者，立加以通匪罪案而决之。在地党人经走避者，家眷即被挞辱，不及逃者，乃为拘掳刑讯，酷虐毕至，同志大哗。

　　初臧氏之逐李也，同志咸视之为同道。金门之役，曾由职部函臧，略谓我军志在讨贼，此次开往金门，原为截击安海、莲河一带李孽张清汝之来犯厦门者，亦所以芟除金门贼孽左氏也，一俟许军长返粤讨贼，我军必与偕行，至该县治安暂由我军维持等因。臧接函后即出军来攻，并发帖布告一通，节略如下：为布告

---

① 原呈未署年月日，信封邮戳显示 1922 年 12 月 2 日在厦门付邮，于 12 月 6 日到达上海。酌定为是年 11 月底、12 月初。——编者

事：漳厦地方秩序，现极安宁，即泉州方面军队，亦系同心协力，一致进行。粤军开至龙岩、诏安等处，更为补助我军起见，凡在闽粤两军防地以内，万不容他种军队擅立名目，扰乱地方。如系正式自治军，自应恪守原防云云。据此，臧氏态度，绝类陈逆一派矣！

昨又接职部属平和县第九路黄庭经报告，谓该县自被我军克复后，附近粤军大起恐慌，颇有先声来夺之表示；后被在地各界联队往见逆军首领，严词拒之，并言明我军在平和种种文明，即虽全城覆没，诸同胞誓不容第二军队入主也。该军无奈，始罢来攻之议。现据职路侦探来报，该逆军自被平和拒绝后，乃移军南下，占领诏安、东山等县，到处臧军退让等因。查粤军祸闽，职路首当其冲，苟不及早筹维，诚恐孤城难守，用特于二十六日率军克复云霄，以为犄角之势。并恳请总指挥，迅令漳平县第六路林松山、宁洋县第五路陈宝丹，前来助防等因。

兹职部对陈逆，除派兵慎防外，对臧氏尚未敢以干戈相见，盖渠曾受大元帅资助者，非得钧命难以独断也。用特沥情上呈，敢祈赐示钧旨，并拨助弹子饷项多少，以资攻守，而固大局，是祷。此呈
大元帅孙钧鉴
福建讨贼军总指挥许春草叩

孙中山批：代答：如确有新式枪支者，当请许总司令改编入伍，以为保存；无枪者，当即遣散归农。

（《革命文献》第五十二辑，第 397~398 页）

方瑞麟致孙中山函
（1922 年 12 月 2 日）

大总统钧鉴：

密禀者：徐陈二君传我大总统谕，敬悉。军财两政应求统

一，自应遵照办理。邓泽如君办事实心尽忠本党，素为同志所钦仰，瑞麟现办各事均与邓君妥商，然后进行。惟邹鲁则平生作事好出风头、私心甚重，且对于陈逆素甚接近，对于本党则甚冷淡。综核其经过事实，疑点殊多，谨分列于后，为我大总统陈之。

查邹鲁原与陈逆同学于广东公立法政学校，素称莫逆，入本党后，亦常与陈逆共同作事，取同一之行动，疑点一也。大总统改组中华革命〈党〉时，渠在南洋一带助陈逆反对，并与陈逆合组水利社，此事同志多知之，疑点二也。讨莫时期，渠原奉我大总统委为救国军，后竟遵陈逆命改为义勇军，疑点三也。回粤后于运使任内所办一切事宜，均受陈逆支配，狼狈为奸，甚且将国家税之盐款移交省库，疑点四也。大总统改道北伐时，渠赴肇劝阻我大总统回粤，迨陈逆逃往惠州，渠亦同往且提出辞职，疑点五也。渠在运使任一切用人，除用妻妾系及大埔系外，仅用海丰系所举荐者，对于本党同志，并未委用一人，疑点六也。迨陈逆围攻公府时，渠弃职来港，旋即赴沪北上，在表面上似反对陈逆者，实则因叶逆等拟敲其竹杆二十万，为此而逃，非为他故，疑点七也。现见陈逆众叛亲离，为社会攻击，而我大总统光明磊落，为各界钦崇，舆论已归一致，料陈逆必败，于是才南来声言拨款帮助，若甚热心者，实则善看风头为自己个人位置计耳，非有爱于本党者，疑点八也。渠虽加入本党，惟其誓约上未印指摹，疑点九也。

凡兹种种，本党热心同志多能知之。瑞麟追随我大总统以来垂二十年，向未妄攻一人。此次鉴于陈逆之背叛，心甚伤之，故心有所知不敢不告，应请大总统察夺。切勿予以重任，免蹈覆辙。所有驻港重要事件，望委邓泽如君料理为妥。冒昧密陈，尚冀我大总统鉴察，曷胜盼祷，肃禀。敬颂

勋祺

方瑞麟谨上　十二月二日

再者：邹鲁与古襄勤一渡人，观彼近日接洽滇军一节，将款虚掷便可知之。倘再任以重职，则大局必受其破坏。迫切密陈，统望大总统鉴察。

瑞麟再上

（《孙中山文史补考》，第 202 ~ 203 页）

王永泉致孙中山电

（1922 年 12 月 5 日）

转呈孙中山先生钧鉴：

昨奉艳电，具仰训诲周详，关垂密切，毋任感佩。汝为于冬日率师出发，省城秩序现甚安谧，请释廑注。

惟海军陆战队欲趁讨贼军出发之机，即日进驻省垣，事前既未协商，突如其来，其居心叵测已可概见。经泉严词拒绝，刻已暂缓前进。第彼方既有此动作，于泉之个人关系尚浅，而于西南大局及先生贯彻护法之初衷，则甚有妨碍。何言之？闽处浙、粤之中，今幸民治实现，与粤、浙为一致进行，将来协商解决，于先生主张，可多一省之助力。如省会为海军势力范围所侵占，必拥刘为政，刘与洛方沆瀣一气，其利用闽之地盘控制浙、粤，推翻民治，当可断言。

微闻子超惑于彼方闽人治闽之说，欲迎刘入省，合海军、自治军为一冶，而将实施排外行为。夫闽人自治，泉素所赞同，且已宣言极力拥护。若刘既为政，其能与西南护法区域表示一致，而容纳先生之主张与否，不待智者已知之矣。子超之明，应不出此。泉前电请以萨继林，纯系公意，矧属商榷之辞，毫无成见，与子超共事数月，当无不谅解之处。

时机迫切，除电商汝为先生，以此意转告子超，并于闽局俯主持为祷。兹特派参议蔡涛赴沪，面请示机宜，谨以奉闻。王永泉叩。微。

　　（《一九二二至一九二三年孙中山在沪期间各地来电
汇编》，第 109～111 页）

焦易堂致孙中山函
（1922 年 12 月 5 日）

中山先生大鉴：

　　前日奉到手书，敬悉种切。刻下北方情形，变化愈烈。前此某
方倒阁，实因最高问题之紧迫，欲取财部以达其最后之目的。黄陂
知其不利于己，故此次遂以迅雷不及掩耳之手段，发表研究、政学
与各实力派混合之内阁。此汪大燮组阁之所由来也。甫经成立，而
津、保之反对电至，各报载之甚详，当蒙鉴及，兹不多赘。

　　日前黄陂派李藩昌来敝寓，言欲组织混合内阁，望本派议员推
出一二人加入。前（初三）日下午，本派议院同人特开秘密会议，
磋商此事。金谓黄陂拟以各派当冲锋，而自己独得其利益，绝非以
诚相见也。当此武人尚未觉悟时期，本派议员除在国会奋斗外，绝
对不宜向政治方面活动。似此应付，不审高明以为如何？

　　本党议员日来团结已有一百一十余人，暂借北柳巷五号为中国
国民党议员通讯处。俟溥泉来再行另设机关，以图发展。惟款项无
出，办理维艰，刻各费均由易堂挪借而得敷衍目前，断难持久。尚
望先生速催溥泉早日来京，维持一切。

　　再，《建国方略》、《五权宪法》、《三民主义》、《军人精神教
育》各书，请速惠数份，以便此间印布，至要至要。并恳先生赐
寄便装尊照两张，俾得放大悬挂。专此，即颂
著安

　　　　　　　　　　　　　　　　　　焦易堂上　十二月五日

　　孙中山批：代答：对于政局主张极合。各同志能本主义以奋

斗，甚为快慰云云。各书当速寄去。

（《国父墨迹》，第 452 页）

许崇智致孙中山电
（1922 年 12 月 6 日）

孙大总统钧鉴：

一、马尾海军警备司令杨树庄，前要求智介绍刘冠雄于钧座，智当答以刘如有事商量，或尽可派员到沪等语。顷接杨豪电，称刘已派吴参谋代表赴沪晋谒，请加电善为说联辅车之好，粤闽前途实为至幸等语。特转呈，如何应付，敬请卓裁。二、智冬日下午出发后，海军陆战队即派队进驻省城，伯川一面拒绝，一面专函请智派得力军队回驻省城，智当复以俟到莆田后，当酌派一部留驻，以固省防云。三、智本日抵莆田，准蒸日到，进泉州。智叩。鱼。

（《一九二二至一九二三年孙中山在沪期间各地来电
汇编》，第 149～150 页）

廖湘芸致孙中山函[①]
（1922 年 12 月 6 日）

大总统钧鉴：

顷接徐秘书奉谕手函，敬悉一是。滇军前因朱部邀请回滇，陈炯明复乘间从中怂恿，故回滇之说甚盛。黄实前往接洽时，该部又因黄与唐蓂赓有旧，遂借此恐吓。

惟查滇军本意，实以该部在外日久，困难已极，回滇与否，视吾

---

① 原函未署年份，据内容考证，应为 1922 年。——编者

党之有无接济为转移。湘芸与邹、林诸君商酌，以滇军之拥护钧座始终坚决者，首推藻林。前据吴建东、周仲良等回港报告，该部团营对张感情甚好，惟各旅长不协，是联络滇军，当以维持藻林复职为扼要办法。业经海滨、从新向三杨及蒋、范分途疏通，俾仍一致服从藻林，协力讨贼。现三杨、蒋、范等均已表示攻粤。昨据叶夏声函称，朱部已开至雒容，有趋向濛江方面之势，则滇军回滇之说，当可打消。

此间现又议定派吴建东前往梧州，向接洽妥协各部总行接洽后，再行携带药品慰劳滇军，联络约期举发。谨此奉复。敬请
钧安

廖湘芸谨呈　十二月六日

孙中山批：作答：已托邓泰中带款往与藻林相商，并属其协助藻林速统滇军，立即发动进攻。

（《国父墨迹》，第 454 页）

<h2 style="text-align:center">邹鲁、邓泽如致孙中山电</h2>
（1922 年 12 月 10 日）

（一）任潮、演达专人来告：第一师三日内全部调梧，商与滇、刘各军联络事。（二）协和要公万元，作海陆军接洽费。（三）天斗款仍未交。鲁、泽。蒸。

（《一九二二至一九二三年孙中山在沪期间各地来电
汇编》，第 283 页）

<h2 style="text-align:center">何成浚致孙中山电</h2>
（1922 年 12 月 15 日）

译呈总统钧鉴：

浚奉许总司令命，为兴、永等属前敌总指挥。今午抵莆，即督

率各军向泉州进攻，谨闻。何成浚叩。（十五）

（《一九二二至一九二三年孙中山在沪期间各地来电汇编》，第 147 页）

王永泉致孙中山函①
（1922 年 12 月 16 日）

中山先生钧鉴：

顷奉赐书，敬聆训诲。所示今日之闽患不在北赣，而在粤陈，尤为洞烛几先，至深膺佩。泉勉维粤局，惕励时勤，谨当与汝为兄和衷共济，遇事秉承，以期贯彻国家主义之初衷，而祛护法前途之障碍。

惟闽事甫定，李去而余孽未清，风雨飘摇，陨越滋惧。务恳随时指导，俯予提携，俾获舟楫有资，同登康济，则靡特闽局之幸，亦国家之幸也。肃此，敬请

崇安

福建总司令王永泉谨上　十二月十六日

孙中山批：作答：详言大势，并讨贼军不日回粤讨陈。北京不可靠。闽人将有不容外之思潮，问彼将何以善其后。

（《国父墨迹》，第 460 页）

黄展云致孙中山电
（1922 年 12 月 16 日）

孙中山先生鉴：

承电谨悉。省城附近自治军展已通告，声明并不省属，并请汝

---

① 原函未署年份，据内容判断，当在 1922 年。——编者

为兄办理。省中秩序平安，报纸谣传不可信。本日接厦门张嬚来电，我军已于元日下午二时完全克复安溪、安海，泉城不日可下，谨附闻。黄展云叩。铣。

　　　　（《一九二二至一九二三年孙中山在沪期间各地来电汇编》，第 129 页）

林少梅致孙中山函①

（1922 年 12 月 17 日）

　　肃启者：少梅奉谕南下，经将公意宣告各同志努力奋斗矣。同志诸君金举少梅组军讨贼，当由广东邓支部长委任少梅为国民党广东讨贼军第三路司令。少梅自维驽下，然公义所在，讵敢不勉，已即从潮梅两阳二方面进取，各路敌军亦经与同志分头密劝反正。伏乞谕知各军，一致协助，以免误会，并望随时指授机宜。详况陈君个民抵沪罄陈，不赘。专此，敬叩

勋绥

　　　　中国国民党潮安分部长林少梅上　十二月十七日

　　孙中山批：代答：戒勿招民军，徒扰地方，无益大局。

　　　　　　　　　　　　　　（《国父墨迹》，第 462 页）

邹鲁致孙中山电

（1922 年 12 月 17 日）

　　（一）一、三、四、刘师答复一致应滇军，促沈攻北江，代

---

　　①　原函未署年份，所呈当为入粤进攻陈炯明军事，故应在 1922 年。——编者

表亦允。（二）滇军东下改期，但决不致变更计划。鲁。筱。

（《一九二二至一九二三年孙中山在沪期间各地来电汇编》，第 279 页）

徐绍桢致孙中山函

（1922 年 12 月 18 日）

桢到津数日，因此间要人皆赴保定祝寿，曹部一空。近始陆续转回，约期相见。

昨日见前国务总理靳云鹏，本系前清时所熟识之人，与之谈数小时，全体之事，均有充分发表之意见。盖其人于曹、于张均属亲家，近日为曹擘画一切，中心最有力之人也。伊见先生赐桢手书四条，皆极钦佩。第四条所述陈事，则云：曹之方面，绝不助陈，两粤事可听先生自解决之。老实说，北方实亦无力援之。不特两粤，滇黔川湘亦可由先生解决之也。近日国会举动，伊最不以为然，本届总统能不由此选出最好，俟一二年后，有组成完全合法之国会，再办选举。今日之事，徒从事实上着手。就事实上，北方系统有十七省区（浙卢、奉张近皆通过），决不致发生阻力，南方有力之伟人惟先生耳。先生亦赞成如此办法，则无不可行矣。近有议员包办此事，第一要钱，亦不易办到也。

伊又言：伊曾发议论，先生为首创民国之人，而段继起而助成之，饮水思源，非二老者，安有今日。是宜隆其礼仪，授以永久之保障，使人不得而摧残之，元首不敢加以命令，尊之以师位，予以最尊之名目。特设一院，名曰辟政院，院中罗致两系人才，共谋国是，庶有豸乎。

中间谈话，彼此辩论，其词甚多，今择其言之最要者禀闻。谈毕，伊又言：今日一席之谈，可负其责任，并非泛泛应酬之言，请桢为之禀白。

（《中华民国史事纪要（初稿）》1922 年 7～12 月，第 1237 页）

赵恒惕致孙中山等电

（1922 年 12 月 18 日）

各省省议会，北京参众两院、总统府、国务院各部院、湖南同乡
会、各省省长、总司令、巡阅使、检阅使、督军、督理、各都
统、各护军使、各镇守使、各师旅长、湖南同乡会、各省教育、
农、工、商会、各报馆，上海孙中山先生、岑西林先生、章太炎
先生、康南海先生、李协和、汪精卫、胡展堂、张溥泉、孙伯
兰、柏烈武、王伯群、蒋雨岩、耿鹤生、孔文轩、谭畏公、程颂
云、聂云台、曾农髯、汪颂年、石醉六诸先生并转旅沪同乡，广
州林隐青先生，汕头洪师长转湘籍□官，香山唐少川先生，龙州
陆督办，贵阳任志清先生，重庆但督办，成都尹硕权、熊锦帆、
颜雍耆诸先生，雅州陈镇抚使，南通张季直先生，南京梁任公先
生，天津熊凤凰、郭侗伯、刘霖生、范静生诸先生，北京王铁
老、蒋百里、徐佛苏、孙静山、梅植根、陈坤载诸先生并转旅京
同乡均鉴：

湘省省宪成立，业已选举省长，组织正式政府。恒惕谨于本
日，依法解除湖南总司令职，所有湖南总司令名义，即于同日撤
销，特此电闻。赵恒惕叩。巧。印。

（《赵省长就职后通电》，长沙《大公报》1922 年 12
月 20 日）

赵恒惕致孙中山等电

（1922 年 12 月 18 日）

各省省议会，北京参众两院、总统府、国务院各部院、湖南同乡

会，各省省长、总司令、巡阅使、检阅使、督军、督理、各都统、各护军使、各镇守使、各师旅长、湖南同乡会、各省教育、农、工、商会、各报馆，上海孙中山先生、岑西林先生、章太炎先生、康南海先生、李协和、汪精卫、胡展堂、张溥泉、孙伯兰、柏烈武、王伯群、蒋雨岩、耿鹤生、孔文轩、谭畏公、程颂云、聂云台、曾农髯、汪颂年、石醉六诸先生并转旅沪同乡，广州林隐青先生，汕头洪师长转湘籍□官，香山唐少川先生，龙州陆督办，贵阳任志清先生，重庆但督办，成都尹硕权、熊锦帆、颜雍耆诸先生，雅州陈镇抚使，南通张季直先生，南京梁任公先生，天津熊凤凰、郭倜伯、刘霖生、范静生诸先生，北京王铁老、蒋百里、徐佛苏、孙静山、梅植根、陈坤载诸先生并转旅京同乡均鉴：湘省省宪成立，恒惕被选为湖南省长，谨依法于本日正式就职，并启用印信。猥以菲材，膺兹重托，勉徇民意，陨越堪虞，尚希示我周行，时加指导。临风翘企，不尽悃诚，谨此电闻，统祈鉴察。赵恒惕叩。巧。印。

（《赵省长就职后通电》，长沙《大公报》1922 年 12 月 20 日）

许崇智致孙中山电

（1922 年 12 月 20 日）

效电奉悉。一、我军铣日在惠安、洪濑，筱晨进攻泉州。顷据厦电，筱已占泉城，张清汝逃云云，但未得详报。二、刘事现与伯川商谋对付。三、隆和钱庄现正清理，除没收李逆等股款外，其余商款自当维持。智叩。哿。

（《一九二二至一九二三年孙中山在沪期间各地来电汇编》，第 23 页）

黄展云致孙中山电

（1922 年 12 月 20 日）

孙中山先生钧鉴：

　　顷得前敌司令张贞巧电报告，泉州、南安于昨日午后二时攻
下，张清汝逃，谨闻。黄展云叩。号。

　　　　（《一九二二至一九二三年孙中山在沪期间各地来电
　　汇编》，第 131 页）

黄展云致孙中山电

（1922 年 12 月 20 日）

孙总理钧鉴：

　　顷得自治军前敌司令张贞巧电，称泉州、南安于筱日午后二时
攻下，得枪械、子弹无数，张清汝逃，虏获详情续报，谨闻。黄展
云叩。号。

　　　　（《一九二二至一九二三年孙中山在沪期间各地来电
　　汇编》，第 133 页）

卢师谛、邓泰中致孙中山电

（1922 年 12 月 20 日）

先生鉴：

　　手谕各电，敬悉遵行。惟交款藻林及给联总任状一事，再三审
察，不能不稍从缓办。缘谛、中到此，即与军中多人接洽，同来诸
君亦皆入军中促进，现可奉慰者，杨、范诸将可望一致服从，决计
攻粤。白马会议后，范、蒋驰归，发动必速。独对藻林总职，抗拒

极烈。藻力又不能拒诸将而夺其军，激怒生变，转误大计，且以隳先生威信，故必俟去人疏解有效，始可发表。叶议略偏，未敢赞同。谛、中并已许滇军到梧，予以十万。此款是否仍饬谛、中负责保存，敬乞钧裁。详由函报。谛、中。哿。

（《一九二二至一九二三年孙中山在沪期间各地来电汇编》，第 271～272 页）

卢师谛、邓泰中致孙中山电
（1922 年 12 月 21 日）

先生鉴：

今日得那、张等自濠密报：杨、范诸将奉大总统谕及谛、中函，大慰，已一致决议讨贼。念日动员，接触在即，余专人详报等语，特此敬闻。乞饬许军长及各部一致行动，余俟专人到再详呈。

再，哲生今午赴沪，款存刘季生手。请立电季生，即日全数交谛、中，免临事延误失信，切盼。谛、中叩。马。

（《一九二二至一九二三年孙中山在沪期间各地来电汇编》，第 273 页）

何成浚致孙中山电
（1922 年 12 月 22 日）

总统钧鉴：

泉事已完全解决，陈图闽甚急，我军亦须预备，惟款不易筹。乞电黄展云、张贞、许卓然、杨汉烈，事事与许公及浚开诚接商，共维大局，并加以奖励。舍下困极，请给二三百元为幸。何成浚叩。养。

（《一九二二至一九二三年孙中山在沪期间各地来电汇编》，第 157 页）

杨蓁、邓泰中等致孙中山电

（1922 年 12 月 24 日）

一、希闵复派刘介眉来催发动费。征诸各方情报，滇军确已准备完全，但需款数万，为鼓励士兵之用。蓁等愿负全责，保其必动。请即电刘季生，将款交中、谛处分。二、藻林确无力，即玉山代表亦谓然，联总缓发表。现由蓁等协商同意，已代委希闵为滇总司令，光亮为副，以促其发动。蓁、泰中、师谛、鲁、泽、范、直、巍、毅。敬。

（《一九二二至一九二三年孙中山在沪期间各地来电汇编》，第 269 页）

邹鲁致孙中山电

（1922 年 12 月 24 日）

希闵、震寰代表均到港，征发动计画，决定由滇军攻梧，刘及三、四师均诈退，袭西江下游。现叙会一、三、四各师代表集决后，即可动作。陈逆昨在东亚，拿滇军代表烟土，足证逆对滇军作战，亦足促滇军速动。鲁。敬。

（《一九二二至一九二三年孙中山在沪期间各地来电汇编》，第 281 页）

宋渊源致孙中山函①

（1922 年 12 月 25 日）

大总统钧鉴：

奉读十二月五日钧示，敬悉种切。萨不能了解自治意义，自属

---

① 原函未署年份，据内容判断，当在 1922 年。——编者

实情；但为调和感情起见，自不能不稍与敷衍。省议会现拟改用省宪筹备处，举萨为总办，而另一人为会办，盖恐制宪有阻碍，欲藉以应付各方也。

近日子超对财政及治安各问题，仍无应付良策，因有人主张欲仍拥萨为省长者。幸省议会对此尚慎重，未便轻易提出。但此种现象，于吾党殊多不利，究应如何维持？现正与汝为、仲恺诸兄商榷，尚未筹有妥善办法，谅汝为兄当另有报告。

朱议员观玄赴粤，仅来一电云：竞谓对李羁而不助，对许防而不攻，并望合力对赣等语。其接洽详情，候日内朱议员回闽续报。省议会已起草省宪会议组织法，其程序拟分为起草、审查、总表决三项，预计两星期前后通过该案，着手筹备。前禀请示五权宪法草案，敬希迅赐训示，俾便宣传为祷。肃此，并颂

钧安

渊源谨禀　十二月廿五日

孙中山批：作答：函悉。五权宪法将拟作详细要义，但一时不能应急。

（《国父墨迹》，第458页）

上海广肇公所等致孙中山函
（1922年12月26日载）

中山先生大鉴：

敬启者：汤节之君因席上珍在商报馆自缢身死案，地方厅审检官违法审理，判处汤君徒刑三年一节，喧传有日，当蒙垂察。

同人等认此案为法官专横，假司法独立之名，为蹂躏人权之具，人民生命财产将以何为保障？沪厅法官尤屡屡失职。从前闽学生案，各公团尽力援救，该厅置若罔闻，至将八九青年羁囚二载，瘐毙一命，始宣告无罪，而所受之惨痛，卒无人负责。今对于汤君案，又固执成见，曲入人罪，其凶残实甚于今日之军阀。汤君在沪

颇多建树，招人仇恨，事在意中。适席上珍以投机失败，受家庭责备与金钱迫压，出于自尽，事实具在。其家属为人利用，诬汤以未□股票。现在证据确凿，而法官概予抹煞，其为有意陷害，情节显然。

同人等为保障人权计，不得不起而奋斗。夙仰先生领袖国民，尤以护法为己任，对于法官枉法害人，当然不能坐视，为此具陈左右，乞予主持，以平民愤而保民命。毋任企祷，敬颂
大安

　　　　上海广肇公所、福建同乡会、大埔同乡会、汉口路商界联合会、福祥里上海马路总联合会、南北浙江路商界联合会、天潼福德两路商界联合会、爱克界三路联合会、旅沪广东公民大会、旅沪广东自治会、武昌路商界联合会、吴淞路商业联合会、东北城商界联合会、上海崇明路商界联合会、邑庙豫园商业联合会、沪北五区商业联合会、淞沪粮食维持会、上海鲜鱼同益堂、时间守约同志会、上海五马路商界联合会义务学校等同叩

　　　　（《广肇公所等续请主持汤案》，上海《民国日报》1922 年 12 月 26 日）

张贞致孙中山电

（1922 年 12 月 26 日）

孙大总统钧鉴：

　　廖部长由厦返沪之便，托将职部情形面禀钧座，谅达聪听。泉城下后，闽局粗安，［惟］贞部目下数逾万人，非速加编组训练，诚恐无以固吾党之基。日前晋省，恭谒许总司令，禀白一切，荷蒙殊遇，感戴弥深。日来除将经过情形，并将来出师讨贼、维持闽局一切措施，就近禀承办理外，伏恳钧座赐碱［?］机宜，俾知遵首

［守？］。不胜切祷。

　　再，近日闽南东将、龙岩两属陈部逆军业经退走，已分派职部游击队司令黄庭经、施松山等就近采饷，合并奉闻。张贞叩。宥。

　　　　（《一九二二至一九二三年孙中山在沪期间各地来电汇编》，第 155～156 页）

居正呈孙中山文
（1922 年 12 月 26 日）

　　为呈请提前发给津贴事：准汉口《大汉报》胡石厂君函称：该报现状极困，特请设法救济，并派该报经理人祝润湘前来面呈一切等情。查《大汉报》自创办至今垂十余年，在江汉舆论界颇有价值，前由本部月给三百元在案，刻届年终，请提前发给三个月，以资增补。是否有当，乞候钧裁。此呈总理。总务部长居正，中华民国十一年十二月二十六日。

　　　　（《居正先生全集（中）》，第 333 页）

张启荣致孙中山函
（1922 年 12 月 27 日）

　　刻下省币已跌至二成二三，陈逆（炯明）无法维持，人心惶惶，一般叛逆，尤为恐慌。前日逆将嫡派在总部秘密会议，金之各处军队多有不稳之象，惊惶失措，筹议多时，仍无办法。因拟请陈逆暂回惠州，以免危险，总部交叶举代拆代行。似此情形，粤局本可早日平定。惟探闻陈逆最近以势力穷蹙，尚有一种阴谋，则利用人心好和恶战、厌乱思治之弱点，拟于不得已之时，即通电悔过，提出媾和条件，以老我师。此种计画，现已着手布置，密谋进行。

　　　　（《中华民国史事纪要（初稿）》1922 年 7～12 月，第 1268 页）

杨希闵致孙中山电
（1922 年 12 月 28 日）

我军俭（二十八）日袭梧，出敌不意，粤军三、四师即时响应，梧州遂下。同日奉到讨贼军滇军总司令任状，遵于次日就职，即日先驱，并联同桂军刘震寰、刘玉山、刘达庆各部，粤军三、四师沿江猛进，期迅速扫除江口、封川一带之敌，以窥肇庆。梧防则由沈军李易标旅留守。沈冠南由北江统进，朱益之亦进至平乐，足资后援。此役仰总裁威福，众心统一，士气极愤，所向当不难迎刃而解。特此报告，伏候训示。

（《中华民国史事纪要（初稿）》1922 年 7～12 月，第 1271 页）

许崇智致孙中山电
（1922 年 12 月 29 日）

孙大总统钧鉴：

现各部开动计画、日期如下：一、以第五旅许部驻邵武之一团，及驻水口第七旅、陆旅全部，均于马日①，沙县限本月卅一日前集中永安。二、以驻泉第八旅张部共八营，于廿八日由原防地出发，集中漳、平。三、以第一、二、三旅由省经永泰集中永春，第四旅及第三军全部，由省经蒲田集中泉州。现第三、四旅马日开动，昨已完毕。余部陆续出发，均限自开动日起，以八天到达集中地。在省各部，于勘日以前可开动完毕。日前可集中完毕。四、智

---

① 此处似有脱字。——编者

拟于沁、勘等日赴泉。智叩。漾。

（《一九二二至一九二三年孙中山在沪期间各地来电
汇编》，第 51～52 页）

蒋梦麟致孙中山函
（1922 年 12 月 30 日）

中山先生：

在沪畅谈为快。

麟等被全国商会推举为裁兵劝告员，定新年元旦发一通电，其
中要点，以先生所倡之兵工政策为根据。可否请先生赐以答复，引
起国人注意。除由黄任之兄就近面请外，特此函达。

北京教育景况如哉，惟经费更形支绌。专此，敬请
道安，并祈
为国珍摄

蒋梦麟拜启

十二月三十日

展堂、精卫、复初、仲恺诸位先生均此。

（《中华民国史事纪要（初稿）》1922 年 7～12 月，
第 1284 页）

黄复生致孙中山电
（1922 年 12 月）

文日抵仰。筹款成绩颇佳，函详。黄复生。

（《一九二二至一九二三年孙中山在沪期间各地来电
汇编》，第 377 页）

孙科致孙中山电
（1922 年 12 月）

据竞生回报，滇军分三杨、朱四部。朱最大，属藻林嫡派，范、蒋、岳见屏，无实力。桂军达庆、炳宇、天太、玉山共约八千，拥藻更坚。故鱼日白马会议结果，对藻联帅无异议。惟滇军总司令，藻原已口头许希闵，彼大悦，决东下。二杨对希略有异议，鱼日乘希公出，通电拥金，欲回滇，但无应者，当不致碍藻。刻暗联希闵，仍表示金如取消回滇，即对金亦无成见，惟力促出发，冀弭对人问题，款到立可开拔。益之部抵长安，已电藻，约会于蒙山，计期七日内可到云。与卢商，昨日先交二万港纸，由戴永萃带与藻，为发动费食，俟动后接济。科。

（《一九二二至一九二三年孙中山在沪期间各地来电汇编》，第 309～310 页）

林支宇致孙中山函①
（1922 年）

大总统钧鉴：

景仰白宫，未申觐礼，蹉跎岁月，歉悚良深。申江人来，敬稔庙算无遗，闽粤底定，驱策群雄，统一寰宇，指顾间事，怃跃曷已。敢本一管之见，谨献刍议。

窃见世界潮流日新，民族胥知自决。巩自决之基础，期政化之改进，匪励行联省自治不为功。湘省首制宪法，见诸实施，虽前途

---

① 原函无年月日，据内容判断，当在 1922 年间。——编者

不无障碍，故改造中应有之事。惟孤弦独奏，环境寂然，国人之怯于奋斗，良用浩叹。钧座返旆珠江，亟宜建设联省政府，促成各省制宪，以新耳目，而彰民治。不独西南局势永固，彼黄河以北，屈极思伸之同胞，必有望风恐后者。

复破碎之山河，成统一之伟业，非钧座其孰能当之？时机迫切，不尽瞻依。专肃，敬叩

崇安

林支宇谨上

孙中山批：代答以先生以分县自治为立国，联省只能成官治，不能达自治。

（《国父墨迹》，第 468 页）

赵伸、李伟致孙中山函[①]
（1922 年）

中山先生钧座：

敬禀者：自昔护国之役，为当道调查武器，假道沪滨，得以晋谒尊颜，备聆大教。当闻先生之言曰：此后当留心实业，如矿山、工艺之类，切莫为官。云云。伸等回滇以后，一秉先生之训，宣言绝不为官，唯以实业为务。故当道有所委任，以及选补议员，皆经谢绝，未尝应命。

伸与伟二人协力经营，曾于民国六年开办铁工厂一，路南煤铁厂一，初意以为二者互有关系，缺一不可，故同时成立两厂。且民国元年先生逊让总统于袁，自任全国铁道督办，事虽未成，而此种计划，无论迟至何日，皆万万不能外是而别有救国政策。中国既须以铁道为救国政策，则煤厂、铁工厂等亦无论至于何日，皆万万不能外此，而可以言修筑铁道。故前此觅获矿山之后，即

---

① 原函未署年月日，据内容，似在 1922 年底或 1923 年初。——编者

亟亟于工厂是谋；而如工厂成立，尚觉日有起色。至于今兹，仅仅三年，学生教出百有余人，新机发明一二十种，而煤铁厂则反遭失败。甚至今日工厂所需之煤及铁，尚有十之二三，须仰给于外人也。

夫何以工厂成立于后，而能渐著成效，煤铁厂成立在先，而反无成效之可言乎？盖铁工厂为伟亲身经理，煤铁厂则假手于人故也。然而煤铁厂之吃亏则甚巨矣。铁工厂投资不过一二万元，而每年犹有些须［许］之赢余，煤铁厂投资数倍于工厂，而结果几至于停闭。盖非矿山之不足经营，以至于是也（外人出资百万或五十万以冀谋得采掘权者，盖已若干人矣）。实则所托非人，以至于滥费侵蚀，无所不至……①

今者吴先生驾至，辱承枉顾，备道先生关垂盛情，谓因道途远阻，莫由知两厂之现行状况确系若何？乃假吴先生来滇之便，下询各情，将欲有以开发吾滇实业，为伸与伟声援之助。先生关怀如此其切，而伸与伟之于厂务如此其不可告人，承教至今，历四五年，乃无丝毫成绩上慰廑念，惭悚何如？然以先生万几紫扰，宵旰为劳，救国护法，兴亡在念，犹不忘情于两厂，而谆谆然下问，令人惭感之余，愈知所以奋发矣。

惟云南地处偏隅，贫瘠实甚，筹积资本，殊属费力，无论富家巨室未有其人，即间有之，而目光如豆，所见不远。欲语以十年百年之事业，彼必不之信也。故以铁工厂之现状而论，可以不至失败矣。而投资者犹难乎其人，若路南煤铁厂，则更无论矣。而伸等至今日亦已力竭声嘶，无可奈何，只好暂取消极主义，勉力维持，以冀将来。今幸承先生下问，不知于沪海方面有无可以筹资之望。或不假外求，先生可以酌提若干，为两厂扩张之备。想先生以世界人物，具世界眼光，其于区区之厂，倘蒙不弃遐远，则一举手之劳，可以期其成功，不致久于

---

　　① 原文如此。——编者

废弃也。唯先生裁之。

顷吴先生之来，行期甚促，仅蒙驾临工厂一游。至于路南煤铁厂，距省稍远，未便邀请前去。将来先生方面，倘其有意培植，则径请派员到滇调查，或即由滇派人晋谒，亦无不可。两厂详情，另单开呈，兹不烦赘。至于章程及办理细则，容缓续寄。匆肃。顺叩钧安，伏维

垂鉴，并乞

回示祗遵

赵伸、李伟鞠躬谨禀

孙中山批：作答以吴山往滇，此间并未知悉。其言行如此，实属招摇。然由此乃得二公之详报铁工并煤矿工厂状况，则不啻无意中之获异宝。有此丰富之煤铁，将来必能为中国发展实业之一大助。俟大局稍定，必注力于是也。而刻下则无从为力，惟望煤铁之积量详查报闻。

孙中山批：作答：此间财用甚困，无从为力。故凡有响应之军队，皆当静候，以待他军发之后，乃再约动。

（《国父墨迹》，第 474 页）

谢良牧致孙中山函①

（1922 年）

先生尊鉴：

寒电谅达钧览。牧抵港后，察悉滇张、桂沈等部虽决进讨，而逆党林虎等亦已动员图桂，合之陈逆原有兵力，其势甚优。若非得各方内应，难操胜算。尤有虑者，滇桂各军即幸而克复百粤，然除藻林一人忠实听命者外，其余各将领是否一致服从，颇为疑问，大局前途尚多后忧。牧所与共事诸同志忍饥受寒，经营惨淡，凌厉奋

---

① 原函未署年月日，据内容判断，当在 1922 年。——编者

斗，盖亦有虑及此。

现于响应各事确有把握，广、惠、韶、连各地可靠之部队不下卅余营，均有待命作动，剑及履及之势。然事机已迫，款尚无着，统计需款约七万元，牧既无力自筹，商诸他人，亦鲜能负责。设或此款未集，而西路先动，临时固难胜券独操，且恐运动成熟者稍事徘徊，反为贼用，前途希望顿呈泡影，何堪设想。牧近与海滨诸君曾商议数次，觉与前者之希望大相悬殊。而海滨等早有注重于第一师、第三师及刘震寰部之意，谓有款须先接济之。试思梁鸿楷、刘震寰辈如尚可信，则洪湘臣得毋亦可反戈耶？言之徒滋疑议耳。

至于三师原有旧主，匪他人所能任，亦可毋枉用精神者也。牧所见如此，而难强同。牧所共事者闻牧返来，群来告诉，苦况有不堪言者。言之亦不足动人感叹，稍为襄助。再三思维，计无所出，迫得电请钧座令饬海滨、泽如诸君，迅予提前先拨五千元，以济急需，俾牧不致坐失时机，致误大局。而此后需款，亦须候令指定专款，毋稍延滞，毋移别用，庶几事尚可为。牧于筹款一途，势难兼顾，但尚有一线之希望，则有同志林丽生君于商界颇能活动，牧曾与共事甚多。林君欲专负代牧筹款之责，然必俟明令委任以专责成，而鼓其勇往之气，于事未始无益也。

牧前在沪曾与曾云沛君接洽，此君与牧情愫尚好，匆匆就道，关于款项一节，未与言及，窥其意对于吾人颇有协襄之慨。如钧处对于牧部济款困难，可否即由钧座商之曾君，或可移挪数万金，以济牧部，亦意中事。牧顷已另函致曾君，系由杜幼泉转致者。但以钧座一言，庶几重于九鼎耳。

凡兹所陈，盖经考虑再四，已无他法，乃出于此。是否有当，统候示遵。肃函奉达，恭请

钧安

　　　　　　　　　　　　　　　　　谢良牧谨禀

孙中山批：代答：嘉之。并言党务当行扩张改良，公开于各

省。凡为党人，务期竭力奋斗，使吾党主义遍布于全国。

（《国父墨迹》，第 466 页）

汉口日报公会致孙中山电
（1922 年）

孙中山先生鉴：

国内汹汹，十载未已，乱极思治，举国同心。洎乎护法告终，咸望统一早成，国是随定。讵忽议及元首选举，舍本逐末，用意可知。倘复引起纠纷，谁尸其咎？言念及此，曷胜隐忧。惟乞朝野名公，新闻硕彦，一致主张正论，勿任诡谋遗误家国，民国前途实利赖之。汉口日报公会叩。宥。

（《一九二二至一九二三年孙中山在沪期间各地来电汇编》，第 169 页）

刘成勋致孙中山电
（1922 年）

孙中山先生钧鉴：

真电奉悉。成勋猥以菲材，谬荷国民选举，忝长川望，叨窃非分，负荷艰难，乃蒙宠饬，殷拳弥觉，抚衷磊惧。我公民国元勋，今日先觉，务望不遗荒陋，时锡箴言，俾有遵循，或免覆𬨎。临电神往，无任主臣。刘成勋叩。宥。

（《一九二二至一九二三年孙中山在沪期间各地来电汇编》，第 161 页）

宫崎寅藏致孙中山电

（1922 年）

遍求旧物不可得，新衲一万，要六十日，一件价日金八元云。
可否，复。宫。

（《一九二二至一九二三年孙中山在沪期间各地来电
汇编》，第 365 页）

国民党利马总分部致孙中山电

（1922～1923 年）

孙大总统鉴：

秘鲁因政争风潮，煽动工党排华，藉以推翻内政，决废中秘商
约，众议院经一致通过，参议院亦将附从，全侨生命危如累卵，代
办虽积极交涉，惟是权轻无济，请大总统立即拯救，以解倒悬。三
万侨民泣血以待。利马总分部叩。真。

（《一九二二至一九二三年孙中山在沪期间各地来电
汇编》，第 385 页）

福州天皇岭各团体致孙中山电

（1922 年底）

孙中山先生钧鉴：

闽南旗悬美侨讨贼军，关系先生委任，有否，请电复释疑。福

州天皇岭各团体公叩。

孙中山批：答以无其事。

（《一九二二至一九二三年孙中山在沪期间各地来电汇编》，第 141 页）

张冈致孙中山函①

（1922 年底至 1923 年初）

大总统钧鉴：

冈闻之，一人之成功，必有其成之所由；一事之顿挫，必有其挫之所自。秦穆公三败于晋，悔过自励，所以能报晋之辱而霸西戎也。明思宗用人失当而不悟，乃叹曰朕非亡国之君，诸臣皆亡国之臣。所以终于不保社稷，以身殉之，而徒为后世哀也。

夫民党之所恃以与北洋军阀、亡清余孽奋斗者，正义也。苟为正义，则不可不纯粹一心乎正义。书曰：德惟一，动罔不吉；德二三，动罔不凶。乃除大总统而外，几无不以革命护法为终南捷径，稍有奔走之劳，辄自夸不世之功，抱虚荣之心，无牺牲之志，诚不足以动人，信不足以孚众；甚者肆侠挥霍，饰诳欺罔，而大总统欲恃此辈以救民国，此冈之所未解者一也。

夫谋国之道，不仅在仁，亦系乎智，虽开明专制之君，亦且谋及庶人，询于刍荛。盖愚者千虑，必有一得，兼采众长，斯谓之圣。革命党之精神虽贵在服从，要亦不可废咨询。今大总统左右有少数忠厚长者，平日只知奉大总统如神圣，更不知为大总统征良谟，求忠言。假使护法政府下之人人皆类此忠厚长者之辈，有都俞，无吁咈，有唯诺，无建言，一任大总统睿衷独断，及左右三数人之计议，以对付北方，犹恐有所不可。况西南各省情形复杂，枭

---

① 　原函未署日期，据其内容，当在 1922 年 12 月至 1923 年 1 月中旬期间。——编者

獍之患，伏于肘腋，应付稍乖，棘手便见，棋输一着，满盘皆错矣。若故辙之无改，岂覆车之不惧，此冈之所未解者二也。

凡豪杰刚正之士，必不顾阿谀运动，以为进身之阶。今大总统左右人才几何，能胜包办革命之任否？社会之中豪杰刚正之士，未为大总统所罗致者何限，而左右不能为大总统求贤以进；凡所吸引者皆不过故旧亲昵，如有奇才异能，排挤立见，将何以图治？此冈之所未解者三也。

恒人之情，莫不畏威怀德，当其威未立，德未孚，人之不附，宜也。若一旦基础稍固，声势稍振，有来归附者，斯宜待以至诚，萌除芥蒂。乃左右之士必有其小智小慧，以蔽大总统至公之德，而失归附者之期，此冈之所未解者四也。

夫欲以弱小之实力，拥护正义，而抗强大之恶魔，则不可不赖团结之坚。书曰：纣有臣亿万，惟亿万心；余有臣三千，惟一心。顾欲人心一致，则不可不屏去权利竞争之私，欲屏去竞争权利之私，则不可不讲学明道，以造成道义之空气。且伦理道义之根本者，存于人心，遍于人类，终极恒久，不因时因地而异。因时因地随人类之生活状态而变化者，乃相对的或制约的伦理道义，非绝对的伦理道义也。今大总统对外宣言，乃曰陈炯明破坏中国伦理。夫苟为限于中国之伦理，则保存者未必即为是，破坏者未必即为非，是大总统左右未有人能知伦理为何物也。孔子云："君子学道则爱人，小人学道则易使。"而大总统平日并不提倡讲学明道，以造成道义之空气，培植良知之根本，将何怪见利忘义者之效尤滋多，与人人私见之难以化除耶？此冈之所未解者五也。

昔成汤伐夏，商众不欲，群相谓曰：我后不恤我众，舍我穑事而割正夏。故成汤惧而作汤誓者，宣传也。粤人不欲北伐，其心理与商众何异？陈炯明利用粤人心理之劣点，故公然抵抗，其部下竟竭力拥护之，以为叛逆。北伐军血战匝月，卒为所败，是为大总统宣传主义者不力之过也。易夬卦之辞曰："夬：扬于王庭，孚号，有厉，告自邑，不利即戎。"夫夬卦以五阳决一阴，尚不利即戎而惟宣传之是尚，况实力未厚者，可不竭力宣传以待人人之了解，机会之成熟耶？当此莠言如毛，是非淆乱之际，竟无一势力庞大，材料丰富之报纸，以宣传大总统之主义，国内大多数青年不知民国变化之历史，不明是非曲直之所在，自难悉予革命以同情。宣传未熟，而徒欲以免强图之，此冈之所未解者六也。

陈炯明谋害执信，暗杀邓铿，阴险狠毒，逆象早彰。易曰："履霜坚冰至"，乃竟不为之防，大总统左右莫不大言自欺，以致偾事。往者已矣，至今日仍谓收复广东不成问题，此冈之所未解者七也。

人类心理，率好类推，施之于物，犹多贻误，胶柱不可高瑟，惩羹无庸吹齑，况社会元素之复杂者乎？是救国民党前日之招揽官僚者固非，而今日之严格拘束，使人趑趄而不敢承教者亦未是。待新党员以猜疑者固非，而待老党员如陈逆者，又过于放任。今不归咎人事，而诿为命运，此冈之所未解者八也。

向者桂系降直，非联皖无以自存，要亦段祺瑞人格尚优，其在民国，功罪互见，屠刀放下，本可与之携手。继而吴贼佩孚荐食长江，兵法远交近攻，非联奉不足以进取，故联段联奉，皆不为谬。若今之吴佩孚，则何如乎？吴贼反复无常，人格何在，其于民国，有万罪而无一功，即今日亦何尝有放下屠刀悔祸向善之表示？若以为段可联，奉可联，遂吴佩孚亦可携手，是善恶洵无标准也。且我护法政府目下之实力，不如吴贼远甚，将何以制之？吴贼既利用陈炯明以倒我护法政府，今又欲利用我护法政府以驱陈氏，且暮反复，方自诩其计谋之工，而玩我西南诸人于股掌之上。即明知联吴可以复陈逆之仇，亦何苦不稍忍须臾，而必隳吴贼之计？仇不复，虽屈于一时，而公理大义可伸于万世。联吴复仇，乱是非邪正之标准，公理大义，将不可复伸。今沪上中西各报谣言种种，大总统曾不一置辩，岂藉此虚声以自重邪？抑果有其事，而竟不辨利害一至于斯耶？此冈之所未解者九也。

夫革命事业虽曰必掷价值以易幸福，然价值之巨细，则关于方法之善与不善。"我志未酬人亦苦，东南到处有啼痕"。民生之痛苦如此，任革命之责者能不引咎思过，痛自谴责，以求国民之恕耶？易曰："山上有水，蹇；君子以反身修德。"观大总统宣言，似勇于自信而鲜恐惧修省之意，此冈之所未解者十也。

夫人间之所贵者，正义之幸福也，故曰"正其谊不谋其利，明其道不计其功"。西儒亦曰"目的不能神圣（动词）手段"，边沁功利主义之学说，今在伦理学上已失势，枉尺直寻，贤者之所不为，况救世之责。为良心上之本务，究非债务之比，不可为而强为之，殊鲜价值。我大总统年垂六十，头发斑白，既以九死一生报民国，万一不能成功，则是是非非，付诸后世之公论可矣。何必泯灭是非之标准，放弃主义之本位，以与奸回凶暴之徒携手耶？且大总统宣言曾谓广州兵变以后，国会未能集会，以致无从向国会辞职。窃以为国会将全权付予大总统，乃不能保守而失坠之，虽曰叛逆出人意外，大总统要不能不负其责。为今之计，只宜戴罪图功，以谢国人。胡乃劝我维持法统之议员，赴敌人势力范围之下开会，认为护法告终，将置法统于何地，而前日国会未能集会之宣言，不且近于诬耶？此大总统自己之所主张耶？抑为渴于做官之党人所怂恿耶？

欲训练党人，改弦而更张之，则提倡道义之学，尤为紧要。藉不如是，专恃纵横捭阖以弋机会，即侥幸以得之，亦必内讧而亡之。纵令此役海军不变，北伐军胜利，一举而下羊城，破惠州，驱陈逆于岭海之外，能保现有各部不再生意见而启分裂耶？革命行为，虽不可不取，军队号令之态度，重一致服从之精神，然要当意志交贯，情感互融，上下内外，毫无隔阂，方能有团结之实。若名为迪克推多，而使下情不能上达，一切重务，元首不能尽理，乃委之于左右少数人之手，而此左右三数人又非良平房杜之才，乏伊尹周公之德，则鲜不覆𫗧偾事，驱散人心者矣。藉非大总统之精诚，与主义之正大，同志早已瓦解，谁肯委曲迁就，吞声忍气，以相从至今耶？

　　冈属在党内一无名小卒，曾脱死于李（纯）、陈（光远）之手，区区残生犹欲靖献于钧座，以冀有补于民国。资格微浅，早不获进言，执笔日报数月，无裨毫末，今又当离沪言归，虽未获一觐钧座，然区区之忱，则固尽于此书矣。惟大总统察而纳之。左右当事诸公，亦宜引咎自愧，尝胆卧薪，以报会稽之辱，冈不胜依恋希望感激之至。

　　　　　　　　　　江西安福县教育会会长张冈谨呈

　　　　　　（《国父墨迹》，第 478~480 页）